D1807339

Schriften zum Prozess- und Verfahrensrecht

herausgegeben von

Prof. Dr. Anna H. Albrecht, Universität Potsdam
PD Dr. Daniel Oliver Effer-Uhe, Universität zu Köln
Prof. Dr. Olaf Muthorst, Freie Universität Berlin
Jun.-Prof. Dr. Birgit Peters, LL.M., Universität Rostock
Prof. Dr. Jens Prütting, LL.M. oec., Bucerius Law School
Prof. Dr. Philipp Reimer, Universität Bonn
Prof. Dr. Benno Zabel B.A., Universität Bonn

Band 2

Niklas Maximilian Seitz

Disposition über die Öffentlichkeit im Zivilprozess?

Nomos

Die Deutsche Nationalbibliothek verzeichnet diese Publikation in
der Deutschen Nationalbibliografie; detaillierte bibliografische
Daten sind im Internet über http://dnb.d-nb.de abrufbar.

Zugl.: Diss. Uni. Heidelberg, 2018

ISBN 978-3-8487-5613-1 (Print)
ISBN 978-3-8452-9788-0 (ePDF)

1. Auflage 2019
© Nomos Verlagsgesellschaft, Baden-Baden 2019. Gedruckt in Deutschland. Alle Rechte,
auch die des Nachdrucks von Auszügen, der fotomechanischen Wiedergabe und der
Übersetzung, vorbehalten. Gedruckt auf alterungsbeständigem Papier.

Für meine Eltern

Vorwort

Die vorliegende Arbeit wurde im Wintersemester 2018/2019 von der rechtswissenschaftlichen Fakultät der Ruprecht-Karls-Universität Heidelberg als Dissertation angenommen. Rechtsprechung und Literatur konnten bis Anfang November 2018 berücksichtigt werden.

Meinem Doktorvater, Herrn Prof. Dr. Christoph A. Kern, LL.M., danke ich in besonderem Maße für seine wertvollen Ratschläge, die er mir während der Bearbeitung gab, für seine hilfreichen, detaillierten Korrekturanmerkungen sowie für die zügige Erstellung des Erstgutachtens. Ein großer Dank gebührt ebenso Herrn Prof. Dr. Matthias Siegmann für sein reges Interesse am Thema und die schnelle Niederschrift des Zweitgutachtens. Ferner danke ich Herrn Prof. Dr. Andreas Piekenbrock für die Leitung des Vorsitzes im Rahmen meiner Disputation und seine inspirierenden Gedanken zum Thema. Bedanken möchte ich mich zudem bei Prof. Dr. Anna H. Albrecht, PD Dr. Daniel Oliver Effer-Uhe, Prof. Dr. Olaf Muthorst, Jun.-Prof. Dr. Birgit Peters, LL.M., Prof. Dr. Jens Prütting, LL.M. oec., Prof. Dr. Philipp Reimer und Prof. Dr. Benno Zabel B.A. für die Aufnahme in der Schriftenreihe „Schriften zum Prozess- und Verfahrensrecht".

In ganz besonderer Weise danke ich aber meinen Eltern sowie meiner Schwester Anna Katharina für ihre immerwährende und bedingungslose Unterstützung und ihren stetigen Zuspruch in jeder Lebenslage. Ohne ihre vielfältige Hilfe wäre mir das Absolvieren des Studiums und der Promotion in dieser Form nicht möglich gewesen. Meinen Eltern sei diese Arbeit gewidmet.

Heidelberg, November 2018   *Niklas Maximilian Seitz*

7

Inhaltsverzeichnis

Einleitung

A. Gegenstand der Untersuchung

„Semper Apertus. Stets offen." Das ist der Leitgedanke der Ruprecht-Karls-Universität Heidelberg, gegründet 1386 und somit älteste Universität Deutschlands.[1] Versinnbildlicht werden soll ihr Bestreben, Wissen und Können in einer offenen, vorurteilsfreien Haltung gegenüber Menschen und Ideen zu entwickeln, nutzbar zu machen und an die nachfolgenden Generationen weiterzugeben.[2] Dieser universitäre Wahlspruch lässt sich auf ein zivilprozessuales Verfahren übertragen. Auch ein Zivilprozess ist im Grundsatz „stets offen". Damit ist gemeint, dass der Prozess zwischen dem Kläger und dem Beklagten samt seiner Verhandlung nicht im Verborgenen stattfindet, sondern jedem Interessierten frei zugänglich bleibt. Die Türen zum Gerichtssaal stehen offen, sodass auch am Prozess unbeteiligte Dritte das Geschehen vor Gericht mitverfolgen dürfen. Die Details dieser allgemeinen Gerichtsöffentlichkeit werden im deutschen Recht für den Bereich der ordentlichen Gerichtsbarkeit durch § 169 S. 1 GVG festgelegt. Mithilfe dieser garantierten Gerichtsöffentlichkeit wird in gewisser Weise ebenfalls „Wissen" entwickelt und weitergegeben: In der Verhandlung kommt das geltende Recht zur Anwendung und löst sich von seiner abstrakten Ebene, um im Rahmen eines konkreten Sachverhaltes umgesetzt zu werden. Die Zuschauer erleben daher nicht bloß eine Rechtsanwendung, sondern unter Umständen auch eine Rechtsfortbildung, und erlernen zugleich, wie Recht zu verstehen ist.

Am Geltungsbereich des § 169 S. 1 GVG hat sich seit der Einführung des GVG wenig geändert. Nichtsdestotrotz handelt es sich bei der Gerichtsöffentlichkeit keineswegs um ein Institut, das seit jeher und ohne Grenzen seine Anerkennung genießt. Die §§ 169 ff. GVG sowie einige spezialgesetzliche Vorschriften sehen Ausnahmekonstellationen vor, in denen das po-

---

1 Zugrunde gelegt ist hier der erstmalige Lehrbetrieb. Setzt man dagegen das Gründungsprivileg als maßgebliches Kriterium fest, liegt die Universität Heidelberg (Gründungsprivileg 1385) hinter der Universität Erfurt (Gründungsprivileg 1379) auf Platz 2.

2 Siehe dazu die Internetpräsenz der Universität Heidelberg unter „Universität – Leitbild und Grundsätze".

tentielle Publikum kraft Gesetzes vom Prozess ausgeschlossen bleibt. Hintergrund dieser Regelungen ist die Tatsache, dass das öffentliche Interesse an der Verfolgung eines Gerichtsprozesses mit den widerstreitenden Interessen der unmittelbar beteiligten Parteien kollidieren kann. Persönlichkeitsrechte und Geheimnisschutz zwingen dann dazu, die Grundaussage der allgemeinen Gerichtsöffentlichkeit zu revidieren. Hinzu tritt die Entwicklung in der Schiedsgerichtsbarkeit. Das Verfahren vor diesen nichtstaatlichen Gerichten findet seit jeher typischerweise unter Ausschluss der Öffentlichkeit statt und garantiert ein großes Maß an Vertraulichkeit.[3] Die Folge der unterschiedlichen Öffentlichkeitsausgestaltung zwischen der Staats- und Schiedsgerichtsbarkeit ist, dass sich vor allem Unternehmen vermehrt dafür entscheiden, ihre Verfahren nicht vor dem staatlichen Gericht auszutragen, sondern den Weg in die Schiedsgerichtsbarkeit präferieren. Die dort gewährte Nichtöffentlichkeit und Vertraulichkeit erlaubt es, sensible Daten offenzulegen, ohne dass dies mit der Angst verbunden wäre, unbefugte Dritte könnten an die vertraulichen Informationen gelangen.[4]

Die beiden genannten Aspekte – Schutz der parteilichen Interessen und die Entwicklung der Schiedsgerichtsbarkeit – haben Anlass dazu gegeben, das Prinzip der Öffentlichkeit vor den staatlichen Gerichten zu überdenken, um die Attraktivität des staatlichen Gerichtsprozesses wieder zu erhöhen. Konkretisiert hat sich dieses Vorhaben für den Zivilprozess jüngst auf dem 70. Deutschen Juristentag 2014 in Hannover. Die Abteilung Prozessrecht des Deutschen Juristentages hat sich im Rahmen eines Reformvorhabens über die Öffentlichkeit im Erkenntnisverfahren mehrheitlich dafür ausgesprochen, der Gesetzgeber solle prüfen, inwieweit das Bedürfnis bestehe, die Vertraulichkeit auch des staatlichen Gerichtsverfahrens auf übereinstimmenden Parteiantrag vom Gericht anordnen lassen zu können.[5] Damit rüttelt der Vorschlag an einer bisher tragenden Säule des Zivilprozesses. Der Öffentlichkeitsgrundsatz gilt auch im Bereich des Zivilverfahrens als einer der zentralen Verfahrensgrundsätze.[6] Dabei ist die Idee, den Ausschluss der Gerichtsöffentlichkeit von einer Übereinkunft der Parteien

---

3   *Kilian*, AnwBl. 2016, 899; *Roth*, ZZP 129 (2016), 3, 16.
4   Siehe nur *Kilian*, AnwBl. 2016, 899.
5   *Kilian*, AnwBl. 2016, 899; siehe ferner Beschlüsse des 70. Deutschen Juristentages 2014 S. 5: http://www.djt.de/fileadmin/downloads/70/140919_djt_70_beschluesse_ web_rz.pdf (zuletzt abgerufen: 16. November 2018).
6   MüKo/*Zimmermann*, ZPO Band 3, § 169 GVG Rn. 1; Stein/Jonas/*Jacobs*, ZPO Band 10, § 169 GVG Rn. 1; *Eslami*, Nichtöffentlichkeit des Schiedsverfahrens, S. 80; *Kilian*, AnwBl. 2016, 899; *Roth*, ZZP 129 (2016), 3, 16; *Gierhake*, JZ 2013, 1030, 1031.

abhängig zu machen, keine gänzlich neue. Schon einige frühere Partikular-rechte orientierten sich bei der Frage des Ausschlusses am übereinstim-menden Parteiwillen.[7] Auch bei der Beratung des Gerichtsverfassungsge-setzes in der Kommission des Reichstags kam es zu Anträgen, den Öffent-lichkeitsausschluss künftig vom übereinstimmenden Parteiwunsch abhän-gig zu machen.[8] Durchzusetzen vermochten sich diese Anträge im Ergeb-nis nicht, sodass das GVG keine parteiliche Dispositionsmöglichkeit über die Öffentlichkeit gewährt.

Nichtsdestotrotz zeigen die Reaktionen auf den Vorstoß der Abteilung Prozessrecht, dass eine künftige Veränderung des § 169 S. 1 GVG nicht au-ßerhalb des Möglichen liegt. So hat der ehemalige Bundesjustizminister *Heiko Maas* im Nachgang des Deutschen Juristentages trotz gebotener Zu-rückhaltung erkannt, dass die Vertraulichkeit die Attraktivität des Gerichts-verfahrens steigern und der Abwanderung von Fällen ins Schiedsgerichts-verfahren vorbeugen kann.[9] Beide Aspekte – Steigerung der Attraktivität staatlicher Gerichte und Begrenzung der Abwanderung in die Schiedsge-richtsbarkeit – bezeichnet er als erstrebenswerte Ziele, deren Umsetzung vorurteilsfrei zu prüfen sei.[10] Widerstand regt sich dagegen in der Rechts-anwaltspraxis. Im Rahmen einer Umfrage des Berufsrechtsbarometers wur-den die Teilnehmer gefragt, inwieweit sie die Forderung des Deutschen Juristentages nach einer Ausschließungsmöglichkeit der Öffentlichkeit im Zivilverfahren unterstützen.[11] Lediglich 36 % der Befragten konnten sich mit dem Gedanken anfreunden, den Öffentlichkeitsausschluss künftig auch durch einen übereinstimmenden Parteiantrag zu realisieren, während sich 45 % gegen eine solche Reform aussprachen.[12] Die Skepsis, die einer möglichen Änderung des Öffentlichkeitsgrundsatzes entgegenschlägt, wird dabei besonders unter den jüngeren Berufskollegen geteilt. Nimmt man

---

7 *Bericht der Kommission 1961*, S. 180; *Hahn*, Materialien zu dem Gerichtsverfas-sungsgesetz I, S. 174: Genannt werden die Zivilprozessordnungen von Hannover (§ 87), Baden (§ 5) und Württemberg (Art. 188).

8 *Bericht der Kommission 1961*, S. 180; *Hahn*, Materialien zu dem Gerichtsverfas-sungsgesetz I, S. 330.

9 *Maas*, AnwBl. 2015, 64, 66.

10 *Maas*, AnwBl. 2015, 64, 66.

11 *Kilian*, AnwBl. 2016, 899, 900; der Befragung lag folgender Wortlaut zugrunde: „Eine weitere Anregung des DJT ist die Ermittlung des Bedürfnisses, die Vertrau-lichkeit auch des staatlichen Gerichtsverfahrens in Zivilsachen auf übereinstim-menden Antrag der Parteien vom Gericht anordnen lassen zu können. Wie ist Ihre Meinung zu einer solchen denkbaren Änderung der Öffentlichkeit des Ge-richtsverfahrens?".

12 *Kilian*, AnwBl. 2016, 899, 900.

nur die unter 40-jährigen und die seit weniger als zehn Jahren zugelasse-
nen Anwälte als Referenzwert, steigt die ablehnende Haltung gar auf 72 %
bzw. 73 %.[13]

Unverkennbar hat der Vorschlag auf dem Deutschen Juristentag 2014
polarisiert. Sollte die Öffentlichkeit im Zivilprozess wirklich zur Disposition der Parteien gestellt werden oder geht der Wert der öffentlichen Gerichtsverhandlung vor? Sollte aus Angst vor einer Geheimjustiz per se davon abgesehen werden, den Grundsatz zugunsten von Mandanten, die
einen Öffentlichkeitsausschluss wünschen, anzugreifen oder kann es Konstellationen geben, in denen der Wunsch der Parteien zu berücksichtigen
ist? Diese Fragen liegen der vorliegenden Arbeit zugrunde und gehen damit zugleich weiter als die Empfehlung der Abteilung Prozessrecht, die
sich darauf beschränkt, den *übereinstimmenden* Parteiantrag in den Fokus
zu rücken.

B. Gang der Untersuchung

Die Untersuchung gliedert sich in drei Kapitel. Im ersten Teil ist eine Klärung der zentralen Begriffe des Öffentlichkeitsgrundsatzes sowie der Disposition über prozessuale Regeln im Allgemeinen erforderlich. Zunächst
stehen die Ausprägungen des Öffentlichkeitsgrundsatzes im Vordergrund.
Nach einer historischen Darstellung, die den Weg von der Abkehr von
einer Geheimjustiz hin zur Öffentlichkeit des Verfahrens als die große Errungenschaft der Aufklärung nachzeichnen soll, widmet sich die Arbeit
der heutigen Tragweite und Bedeutung des Grundsatzes. Im Rahmen dieses Vorgehens wird vor allem auch auf die Zwecke der Öffentlichkeit einzugehen sein. Ein Fokus wird dabei insbesondere darauf zu legen sein, inwieweit die Zwecke mit dem Laufe der Zeit eine Bedeutungswandlung erfahren haben. Essentieller Bestandteil der hier in Rede stehenden Untersuchung ist die Norm des § 169 S. 1 GVG, welche den Öffentlichkeitsgrundsatz einfachgesetzlich verbürgt und die Möglichkeit der Teilnahme an Gerichtsverhandlungen für die Saalöffentlichkeit konkretisiert. Daher ist eine
eingehende Analyse der Vorschrift erforderlich. Nachdem die einfachge-
setzlichen Erscheinungen abgehandelt wurden, ist in der Folge zu hinterfragen, ob dem Öffentlichkeitsgrundsatz Verfassungsrang gebührt oder ob
zumindest eine Rückbindung an die Verfassung unter den Aspekten des
Rechtsstaats- und Demokratieprinzips möglich ist. Grund für diese Überle-

---

13 *Kilian*, AnwBl. 2016, 899, 900.

gungen ist die Tatsache, dass das deutsche Grundgesetz dem Prinzip der Öffentlichkeit nicht explizit einen solchen Rang zuweist. Die Untersuchung verlässt zum Abschluss des Öffentlichkeitsgrundsatzes die nationale Ebene und sucht nach internationalen Verbürgungen der gerichtlichen Öffentlichkeit. Im Schwerpunkt werden dabei die Regelungen des Art. 47 Abs. 2 der Grundrechtecharta sowie Art. 6 EMRK beleuchtet. Im Rahmen der Disposition über prozessuale Regeln im Allgemeinen werden die im Gesetz vorgesehenen Institute und ihre Ausprägungen thematisiert. Dabei ist auch zu fragen, inwieweit die Disposition der Parteien im Zivilprozess Einschränkungen erfährt und welche Bereiche hiervon betroffen sind.

Dass die Gerichtsöffentlichkeit mit Nachteilen verbunden sein kann, haben schon die Gegner der Aufklärungsbewegung erkannt. Insbesondere ist die Beeinträchtigung eines effektiven Rechtsschutzes zu besorgen mit der Gefahr geschmälerter Wahrheitsfindung. Aber auch die Parteien können Interessen hegen, die dem Öffentlichkeitsgebot abträglich sind. So führen Geheimhaltungsinteressen – besonders im wirtschaftlichen Bereich – aber auch die Persönlichkeitsrechte der Betroffenen dazu, dass ein Spannungsverhältnis zur gerichtlichen Öffentlichkeit entsteht. Der zweite Teil der Arbeit stellt daher die Motive dar, die dazu führen, dass ein prinzipielles Bedürfnis auf Seiten der Parteien besteht, über die Saalöffentlichkeit disponieren zu können. In diesem Kontext ist entscheidend auch das schiedsgerichtliche Verfahren in den Blick zu nehmen, bei dem die Verhandlungen nichtöffentlich abgehalten werden. Diese Tatsache wird allgemein als Wettbewerbsvorteil der Schiedsgerichtsbarkeit proklamiert, die dazu führt, dass insbesondere bei wirtschaftlichen Rechtsstreitigkeiten eine zunehmende Abkehr von staatlichen Gerichten zu beobachten ist. Diese Tendenzen sind daher – auch unter Berücksichtigung der Zwecke und Ausgestaltung beider Gerichtsbarkeiten – zu untersuchen. Das zweite Kapitel schließt mit der Analyse der gesetzlichen Ausnahmen des Öffentlichkeitsprinzips und den damit verbundenen Regelungen der §§ 169 ff. GVG. Aufzuschlüsseln ist, ob die Normen bereits einen umfassenden Schutz der Persönlichkeits- und Geheimhaltungsinteressen verwirklichen und somit eine Parteidisposition obsolet werden lassen oder ob es einer Modifikation bedarf.

Das dritte Kapitel eröffnet schließlich mit der Frage, ob eine Parteidisposition über die Öffentlichkeit bereits de lege lata denkbar ist. Zur Beantwortung dieses Gedankenganges werden argumentativ auch die Ausgestaltungen im Bereich der Finanzgerichtsbarkeit, § 52 Abs. 2 FGO, gewürdigt. Die Regelung verwirklicht die einseitige Parteidisposition über die Gerichtsöffentlichkeit, sodass es entscheidend darauf ankommt, inwieweit eine vergleichbare Interessenlage in der Zivilgerichtsbarkeit eine Anwendung der Norm auch im Zivilprozess rechtfertigt. Im verneinenden Fall schließt sich daran zwingend die Frage an, ob eine Ausgestaltung de lege ferenda in Betracht zu ziehen ist oder ob zwingende Gründe für eine uneingeschränkte Gerichtsöffentlichkeit streiten.

Kern des dritten Teils bildet ein eigener Gesetzesvorschlag, der die Parteidisposition über die Gerichtsöffentlichkeit verwirklichen und die Arbeit abrunden soll. Im Vorfeld ist zu klären, welche Anforderungen ein solches Parlamentsgesetz erfüllen und mit welcher Kontrolldichte die Regelung ausgeformt werden muss. Dabei ist einerseits der Zweck der Öffentlichkeit zu berücksichtigen, andererseits soll aber auch ein zum schiedsgerichtlichen Verfahren konkurrenzfähiges Instrument geformt werden. Nur wenn die Neuregelung erkennen lässt, wann ein Öffentlichkeitsausschluss erfolgsversprechend ist, bietet sie hinreichend Gewähr dafür, die staatlichen Gerichte attraktiver wirken zu lassen. Dann ist zugleich auch der drohenden Abwanderung der Parteien hin zum Schiedsgerichtswesen vorgebeugt. Um zu vermeiden, dass eine überflüssige praxisuntaugliche Neuregelung geschaffen wird, hat sich die Untersuchung dabei auch mit vergangenen Gesetzesvorschlägen zur Dispositionsbefugnis der Parteien auseinanderzusetzen. Erst wenn sich herausgestellt hat, dass die alten Ideen den herausgearbeiteten Anforderungen nicht gerecht werden, besteht die Notwendigkeit, eine komplett neue Ausgestaltung in Angriff zu nehmen. Eine solche muss, um die sachgerechte Anwendung der Gerichte zu garantieren, abschließend in ihren Details erläutert werden.

Erstes Kapitel: Ausgestaltung und Bedeutung des Öffentlichkeitsgrundsatzes und der Disposition über prozessuale Regelungen im Allgemeinen

A. Der Öffentlichkeitsgrundsatz

In der heutigen Zeit ist es eine Selbstverständlichkeit, dass Gerichtsverhandlungen grundsätzlich öffentlich stattfinden. Um ein rechtsstaatliches Gerichtsverfahren zu gewährleisten, muss dem Volk die Möglichkeit garantiert werden, sämtliche Staatsgewalt einer Kontrolle zu unterziehen. Dem entspricht es, dass auch der Bereich der Judikative nicht im Verborgenen operieren darf. Konsequenterweise bestimmt § 169 S. 1 GVG, dass die Verhandlung vor dem erkennenden Gericht einschließlich der Verkündung der Urteile und Beschlüsse öffentlich zu erfolgen hat. Die moderne Gerichtsöffentlichkeit ist dabei das Resultat der aufklärerischen Bewegung des 18. Jahrhunderts, nachdem das absolutistische Zeitalter zuvor das Prinzip verschlossener Türen praktizierte, um Staatsgeheimnisse umfassend zu schützen.[14] Erst die von Vernunft geprägte Epoche der Aufklärung ließ den Ruf nach öffentlichem Staatshandeln laut werden.[15] Dennoch darf nicht verkannt werden, dass der Öffentlichkeit auch vorher schon eine gewichtige Rolle in der Geschichte beigemessen wurde, wenngleich in unterschiedlichen Ausprägungen.

Um den Zweck des Öffentlichkeitsgrundsatzes als elementaren Rechtssatz für das gerichtliche Verfahren besser nachvollziehen zu können, bedarf es daher zunächst einer historischen Betrachtung über die Entwicklung desselben. Daran anschließend sind seine Bedeutung für die heutige Zeit sowie die genaue inhaltliche Ausgestaltung näher zu untersuchen.

---

14 *Pernice*, Öffentlichkeit und Medienöffentlichkeit, S. 27.
15 *Kißler*, Öffentlichkeitsfunktion, S. 54; *von Coelln*, Medienöffentlichkeit, S. 49.

I. Historische Betrachtung über die Entwicklung des Öffentlichkeitsgrundsatzes

Die Entwicklung des Öffentlichkeitsgrundsatzes ist geprägt von unterschiedlichen Strömungen sowie politischen und philosophischen Diskursen. Ziel der Darstellung muss es daher sein, die für die Ausgestaltung wesentlichen historischen Etappen darzustellen und ihre Bedeutung für den Grundsatz herauszustellen. Dabei beschränkt sich der Blick nicht allein auf die deutschen Gebiete. Vielmehr muss insbesondere auch die Rolle französischer Einflüsse – beeinflusst von Aufklärung und Französischer Revolution – kritisch gewürdigt werden.

1. Griechische und römische Anfänge

Bereits die Prozesse im alten Rom und Griechenland waren vom Gedanken der Öffentlichkeit geprägt. Exemplarisch hierzu ist für das griechische Zeitalter die Iliasstelle (XVIII 497-508)[16] zu nennen. Unter Anwesenheit des Publikums entschied das Gericht in öffentlicher Sitzung und Beratung auf dem Markt über die Sühne für die Erschlagung eines Mannes.[17] Eine Anteilnahme an diesem Prozedere durch das Publikum war dabei nicht ungewöhnlich. Im alten Athen galt der öffentliche Prozess dabei zugleich als Ausfluss des öffentlichen Lebens.[18]

Neben den Griechen haben auch die Römer ihre Rechtspflege unter freiem Himmel an einem öffentlichen Ort bei Anwesenheit der freien Rechtsgenossen abgehalten.[19] Bezeichnend dafür stand der Gerichtsstuhl des Prätors auf dem *forum*. Speziell für das römische Strafverfahren galt grundsätzlich, dass jeder Freie dem Prozess beiwohnen konnte. Anklageerhebung und Hauptverhandlung wurden öffentlich bekanntgemacht, um von einem breiten Zuschauerspektrum sachdienliche Hinweise erhalten zu können.[20]

---

16 Zitiert nach *Schaeben*, Öffentlichkeit und Sitzungspolizei, S. 8.
17 *Schaeben*, Öffentlichkeit und Sitzungspolizei, S. 8.
18 *Pantazopoulos*, ZZPInt 13 (2008), 319, 320.
19 *Kern*, Gerichtsverfassungsrecht, S. 302; *Schuckert*, Volksöffentlichkeit, S. 4.
20 *Schaeben*, Öffentlichkeit und Sitzungspolizei, S. 8 unter Verweis auf *Jhering*.

2. Germanisches Zeitalter

Die Gerichtsbarkeit zur Zeit der Germanen war bis zum 5. Jahrhundert Aufgabe des Volkes.[21] Ohne Differenzierung zwischen Straf- und Zivilprozess[22] wurde das Gerichtsleben vom sogenannten Thing geprägt. In dieser notwendigerweise öffentlichen Volksversammlung hatten alle freien Volksgenossen das Urteil über den Streitgegenstand in öffentlicher Beratung zu finden und dadurch aufkommende Rechtsangelegenheiten zu regeln.[23] Je nach Stammeszugehörigkeit war die Teilnahme dabei sogar teilweise als Pflicht konzipiert, die sogenannte Thingpflicht. Nichtsdestotrotz stand es auch allen Nichtpflichtigen offen, als Zuhörer am Verfahren teilzunehmen, während Fremden und Unfreien der Zutritt verwehrt blieb.[24] Mit diesen Grundsätzen korrespondiert die örtliche Ausgestaltung der Volksversammlung: Gerichtsgebäude, die eine gewisse Abschottung garantiert hätten, waren unbekannt. Das Thing wurde vielmehr an einem erhöhten, gut einzusehenden Ort unter freiem Himmel abgehalten. Hier spiegelt sich der Gedanke örtlicher Öffentlichkeit wider.[25]

Der Rechtsstreit wurde dabei nicht vom Richter durch Urteil entschieden, sondern von der Thinggemeinde. Der Richter selbst hatte nur die Position inne, das Recht zu erfragen, für Ruhe und Ordnung zu sorgen sowie die formelle Leitung des Verfahrens zu übernehmen.[26] Der damaligen Zeit war es immanent, Recht als vorgegebene ungeschriebene Größe zu begreifen, welche allein im Gesamtwissen des Volkes wiederzufinden war.[27] Eine Trennung von Gericht und Publikum fand somit nicht statt, vielmehr war letzteres selbst mit den gerichtlichen Aufgaben betraut. Kennzeichnend für das Verfahren war dabei ferner die vollständige Mündlichkeit.[28] Erst in späteren Jahren wurden spezielle Urteilsfinder damit beauftragt, einen Ur-

---

21 *Kern*, Geschichte des Gerichtsverfassungsrechts, S. 1; *von Coelln*, Medienöffentlichkeit, S. 49; *Pernice*, Öffentlichkeit und Medienöffentlichkeit, S. 72.

22 *Siegel*, Geschichte des deutschen Gerichtsverfahrens, S. 58; *Kern*, Geschichte des Gerichtsverfassungsrechts, S. 1.

23 *Schaeben*, Öffentlichkeit und Sitzungspolizei, S. 8.

24 *Schuckert*, Volksöffentlichkeit, S. 6; *Maurer*, Geschichte des Gerichtsverfahrens, § 22 S. 33 f.

25 *Siegel*, Geschichte des deutschen Gerichtsverfahrens, S. 96 f.; *Schuckert*, Volksöffentlichkeit, S. 5; *von Coelln*, Medienöffentlichkeit, S. 50.

26 *Schaeben*, Öffentlichkeit und Sitzungspolizei, S. 9; *Schuckert*, Volksöffentlichkeit, S. 6; *Kern*, Geschichte des Gerichtsverfassungsrechts, S. 1.

27 *Von Coelln*, Medienöffentlichkeit, S. 49 m.w.N.

28 *Maurer*, Geschichte des Gerichtsverfahrens, § 24 S. 36; *von Coelln*, Medienöffentlichkeit, S. 50; vgl. *Jung*, in: GS H. Kaufmann, S. 893 f.

teilsvorschlag zu formulieren. Für die Wirksamkeit dieses Vorschlags bedurfte es indes zunächst noch der Zustimmung der anderen Beteiligten, bis auch dieses Erfordernis nach und nach abgebaut wurde. Die Urteilsfinder stiegen in der Folge zu den eigentlichen Entscheidern auf.[29]

Insgesamt ist die germanische Volksöffentlichkeit aufgrund der Thingpflicht somit zum einen als notwendige und unmittelbare Öffentlichkeit ausgestaltet. Zum anderen war sie auch absolut und aktiv, da das gesamte Verfahren vor dem Thing abzuhalten war und die Volksgenossen das Recht zu ermitteln hatten.[30]

3. Öffentlichkeit im Mittelalter

Die Epoche des Mittelalters gilt als die Phase, in der zunehmend eine Abkehr von der Volksgerichtsbarkeit hin zur Gerichtsbarkeit von Amts wegen festzustellen ist. Gericht und Publikum entwickelten sich während des Fränkischen Reichs immer mehr zu eigenständigen Größen.[31] Zunächst wurde die Gerichtsversammlung in Form der Hundertschaft unter örtlicher Öffentlichkeit weiterhin von sämtlichen freien Männern gebildet. Daran änderte die Einführung der lex Salica im Jahre 508 nur geringfügig etwas. Die Grundzüge der bisherigen germanischen Gerichtsverfassung wurden beibehalten. Als Richter fungierte ein vom Volk gewählter Volksbeamter. Das Urteil wurde von einem Ausschuss, bestehend aus sieben Urteilsfindern, entworfen, die aus der Gerichtsgemeinde stets neu zu bestimmen waren, und es galt, zwischen ordentlichen (echten, ungebotenen) und gebotenen Thingen zu unterscheiden.[32]

Nichtsdestotrotz ist festzustellen, dass sich eine Mischung aus Volksgerichtsbarkeit und staatlicher Gerichtsbarkeit immer mehr herauskristallisierte. Ausschlaggebend hierfür war vornehmlich die Macht des Königs. Zwei Gerichtsarten waren zu unterscheiden: Einerseits das vom König selbst abgehaltene Königsgericht, andererseits das Hundertschaftsgericht.[33] Letzteres zeichnete sich dadurch aus, dass es unter Vorsitz des sogenannten Grafen abzuhalten war, des Richters, der vom König gewählt wurde. Ein

---

29 *Kern*, Geschichte des Gerichtsverfassungsrechts, S. 1 f.
30 *Schuckert*, Volksöffentlichkeit, S. 5 f.
31 *Von Coelln*, Medienöffentlichkeit, S. 51.
32 *Kern*, Geschichte des Gerichtsverfassungsrechts, S. 3 f.; *Schuckert*, Volksöffentlichkeit, S. 6.
33 *Kern*, Geschichte des Gerichtsverfassungsrechts, S. 4; *von Coelln*, Medienöffentlichkeit, S. 51.

selbständiges Grafengericht war aber nicht Folge dieser Entwicklung, allein die Zuständigkeit der Hundertschaftsgerichte dehnte sich auf die gesamte Grafschaft aus. Die Königsgerichte waren dagegen von ihren unbegrenzten Zuständigkeiten geprägt. So war es dem König sowohl möglich, an jedem beliebigen Ort Gericht zu halten, als auch jedes Verfahren persönlich an sich zu ziehen.[34] Die beschriebene Wandlung der Gerichtsbarkeit zeugt zugleich von den Anfängen der Offizialmaxime.

Eine wesentliche Restriktion der bis dato bestehenden unbedingten Gerichtsöffentlichkeit erfolgte dann aber unter Karl dem Großen. Dieser führte zunächst eine Schöffenverfassung ein.[35] Die Urteilsgewalt ging auf richterliche Sendboten über. Die vormals speziellen Urteilsfinder bezeichnete man fortan als Schöffen, die auf Lebzeiten gewählt und daher Beamte wurden. Ihre Aufgabe bestand darin, den Urteilsvorschlag zu unterbreiten. In den gebotenen Thingen fällten sie zudem das Urteil. Da sich die Schöffen unter Eid dazu verpflichteten, nach bestem Gewissen zu urteilen, bürgerte sich für sie im Laufe der Zeit auch der Begriff der Geschworenen ein. Die Gerichtsgemeinde war dagegen nicht mehr verpflichtet, an den gebotenen Thingen teilzunehmen. Ihre Präsenz beschränkte sich auf die ordentlichen (echten) Thinge, die nur noch dreimal jährlich abgehalten wurden. Ziel dieser Reform war es, die ärmeren Volksgenossen von der drückenden Gerichtspflicht zu entlasten.[36]

Diese Umstrukturierung in der germanischen Rechtsentwicklung führt zugleich vor Auge, wie sich der Zweck der Öffentlichkeit zu wandeln begann: Das Volk konnte dem Urteil zwar nach wie vor öffentlich mit Zustimmung oder Ablehnung begegnen. Durch die Schöffen, die aus dem Volk gewählt wurden, bestand ferner eine mittelbare Beteiligungsmöglichkeit. Dennoch war es nicht mehr das Volk, das Recht sprach, sondern allein das Gericht. Bestand somit vormals noch die Möglichkeit aktiver Teilnahme des Volkes an der Rechtsprechung, so war es zukünftig auf eine passive Rolle beschränkt.[37]

Die veränderte Zusammensetzung der zwei Thingarten hatte ferner eine differenzierte Zuständigkeitsaufteilung zur Folge. Streitigkeiten über Leben, Freiheit und Eigentum an Grundstücken waren nach wie vor dem or-

---

34 *Kern*, Geschichte des Gerichtsverfassungsrechts, S. 4.
35 *Von Coelln*, Medienöffentlichkeit, S. 51.
36 *Schuckert*, Volksöffentlichkeit, S. 6; *Schaeben*, Öffentlichkeit und Sitzungspolizei, S. 9; *Kern*, Geschichte des Gerichtsverfassungsrechts, S. 6.
37 *Schaeben*, Öffentlichkeit und Sitzungspolizei, S. 9; *Maurer*, Geschichte des Gerichtsverfahrens, § 70 S. 83.

dentlichen Thing als der hohen Gerichtsbarkeit zugeteilt, im gebotenen Thing als der niederen Gerichtsbarkeit wurden dagegen Schadensersatzklagen und andere bürgerliche Klagen auf Geld behandelt. Anzumerken bleibt, dass sich die Schöffenverfassung nicht flächendeckend durchzusetzen vermochte. In Sachsen wurde das Hundertschaftsgericht erhalten.[38]

Auch in der Phase des Hochmittelalters blieb die Schöffenverfassung bestehen. Die unmittelbare Volksbeteiligung verringerte sich dagegen weiterhin kontinuierlich. Nicht nur die Urteilsfindung verlagerte sich immer mehr in Richtung der Schöffen, auch die Zustimmung der Teilnehmer am echten Thing wurde entbehrlich.[39] Zudem trat eine Zersplitterung der deutschen Gerichtsbarkeit ein, die zur Existenz von staatlichen, genossenschaftlichen, geistlichen, Markt- und Stadtgerichten führte. Folge waren auch hier Restriktionen der Öffentlichkeit. So wurde die örtliche Öffentlichkeit dahingehend zurückgedrängt, als dass das Gericht vermehrt in Kirchen, Rathäusern oder eigens errichteten Thinghallen tagte. Aus einer aktiven Versammlung wurde auch hier eine freiwillig erschienene passive Volksgemeinschaft.[40]

4. Entwicklung des geheimen Verfahrens ab dem 13. Jahrhundert

Mit Beginn des 13. Jahrhunderts erfuhr die Öffentlichkeit sukzessive ihren endgültigen Niedergang. Einer der Hauptgründe hierfür war das intensivierte Streben nach einer professionellen Gerichtsbarkeit von Amts wegen.[41]

Wenngleich sich die vorliegende Arbeit auf das zivilgerichtliche Verfahren konzentriert, soll an dieser Stelle zunächst nicht feingliedrig zwischen der Entwicklung im Straf- und Zivilverfahren unterschieden werden.[42] Beide Gebiete lassen sich auf gemeinsame Wurzeln zurückführen. Dafür spricht auch, dass der heutige § 169 GVG für die gesamte ordentliche Ge-

---

38 *Kern*, Geschichte des Gerichtsverfassungsrechts, S. 6.
39 *Von Coelln*, Medienöffentlichkeit, S. 51.
40 *Schuckert*, Volksöffentlichkeit, S. 7; *Kern*, Geschichte des Gerichtsverfassungsrechts, S. 7.
41 *Walther*, JZ 1998, 1145 für das Strafverfahren; diese Aussage gilt indes auch für die Zivilgerichtsbarkeit.
42 Festzuhalten ist, dass sich die Nichtöffentlichkeit im Zivilverfahren in den Einzelstaaten tendenziell schneller durchzusetzen vermochte; siehe dazu und zu den differenzierten Entwicklungsschritten speziell im Straf- und Zivilverfahren *Seifarth*, Untergang der Öffentlichkeit, S. 15.

richtsbarkeit Geltung beansprucht und selbst nicht zwischen beiden Rechtsgebieten differenziert.[43] Vielmehr soll es Ziel dieser historischen Darstellung sein, die Gründe herauszuarbeiten, die für den Niedergang der Volksöffentlichkeit Relevanz haben. Auf spezielle Ausprägungen im Bereich der Zivilgerichtsbarkeit wird im Folgenden gesondert hingewiesen.

Die Zersplitterung auf dem Gebiet des Verfahrensrechts führte zunächst dazu, dass eine nationale Entwicklung desselben gehemmt wurde. Stattdessen beeinflussten zunehmend fremde Rechtsgedanken das nationale Recht.[44] Insbesondere der kanonische Prozess, eine Fortentwicklung des römischen Verfahrens, gewann nicht zuletzt durch die wachsende Macht der Kirche an Bedeutung.[45] Speziell im Bereich des Zivilverfahrens galt, dass die Kirche die Zuständigkeit für jeden Prozess zwischen Klerikern, zwischen Kleriker und Laie oder zwischen Laien betreffend Ehesachen oder Testamentsstreitigkeiten beanspruchte. Kennzeichnend für das zivilgerichtliche Verfahren waren zum einen die Schriftlichkeit und Heimlichkeit, zum anderen seine Schwerfälligkeit. Als höchste Instanz fungierte der Papst hier höchstpersönlich.[46]

Die in Deutschland einsetzende Rezeption als die Übernahme italienischer Rechtsgedanken – insbesondere der oberitalienischen Städte – trug ebenfalls dazu bei, dass es zu Veränderungen innerhalb des nationalen Rechtssystems kommen musste, durch welche die Volksöffentlichkeit nachhaltig umgestaltet wurde.[47] Das Volk wurde zunehmend von den Richterbänken verdrängt, stattdessen wurde die Rechtspflege den rechtsgelehrten Richtern überlassen. Die an oberitalienischen Universitäten ausgebildeten Berufsrichter urteilten nach römischem Recht mit der Folge, dass die Allgemeinheit und die Schöffen das Verständnis für das Verfahren verloren.[48] Begünstigt wurden diese Tendenzen weiterhin dadurch, dass der gemeine Prozess schriftlich und mittelbar abgehalten wurde. Der durchschnittliche Volksrichter konnte indes nicht lesen, sodass ihm die Fähigkeit fehlte, die Akten zu studieren. Die Abkehr vom mündlichen Verfahren be-

---

43 Vgl. insoweit auch *von Coelln*, Medienöffentlichkeit, S. 53.
44 *Seifarth*, Untergang der Öffentlichkeit, S. 10.
45 *Schuckert*, Volksöffentlichkeit, S. 8; *Kern*, Geschichte des Gerichtsverfassungsrechts, S. 20.
46 *Kern*, Geschichte des Gerichtsverfassungsrechts, S. 21.
47 *Schuckert*, Volksöffentlichkeit, S. 8; *Seifarth*, Untergang der Öffentlichkeit, S. 2.
48 *Siegel*, Unabhängigkeit der Rechtsprechung, S. 222; *Schaeben*, Öffentlichkeit und Sitzungspolizei, S. 10; *Kern*, Geschichte des Gerichtsverfassungsrechts, S. 21 f.

deutete hier zugleich den Wegfall der Öffentlichkeit.[49] Letztlich begünstigten vor allem die Änderungen der Kammergerichtsordnung in den Jahren 1500 und 1507, die für das höchste deutsche Gericht fortan Heimlichkeit und Schriftlichkeit anordneten, den Abgesang auf die Volksöffentlichkeit. Dieses neu ausgestaltete zivilrechtliche Verfahren drang in die deutschen Territorien ein, sodass im Laufe der Zeit nahezu alle Gerichtsordnungen die Regelung der Reichskammergerichtsordnung übernahmen.[50] Mit Beginn des Absolutismus im 17. Jahrhundert gestaltete sich das Bild derart, dass sowohl Volksrichtertum als auch die Öffentlichkeit nahezu vollständig beseitigt waren.[51] Prägnant lässt sich die Situation wie folgt beschreiben: Die Rechtspflege bestand zwar nach wie vor für das Volk, wurde aber nicht länger durch das Volk gewährleistet.[52]

Für die dargestellte Entwicklung spielten aber auch die Veränderungen in der gesellschaftlichen Struktur eine nicht unbedeutende Rolle. Die neue ständische Gesellschaftsgliederung nach Geburtsständen, Fürsten, Rittern, Bürgern und Bauern wirkte sich auf die Gerichte aus. Fortan musste jedes Standesmitglied von seinesgleichen abgeurteilt werden. Das zunehmende Abhängigkeitsverhältnis des Bauernstandes und die damit einhergehende Rechtlosigkeit spiegelte sich in der schwindenden Bedeutung der Gerichtsöffentlichkeit wider.[53]

5. Aufklärung und Französische Revolution

Dass das heutige Recht den Grundsatz der Öffentlichkeit anerkennt und die seit dem Ende des Mittelalters bestehende Geheimjustiz erfolgreich beseitigt werden konnte, ist vor allem ein Resultat der aufklärerischen Bewegung des 18. Jahrhunderts.[54]

---

49 *Kern*, Geschichte des Gerichtsverfassungsrechts, S. 22; *von Coelln*, Medienöffentlichkeit, S. 57.
50 *Schuckert*, Volksöffentlichkeit, S. 9 f.; *Seifarth*, Untergang der Öffentlichkeit, S. 10 f.; vgl. *Kern*, Geschichte des Gerichtsverfassungsrechts, S. 30; *ders.*, Gerichtsverfassungsrecht, S. 302.
51 *Schaeben*, Öffentlichkeit und Sitzungspolizei, S. 11; *Kern*, Geschichte des Gerichtsverfassungsrechts, S. 22.
52 *Kern*, Geschichte des Gerichtsverfassungsrechts, S. 40.
53 *Schaeben*, Öffentlichkeit und Sitzungspolizei, S. 10; *von Coelln*, Medienöffentlichkeit, S. 53.
54 BVerfGE 103, 44, 63 = NJW 2001, 1633, 1635 = JZ 2001, 704, 706; Stein/Jonas/*Jacobs*, ZPO Band 10, § 169 GVG Rn. 4; *Walther*, JZ 1998, 1145.

Der entscheidende Impuls für die Forderung nach Gerichtsöffentlichkeit wurde dabei zunächst in Frankreich gesetzt. Maßgeblichen Anteil auf dem Weg hin zu einem öffentlichen Verfahren hatte vor allem *Charles de Montesquieu*, der den zunächst theoretisch vorbereiteten Kampf für die Gerichtsöffentlichkeit maßgeblich prägte.[55] In seinem Werk *„De l'Esprit des lois"* aus dem Jahre 1748 trat er maßgeblich für die Idee der Gewaltenteilung ein[56], die als wesentliches Kernelement der aufklärerischen Bewegung verstanden werden muss. Danach sind jedem Staat drei Arten öffentlicher Gewalt immanent – die Exekutive, Judikative und Legislative.[57] Aufgabe der Judikative sei es, bürgerliche Rechtsstreitigkeiten zu lösen und Verbrechen zu ahnden. Voraussetzung dieser Aufgabenwahrnehmung müsse es aber sein, dass die drei Gewalten unabhängig und getrennt voneinander existieren. Bei einer Verbindung mit der Legislative drohe ansonsten die Gefahr, dass die Judikative als Gesetzgeber fungiere und die Freiheit des Bürgers beeinträchtige. Eine Untrennbarkeit mit der Exekutive habe zur Folge, dass der Richter als eine unterdrückende Macht auftreten könnte.[58] Ziel der Gewaltenteilung sei es vielmehr, eine Balance zwischen den drei Gewalten zu erreichen.[59]

Aus diesen Grundgedanken *Montesquieus* heraus versteht sich auch seine Bemühung, die Aufmerksamkeit auf das in England praktizierte Schwurgerichtssystem zu lenken, welches gleichermaßen für Zivil- und Strafsachen zur Verfügung stand. Dieses Schwurgerichtssystem beließ die Rechtsprechungsgewalt nicht allein in den Händen abhängiger Beamter, was laut *Montesquieu* einen entscheidenden Faktor hin zur geforderten Balance der Gewalten bildete.[60] Richterliche Gewalt sollte seiner Auffassung nach stets durch Männer aus dem Volk ausgeübt werden. Zugleich sei damit auch die angestrebte Unabhängigkeit der Richter gewahrt. Dass gerade das englische Prozesssystem als beispielhaftes Vorbild dienen sollte, hatte nicht

---

55 *Von Coelln*, Medienöffentlichkeit, S. 60; *Kern*, Geschichte des Gerichtsverfassungs-rechts, S. 49.

56 Siehe dazu *Montesquieu*, De l'esprit des lois, livre XI, chapitre VI, S. 128ff.

57 *Montesquieu*, De l'esprit des lois, livre XI, chapitre VI, S. 128 f.; vgl. auch *Kern*, Ge-schichte des Gerichtsverfassungsrechts, S. 49.

58 *Montesquieu*, De l'esprit des lois, livre XI, chapitre VI, S. 129.

59 *Montesquieu*, De l'esprit des lois, livre XI, chapitre VI, S. 135; vgl. auch *Kern*, Ge-schichte des Gerichtsverfassungsrechts, S. 49.

60 *Montesquieu*, De l'esprit des lois, livre XI, chapitre VI, S. 131ff.; *von Coelln*, Me-dienöffentlichkeit, S. 61; *Kern*, Geschichte des Gerichtsverfassungsrechts, S. 50.

zuletzt auch damit zu tun, dass der öffentlich und mündlich ausgestaltete Parteiprozess dort nach wie vor existierte.[61]

Dennoch ist an dieser Stelle festzuhalten, dass sich die Kritik *Montesquieus* insbesondere am strafrechtlichen, geheim ablaufenden Inquisitionsprozess entfachte. Grund hierfür war die Tatsache, dass das Zivilverfahren in Frankreich mit dem im Jahre 1667 eingeführten Audienzverfahren bereits frühzeitig einzelne Öffentlichkeitselemente beinhaltete und daher zumindest Parteiöffentlichkeit garantierte.[62] Die Stimmen gegen besagten Inquisitionsprozess wurden in der Folge besonders durch *Cesare Beccaria* aufrechterhalten, der in seinem Werk *„Dei delitti e delle pene"* (1764) entschieden für die Gerichtsöffentlichkeit eintrat und eine Machtbegrenzung durch das Volk erreichen wollte.[63] Die auf der menschlichen Vernunft basierende Bewegung der Aufklärung strebte somit danach, die Justiz durch die Öffentlichkeit der Verhandlung zu kontrollieren. Zeitgleich sollte die dadurch hervorgerufene Transparenz bestehendes Misstrauen gegenüber der Gerichtstätigkeit abbauen und die richterliche Unabhängigkeit garantieren.[64]

Ausgelöst durch diese Schrift wurde auch in Deutschland der Ruf nach Öffentlichkeit im gerichtlichen Verfahren lauter. Die Forderungen fokussierten sich dabei auf die Einführung eines Schwurgerichts sowie öffentlicher Verhandlungen nicht nur für die straf-, sondern auch die zivilrechtlichen Prozesse.[65] Als zentrales Argument für die Einführung von Schwurgerichten wurde dabei hervorgehoben, dass der Einzelne nur auf der Grundlage von Gesetzen verurteilt werden dürfe, die für jedermann verständlich seien.[66] Praktische Veränderungen traten in Deutschland zunächst jedoch nicht ein.

In Frankreich verbuchte die Forderung nach Gerichtsöffentlichkeit dagegen erste sichtbare Erfolge. Die Französische Revolution 1789 führte dazu, dass ein öffentliches und mündliches Verfahren unter Laienbeteiligung eingeführt wurde.[67] Dabei galt es, das schriftliche und heimliche Verfahren

---

61 *Von Coelln*, Medienöffentlichkeit, S. 61.
62 *Fögen*, Gerichtsöffentlichkeit, S. 19.
63 Vgl. *Beccaria*, Verbrechen und Strafen, Siebentes Kapitel, S. 17, übersetzt von Glaser (1851).
64 *Pernice*, Öffentlichkeit und Medienöffentlichkeit, S. 74; *Kissel/Mayer*, § 169 Rn. 1.
65 Vgl. dazu auch *von Preuschen*, Abhandlung über die Öffentlichkeit, S. 19ff.
66 *Kern*, Geschichte des Gerichtsverfassungsrechts, S. 50 f. unter Verweis auf J. Mösers Patriotische Phantasien I (1774).
67 *Kern*, Gerichtsverfassungsrecht, S. 302; *Bruns*, Zivilprozessrecht, § 16 Rn. 80; *Klein*, Grundsätze der Öffentlichkeit und Mündlichkeit, S. 6.

nicht bloß durch Parteiöffentlichkeit aufzuwerten. Vielmehr wurde Volksöffentlichkeit angestrebt, um jedem Mann aus dem Volk den Zugang zum
gerichtlichen Verfahren zu ermöglichen.[68] Im Strafverfahren[69] wurde das
Inquisitionsverfahren zwar zunächst beibehalten, die Gerichtstüren wurden aber für die Öffentlichkeit geöffnet. Im Jahre 1790 beinhalteten alle relevanten Strafverfahrensgesetze den Grundsatz der öffentlichen Hauptverhandlung.[70] Für Zivilsachen sorgte die Verfassung vom 24. Juni 1793 dafür, dass die Gerichtsöffentlichkeit auch die richterliche Beratung und Abstimmung mitumfasste.[71] Umso bedauerlicher ist es daher, dass die Regelung unter Beibehaltung der Öffentlichkeit im Übrigen durch die Direkto-
rialverfassung im Jahre 1795 wieder aufgehoben wurde.

6. Weitere Entwicklung der Öffentlichkeit in Deutschland

Wie die bisherige Untersuchung gezeigt hat, sind die französischen Strömungen als Vorreiter für die Verwirklichung der Gerichtsöffentlichkeit in
Deutschland zu verstehen. Im Folgenden ist daher die dortige Entwicklung der Forderung nach Öffentlichkeit einer genaueren Untersuchung zu
unterziehen.

a) Anfänge im Rheinland und Entwicklung in Preußen

In Deutschland hatten die Kontroversen und Bemühungen zur Durchsetzung der Gerichtsöffentlichkeit ihren Ursprung im Rheinland. Das hohe
Maß an Aufmerksamkeit, das dem Öffentlichkeitsgrundsatz zuteilwurde,
lässt sich schon den ersten Veröffentlichungen der Fachzeitschrift *„Nieder-*
rheinisches Archiv für Gesetzgebung, Rechtswissenschaft und Rechtspflege" entnehmen. Die öffentliche Verhandlung aller Rechtssachen ohne Ausnahme
wurde als unschätzbare Wohltat angepriesen, die den Grundstein der bürgerlichen Freiheit bilde.[72]

---

68 *Schaeben*, Öffentlichkeit und Sitzungspolizei, S. 11.
69 Detaillierte Schilderung der Entwicklung: *Kern*, Geschichte des Gerichtsverfassungsrechts, S. 51ff.
70 *Von Coelln*, Medienöffentlichkeit, S. 65.
71 *Kern*, Gerichtsverfassungsrecht, S. 302; *von Coelln*, Medienöffentlichkeit, S. 65.
72 NiederrhArch. Band 3 (1818), No. 67: Rechtfertigung des öffentlichen mündlichen Verfahrens im Civil-Prozesse und in peinlichen Sachen gegen seine Verfol-
ger, Düsseldorf, S. 72.

Die Gründe, die ein solch vehementes Einstehen für die Öffentlichkeit erforderlich machten, hingen im Wesentlichen mit den Entwicklungen im Zuge des Wiener Kongresses zusammen. Nachdem in Deutschland zunächst vor allem die Verhandlungen des Schwurgerichts-Strafverfahrens in den von *Napoleon* eroberten Gebieten öffentlich ausgestaltet waren, kam es als Folge der Befreiungskriege wieder zu deren Abschaffung. Als negative Errungenschaft der Französischen Revolution wurde die Gerichtsöffentlichkeit fast ausnahmslos aus Deutschland verdrängt.[73] Die rheinischen Gebiete fielen indes als Resultat des Wiener Kongresses an Preußen, Bayern und Hessen. Während die beiden letzteren in ihren linksrheinischen Gebieten die Fortgeltung der Verfahrensöffentlichkeit garantierten, war Preußen bestrebt, das geltende französische Recht durch eigenes Recht zu ersetzen, um die Verfahrensöffentlichkeit zu beseitigen.[74] Durch seine langjährige Geltung war der Bevölkerung das französische Recht aber bereits derart vertraut, dass sich gegen die Pläne Preußens Widerstand regte. Hinzu kam, dass die preußische Regierung selbst keine genauen Vorstellungen vom Umfang der Rechtsersetzung hatte. Daher musste zunächst eine Kommission einberufen werden, die die Vor- und Nachteile des französischen Rechts eingehend zu untersuchen hatte. Im Jahre 1818 entschloss man sich schließlich auf Vorschlag der Kommission dazu, die Gerichtsöffentlichkeit in den Rheinprovinzen zu erhalten.[75] Auch das Gegenvotum des Justizministers *von Kircheisen* konnte am Siegeszug der Öffentlichkeit nichts mehr ändern. Die Beibehaltung des öffentlichen Verfahrens im Zivilprozess wurde schließlich durch eine Kabinetts-Order gesichert, das Institut im preußischen Rheinland somit erfolgreich verteidigt.[76]

Im Jahre 1848 wurde der Streit um die Gerichtsöffentlichkeit durch Art. 92 der Preußischen Oktroyierten Verfassung endgültig beendet. Fortan waren Verhandlungen vor dem erkennenden Gericht in Zivil- und Strafsachen öffentlich abzuhalten.[77] Schon im Jahre 1850 korrigierte die Preußische revidierte Verfassung diese Errungenschaft insoweit, als dass nunmehr

---

73 *Von Coelln*, Medienöffentlichkeit, S. 68.

74 *Fögen*, Gerichtsöffentlichkeit, S. 16, 18; *von Coelln*, Medienöffentlichkeit, S. 69.

75 *Fögen*, Gerichtsöffentlichkeit, S. 16 f.; *von Coelln*, Medienöffentlichkeit, S. 69 f.; *Ahrens*, Prozessreform, S. 154; vgl. auch zum Vorschlag der Kommission (Zivilsachen): *Landsberg*, Gutachten der Rheinischen Immediat-Justiz-Kommission, S. 55ff.

76 *Ahrens*, Prozessreform, S. 153; *Fögen*, Gerichtsöffentlichkeit, S. 17; *Klein*, Grundsätze der Öffentlichkeit und Mündlichkeit, S. 6.

77 *Fögen*, Gerichtsöffentlichkeit, S. 18; *Eslami*, Nichtöffentlichkeit des Schiedsverfahrens, S. 87.

erweiterte Beschränkungsmöglichkeiten der Öffentlichkeit vorgesehen waren.[78] Im Sinne einer wohlorganisierten Rechtspflege blieb die Öffentlichkeit aber nach wie vor ein anerkanntes Institut.[79]

b) Entwicklung im übrigen Deutschland

Wenngleich sich die Erfahrungen mit dem französischen Recht somit begünstigend und beschleunigend auf die Entwicklung in den deutschen Gebieten auswirkten, wäre es übereilt, diesem den entscheidenden Einfluss auf die gesamte deutsche Gesetzgebung zuzusprechen.[80] Dagegen spricht schon die ablehnende Haltung der Deutschen gegen alles „Welsche". Die kurzfristige Herrschaft des französischen Rechts hätte überdies auch nicht binnen weniger Jahre zu einer solch vehementen Forderung nach Gerichtsöffentlichkeit führen können, wenn das Reformbedürfnis nicht schon in der deutschen Tradition verwurzelt gewesen wäre.[81]

Anders als in den rheinischen Gebieten gestaltete sich die Entwicklung in den übrigen Einzelstaaten Deutschlands. Die Reformen in den linksrheinischen Territorien waren bereits abgeschlossen, als die politischen und juristischen Diskussionen über die Gerichtsöffentlichkeit einzusetzen begannen. Insbesondere die zweibändige literarische Schrift *„Betrachtungen über die Öffentlichkeit und Mündlichkeit der Gerechtigkeitspflege"* von *Feuerbach* legt ein prägnantes Zeugnis darüber ab, mit welcher Intensität für die Öffentlichkeit im gerichtlichen Verfahren gekämpft wurde. Sein Verdienst ist es, dass sich die Thesen seit der Märzrevolution 1848 kontinuierlich durchzusetzen begannen[82] und die Gerichtsöffentlichkeit zur damaligen Zeit kaum noch in Frage gestellt wurde. Zugleich beeinflussten seine Thesen die Verabschiedung der Reichsjustizgesetze 1877 und haben auch heute noch für das Verständnis des Öffentlichkeitsbegriffs Bedeutung.[83] Verständlich wird dies, wenn man die zentralen Aussagen *Feuerbachs* näher beleuchtet, in denen er die Notwendigkeit der Öffentlichkeit mit Gerechtigkeitserwägungen begründet und das Element der Vertrauensschaffung be-

---

78 *Klein*, Grundsätze der Öffentlichkeit und Mündlichkeit, S. 6.
79 *Strauch*, in: FS Mallmann, S. 345, 350.
80 So aber *Schwartz*, Vierhundert Jahre deutscher Civilprozeß-Gesetzgebung, S. 604.
81 Eingehend *Fögen*, Gerichtsöffentlichkeit, S. 20; *Eslami*, Nichtöffentlichkeit des Schiedsverfahrens, S. 88.
82 *Eslami*, Nichtöffentlichkeit des Schiedsverfahrens, S. 88.
83 *Bockelmann*, NJW 1960, 217, 218.

tont.[84] Heimlichkeit sei demnach die verbergende Hülle des Schlechten und Verworfenen, die der Gerechtigkeit an und für sich selbst innerlich zuwiderlaufe. Die Gerechtigkeit, die nur Gewalt übe im Namen des Gesetzes für das ewige Recht, sei aber das Herrlichste, was der Staat dem Menschen verbürge, und weise keinerlei Gemeinsamkeit mit dem Schlechten auf. Dann aber bestehe auch kein Bedürfnis nach Verborgenheit.[85]

Feuerbach führt weiter aus, dass keine Gründe dafür ersichtlich sind, die Gerichtstüren zu schließen. Gäbe es hinter den Türen nichts zu sehen, was der Mühe des Zusehens lohne, so solle man sie wenigstens offenstehen lassen, damit jeder sehen könne, dass nichts zu sehen sei.[86] Hieran wird deutlich, dass es den Verfechtern der Öffentlichkeit auch darauf ankam, aufkeimendes Misstrauen in der Bevölkerung zu ersticken.

Unter dem Einfluss dieser Gedankenströme ist es daher auch nicht verwunderlich, dass der Weg zur generellen Gerichtsöffentlichkeit ab der Paulskirchenversammlung vorgezeichnet war. Sämtliche Entwürfe dieser Zeit statuierten die Öffentlichkeit und Mündlichkeit des gerichtlichen Verfahrens ganz selbstverständlich als Grundrechte.[87] Bezeichnend für die derart positive Entwicklung ist dabei die Tatsache, dass selbst Vorschläge zu Ausnahmen von der Gerichtsöffentlichkeit zunächst auf heftigen Widerstand stießen und mit Heiterkeit bedacht wurden.[88] § 178 der Paulskirchenverfassung vom 28. März 1849 legte die Gerichtsöffentlichkeit schlussendlich explizit fest. Zwar trat die Verfassung selbst nie in Kraft, die Einzelstaaten übernahmen jedoch die ausgearbeitete Regelung vielfach mit identischem oder ähnlichem Wortlaut.[89]

Mit der Schaffung der Reichsjustizgesetze 1877, darunter das Gerichtsverfassungsgesetz, fand der Gang hin zur Gerichtsöffentlichkeit einen wohlverdienten Abschluss. Ein langwährender Prozess mündete durch die diskussionslose Verankerung des Öffentlichkeitsprinzips in den §§ 170 ff. GVG in einen verdienten Erfolg.[90] Seither hat der Grundsatz der Öffent-

---

84 *Von Coelln*, Medienöffentlichkeit, S. 74.
85 *Feuerbach*, Betrachtungen über die Öffentlichkeit, Band 1, S. 89.
86 *Feuerbach*, Betrachtungen über die Öffentlichkeit, Band 1, S. 94 f.
87 *Von Coelln*, Medienöffentlichkeit, S. 80; *Strauch*, in: FS Mallmann, S. 345, 350; *Schuckert*, Volksöffentlichkeit, S. 15.
88 *Wigard*, Stenographischer Bericht über die Verhandlungen der deutschen constituierenden Nationalversammlung zu Frankfurt am Main, Band IV, S. 2577.
89 *Schuckert*, Volksöffentlichkeit, S. 15 m.w.N. Fußnote 29; *Schaeben*, Öffentlichkeit und Sitzungspolizei, S. 6.
90 *Jung*, in: GS H. Kaufmann, S. 892, 896; *Kern*, Gerichtsverfassungsrecht, S. 302; vgl. auch *Schuckert*, Volksöffentlichkeit, S. 16.

lichkeit durchgehend Bestand und stellt einen elementaren Pfeiler auch des zivilrechtlichen Verfahrens dar.

II. Heutige Tragweite des Öffentlichkeitsgrundsatzes

Die dargestellte bemerkenswerte historische Entwicklung bietet im Folgenden Anlass zu der Untersuchung, welche Tragweite dem Öffentlichkeitsgrundsatz heute zuzusprechen ist. Unverändert postuliert § 169 S. 1 GVG den Öffentlichkeitsgrundsatz, der seit seiner normativen Verankerung durch die Reichsjustizgesetze keine Änderungen mehr erfahren hat.

1. Zwecke des Öffentlichkeitsgrundsatzes

Um den Bedeutungsgehalt des Öffentlichkeitsgrundsatzes zu verstehen, ist zunächst eine Erörterung seiner grundlegenden Zwecke erforderlich. Ob eine Dispositionsmöglichkeit der Parteien über den Öffentlichkeitsgrundsatz in Erwägung zu ziehen ist, hängt maßgeblich auch mit der Frage zusammen, welchen konkreten Zwecken er dient. Nicht zu verkennen ist dabei der Bedeutungswandel, dem der Grundsatz über die Jahrzehnte hinweg unterliegt. Daher bedarf es auch einer kritischen Begutachtung der Frage, inwieweit sich die mit der Realisierung der gerichtlichen Öffentlichkeit angestrebten Zwecke im Laufe der Zeit geändert haben. Die geschichtliche Untersuchung hat aufgezeigt, dass vor allem der Kampf gegen eine Geheimjustiz, die Kontrolle über die Judikative sowie die Vertrauensbildung im Volk die maßgeblichen historischen Triebkräfte waren, um für die Gerichtsöffentlichkeit einzutreten.[91] Diese Aspekte werden bei der Thematisierung des Öffentlichkeitsgrundsatzes nach wie vor betont[92], sodass sich eine genauere Untersuchung lohnt.

a) Entgegenwirken einer Geheimjustiz

Wird ein Urteil durch das Gericht verkündet, so ist nicht immer davon auszugehen, dass dieses von der breiten Bevölkerung oder den Beteiligten selbst diskussionslos gebilligt wird. Insbesondere bei Verfahren, die eine

---

91 Siehe oben insbesondere 1. Kapitel, A, I, 5.
92 EGMR, NJW 1986, 2177, 2178.

hohe Öffentlichkeitswirkung entfalten und in denen moralische Fragen zutage treten, wird das Urteil vor allem vom juristischen Laien kontrovers aufgefasst. Für den einen ist das Urteil zu milde, andere empfinden es als zu hart.[93] In einem Rechtsstaat muss es daher eine wesentliche Aufgabe sein, allen Beteiligten richterliche Entscheidungen weitestgehend verständlich und transparent zu vermitteln. Dies gilt umso mehr, wenn der Befragte selbst zur Partei des Rechtsstreits wird. Um möglichst faire und nachvollziehbare Urteile zu gewährleisten, wird dem Öffentlichkeitsgrundsatz daher eine individualschützende Ausprägung dergestalt zugeschrieben, dass die Beteiligten vor einer Geheimjustiz, die keiner öffentlichen Kontrolle unterliegt, geschützt und somit keinem richterlichen Willkürpotential unterworfen werden.[94]

Die Notwendigkeit, Publizität als die Grundlage für eine gerechte Entscheidung zu begreifen, hat neben dem oben zitierten *Feuerbach* auch *Immanuel Kant* in einem seiner Werke 1795 erkannt. Eine gerechte Entscheidung habe sich demnach an der Reichweite ihrer Publizität zu messen: Ohne Publizität sei weder Gerechtigkeit noch Recht im Allgemeinen denkbar, vielmehr müsse man fehlende Publizität als Indikator von Unrecht auffassen.[95] Korrespondierend dazu sieht *Kant* in der Verwirklichung des Publizitätserfordernisses den entscheidenden Maßstab für die inhaltliche Legitimität einer Handlung.[96] Für wahres Recht besteht dann auch kein Anlass, die Öffentlichkeit zu meiden.

Für das gerichtliche Verfahren lässt sich daraus schließen, dass mit dem Öffentlichkeitserfordernis zugleich eine gerechte Entscheidung indiziert

---

93 Siehe dazu auch die Studie der EU 2013 über die Justiz in der Bewertung der Bevölkerung; in Deutschland empfinden nur knapp mehr als die Hälfte der Befragten die Urteile der Gerichte in zivil- und handelsrechtlichen Streitigkeiten als fair (vgl. S. 2 des Berichts unter „fairness of judgements"): http://ec.europa.eu/commf rontoffice/publicopinion/flash/fl_385_fact_de_en.pdf (zuletzt abgerufen: 16. November 2018).

94 *Kahlert*, Vertraulichkeit im Schiedsverfahren, S. 103 f.; *Eslami*, Nichtöffentlichkeit des Schiedsverfahrens, S. 80; *Schaeben*, Öffentlichkeit und Sitzungspolizei, S. 12; *Marl*, Öffentlichkeit im Urheberrecht, S. 277; *Wolf*, Gerichtsverfassungsrecht, § 25 S. 243; *Blomeyer*, Zivilprozeßrecht, § 22 S. 122; *Gierhake*, JZ 2013, 1030, 1031 f.; *Franzki*, DRiZ 1979, 82; vgl. bezogen auf Österreich *Simotta*, in: FS Matscher, S. 449, 452.

95 *Kant*, Zum ewigen Frieden, Anhang, Abschnitt II: Von der Einhelligkeit der Politik mit der Moral nach dem transzendentalen Begriffe des öffentlichen Rechts, S. 244.

96 *Kant*, Zum ewigen Frieden, Anhang, Abschnitt II: Von der Einhelligkeit der Politik mit der Moral nach dem transzendentalen Begriffe des öffentlichen Rechts, S. 245.

wird, die dem Betroffenen vermitteln soll, dass es sich bei dem gesprochenen Recht um das Richtige handelt. Dieser Aspekt als auch der damit verbundene Kampf gegen die Geheimjustiz und die Rechtsprechung hinter verschlossenen Türen als ein Wesensmerkmal der aufklärerischen Bewegung werden auch in neuerer Zeit durch die Gerichte als Aufgabe des Öffentlichkeitsgrundsatzes betont.[97]

Dennoch muss die genannte Funktion auch aus ihrem historischen Kontext heraus begriffen werden. Das Willkürpotential, welches durch die fehlende Öffentlichkeit bei staatlichen Gerichten drohte, rührte nicht zuletzt aus den verdeckten politischen Einflussnahmen der Landesherren auf gerichtliche Entscheidungen, sog. Kabinettsjustiz.[98] Es war üblich, dass das Gerichtswesen als verstaatlichte Institution mit abhängigen landesherrlichen Beamten besetzt war.[99] Erst diese Konstellation ermöglichte die Verfestigung einer Geheimjustiz und die damit verbundenen Nachteile für die Beteiligten.

Indes garantiert Deutschland als moderner Rechtsstaat die in Art. 20 Abs. 2 S. 2 GG niedergeschriebene Gewaltenteilung, sodass eine derartige Einflussnahme der Exekutivorgane in der heutigen Zeit keine wirkliche Gefahr mehr darstellt. Das gerichtliche Verfahren ist von rechtsstaatlichen Garantien geprägt und demokratische Kontrollmöglichkeiten stellen sicher, dass sowohl einer Geheimjustiz als auch den damit einhergehenden Willkürmaßnahmen vorgebeugt werden. Die aufgeworfene individualschützende Funktion des Öffentlichkeitsgrundsatzes realisiert sich für die Beteiligten daher in heutiger Zeit vielmehr durch die Gewährleistung eines funktionierenden Rechtsschutzsystems unter Einschluss der Verfassungsbeschwerde als äußerster Rechtsbehelf.[100] Es ist nicht mehr primär die Öffentlichkeit, die die Beteiligten davor schützt, kein Opfer geheimer Justizwillkür zu werden, sondern die vom Gesetz- bzw. Verfassungsgeber festgesetzten Institute rechtsstaatlichen Handelns.

Aufgrund dieser gewandelten Verhältnisse muss die Funktion des Öffentlichkeitsgrundsatzes als Schutzmechanismus vor einer Geheimjustiz relativiert werden. Heute besteht aufgrund der gefestigten Verhältnisse und

---

97 BVerfGE 103, 44, 63 f. = JZ 2001, 704, 706 = NJW 2001, 1633, 1635; BVerfG, NJW 2015, 1235, 1236; BGHSt 7, 218, 221; vgl. auch in Bezug auf Art. 6 EMRK: EGMR, NJW 1986, 2177, 2178.

98 *Kahlert*, Vertraulichkeit im Schiedsverfahren, S. 104; KaKo/*Diemer*, § 169 GVG Rn. 1; vgl. dazu auch *Siegel*, Unabhängigkeit der Rechtsprechung, S. 235ff.

99 Maunz/Dürig/*Hillgruber*, Art. 97 GG Rn. 11.

100 BVerfGE 103, 44, 72 = JZ 2001, 704, 708 = NJW 2001, 1633, 1637 – Sondervotum der Richter Kühling, Hohmann-Dennhardt und Hoffmann-Riem.

der im Gesetz vorgesehenen Garantien keine Gefahr mehr, dass sich das Justizhandeln im Geheimen abspielt. Wenngleich historisch als wichtige Aufgabe verstanden, kann dieser Funktion in heutiger Zeit daher nur noch eine untergeordnete Rolle beigemessen werden.[101]

b) Kontrollfunktion über die Dritte Gewalt, Unabhängigkeit, Vertrauensbildung

Eine enge Verzahnung besteht zwischen dem Kampf gegen die Geheimjustiz und der Kontrollfunktion über die Judikative sowie zwischen der Vermeidung richterlicher Willkürentscheidungen und der Gewährung richterlicher Unabhängigkeit. Beides entfaltet Wirkungen auf den Vertrauensgrad der Bevölkerung in die Dritte Gewalt.

aa) Ursprung und Wirkungen der drei Zwecke

Schon die historischen Forderungen nach allgemeiner Gerichtsöffentlichkeit waren von dem Leitgedanken geprägt, die Öffentlichkeit diene einer Kontrolle der Rechtspflege.[102] Das Bedürfnis nach einer Gerichtsöffentlichkeit wurde dabei unter anderem damit begründet, dass der Verfahrensgang einer nur mündlichen Verhandlung im Nachhinein einer Kontrolle entzogen sei, sodass die Öffentlichkeit diesen zu überwachen habe.[103] Das Postulat der Kontrollfunktion wird auch heute noch vielfach erhoben.[104] Seinen berechtigten Ursprung gewinnt dieser Zweck aus dem Gedanken heraus, dass gerichtliche Entscheidungen erst durch die kontrollierende

---

101 *Schilken*, Gerichtsverfassungsrecht, § 12 Rn. 155; Meyer-Goßner/Schmitt/ *Schmitt*, § 169 GVG, Rn. 1.

102 *Fögen*, Gerichtsöffentlichkeit, S. 23; vgl. unter strafrechtlicher Bezugnahme auch: *Mittermaier*, Handbuch des peinlichen Processes, S. 171; *Alber*, Geschichte der Öffentlichkeit, S. 77 f.

103 *Landsberg*, Gutachten der Rheinischen Immediat-Justiz-Kommission, S. 24; *von Coelln*, Medienöffentlichkeit, S. 71.

104 BGHSt 27, 13, 15 = NJW 1977, 157, 158; *Gierhake*, JZ 2013, 1030, 1031; *Eslami*, Nichtöffentlichkeit des Schiedsverfahrens, S. 81; *Pantazopoulos*, ZZPInt 13 (2008), 319, 320; *Schilken*, Gerichtsverfassungsrecht, § 12 Rn. 155; *Köbl*, in: FS Schnorr von Carolsfeld, S. 235, 244; *Kissel/Mayer*, § 169 Rn. 1, 3; *Wolf*, Gerichtsverfassungsrecht, § 25 S. 243; Stein/Jonas/*Jacobs*, ZPO Band 10, § 169 GVG Rn. 4; MüKo/*Zimmermann*, ZPO Band 3, § 169 GVG Rn. 1; *Simotta*, in: FS Matscher, S. 449, 452.

Öffentlichkeit legitimiert werden und somit sichergestellt wird, dass die Gesetzesvorgaben Beachtung finden.[105] Ferner wird zum einen einer Einflussnahme staatlicher oder privater Dritter vorgebeugt, zum anderen eine gerichtliche Unabhängigkeit begünstigt.[106] Ruft man sich Art. 20 Abs. 2 GG ins Gedächtnis, der die Staatsgewalt dem Volke zuschreibt, klingt es schlüssig, dass eine solche Staatsgewalt nur sinnvoll ausgeübt werden kann, sofern keine Barrieren im Sinne der Heimlichkeit errichtet werden.[107] Denn wenn das Volk über das sich im Verborgenen abspielende Justizwirken keine Kenntnis hat, kann schwerlich davon gesprochen werden, die gerichtlichen Entscheidungen ergingen als Resultat der Volksstaatsgewalt in dessen Sinne.

Gefördert wird durch die generelle Zutrittsmöglichkeit der Öffentlichkeit auch das Vertrauen in die Tätigkeit der Gerichte. *Feuerbachs* Aussage, offene Türen seien nicht nur ein Indiz für das redliche Tätigwerden der Dritten Gewalt, sondern legten auch nahe, dass es nichts zu verbergen gäbe[108], kann dabei als eine der Wurzeln des Vertrauensgesichtspunktes angesehen werden. Dass die Dritte Gewalt vom Vertrauen des Volkes in ihre Tätigkeit profitiert und darauf angewiesen ist, stellt *Hegel* in seiner Abhandlung „*Grundlinien der Philosophie des Rechts*" überzeugend dar. Die Rechtsprechung habe rein objektiv das maßgebliche Recht für jede besondere Rechtsstreitigkeit zu finden und anzuwenden, sodass zunächst scheinbar nur die beteiligten Parteien betroffen sind.[109] Das Allgemeininteresse erfordere es aber, dass Handlungen und der Urteilsspruch an die Öffentlichkeit gelangen. Denn die Gesetzesverwirklichung im konkreten Prozess beanspruche allgemeine Gültigkeit, die über den in Rede stehenden Prozess hinauswirke. Dann aber bestehe ein allgemeines Interesse, die gerichtliche Entscheidung aufgrund öffentlicher Verbreitung zur Kenntnis nehmen zu

---

105 *Wolf*, Gerichtsverfassungsrecht, § 25 S. 243; *Gierhake*, JZ 2013, 1030, 1031; *Eslami*, Nichtöffentlichkeit des Schiedsverfahrens, S. 81; *Schilken*, Gerichtsverfassungsrecht, § 12 Rn. 155; *Arnold*, in: FS Simotta, S. 11, 14.

106 *Wolf*, Gerichtsverfassungsrecht, § 25 S. 243; *Eslami*, Nichtöffentlichkeit des Schiedsverfahrens, S. 81; *Schilken*, Gerichtsverfassungsrecht, § 12 Rn. 155, der aber die Bedeutung der Öffentlichkeit für die Unabhängigkeit der Gerichte in heutiger Zeit relativiert; *Simotta*, in: FS Matscher, S. 449, 452; siehe auch historisch: *Landsberg*, Gutachten der Rheinischen Immediat-Justiz-Kommission, S. 27 in Bezug auf das Verfahren in Untersuchungssachen.

107 *Fögen*, Gerichtsöffentlichkeit, S. 23; *Eslami*, Nichtöffentlichkeit des Schiedsverfahrens, S. 81 f.; vgl. *Kleinknecht*, in: FS Schmidt-Leichner, S. 111, 112.

108 *Feuerbach*, Betrachtungen über die Öffentlichkeit, Band 1, S. 94 f.

109 *Hegel*, Grundlinien der Philosophie des Rechts, § 219, S. 195.

können.[110] Dadurch stelle sich letztlich auch das notwendige Zutrauen des Volkes in eine gerechte Rechtsverwirklichung ein.[111]

Eine noch größere Bedeutung der Öffentlichkeit beschreibt *Luhmann*, der neben dem Zweck der Vertrauensbildung auch eine gesellschaftliche Stabilisierungswirkung sieht. Die Nichtbeteiligten des Prozesses sollen zunächst die Überzeugung gewinnen, dass das Verfahren rechtens ablaufe und Recht und Wahrheit durch ernsthafte Anstrengungen ermittelt werden.[112] Stelle sich diese Überzeugung ein, erkenne das Volk, dass jeder potentiell Betroffene durch gerichtliche Hilfe zu seinem Recht gelangen könne. Vertrauensbildung ist die logische Folge. Die Verbindlichkeit der gerichtlichen Entscheidung erfahre dadurch eine Stabilität, da in der Gesellschaft ein Konsens in Bezug auf das gerichtliche Wirken erzielt werde.[113]

Der Grundsatz der Öffentlichkeit findet demzufolge seine Legitimation auch darin, dass die Allgemeinheit ein Interesse daran hat zu erfahren, ob ein Prozess gerecht unter Beachtung der Gesetze abgehalten wurde. Denn potentiell kann jeder Einzelne in die Situation geraten, unmittelbar Beteiligter eines Gerichtsprozesses zu werden.[114] Die Tatsache, dass für jeden vorherigen Prozess Öffentlichkeit bestand und Entscheidungen publik gemacht werden, vermittelt der Allgemeinheit ein Gefühl der Sicherheit. Sie kann darauf vertrauen, dass bisher jedes gerichtliche Verfahren das Ziel verfolgte, unter Beachtung rechtsstaatlicher Verfahrensgrundsätze zu einer redlichen Entscheidung zu gelangen. Dies begründet zugleich Vertrauen darauf, ein solches Verfahren auch im Falle eigener Betroffenheit zu erhalten. Zurecht wird daher auch nach wie vor betont, ein wesentlicher Zweck des Öffentlichkeitsgrundsatzes bestehe in der Stärkung des Vertrauens der Allgemeinheit in die Dritte Gewalt.[115]

---

110 *Hegel*, Grundlinien der Philosophie des Rechts, § 224 sowie Zusatz zu § 224, S. 197.
111 Vgl. unter Bezug auf Hegel: *Gierhake*, JZ 2013, 1030, 1033; *Eslami*, Nichtöffentlichkeit des Schiedsverfahrens, S. 83.
112 *Luhmann*, Legitimation durch Verfahren, S. 123.
113 *Luhmann*, Legitimation durch Verfahren, S. 122 f.; so auch *Arnold*, in: FS Simotta, S. 11, 14.
114 Vgl. *Arnold*, in: FS Simotta, S. 11, 14.
115 *Schilken*, Gerichtsverfassungsrecht, § 12 Rn. 155; *Wolf*, Gerichtsverfassungsrecht, § 25 S. 243; *Jauernig/Hess*, Zivilprozessrecht, § 27 Rn. 14; MüKo/*Zimmermann*, ZPO Band 3, § 169 GVG Rn. 1; Stein/Jonas/*Jacobs*, ZPO Band 10, § 169 GVG Rn. 4; *Kissel/Mayer*, § 169 Rn. 3; *Weidemann*, DRiZ 1970, 114.

bb) Relativierung der genannten Zwecke?

Die Effektivität der Kontrollfunktion durch die Öffentlichkeit könnte jedoch in der heutigen Zeit geschmälert sein. Ruft man sich den alltäglichen Gerichtsprozess vor Augen, so sticht heraus, dass besonders im Zivilprozess kaum je Zuschauer anwesend sind.[116] Es stellt sich daher zwingend die Frage, inwieweit dann noch von einer effektiven Kontrolle der Justiz gesprochen werden kann.

Die mangelnde Fähigkeit des Volkes, tatsächlich die Kontrollfunktion auszuüben, wurde schon im historischen Kampf um die Gerichtsöffentlichkeit vehement betont.[117] Eine wirkungsvolle Kontrolle setze notwendigerweise voraus, dass der Kontrolleur über ähnliche fachliche Kompetenzen verfüge wie der zu Kontrollierende. Es sei vermessen, dem oftmals ungebildeten Volk dieselben fachlichen Qualitäten zuzusprechen wie den Richtern, die das Verfahren zu entscheiden haben.[118] Fehle es aber an hinreichender eigener Kenntnis, könne nicht von einem effektiven Kontrollmechanismus gesprochen werden. Darüber hinaus wurde betont, dass die zentralen Phasen des Prozesses, insbesondere Beratung und Abstimmung, im Verborgenen abgehalten werden, sodass es dem Volk regelmäßig an den notwendigen Einblicken fehle, um eine Kontrolle durchzuführen.[119]

Diese aus der Geschichte heraus begründete Denkweise greift zunächst die damaligen gesellschaftlichen Strukturen auf, in denen eine umfassende Bildung für jedermann die Ausnahme war. Typischerweise fehlte es der breiten Masse an fundierter Schul- bzw. Hochschulbildung, sodass es gerechtfertigt erscheint, das mangelnde Verständnis des Volkes für rechtliche Zusammenhänge als Argument gegen eine wirksame Kontrollfunktion anzuführen. Inzwischen ist der gesellschaftliche Wandel jedoch derart fortgeschritten, dass auch der Laie dank verbesserter Bildungsmöglichkeiten die Grundzüge fachfremder Themen verstehen kann. Die mangelnde juristische Expertise und der vielfache Aktenbezug im Zivilverfahren führen zwar dazu, dass nicht jedes Detail des Verfahrens verstanden werden kann.

---

116 *Bettermann*, ZZP 91 (1978), 365, 370; *Arnold*, in: FS Simotta, S. 11, 16.

117 *Feuerbach*, Betrachtungen über die Öffentlichkeit, Band 1, S. 147ff.; *Kamptz*, Jahrbücher für die preußische Gesetzgebung, S. 163ff.; *Fögen*, Kampf um Gerichtsöffentlichkeit, S. 24 f.

118 *Feuerbach*, Betrachtungen über die Öffentlichkeit, Band 1, S. 148 f.; *Bockelmann*, NJW 1960, 217; vgl. *Köbl*, in: FS Schnorr von Carolsfeld, S. 235, 245.

119 *Kamptz*, Jahrbücher für die preußische Gesetzgebung, S. 165ff.; *Luhmann*, Legitimation durch Verfahren, S. 124.

Dies mindert aber die Kontrollfunktion nicht in ihrer Gänze.[120] Ferner ist eine vergleichbare fachliche Kompetenz der Zuschauer auch nicht vonnöten. Forderte man eine solche, käme man de facto dazu, in einem Prozess eine Art zweiten Richter zu installieren, der über das Verfahren und die Handlungen des zur Entscheidung Berufenen urteilt. Ein derart strenger Kontrollmechanismus ist indes nicht erforderlich, da eine fachliche Überprüfung des getroffenen Urteils in der Regel durch den Instanzenzug gewährleistet wird. Innerhalb der höheren Instanzen wird zumindest eine rechtliche Kontrolle garantiert. Zuschauer, die den Idealtypus des fachlich versierten Volljuristen verkörpern, bedarf es daher nicht. Vielmehr erfüllen sie ihre Funktion, wenn sie in der Lage sind, das Außerachtlassen rechtsstaatlicher Gewährleistungen als solche zu erkennen. Insofern genügt es, dass den Zuschauern evidente Fehler im Ablauf des Verfahrens oder eine fehlende zwingend vorgeschriebene anwaltliche Vertretung auffallen oder dass der Richter durch die Art und Weise seines Auftretens gegenüber einer Partei eine willkürliche Ungleichbehandlung forciert.[121] Schon solche mehr oder minder offensichtliche Mängel des Verfahrens sind geeignet, die Kontrollfunktion der Öffentlichkeit zu legitimieren. Wenngleich die Beratung und Urteilsfindung der Öffentlichkeit entzogen ist, wird jedoch der Weg zum Urteil vor der Öffentlichkeit gezeichnet, sodass das Ergebnis durchaus nachvollzogen werden kann.[122] Auch die Urteilsbegründung vor der Öffentlichkeit stützt dies. Die Legitimation und Kontrolle beziehen sich hier auf den Gang des Verfahrens und entfallen nicht bereits dadurch, dass die Endberatung der Öffentlichkeit nicht zugänglich gemacht wird. Für dieses Ergebnis streitet letztlich entscheidend, dass Wissen und Bildung in einer Massendemokratie kein taugliches Abgrenzungskriterium hinsichtlich demokratischer Kontrolle darstellen, was auch der Wahlakt als unmittelbare Teilnahme an der staatlichen Willensbildung[123] und das Einsetzen von Laienrichtern[124] verdeutlicht.

Auch der Annahme, die gezwungenermaßen passive Rolle der Zuschauer während des Verfahrens oder ihr regelmäßiges Fernbleiben in Zivilpro-

---

120 *Arnold*, in: FS Simotta, S. 11, 15 f.; *Pernice*, Öffentlichkeit und Medienöffentlichkeit, S. 79.

121 Dass die Zuschauer die Fähigkeit haben, die mangelnde Gewährleistung prozessualer Rechte aufzudecken, anerkennt grundsätzlich auch *Köbl*, in: FS Schnorr von Carolsfeld, S. 235, 245.

122 *Luhmann*, Legitimation durch Verfahren, S. 124.

123 *Von Coelln*, Medienöffentlichkeit, S. 184; *Bäumler*, JR 1978, 317, 320.

124 *Pernice*, Öffentlichkeit und Medienöffentlichkeit, S. 79.

zessen führe zur Ineffizienz einer Kontrolle[125], muss kritisch entgegengetreten werden. Richtig ist zwar, dass es während des Prozesses am Element der Diskussion fehlt, da sich die Öffentlichkeit nicht aktiv in das Geschehen einschalten darf. Auch ist nicht zu leugnen, dass das Interesse am alltäglichen Zivilprozess gering ist und Zuschauer überwiegend zufällig oder aus persönlicher Verbundenheit im Gerichtssaal erscheinen.[126] Beides relativiert aber nicht die Bedeutung der Kontroll- und Legitimationswirkung. Zum einen spielt der Beweggrund des Einzelnen, im Gerichtssaal zu erscheinen, keine Rolle.[127] Befindet sich tatsächlich ein Vertreter des Volkes auf den Zuschauerbänken, erfüllt er auch automatisch die angedachte Kontrollfunktion. Ob er rein zufällig in den Saal gelangte oder sich bewusst für die Verfolgung des Verfahrens entschieden hat, kann dabei nicht den Ausschlag geben. Allein seine Präsenz mahnt die Dritte Gewalt dazu an, bei der Suche und Anwendung des Rechts ein rechtsstaatliches Verfahren zu wahren. Dem entspricht es, dass schon die bloße Möglichkeit, Gerichtsverhandlungen beizuwohnen, eine hinreichende Kontrollwirkung entfalten kann. Denn bis zuletzt weiß das Gericht nicht, wie groß die zu erwartende Öffentlichkeit sein wird. Es muss sich daher grundsätzlich darauf einstellen, dass interessierte Dritte dem Prozess beiwohnen werden. Auch während des laufenden Prozesses kann grundsätzlich noch ein Zuschauer in den Saal treten. Die Richter wissen um die jederzeitige Aussicht auf Publikum, sodass sie es vermeiden werden, fundamentale Prozessgrundrechte willkürlich zu verletzen.[128] Diese Möglichkeit stärkt ebenfalls das Vertrauen in die Handlungen und Entscheidungen der Gerichte. Das Wissen, dass jederzeit auf Gerechtigkeit zielende Verfahren stattfinden und mitverfolgt werden können, genügt, um Misstrauen vorzubeugen.[129] In Kongruenz dazu bedarf es für eine hinreichende Vertrauensbildung nicht notwendigerweise stets einer unmittelbaren Öffentlichkeit. Der Zweck wird parallel dadurch mitverwirklicht, dass die Medien durch öffentliche Berichterstattung kritische Debatten fördern und informierend tätig sind.[130]

Zudem müssen die Parteien des Verfahrens nicht fürchten, zum Nachteil der Legitimationswirkung des Öffentlichkeitsgrundsatzes zu bloßen

---

125   So aber *Köbl*, in: FS Schnorr von Carolsfeld, S. 235, 244 f.
126   *Köbl*, in: FS Schnorr von Carolsfeld, S. 235, 244 f.
127   Vgl. *Luhmann*, Legitimation durch Verfahren, S. 124.
128   *Arnold*, in: FS Simotta, S. 11, 16.
129   *Luhmann*, Legitimation durch Verfahren, S. 123 f.; *Arnold*, in: FS Simotta, S. 11, 15; *Ranft*, JURA 1995, 573, 574.
130   Stein/Jonas/*Jacobs*, ZPO Band 10, § 169 GVG Rn. 4.

„Objekten des Verfahrens" degradiert zu werden.[131] Im Grundsatz müssen die Rechtssuchenden zwar ein öffentliches Verfahren in Kauf nehmen. Die These, die Öffentlichkeit werde auf Kosten des Rechtsschutzsuchenden durchgesetzt[132], überzeugt indes nicht. Das Herstellen des allgemeinen Vertrauens in die Rechtspflege und die damit verbundene Legitimationswirkung gerichtlicher Entscheidungen sind weder die Hauptzwecke des Prozesses noch der Grund, warum ein solcher überhaupt stattfindet. Ein Gerichtsverfahren verfolgt als primäres Ziel, dem Einzelnen zu seiner Rechtsverwirklichung zu verhelfen und subjektive Rechte zu wahren.[133] Damit steht der Rechtsschutzsuchende auch im Zentrum des Prozesses, gleich einem Subjekt. Wenn man die passive Rolle der Zuschauer schon als Argument anführt, um die Kontrollfunktion in Frage zu stellen, dann ist schwerlich vorstellbar, wie bloße Passivität der Öffentlichkeit dazu führen kann, die Hauptakteure des Verfahrens zu Objekten zu degradieren. Dafür spricht auch, dass es jederzeit möglich ist, störende Zuschauer aus dem Saal zu entfernen, um den ordnungsgemäßen Ablauf des Prozesses zu garantieren, vgl. §§ 176 ff. GVG. Dies zeigt, dass der Zuschauer und somit die Öffentlichkeit nicht das wesentliche Element der Verhandlung darstellen. Hinzu kommt, dass zu Gunsten der Parteien gesetzliche Fälle vorgesehen sind, in denen die Öffentlichkeit ausgeschlossen werden kann. Wäre der Rechtsschutzsuchende Objekt des Verfahrens, ein zur Schau zu stellender Akteur, dann dürfte es solche Schutzmaßnahmen nicht in diesem Umfang geben. Über die §§ 170 ff. GVG werden Individualinteressen des Einzelnen berücksichtigt, die in seinem Sinne Priorität genießen. Das aber spricht schon für eine Subjektstellung des Rechtsschutzsuchenden. Die Legitimationswirkung tritt Hand in Hand mit dem Fortschreiten des Prozesses als mitverwirklichte Nebenfolge ein und ist vom Rechtsschutzsuchenden in Kauf zu nehmen[134], stellt aber nicht den Hauptzweck des Prozesses dar.

Letztlich wird lediglich die oben thematisierte Stärkung richterlicher Unabhängigkeit durch die Öffentlichkeit heute anderweitig verwirk-

---

131 So aber *Köbl*, in: FS Schnorr von Carolsfeld, S. 235, 247; die Legitimationswirkung ebenfalls in Frage stellend *Morf*, Öffentlichkeit in der Schweizerischen Zivilrechtspflege, S. 53.

132 *Köbl*, in: FS Schnorr von Carolsfeld, S. 235, 247, die die Objektstellung des Rechtsschutzsuchenden in Folge öffentlicher Verhandlungen hervorhebt, aber die Legitimationswirkung trotz kritischer Bemerkung beibehält.

133 Ähnlich *Arnold*, in: FS Simotta, S. 11, 18 f. in Fußnote 52.

134 Vgl. *Arnold*, in: FS Simotta, S. 11, 18 f. in Fußnote 52.

licht.[135] Die in der Verfassung verankerte rechtsstaatliche Garantie der richterlichen Unabhängigkeit sorgt dafür, dass eine offene Einflussnahme Dritter kaum mehr denkbar ist. Zudem verwirklicht sich dieser Gedanke in der modernen Rechtsordnung darin, dass auch im Falle einer nichtöffentlichen Verhandlung die Richtigkeit und Gerechtigkeit der Entscheidung nicht ernsthaft in Zweifel gezogen wird, da die historisch bedingten Gefahren einer willkürlichen Geheimjustiz als überwunden anzusehen sind.[136] Bei Verfahren, an denen allerdings ein hohes politisches Interesse auch des Justizministers besteht, kann die Gefahr vorweggenommenen Gehorsams durch karriereorientierte Richter drohen.[137] Insoweit ist zumindest eine mittelbare Einflussnahme denkbar.

Damit ist schlussfolgernd zu konstatieren, dass die Kontroll- und Vertrauensfunktion des Öffentlichkeitsgrundsatzes Bestand haben, wenngleich sich das typische Bild des Zuschauers vor allem im Zivilprozess tendenziell verschoben hat.

c) Stärkung der Wahrheitsfindung

Ein weiterer Zweck, der dem Grundsatz der Öffentlichkeit gerade im historischen Kontext zugeschrieben wurde, liegt in der Stärkung der Wahrheitsfindung. Insbesondere für das strafprozessuale Verfahren wurde die begünstigende Auswirkung der allgemeinen Öffentlichkeit auf die Ermittlung des wahren Sachverhaltes betont. Im Zentrum der Diskussion standen dabei die positiven Effekte öffentlicher Verhandlungen, die sich im Rahmen der Zeugenbefragung üblicherweise einstellen sollten. Der Zeuge unterliege der gesetzlichen Pflicht, die Wahrheit zu sagen, sodass er sich bei mangelnder Befolgung derselben eines Verbrechens strafbar mache und Schuld an der fehlerhaften richterlichen Entscheidung habe.[138] Zwar sehe das Gesetz zur Vermeidung dieses Szenarios einen Eid vor, dieser sei

---

135 *Pernice*, Öffentlichkeit und Medienöffentlichkeit, S. 78; *Schilken*, Gerichtsverfassungsrecht, § 12 Rn. 155; Stein/Jonas/*Jacobs*, ZPO Band 10, § 169 GVG Rn. 4; Wieczorek/Schütze/*Schreiber*, ZPO Band 13/1, § 169 GVG Rn. 4.

136 *Kleinknecht*, in: FS Schmidt-Leichner, S. 111, 113; *Franzki*, DRiZ 1979, 82; *Morf*, Öffentlichkeit in der Schweizerischen Zivilrechtspflege, S. 53.

137 Grund dafür ist die Tatsache, dass der Justizminister in letzter Instanz über Beförderungen von Richtern zu entscheiden hat; vgl. auch Maunz/Dürig/*Hillgruber*, Art. 98 GG Rn. 52ff. Dieses Problem tritt in der Verwaltungsgerichtsbarkeit indes häufiger auf als in der Zivilgerichtsbarkeit.

138 *Leue*, Der mündliche öffentliche Anklage-Prozeß, S. 245.

aber nicht effektiv genug, die Wahrheitspflicht durchzusetzen. Ein Zeuge, der den religiösen Eid nicht achte, würde sich von der Eidespflicht auch nicht auf den rechten Weg der Wahrheit leiten lassen.[139] Vielmehr stelle die Beziehung des Zeugen zu den betroffenen Parteien und der anwesenden Öffentlichkeit das entscheidende Kriterium einer effektiven Wahrheitsfindung dar: Regelmäßig seien die Parteien in Kenntnis über den Wahrheitsgehalt des abgegebenen Zeugnisses. Dann aber müsse der Zeuge fürchten, dass die Parteien ein falsches Zeugnis durch ihr Verhalten und Nachfragen entlarven könnten.[140] Als Konsequenz habe der wahrheitswidrig Vorsprechende die Schande und Verachtung zu ertragen, vor der versammelten Öffentlichkeit als falscher Zeuge zu gelten.[141] Das drohende Urteil der gerichtlichen Öffentlichkeit – seiner Mitmenschen – welches sich in bohrenden Blicken und Reaktionen der Missachtung widerspiegelt, führe dazu, dass der Zeuge durch ehrliche Auskunft zur Wahrheitsfindung beitrage, fürchte er sich doch vor dem in Aussicht gestellten Ehrverlust in der Öffentlichkeit.[142] Zusätzlich sei der Zeuge auch permanent der latenten Gefahr ausgesetzt, dass einer der Zuschauer die Wahrheit ans Tageslicht fördere.[143] Aufgrund dieser etwaigen Folgen stelle es eine größere Überwindung dar, in öffentlicher Verhandlung zu lügen als im Rahmen geheimer Verhöre. Ferner wurde von den Verfechtern der Öffentlichkeit betont, dass die Aufgabe des Zeugen, im Rahmen eines feierlichen Gerichtsprozesses unter den Blicken einer Menschenversammlung aussagen zu dürfen, selbst derart erhaben sei, dass er keinen Gedanken an eine wahrheitswidrige Aussage verschwende.[144]

Auch ein Blick in das benachbarte Ausland zeigt, dass die Stärkung der Wahrheitsfindung als Wesensmerkmal des Öffentlichkeitsgrundsatzes in Betracht zu ziehen ist. So wurde im Zuge der österreichischen Regelung

---

139 *Leue*, Der mündliche öffentliche Anklage-Prozeß, S. 246.
140 *Leue*, Der mündliche öffentliche Anklage-Prozeß, S. 247.
141 *Leue*, Der mündliche öffentliche Anklage-Prozeß, S. 247.
142 *Leue*, Der mündliche öffentliche Anklage-Prozeß, S. 247; *Feuerbach*, Betrachtungen über die Öffentlichkeit, Band 1, S. 188.
143 *Leue*, Der mündliche öffentliche Anklage-Prozeß, S. 248.
144 *Leue*, Der mündliche öffentliche Anklage-Prozeß, S. 248; *Alber*, Geschichte der Öffentlichkeit, S. 39.

des § 171 ZPO[145] vielfach betont, dass die Öffentlichkeit dem Vortrag der Parteien und Zeugen zu mehr Wahrhaftigkeit verhelfe.[146]

Indes erscheint der tägliche gerichtliche Prozess in heutiger Zeit in einem anderen Gewand. Von einer ehrbaren Aufgabe des Zeugen, in einem feierlichen Gerichtsprozess aussagen zu dürfen, ist heute wenig zu spüren. Grund dafür sind schon die Belastungen, die mit der Zeugenstellung einhergehen. Die Pflicht, vor das Gericht treten zu müssen und auszusagen, wird vom Berufenen regelmäßig als Last empfunden, muss er doch unter Umständen zunächst zeitintensive Reisestrapazen auf sich nehmen. Auch bedarf es einer Umstrukturierung des gewöhnlichen Tagesrhythmus.[147] Ferner ist auch die psychologische Komponente der Zeugenrolle nicht zu unterschätzen. Für die meisten Bürger ist es eine Ausnahme, vor Gericht als Zeuge zu fungieren. Die damit einhergehende unbekannte Situation führt bei vielen zu Unbehagen und der Angst, etwas falsch zu machen. Nicht zuletzt spielt auch die Terminierung der Prozesse eine Rolle. Das zu bezeugende Geschehen wird in der Regel einige Monate zurückliegen, die Erinnerung des Zeugen meist verblasst sein. Dann aber ist eine detaillierte wahrheitsgemäße Schilderung des Geschehens schwierig. Vielmehr können permanentes Nachfragen von Anwalts- oder Richterseite und die Strafandrohung dazu führen, dass sich der Zeuge persönlich angegriffen fühlt und einer Stresssituation ausgesetzt wird. Als besondere Ehre wird der Zeuge daher seine Rolle nicht empfinden.

Auch sprechen schon Erwägungen aus der Praxis gegen die These, die Öffentlichkeit forciere beim Zeugen den Sinn zur wahrheitsgemäßen Aussage. Regelmäßig sitzt der Zeuge mit dem Rücken oder allenfalls seitlich in Richtung der Zuschauerbänke. Bohrende Blicke oder unmittelbare Reaktionen hat er von potentiellem Publikum daher kaum zu erwarten. Dagegen spricht auch die Tatsache, dass die Rolle der Zuschauer auf bloße Passivität beschränkt ist. Lobes- oder Unmutsbekundungen und erst recht eine aktive Teilnahme am Prozess selbst sind im Gerichtssaal untersagt, ansonsten droht ein Ordnungsruf. Die Einflussnahme auf den Zeugen ten-

---

145 Die Regelung entspricht im Wesentlichen dem Wortlaut des § 169 GVG.

146 *Ott*, Grundlehren des österreichischen Rechtsfürsorgeverfahrens, S. 178; *Simotta*, in: FS Matscher, S. 449, 450 und 453 unter Verweis auf die Materialien zu den neuen österreichischen Zivilprozeßgesetzen I (1897), S. 257.

147 Nicht von ungefähr leitet das Hinweisblatt für Zeugen des Niedersächsischen Justizministeriums mit den Worten „Hilfe, ich bin Zeuge!" und „Muss das denn sein?" ein. Siehe dazu folgende Broschüre: Hinweisblatt für Zeugen „Hilfe, ich bin Zeuge!", herausgegeben vom Niedersächsischen Justizministerium, Referat Presse- und Öffentlichkeitsarbeit, 1. Auflage, Januar 2003.

diert daher gegen Null und eine falsche Aussage wird die Öffentlichkeit daher nicht aktiv aufdecken können. Dass der Zeuge aus Angst vor mangelndem Ansehen in der Öffentlichkeit per se wahrheitsgemäß aussagt, wird allenfalls bei besonderer persönlicher Verbundenheit mit den Prozessbeteiligten der Fall sein. In derartigen Konstellationen kann ein Familien- oder Freundschaftsverhältnis auf dem Spiel stehen. Ansonsten wird es dem Zeugen persönlich darauf ankommen, von sich selbst Schaden abzuwenden, Zeit zu sparen und Strafandrohungen zu vermeiden. Ob die Öffentlichkeit seine Aussage billigt, ist dagegen von untergeordneter Rolle. Damit kann auch dem Zweck der Wahrheitsfindung heute keine tragende Bedeutung mehr zugesprochen werden.

d) Kenntniserweiterung und Informationsinteresse der Allgemeinheit

Im Rahmen der Ausführungen über die Zeugenstellung wurde die These begründet, dass der Einzelne mit der stressverursachenden Sondersituation als Zeuge überfordert sein kann, fehlt ihm doch in der Regel die notwendige Erfahrung. An diesen Aspekt knüpft ein anderer Zweck der gerichtlichen Öffentlichkeit an, und zwar die Kenntniserweiterung der Allgemeinheit.

Die grundsätzlich für jeden offenstehenden Türen der Gerichte bieten für Interessierte eine gute Gelegenheit, den Prozessalltag zu erleben und den klassischen Ablauf einer Gerichtsverhandlung nachvollziehen zu können.[148] Die kontinuierliche Berührung mit gerichtlichen Verhandlungen führt zum einen dazu, dass die Öffentlichkeit ihre Zurückhaltung vor Gericht und vor einer irgendwann möglichen aktiven Teilnahme als Beteiligter ablegt.[149] Zum anderen fördert der regelmäßige Kontakt mit dem geltenden Recht eine Erweiterung eigener Rechtskenntnisse.[150] Nicht zuletzt hat die Auseinandersetzung mit dem Recht zum Resultat, dass eine Bewertung der Gerichtsentscheidungen differenzierter erfolgt. Regelmäßige Ge-

---

148 *Eslami*, Nichtöffentlichkeit des Schiedsverfahrens, S. 85; *Schilken*, Gerichtsverfassungsrecht, § 12 Rn. 156; BVerfGE 103, 44, 72 f. = JZ 2001, 704, 708 = NJW 2001, 1633, 1637 – Sondervotum der Richter Kühling, Hohmann-Dennhardt und Hoffmann-Riem.

149 *Franzki*, DRiZ 1979, 82.

150 *Schilken*, Gerichtsverfassungsrecht, § 12 Rn. 156; *von Coelln*, Medienöffentlichkeit, S. 72; *Mittermaier*, Die Mündlichkeit, das Anklageprinzip, die Öffentlichkeit und das Geschworengericht, S. 342; *Alber*, Geschichte der Öffentlichkeit, S. 42; *Enders*, NJW 1996, 2712, 2713.

richtsbesuche verbessern die Fähigkeit, versierte Kritik zu üben, und können den Anstoß zu einem gesellschaftlichen Diskurs geben, der im Optimalfall eine öffentliche Meinung verfestigt.[151]

Die Tatsache, dass das Zutrittsrecht zu den Gerichtsverhandlungen nicht allseits genutzt wird, rechtfertigt es zunächst nicht, den positiven Effekt der Rechtskenntniserweiterung in Frage zu stellen.[152] Es kommt nicht darauf an, in welchem Maße das Angebot der Gerichtsöffentlichkeit tatsächlich wahrgenommen wird. Denn sobald sich Zuschauer im Gericht einfinden, profitieren sie auch von diesem Effekt. Insoweit sind quantitative Aspekte irrelevant. Relativiert wird die uneingeschränkte Entfaltung dieses Zwecks aber durch die Ausgestaltung vor allem des Zivilverfahrens. Die Parteiherrschaft sowie die vielfältigen Möglichkeiten, den Grundsatz der Mündlichkeit insbesondere durch die Bezugnahme auf Schriftsätze zu durchbrechen[153], führen dazu, dass die Öffentlichkeit Schwierigkeiten hat, das Verfahren in seiner Gesamtheit zu erfassen. Im Vorfeld getätigte schriftliche Kommunikation zwischen den Parteien kann hier dazu beitragen, dass der Zuschauer einige wesentliche Aspekte des Falles nicht nachvollzieht. Dasselbe gilt für Fälle, die in mehreren Verhandlungsterminen abgehalten werden müssen oder in höherer Instanz neuverhandelt werden, zumal eine Begleitung des Instanzenzuges durch den Zuschauer die Ausnahme bildet.[154] In derartigen Konstellationen bedarf es einer gewissen Eigeninitiative des Zuschauers, um optimal vom Zweck der Rechtskenntniserweiterung zu profitieren. Dennoch ist am Bedeutungsgehalt dieses Zwecks auch heute noch festzuhalten.

Thematisiert wurde bereits, dass die Zuschauerbänke vor allem im Zivilverfahren leer bleiben, da das Interesse der Bevölkerung gering scheint, laufende Gerichtsprozesse selbst aktiv im Gerichtssaal zu verfolgen. Zwar wird damit der Zweck der Kenntniserweiterung nicht relativiert, jedoch kann dieser Entwicklung ein Bedeutungswandel hinsichtlich der Öffentlichkeit entnommen werden. Das klassische Bild von einzelnen Zuschauern im Gerichtssaal, die die abstrakte Öffentlichkeit vertreten, verblasst. Dafür sind es vor allem Berichterstatter, die die Allgemeinheit als konkrete

---

151 *Eslami*, Nichtöffentlichkeit des Schiedsverfahrens, S. 85; BVerfGE 103, 44, 73 = JZ 2001, 704, 708 = NJW 2001, 1633, 1637 – Sondervotum der Richter Kühling, Hohmann-Dennhardt und Hoffmann-Riem; *Weidemann*, DRiZ 1970, 114, 115.

152 So aber *Schilken*, Gerichtsverfassungsrecht, § 12 Rn. 156; *Eslami*, Nichtöffentlichkeit des Schiedsverfahrens, S. 85.

153 Vgl. *Jauernig/Hess*, Zivilprozessrecht, § 27 Rn. 15; *Risse/Oehm*, ZVglRWiss 2015, 407, 410.

154 *Köbl*, in: FS Schnorr von Carolsfeld, S. 235, 243.

Öffentlichkeit durch massenmediale Hilfsmittel mit Informationen versorgen und einen noch intensiveren Zugang zu juristischen Fallgestaltungen ermöglichen.[155] Berichterstattung setzt notwendigerweise unmittelbare Öffentlichkeit voraus, ist selbst aber nicht als Öffentlichkeit zu klassifizieren, da das Geschehen nicht originär vermittelt wird.[156] Angesprochen wird dadurch das allgemeine Informationsinteresse der Gesellschaft. Über den konkreten Fall hinaus werden die Rechtsprechung und ihre Arbeit als Teil des gesellschaftlichen Lebens wahrgenommen, die kritisch zu beleuchten sind und das Potential besitzen, eine gesellschaftliche Entwicklung anzustoßen.[157]

Die Tendenz, dass die Medien zunehmend an Bedeutung gewinnen und der Öffentlichkeitsgrundsatz daher einem gewissen Bedeutungswandel unterliegt, zeigt sich auch an den aktuellen Gesetzesentwicklungen. So wurde im Oktober 2017 das *Gesetz über die Erweiterung der Medienöffentlichkeit in Gerichtsverfahren (EMöGG)* im Bundesgesetzblatt bereits verkündet[158] und entfaltet seit 19. April 2018 seine Wirkungen.[159] § 169 S. 2 GVG sieht bislang vor, dass Ton-, Fernsehrundfunk- und Filmaufnahmen prinzipiell unzulässig und nur vor und nach der Verhandlung, in den Pausen oder außerhalb des Gerichtssaals gestattet sind.[160] Lediglich vor dem Bundesverfassungsgericht ist es erlaubt, zu Beginn der mündlichen Verhandlung und bei der öffentlichen Entscheidungsverkündung in Abweichung von § 169 S. 2 GVG Ton- bzw. Fernsehaufnahmen anzufertigen, vgl. § 17 a BVerfGG. Diese enge Ausnahme zu § 169 S. 2 GVG wird in Zukunft durch das EMöGG erweitert. Die Vorschriften des GVG sollen in Folge des gewandelten Nutzungsverhaltens beim Medienkonsum moderat angepasst werden.[161] Der Gesetzgeber ermöglicht es fortan, in beschränktem Umfang über die bloße Saalöffentlichkeit, § 169 S. 1 GVG, hinauszugehen. Dazu ist es seit April 2018 möglich, den Ton aus der Verhandlung gerichtsintern in einen Medienvertreterraum zu übertragen, § 169 Abs. 1 S. 3 GVG. Dadurch

---

155 *Kissel/Mayer*, § 169 Rn. 1; *Kübler*, DRiZ 1969, 379, 382; *Arnold*, in: FS Simotta, S. 11, 16; *Kleinknecht*, in: FS Schmidt-Leichner, S. 111, 113; Meyer-Goßner/Schmitt/*Schmitt*, § 169 GVG, Rn. 1.

156 *Kissel/Mayer*, § 169 Rn. 3.

157 *Kissel/Mayer*, § 169 Rn. 1; vgl. Meyer-Goßner/Schmitt/*Schmitt*, § 169 GVG, Rn. 1.

158 Siehe BGBl. 2017 I, Nr. 68, S. 3546ff.

159 Einen ersten Überblick über die damit verbundenen Änderungen des GVG gibt *Hoeren*, NJW 2017, 3339.

160 BVerfG, NJW 1995, 184, 185; MüKo/*Zimmermann*, ZPO Band 3, § 169 GVG Rn. 47; *Kissel/Mayer*, § 169 Rn. 63.

161 *Hoeren*, NJW 2017, 3339; *Loubal/Hofman*, MMR 2016, 669, 672.

wird den Pressemitgliedern ermöglicht, trotz beschränkter Raumkapazität des Verhandlungssaals an die relevanten Informationen des Prozesses zu gelangen, um diese für die Gesellschaft aufzubereiten. Ferner sieht das neue Gesetz künftig in § 169 Abs. 2 S. 1 GVG die Erlaubnis vor, Tonaufnahmen von der Verhandlung sowie der Urteilsverkündung anzufertigen, sofern wissenschaftliche oder historische Zwecke verfolgt werden und dem Verfahren eine herausragende zeitgeschichtliche Bedeutung zufällt. Die größer werdende mediale Bedeutung wird letztlich abschließend hervorgehoben durch die Einfügung des § 169 Abs. 3 S. 1 GVG. Danach dürfen bei der Entscheidungsverkündung der obersten Bundesgerichte Ton-, Fernsehrundfunk- bzw. Filmaufnahmen angefertigt werden, ohne dass es auf eine zeitgeschichtliche Bedeutung des Falles ankäme. Damit erweitert sich die Vorreiter-Stellung des Bundesverfassungsgerichts nunmehr auf alle obersten Bundesgerichte, es wird eine einheitliche Regelung geschaffen. Obwohl eine vertiefte Auseinandersetzung mit den einzelnen Regelungen, die das EMöGG umsetzt, an dieser Stelle ausfallen muss, um den Fokus der Arbeit nicht zu verlieren, hat das Tätigwerden des Gesetzgebers gezeigt, dass den Medien im Rahmen von Gerichtsverhandlungen zukünftig eine noch tragendere Rolle zugesprochen wird. Die erweiternden Aufzeichnungsbefugnisse für die Medien sprechen dafür, dass diese die Zwecke und Funktionen des Öffentlichkeitsgrundsatzes zukünftig vermehrt miterfüllen. Dennoch darf noch nicht von einer endgültigen Wachablösung gesprochen werden. Die direkte Zugänglichkeit zur Verhandlung bleibt von zentraler Bedeutung. Denn die drei genannten Änderungen des § 169 GVG sind nicht als gesetzliche Pflicht ausgestaltet, sondern liegen im Ermessen des Gerichts. Ob es zur Anwendung der jeweiligen Vorschrift kommt, bleibt somit eine Ermessensentscheidung.[162] Das Gericht hat stets die widerstreitenden Interessen abzuwägen, vgl. § 169 Abs. 1 S. 4, Abs. 2 S. 2 bzw. Abs. 3 S. 2 GVG, und dann erst einen Beschluss über die Möglichkeiten der medialen Zugänglichkeiten zu treffen. Hieran zeigt sich, dass die mediale Erweiterung in Gerichtsverhandlungen allenfalls einer zögerlichen Lockerung des Verbotes aus § 169 S. 2 GVG gleichkommt und keinesfalls garantiert wird, dass die Verhandlung den Medienvertretern weitreichender als bisher offengelegt wird. Da aus der Norm kein presserechtlicher Anspruch auf mediale Aufbereitung ableitbar ist, wird de facto oft die Gefahr bestehen, dass es bei der Verneinung der neuen medialen Versprechen bleibt, um keine Verletzung von Persönlichkeitsrechten zu riskieren.[163]

---

162 *Hoeren*, NJW 2017, 3339.
163 *Hoeren*, NJW 2017, 3339, 3340.

Der unmittelbare Zugang zur Verhandlung auch für Dritte bleibt daher weiterhin von Bedeutung.

Die Öffentlichkeit gerichtlicher Verhandlungen stellt letztlich sicher, dass Informationen aus dem Saal heraus an die breite Öffentlichkeit gelangen, die selbst nicht willens oder in der Lage war, das Gerichtsgebäude aufzusuchen. Die Entwicklung im Bereich der Massenmedien hat dazu geführt, dass dieser Zweck eine Aufwertung erfahren hat.[164] Informationen können schnell und unkompliziert an die Bevölkerung weitergegeben werden, der Kontakt zur gerichtlichen Tätigkeit ist daher allgegenwärtig hergestellt.

2. Inhaltliche Ausgestaltung des Öffentlichkeitsgrundsatzes aus § 169 S. 1 GVG

Der Öffentlichkeitsgrundsatz aus § 169 S. 1 GVG lässt sich auf die prägnante Formel herunterbrechen, dass jedem unbeteiligten Dritten unabhängig von persönlichen Verhältnissen oder der Zugehörigkeit zu bestimmten Volksgruppen die Möglichkeit gewährt wird, an einer gerichtlichen Verhandlung teilzunehmen.[165] Aufgrund der Normstellung im GVG gilt der Grundsatz zunächst wegen § 2 EGGVG unmittelbar nur für die ordentliche Gerichtsbarkeit und somit in Zivil- und Strafverfahren. Nichtsdestotrotz kennen auch die anderen Gerichtszweige das Institut der öffentlichen Gerichtsverhandlungen und setzen es, teils unter Verweis auf die Vorschrift des GVG, in ihren Verfahrensordnungen fest.[166] Die Regelung des § 169 S. 1 GVG nimmt daher unabhängig vom einschlägigen Rechtsweg eine herausragende Stellung im gerichtlichen Verfahren ein, sodass ihr die Funktion einer Generalnorm zugeschrieben werden kann.[167] Ihr Aussagegehalt ist im Folgenden detailliert aufzuschlüsseln.

---

164 *Loubal/Hofman*, MMR 2016, 669, 672.
165 BGHSt 5, 75, 83; 27, 13, 14; 28, 341, 343; 36, 119, 120; BayObLG, NJW 1982, 395; *von Coelln*, Medienöffentlichkeit, S. 101; Stein/Jonas/*Jacobs*, ZPO Band 10, § 169 GVG Rn. 13; KaKo/*Diemer*, § 169 GVG Rn. 6; *Kissel/Mayer*, § 169 Rn. 1; *Wolf*, Gerichtsverfassungsrecht, § 25 S. 243.
166 Siehe dazu: § 52 ArbGG; § 55 VwGO; § 61 SGG; § 52 FGO; vgl. auch § 17 BVerfGG.
167 *Von Coelln*, Medienöffentlichkeit, S. 84; *Bamberger*, ZUM 2001, 373, 376.

a) Differenzierung zwischen möglichen Formen der Öffentlichkeit

Um den Geltungsbereich der Norm abzustecken, bedarf es zunächst einer Abgrenzung zwischen den möglichen Formen der Öffentlichkeit im Zuge gerichtlicher Verfahren. § 169 S. 1 GVG bezieht sich nur auf die sogenannte unmittelbare Öffentlichkeit. Darunter fallen alle Zuschauer, die im Gerichtssaal körperlich präsent sind.[168] Im Kontrast dazu steht die mittelbare Öffentlichkeit, die sich dadurch auszeichnet, dass sie das Gerichtsverfahren ohne eigene körperliche Anwesenheit mittels technischer Vorkehrungen akustischer oder optischer Art original mitverfolgen kann.[169] Das Gerichtsverfassungsgesetz widmet dieser Öffentlichkeitsform den S. 2 der Vorschrift, welche Ton- und Filmaufnahmen während gerichtlicher Verhandlungen untersagt. Nicht zu verwechseln mit der mittelbaren Öffentlichkeit ist die Berichterstattung über Gerichtsprozesse als solche. Diese erfüllt mangels originärer Darstellung des Prozessgeschehens nicht den Begriff der Öffentlichkeit und erfährt keine eigene Regelung durch das Gesetz.[170] Entscheidend ist hier, dass die Berichterstatter das Geschehen zunächst filtern und aufarbeiten, bevor es der Allgemeinheit zugänglich gemacht wird. Ebenfalls nicht unter den Öffentlichkeitsgrundsatz des § 169 GVG fällt die Parteiöffentlichkeit, d.h. das Recht der Parteien, die Verhandlungen und Beweisaufnahmen mitzuverfolgen, Prozessakten einzusehen und vom Gericht über wesentliche Vorgänge unterrichtet zu werden.[171]

b) Beschränkung auf mündliche Verhandlungen vor dem erkennenden Gericht

§ 169 S. 1 bezieht die Öffentlichkeit seinem Wortlaut nach auf „Verhandlung[en] vor dem erkennenden Gericht einschließlich der Verkündung der Urteile und Beschlüsse" und beschränkt sie nicht explizit auf die mündliche Verhandlung. Dass eine derartige Einschränkung geboten ist, ist allgemein anerkannt, lediglich in ihrem Begründungsweg unterscheiden sich

---

168 *Kissel/Mayer*, § 169 Rn. 3; MüKo/*Zimmermann*, ZPO Band 3, § 169 GVG Rn. 41 f.; Wieczorek/Schütze/*Schreiber*, ZPO Band 13/1, § 169 GVG Rn. 1.

169 Stein/Jonas/*Jacobs*, ZPO Band 10, § 169 GVG Rn. 2; MüKo/*Zimmermann*, ZPO Band 3, § 169 GVG Rn. 41; Wieczorek/Schütze/*Schreiber*, ZPO Band 13/1, § 169 GVG Rn. 1; *Kissel/Mayer*, § 169 Rn. 3.

170 MüKo/*Zimmermann*, ZPO Band 3, § 169 GVG Rn. 50; Wieczorek/Schütze/*Schreiber*, ZPO Band 13/1, § 169 GVG Rn. 1; *Kissel/Mayer*, § 169 Rn. 3.

171 Wieczorek/Schütze/*Schreiber*, ZPO Band 13/1, § 169 GVG Rn. 1.

die verschiedenen Auffassungen. So wird einerseits darauf verwiesen, der Begriff der Verhandlung impliziere die Beschränkung auf die Mündlichkeit, da das Gesetz ansonsten von Verfahren sprechen müsste. Nur diese könnten auch schriftlich abgehalten werden.[172] Nach einem anderen Begründungsweg ergibt sich der Grund der Beschränkung mittelbar daraus, dass das Prozessrecht ein allgemeines Akteneinsichtsrecht nicht kenne und ein solches sowohl die Prozessbeteiligten gefährde als auch praxisuntauglich sei.[173] Es läge demnach fern, der Öffentlichkeit anstatt des gesprochenen Wortes auch Schriftstücke nahe zu bringen, da sich der Verfahrensablauf ansonsten verzögere.[174]

Unabhängig von der Frage, welcher der beiden Ansätze überzeugt, bedarf es für die Realisierung der Öffentlichkeit somit zwingend einer mündlichen Verhandlung.[175] Eine solche ist für das Zivilverfahren über § 128 Abs. 1 ZPO grundsätzlich auch vorgeschrieben. Lediglich die Möglichkeit, über Abs. 2 und Abs. 3 der Norm ein schriftliches Verfahren einzuleiten und dadurch das Mündlichkeitsprinzip zu durchbrechen, führt dazu, dass § 169 S. 1 GVG nur bedingt greift. Ferner gilt der Grundsatz der Öffentlichkeit in Situationen, in denen eine mündliche Verhandlung fakultativ erfolgen kann, nur dann, wenn eine solche auch tatsächlich abgehalten wird.[176] Entscheidend für die Geltung des § 169 S. 1 GVG ist daher, ob die einschlägige Verfahrensordnung oder das Gericht eine mündliche Verhandlung anordnet.[177] Demgegenüber liegt der Zeitraum vor Verfahrensbeginn und nach Verfahrensende sowie jede Verhandlungspause außerhalb des Geltungsbereichs des § 169 S. 1 GVG, wenngleich die Praxis hier weniger streng ist und die Zuschauer auch während kurzer Sitzungspausen im

---

172 *Von Coelln*, Medienöffentlichkeit, S. 84; *Schilken*, Gerichtsverfassungsrecht, § 12 Rn. 161; a.A. explizit Wieczorek/Schütze/*Schreiber*, ZPO Band 13/1, § 169 GVG Rn. 10.

173 MüKo/*Zimmermann*, ZPO Band 3, § 169 GVG Rn. 11; *Wolf*, Gerichtsverfassungsrecht, § 25 S. 245; Wieczorek/Schütze/*Schreiber*, ZPO Band 13/1, § 169 GVG Rn. 10.

174 *Wolf*, Gerichtsverfassungsrecht, § 25 S. 245.

175 Siehe allgemein zur mündlichen Verhandlung und Öffentlichkeit auch *Reimer*, Verfahrenstheorie, S. 317 ff.

176 *Kissel/Mayer*, § 169 Rn. 9; *Eslami*, Nichtöffentlichkeit des Schiedsverfahrens, S. 115; Stein/Jonas/*Jacobs*, ZPO Band 10, § 169 GVG Rn. 10; Wieczorek/Schütze/ *Schreiber*, ZPO Band 13/1, § 169 GVG Rn. 10.

177 *Von Coelln*, Medienöffentlichkeit, S. 85; eine Auflistung von Verfahren ohne mündliche Verhandlung liefert *Wolf*, Gerichtsverfassungsrecht, § 25 S. 246.

Saal verweilen können.[178] Die gerichtliche Beratung und Abstimmung fallen, wie § 193 Abs. 1, Abs. 2 GVG klarstellen, nicht unter den Öffentlichkeitsgrundsatz. Dagegen ist die Beweisaufnahme im Zivilverfahren grundsätzlich Teil der Verhandlung und somit öffentlich.[179]

Des Weiteren gilt die durch § 169 S. 1 GVG verwirklichte Saalöffentlichkeit nur vor dem erkennenden Gericht. Als solches gilt der Spruchkörper, der über die Hauptsache zu entscheiden hat, sodass in dieser Funktion neben dem Einzelrichter und dem Kollegialgericht auch die Gerichte höherer Instanz fungieren können, wohingegen der beauftragte und der ersuchte Richter nicht eingeschlossen werden.[180] Nicht zum Erkenntnisverfahren zählen zudem das Insolvenz-, Mahn- und Zwangsvollstreckungsverfahren, in denen Nichtöffentlichkeit herrscht.[181]

c) Möglichkeit der Teilnahme und deren Einschränkungen

Um vom Öffentlichkeitsgrundsatz zu profitieren, genügt grundsätzlich die Möglichkeit der Teilnahme an den mündlichen Gerichtsverhandlungen. Unerheblich ist, ob tatsächlich jemand den konkreten Wunsch hegt, der Verhandlung beizuwohnen, da es insoweit allein auf die abstrakte Teilnahmemöglichkeit ankommt.[182] Indes darf nicht verkannt werden, dass mit der prinzipiellen Teilnahmemöglichkeit des Einzelnen kein subjektives Recht auf eine Teilnahme korrespondiert.[183] Wie bereits im Rahmen der

---

178 *Von Coelln*, Medienöffentlichkeit, S. 87; vgl. *Wolf*, Gerichtsverfassungsrecht, § 25 S. 247.

179 Zöller/*Lückemann*, ZPO, § 169 GVG Rn. 8; MüKo/*Zimmermann*, ZPO Band 3, § 169 GVG Rn. 15; *Kissel/Mayer*, § 169 Rn. 9.

180 *Eslami*, Nichtöffentlichkeit des Schiedsverfahrens, S. 113; Stein/Jonas/*Jacobs*, ZPO Band 10, § 169 GVG Rn. 11; MüKo/*Zimmermann*, ZPO Band 3, § 169 GVG Rn. 18 f.; Wieczorek/Schütze/*Schreiber*, ZPO Band 13/1, § 169 GVG Rn. 12.

181 Stein/Jonas/*Jacobs*, ZPO Band 10, § 169 GVG Rn. 11; MüKo/*Zimmermann*, ZPO Band 3, § 169 GVG Rn. 16 f.; Wieczorek/Schütze/*Schreiber*, ZPO Band 13/1, § 169 GVG Rn. 10.

182 BGHSt 5, 75, 83; *Kissel/Mayer*, § 169 Rn. 21; Stein/Jonas/*Jacobs*, ZPO Band 10, § 169 GVG Rn. 13 Wieczorek/Schütze/*Schreiber*, ZPO Band 13/1, § 169 GVG Rn. 13.

183 Stein/Jonas/*Jacobs*, ZPO Band 10, § 169 GVG Rn. 5, 6 und 13; Wieczorek/Schütze/*Schreiber*, ZPO Band 13/1, § 169 GVG Rn. 3; MüKo/*Zimmermann*, ZPO Band 3, § 169 GVG Rn. 31; *Kissel/Mayer*, § 169 Rn. 53; *Weidemann*, DRiZ 1970, 114, 115; *Schmidt*, Justiz und Publizistik, S. 44; *Eslami*, Nichtöffentlichkeit des Schiedsverfahrens, S. 115; *von Coelln*, Medienöffentlichkeit, S. 132 f.; a.A. *Bäumler*, JR 1978, 317, 320 f.

Erörterung über die Zwecke des Öffentlichkeitsgrundsatzes festgestellt, dient dieser als Verfahrensgarantie vornehmlich dem Schutze der am Verfahren beteiligten Personen und soll Interessen der Allgemeinheit wahren, nicht jedoch die des einzelnen Zuschauers.[184] Leitete man aus der Kontrollfunktion des Öffentlichkeitsgrundsatzes auf Basis des Demokratieprinzips den subjektiven Teilnahmeanspruch ab, um einen „souveränen Kontrolleur" zu garantieren[185], würde die Notwendigkeit tatsächlicher Teilnahme der Zuschauer überbewertet. Ihre Kontrollfunktion erfüllen sie bereits dann, wenn ihnen eine bloße Teilnahmemöglichkeit eingeräumt wird. Diese genügt, um das gerichtliche Handeln einer effektiven Kontrolle zu unterziehen. Andernfalls bestünde unter Umständen die Möglichkeit, den subjektiven Anspruch auf dem Klageweg durchzusetzen, die Abgrenzung zu Popularklagen würde dadurch erheblich erschwert.[186] Das aber läuft zudem dem eigentlichen Prozesszweck zuwider, den Parteien zu ihrem Recht zu verhelfen. Ein subjektives Recht auf Teilnahme würde demnach das Augenmerk des Prozesses zu sehr auf die passive Zuhörerschaft verlagern, die ihre Teilnahmemöglichkeit vielmehr erst aus dem bloßen Rechtsreflex[187] eines stattfindenden Prozesses gewinnt. Dafür spricht auch, dass die Norm des § 169 S. 1 GVG keinerlei Individualisierungsmerkmale in ihrem Wortlaut bereithält.[188] Das Demokratieprinzip kann darüber nicht hinweghelfen, da aus seinen Ausprägungen zwar grundsätzlich einzelne subjektive Rechte gewonnen werden können, nicht aber jede Einzelausprägung zugleich zwangsweise auch einen Anspruch auf ein subjektives Recht zur Folge hat.[189]

aa) Konkrete Ausgestaltung der Öffentlichkeit und informatorische Voraussetzungen

Auch die konkreten Anforderungen an unbeteiligte Zuschauer während des Prozesses illustrieren die ihnen zugeschriebene zurückhaltende Rolle

---

184 Stein/Jonas/*Jacobs*, ZPO Band 10, § 169 GVG Rn. 5; Wieczorek/Schütze/*Schreiber*, ZPO Band 13/1, § 169 GVG Rn. 3; *Weidemann*, DRiZ 1970, 114, 115; *Eslami*, Nichtöffentlichkeit des Schiedsverfahrens, S. 115; *von Coelln*, Medienöffentlichkeit, S. 132.
185 So *Bäumler*, JR 1978, 317, 321.
186 *Von Coelln*, Medienöffentlichkeit, S. 133.
187 Ebenso *von Coelln*, Medienöffentlichkeit, S. 132; *Enders*, NJW 1996, 2712, 2713.
188 *Enders*, NJW 1996, 2712, 2713.
189 *Von Coelln*, Medienöffentlichkeit, S. 133.

deutlich. Zuschauer sind dazu aufgefordert, den laufenden Prozess durch „distanziertes Zuhören und Zusehen" zu begleiten.[190] Daraus folgt, dass sich das Geschehen primär auf die unmittelbar am Prozess Beteiligten konzentriert, nicht dagegen auf die unbeteiligten Dritten. Konsequenterweise bleibt es diesen daher verwehrt, eine zu den Parteien vergleichbare Stellung einzunehmen. Weder ist es gestattet, in Verhandlungsgegenstände Einsicht zu nehmen oder Anträge zu stellen, noch aktiv in die laufende Verhandlung durch Ausrufe des Lobes geschweige denn Missfallens einzugreifen.[191] Die über Art. 5 Abs. 1 S. 1 Var. 1 GG geschützte Meinungsfreiheit, die dadurch tangiert wird, findet über den Gesetzesvorbehalt des Abs. 2 Var. 1 GG ihre legitimen Schranken in den Vorschriften des Gerichtsverfassungsrechts und bleibt daher unverletzt.[192] Darüber hinaus besteht für die Zuschauer kein Recht darauf, jeden Vorgang des Prozesses visuell oder akustisch wahrnehmen zu können.[193] Auch daran zeigt sich, dass sich der Ablauf der gerichtlichen Verhandlung vornehmlich an den Parteien orientiert. Sie sind es, die das Wesentliche zur Kenntnis nehmen und die Möglichkeit bekommen müssen, adäquat reagieren zu können.

Für die erfolgreiche Inanspruchnahme der Teilnahmemöglichkeit an gerichtlichen Verhandlungen ist es weiterhin zwingende Voraussetzung, dass die Interessierten rechtzeitig über die anstehenden Verhandlungen Bescheid wissen. Dies führt dazu, dass sich aus § 169 S. 1 GVG die Befriedigung einer Reihe von informatorischen Voraussetzungen ableiten lässt, damit eine effektive Teilnahme gewährt ist. Hierzu gehört zunächst, dass sich jedermann ohne besondere Schwierigkeiten über Ort und Zeit einer angesetzten Gerichtsverhandlung informieren können muss.[194] Das Gericht hat

---

190 *Eslami*, Nichtöffentlichkeit des Schiedsverfahrens, S. 106.

191 *Eslami*, Nichtöffentlichkeit des Schiedsverfahrens, S. 107; *von Coelln*, Medienöffentlichkeit, S. 122; *Kissel/Mayer*, § 169 Rn. 53; *Weidemann*, DRiZ 1970, 114, 115; *Köbl*, in: FS Schnorr von Carolsfeld, S. 235, 244; Stein/Jonas/*Jacobs*, ZPO Band 10, § 169 GVG Rn. 13; Wieczorek/Schütze/*Schreiber*, ZPO Band 13/1, § 169 GVG Rn. 14.

192 *Eslami*, Nichtöffentlichkeit des Schiedsverfahrens, S. 107; *Weidemann*, DRiZ 1970, 114, 115; Stein/Jonas/*Jacobs*, ZPO Band 10, § 169 GVG Rn. 13.

193 Wieczorek/Schütze/*Schreiber*, ZPO Band 13/1, § 169 GVG Rn. 14; *Kissel/Mayer*, § 169 Rn. 52; *Eslami*, Nichtöffentlichkeit des Schiedsverfahrens, S. 107, *von Coelln*, Medienöffentlichkeit, S. 121.

194 BVerfG, NJW 2002, 814; BGH, DRiZ 1981, 193; BayObLG, NJW 1980, 2321 = MDR 1980, 780; OLG Hamm, NJW 1974, 1780, 1781; *von Coelln*, Medienöffentlichkeit, S. 106 m.w.N. auch zur VwGO; *Eslami*, Nichtöffentlichkeit des Schiedsverfahrens, S. 157; Wieczorek/Schütze/*Schreiber*, ZPO Band 13/1, § 169 GVG Rn. 17; *Kissel/Mayer*, § 169 Rn. 47; KaKo/*Diemer*, § 169 GVG Rn. 7.

daher die Aufgabe zu verfolgen, die relevanten Informationen in geeigneter Form an den Kreis der Interessierten heranzutragen. Kommt es dem nicht in der entsprechenden Art und Weise nach, leistet auch eine zufällige Öffentlichkeitsbildung durch Unbeteiligte, die überhaupt keine Gerichtsverhandlung verfolgen wollen, keinerlei Abhilfe. Eine solche erfüllt nicht das Prinzip öffentlicher Verhandlung.[195]

Eine geeignete Form schreibt das Gesetz selbst indes nicht vor. Daher sind die Anforderungen durch die Zielrichtung des Öffentlichkeitsgrundsatzes zu konkretisieren. Dieser dient der Allgemeinheit, sodass unbeteiligte Dritte einerseits jederzeit in der Lage sein müssen, an die erforderlichen Informationen zu gelangen.[196] Andererseits dürfen die Anforderungen an die Form der Bekanntmachungen nicht überspannt werden. Ansonsten droht vorschnell eine Verletzung der Öffentlichkeitsvorschriften, was zu einer negativen Beeinflussung der Gerichtsverfahren führt. Regelmäßig sollte es den interessierten Zuschauern daher auch zugemutet werden, durch ein geringes Maß Eigeninitiative an die relevanten Informationen zu gelangen, sodass leicht überwindbare Hindernisse im Rahmen des Informationsflusses nicht als Verletzung des § 169 S. 1 GVG bewertet werden.[197]

Hieraus ergibt sich, dass grundsätzlich ein schriftlicher Aushang im Gerichtsgebäude oder am Sitzungssaal als notwendige und ausreichende Voraussetzung für eine informationskonforme Handlung von Seiten des Gerichts angesehen werden kann.[198] Der Hinweis muss dabei während der gesamten Verhandlung bestehen bleiben[199], damit auch Zuschauer, die erst im Laufe der Verhandlung eintreffen, die Möglichkeit haben, die Gerichtsöffentlichkeit ohne Probleme wahrzunehmen. Dagegen sollte es ver-

---

195 MüKo/*Zimmermann*, ZPO Band 3, § 169 GVG Rn. 54; *Franke*, ZRP 1977, 143; *Kissel/Mayer*, § 169 Rn. 50; *von Coelln*, Medienöffentlichkeit, S. 107.

196 *Eslami*, Nichtöffentlichkeit des Schiedsverfahrens, S. 158 f.; *von Coelln*, Medienöffentlichkeit, S. 107; *Kissel/Mayer*, § 169 Rn. 47; Wieczorek/Schütze/*Schreiber*, ZPO Band 13/1, § 169 GVG Rn. 17.

197 MüKo/*Zimmermann*, ZPO Band 3, § 169 GVG Rn. 55; OLG Hamm, NJW 1974, 1780; OLG Stuttgart, MDR 1977, 249, 250; *Eslami*, Nichtöffentlichkeit des Schiedsverfahrens, S. 159.

198 Wieczorek/Schütze/*Schreiber*, ZPO Band 13/1, § 169 GVG Rn. 17; MüKo/*Zimmermann*, ZPO Band 3, § 169 GVG Rn. 55; Stein/Jonas/*Jacobs*, ZPO Band 10, § 169 GVG Rn. 20; *von Coelln*, Medienöffentlichkeit, S. 108; Zöller/*Lückemann*, ZPO, § 169 GVG Rn. 3; vgl. auch BGH, 4 StR 549/69 vom 02.04.1970 bei Dallinger, MDR 1970, 559, 560 f.

199 Wieczorek/Schütze/*Schreiber*, ZPO Band 13/1, § 169 GVG Rn. 17; MüKo/*Zimmermann*, ZPO Band 3, § 169 GVG Rn. 55; Stein/Jonas/*Jacobs*, ZPO Band 10, § 169 GVG Rn. 20.

mieden werden, überzogene Anforderungen derart zu stellen, dass ein schriftlicher Aushang sowohl im Eingangsbereich des Gerichtsgebäudes als auch am jeweiligen Sitzungssaal vonnöten sei, der sämtliche Verhandlungen des Tages berücksichtigt und die konkreten Uhrzeiten nennt.[200] Maßstab bei der Beurteilung bleibt, dass den interessierten Zuschauern keine unnötigen Hürden auf dem Weg zum Besuch einer öffentlichen Verhandlung bereitet werden sollen. Das aber macht es nicht erforderlich, ein Überangebot an Informationshilfen bereitzustellen. Eine solch detaillierte Aufstellung birgt vielmehr die Gefahr der Fehleranfälligkeit. Findet die Verhandlung wie üblich im Gerichtsgebäude statt, so wird es dem Interessierten zuzumuten sein, notfalls auch auf einen Zuständigen des Gerichts zuzugehen, um sich die fehlenden Informationen zu besorgen.[201] Ein zusätzliches Hindernis stellt dies für die Realisierung der Teilnahme an Gerichtsverhandlungen nicht dar. Vielmehr erfüllt auch diese Art der Informationsquelle die Anforderungen des § 169 S. 1 GVG. Deutlich wird hieran, dass die Hinweispflicht prinzipiell in verschiedenen geeigneten Formen erfüllt werden kann.[202]

Andere Anforderungen müssen dagegen gelten, wenn es sich um unübliche Verhandlungsorte – regelmäßig außerhalb des Gerichtsgebäudes – handelt. Dass gerichtliche Verhandlungen auch andernorts stattfinden können, muss dem Laienzuschauer keine Selbstverständlichkeit sein. Um das Institut des § 169 S. 1 GVG zu wahren, wird eine bloße Auskunftsmöglichkeit hier die Anforderungen in der Tat nicht erfüllen.[203] Daher ist zu fordern, dass es für „jeden Interessierten ohne Aufwendung besonderer

200 So *Kissel/Mayer*, § 169 Rn. 47.
201 *Kissel/Mayer*, § 169 Rn. 47 und Wieczorek/Schütze/*Schreiber*, ZPO Band 13/1, § 169 GVG Rn. 17 lehnen es unter Verweis auf BGH, 4 StR 549/69 vom 02.04.1970 bei Dallinger, MDR 1970, 559, 560 f. ab, die (alleinige) Nachfrage bei der Geschäftsstelle oder dem Pförtner als ausreichend zu betrachten. Indes ging es im zitierten BGH-Fall um die Verlegung der Verhandlung in das private Wohnzimmer eines Schöffen, nicht um Verhandlungen im Gerichtsgebäude. Bei solchen erscheint es jedenfalls legitim, hilfsweise auf die Bediensteten des Gerichts zurückzugreifen, wenn ein einfacher Aushang entweder im Gerichtsgebäude oder am Sitzungssaal noch nicht weiterhilft. Vgl. auch Stein/Jonas/*Jacobs*, ZPO Band 10, § 169 GVG Rn. 20, der die Nachfrage ebenfalls ausreichen lässt, wenn der Bedienstete erkennbar für Nachfragen zur Verfügung steht. Das aber sollte man bei den Empfangsstellen des Gerichts stets annehmen.
202 MüKo/*Zimmermann*, ZPO Band 3, § 169 GVG Rn. 55; Wieczorek/Schütze/*Schreiber*, ZPO Band 13/1, § 169 GVG Rn. 17; *von Coelln*, Medienöffentlichkeit, S. 108; *Eslami*, Nichtöffentlichkeit des Schiedsverfahrens, S. 159.
203 MüKo/*Zimmermann*, ZPO Band 3, § 169 GVG Rn. 55; OLG Hamm, NJW 1974, 1780 f.

Findigkeit erkennbar sein [muss], dass und wo öffentliche Verhandlungen stattfinden."[204] Speziell für Verhandlungen außerhalb des Gerichtsgebäudes wird dieses Erfordernis regelmäßig eingehalten, wenn ein Hinweisschild im Gerichtsgebäude auf den konkreten Verhandlungsort verweist.[205] Dabei ist nach Möglichkeit zu gewährleisten, dass eine ausreichende Vorlaufzeit eingeräumt wird, um rechtzeitig an besagtem Ort anzukommen.[206] Richtig ist, dass Zuschauer, die kurz vor dem eigentlich angekündigten Termin erscheinen, unter Umständen nicht mehr rechtzeitig am neuen Ort eintreffen werden.[207] Immerhin besteht aber die Option, einer laufenden Verhandlung jederzeit noch beizuwohnen. Zudem ist nach Sinn und Zweck des Öffentlichkeitsgrundsatzes nicht jedem Einzelnen, sondern der Allgemeinheit eine öffentliche Verhandlung zu gewähren.

Ein zusätzlicher Hinweis am neuen Verhandlungsort mag erstrebenswert sein[208], sollte aber für allgemein zugängliche Orte nicht obligatorisch sein. Denn regelmäßig werden die Interessierten schon im Gerichtsgebäude die notwendigen Informationen über den Ort außerhalb des Gerichts erhalten, sodass dann auch nicht mehr von einer nur zufälligen Öffentlichkeit gesprochen werden kann. Ein fehlender Hinweis am neuen Ort erschwert das Auffinden nicht mehr derart, dass eine Verletzung des Öffentlichkeitsgrundsatzes angenommen werden müsste. Aber auch in solchen Fällen bedarf es stets einer Prüfung der Einzelfallumstände, aus denen sich durchaus in Sonderfällen die Entbehrlichkeit einer Hinweistafel im Gerichtsgebäude ergeben kann.[209] Befremdlich erscheint es dann aber, eine Verletzung des § 169 S. 1 GVG zu verneinen, nur weil scheinbar keine interessierten Zuschauer mehr anwesend waren und die Verhandlung schon nach kurzer Zeit wieder im Gerichtsgebäude weitergeführt wurde.[210] Eine solche Ansicht verkennt, dass sich der Öffentlichkeitsgrundsatz besonders auf die Teilnahmemöglichkeit der Allgemeinheit gründet, sodass es nicht auf die Zeitspanne ankommen kann, während derer außer Haus verhandelt wurde. Auch in dieser kurzen Zeitspanne besteht die Möglichkeit, dass Zuschauer den Weg ins Gerichtsgebäude finden. Gemessen an der

---

204 OLG Hamm, NJW 1974, 1780, 1781.
205 Stein/Jonas/*Jacobs*, ZPO Band 10, § 169 GVG Rn. 21; Zöller/*Lückemann*, ZPO, § 169 GVG Rn. 4 m.w.N.; BGH, DRiZ 1981, 193; BayObLG, MDR 1980, 780, 781; Wieczorek/Schütze/*Schreiber*, ZPO Band 13/1, § 169 GVG Rn. 19.
206 Stein/Jonas/*Jacobs*, ZPO Band 10, § 169 GVG Rn. 21.
207 *Von Coelln*, Medienöffentlichkeit, S. 112.
208 *Kissel/Mayer*, § 169 Rn. 49.
209 BGH, DRiZ 1981, 193; KaKo/*Diemer*, § 169 GVG Rn. 7.
210 So aber BGH, DRiZ 1981, 193.

Prämisse, dass diese ohne Probleme den Ort der Verhandlung auffinden sollen, bedarf es auch in solchen Fällen eines Hinweises. Andernfalls könnte das Gericht die Ausstrahlung des Öffentlichkeitsgrundsatzes in unzulässiger Art und Weise steuern und kurze Verhandlungsspannen problemlos verlagern, um keine Zuschauer tolerieren zu müssen.[211]

Kommt es zu einer Verlegung des Verhandlungsraumes innerhalb eines Gerichts, sollte es genügen, wenn der Hinweiszettel jedenfalls am ursprünglichen Saal angebracht wird.[212] Am neuen Saal ist ein solcher weder alternativ[213] noch zwingend zusätzlich[214] erforderlich. Die Zuschauer werden in aller Regel zunächst der Ursprungsinformation nachgehen und den ursprünglichen Saal anvisieren. Finden sie dort eine Information über die Verlegung, können sie dieser problemlos folgen, sodass eine fehlende Zusatzinformation am Zielsaal keinerlei Erschwernis bedeutet. Unergiebig und eine regelmäßige Mehrbelastung stellt dagegen ein Hinweis allein am neuen Saal dar. Diesen können die Zuschauer nur zufällig ausmachen oder erst dann finden, sofern sie zusätzlich bei Gerichtsbediensteten nachfragen. Daher sollte ein solches Vorgehen allenfalls dann als ausreichend angesehen werden, wenn ein Nachfragen ohne Probleme gewährleistet ist.[215] Ansonsten ist zwingend ein Hinweis am ursprünglichen Saal zu fordern.

Nicht absolut schädlich ist dagegen die zeitliche (Vor-)Verlegung eines Gerichtstermins, da die Öffentlichkeitsmaxime weder das Vertrauen in Terminankündigungen noch das Informationsinteresse des einzelnen Zuschauers schützt.[216] Werden die allgemeinen Informationsansprüche aus § 169 S. 1 GVG während der vorverlegten Verhandlung selbst eingehalten, soll eine Verletzung des Öffentlichkeitsgrundsatzes nicht in Betracht kommen. Grund hierfür ist die Gewährleistung eines zügigen Verfahrensablaufs, welche eine hinreichend flexible Planung seitens des Gerichts erforderlich macht.[217] Wenn insoweit die Gefahr betont wird, ein solches Proze-

---

211 Im Ergebnis ebenso *Kissel/Mayer*, § 169 Rn. 47.
212 *Eslami*, Nichtöffentlichkeit des Schiedsverfahrens, S. 163 mit umfangreichen Nachweisen in Fußnote 556.
213 So aber MüKo/*Zimmermann*, ZPO Band 3, § 169 GVG Rn. 56; OLG Neustadt, MDR 1964, 778.
214 So aber *Kissel/Mayer*, § 169 Rn. 49.
215 Kritisch ebenfalls *Eslami*, Nichtöffentlichkeit des Schiedsverfahrens, S. 163, die aber nicht auf eine Kompensation durch Nachfragemöglichkeiten eingeht.
216 MüKo/*Zimmermann*, ZPO Band 3, § 169 GVG Rn. 59; Stein/Jonas/*Jacobs*, ZPO Band 10, § 169 GVG Rn. 20; Wieczorek/Schütze/*Schreiber*, ZPO Band 13/1, § 169 GVG Rn. 20; BGH, NStZ-RR 2002, 261; BGH, NStZ 1984, 134; BGH bei Holtz, MDR 1984, 274, 278; *Schilken*, Gerichtsverfassungsrecht, § 12 Rn. 175.
217 BGH, NStZ 1984, 134, 135 m.w.N.

dere eröffne dem Gericht die Chance, durch fehlerhafte Terminbestimmungen die Öffentlichkeit auszuschließen[218], so ist auf folgendes hinzuweisen: Die Öffentlichkeit der Verhandlung ist für das Gericht eine übliche Begleiterscheinung des Prozesses und somit eine allgegenwärtige und gewöhnliche Einrichtung. Die Gefahr, durch bewusst falsche Terminankündigungen die Öffentlichkeit zu umgehen, ist daher rein abstrakter Natur. Von der Zuhörerschaft als bloß passiver Einrichtung geht für das Gericht regelmäßig keine derartige Gefahr aus, als dass ein solch missbräuchliches Vorgehen zu erwarten wäre. Insoweit ist auch auf die rechtstreue Gesinnung der entscheidenden Richter zu verweisen. Ein bewusstes Unterbrechen der Verhandlung in Kombination mit einer Neuterminierung hat für die Richter auch selbst nicht nur Vorteile, immerhin müssen diese sich erneut in den Prozessstoff einarbeiten und die Erschwernisse eines zerstückelten Prozesses in Kauf nehmen. Aus Praxisgesichtspunkten scheint daher auch ein bewusst manipulatives Vorgehen ausgeschlossen. Eine Vorverlegung des angekündigten Zeitpunktes der Verhandlung wird man folglich nicht stets als illegitim zu betrachten haben, sollte dies ausnahmsweise vonnöten sein. Per se eine Wartepflicht zu postulieren[219], würde indes prozessökonomische Gesichtspunkte im Einzelfall zu sehr beschränken. Etwas Abweichendes ergibt sich auch nicht zwingend aus der Entscheidung des Bundesgerichtshofes vom 7. März 1979.[220] Im zu entscheidenden Fall kam es aufgrund von gerichtlich angeordneten vorherigen Kontrollmaßnahmen an den interessierten Zuschauern zur zeitlichen Verzögerung des Zutritts in den Verhandlungssaal. Der Beschluss kam zu dem Ergebnis, das Gericht dürfe erst dann mit der Verhandlung beginnen, wenn den rechtzeitig zum angekündigten Termin Erschienenen der Zutritt gewährt worden sei.[221] Richtigerweise gleichen sich die beiden Sachverhalte in dem Punkt, dass das Gericht durch eigene Maßnahmen auf die Öffentlichkeit Einfluss nimmt. Im ersten Fall wird dies durch eine Vorterminierung erreicht, im letzteren durch Kontrollmaßnahmen, die den Eintritt der Zuschauer verzögern. Dennoch ergibt sich ein tendenzieller Unterschied. Im zuletzt genannten Fall sind die pünktlich erschienenen Zuschauer bereits am Verhandlungsort anwesend, sie stehen unmittelbar in Begriff, einer be-

---

218 *Eslami*, Nichtöffentlichkeit des Schiedsverfahrens, S. 161; *von Coelln*, Medienöffentlichkeit, S. 110.

219 *Eslami*, Nichtöffentlichkeit des Schiedsverfahrens, S. 161.

220 BGHSt 28, 341; diese Entscheidung führen *von Coelln*, Medienöffentlichkeit, S. 110 und *Eslami*, Nichtöffentlichkeit des Schiedsverfahrens, S. 161 an, um eine Verletzung des Öffentlichkeitsgrundsatzes zu begründen.

221 BGHSt 28, 341, 345.

vorstehenden Verhandlung zu folgen. Würde man hier die Verhandlung trotz der Verzögerungen durch die Kontrollmaßnahmen pünktlich beginnen, führte dies dazu, dass die aufgehaltenen Interessierten im Extremfall in kurzen zeitlichen Abständen den Gerichtssaal betreten würden. Dies hätte unnötige äußere Störungen des ordentlichen Gangs einer Verhandlung zur Folge, sodass es sinnvoll ist, den kompletten Zuschauereinlass im Falle gerichtlich angeordneter Kontrollen abzuwarten. Extensive Kontrollmaßnahmen können hier im Extremfall die gesamte Öffentlichkeit an der Ausübung ihrer Funktionen hindern. Bei einer Vorverlegung besteht für die Allgemeinheit dagegen noch ausreichend Zeit, als Öffentlichkeit zu fungieren. Zwar mag ein konkret Interessierter durch die zeitliche Verschiebung überrascht und als Konsequenz daran gehindert werden, einer spezifischen Verhandlung zu folgen. Da § 169 S. 1 GVG aber auf die Allgemeinheit zielt, besteht für Zuschauer als solche nach wie vor die Option, der verschobenen Verhandlung beizuwohnen. Das zeigt sich schon daran, dass im Falle der Vorverlegung die Informationsanforderungen aus § 169 S. 1 GVG erneut erfüllt werden müssen. Bewusst lang gehaltene Kontrollmaßnahmen verwehren es dem Zuschauer hingegen gegebenenfalls, rechtzeitig seinen Platz im Saal einzunehmen, eine Vorverlegung stellt als solche aber nicht eine gleichwertige gerichtliche Beeinträchtigung in der Form dar, als dass der Öffentlichkeitsgrundsatz komplett ausgehebelt werden würde.

Zusammenfassend sind die gerichtlichen Informationspflichten eher als moderat zu bezeichnen. Schon das Erfüllen von Minimalstandards kann hier dazu führen, dass der § 169 S. 1 GVG nicht verletzt wird. Hinzuweisen ist aber auf die Möglichkeit des Einzelnen, jedenfalls bewusst bei Gericht nachzufragen, um auch als Einzelner von den Vorteilen öffentlicher Verhandlungen zu profitieren.[222]

bb) Einschränkungen der Teilnahmemöglichkeit

Grundvoraussetzung der Teilnahmemöglichkeit ist zunächst, dass es den Zuschauern möglich ist, problemlos in den Gerichtssaal zu gelangen. Damit dies sichergestellt ist, bedarf es zumindest einer unverschlossenen Tür in den Verhandlungsraum.[223] Eine solche ist indes nicht gleichbedeutend

---

222 *Von Coelln*, Medienöffentlichkeit, S. 114.
223 *Kissel/Mayer*, § 169 Rn. 22; *Kuhlmann*, NJW 1974, 1231, 1232; *Schilken*, Gerichtsverfassungsrecht, § 12 Rn. 173; *von Coelln*, Medienöffentlichkeit, S. 114.

mit einer permanent offenstehenden Tür. Vielmehr ist es gerade zu vermeiden, dass die Öffentlichkeit auf umliegende Säle und Gänge ausstrahlt, da dadurch die Sitzungs- und Ordnungsgewalt des Vorsitzenden geschmälert und der ordentliche Verhandlungsablauf nicht gewährleistet sein würde.[224]

Dennoch versteht es sich von selbst, dass eine Gerichtsverhandlung nicht von einer unbegrenzten Anzahl an Zuschauern aufgesucht werden kann. Ansonsten liefe man Gefahr, die Gerichtsverhandlung durch Überfüllung der Räumlichkeiten oder Erhöhung der Geräuschkulisse in unzulässiger Weise zu beeinträchtigen. Demzufolge sind Einschränkungen des Öffentlichkeitsgrundsatzes aufgrund von tatsächlichen Begebenheiten grundsätzlich hinzunehmen. Ist die Kapazitätsgrenze des Raumes durch die eingelassenen Zuschauer bereits erreicht und können keine weiteren mehr eingelassen werden, ist demnach nicht von einer Verletzung der Öffentlichkeit zu sprechen.[225]

Dabei liegt die Entscheidung, in welchem konkreten Raum die Verhandlung stattfindet, im pflichtgemäßen Ermessen des Gerichts, wobei aber zumindest die baulichen Begebenheiten und das erwartete Zuschauerinteresse berücksichtigt werden sollten.[226] Eine Verpflichtung, den Raum so auszuwählen, dass stets alle Interessierten einen Platz finden, besteht infolgedessen nicht. Dafür streitet schon der Sinn des § 169 S. 1 GVG, der sich allein auf eine Allgemeinheit bezieht, nicht jedoch jedem einzelnen Zuschauer einen Anspruch auf Teilnahme zuschreibt. Es genügt daher, dass überhaupt eine gewisse Anzahl an Zuschauerplätzen, notwendigerweise als Sitzplätze ausgestaltet, bereitgehalten wird.[227] Zu beachten ist jedoch, dass sowohl die bewusste Wahl eines kleineren Saales als auch die eines größeren dem Gedanken des Öffentlichkeitsgrundsatzes zuwiderlaufen kann.[228] Während im ersten Falle die Zuschauerzahl gezielt reduziert wird, liegt die Gefahr bei der Wahl zu großer Säle darin, den Beteiligten immensen psychologischen Druck zuzumuten und einen Schauprozess zu insze-

---

224 *Kissel/Mayer*, § 169 Rn. 27; *von Coelln*, Medienöffentlichkeit, S. 115.
225 BGHSt 21, 72, 73; Stein/Jonas/*Jacobs*, ZPO Band 10, § 169 GVG Rn. 15; MüKo/ *Zimmermann*, ZPO Band 3, § 169 GVG Rn. 59; Wieczorek/Schütze/*Schreiber*, ZPO Band 13/1, § 169 GVG Rn. 23; *Kissel/Mayer*, § 169 Rn. 24.
226 Stein/Jonas/*Jacobs*, ZPO Band 10, § 169 GVG Rn. 15; *Schilken*, Gerichtsverfassungsrecht, § 12 Rn. 172; *von Coelln*, Medienöffentlichkeit, S. 116; *Kissel/Mayer*, § 169 Rn. 25.
227 Stein/Jonas/*Jacobs*, ZPO Band 10, § 169 GVG Rn. 15; *Kissel/Mayer*, § 169 Rn. 25.
228 *Kissel/Mayer*, § 169 Rn. 26 f.; *Weidemann*, DRiZ 1970, 114, 115.

nieren, worunter letztlich auch die Garantien eines fairen Verfahrens und des rechtlichen Gehörs leiden.[229]

Mit diesen Grundsätzen einher geht die Frage, wie zu verfahren ist, wenn die interessierte Zuschauerzahl die angebotenen Plätze übersteigt. Dann muss ein effektives System gefunden werden, um zu einer gerechten und die Grundsätze des § 169 S. 1 GVG wahrenden Auswahlentscheidung zu gelangen. Der Gedanke der allgemeinen Öffentlichkeit erfordert es, dem Gericht ein Auswahlermessen hinsichtlich konkreter Personen abzusprechen.[230] Ansonsten könnte es unliebsame Zuschauer – beispielsweise besonders kritische Berichterstatter – übergehen und somit die Öffentlichkeit gezielt beeinflussen. Um eine solche Gefahr auszuschließen, ist die Platzvergabe nach Prioritätsgesichtspunkten zu lösen. Die Plätze sind in der Reihenfolge der sich interessiert zeigenden Zuschauer zu vergeben, wobei dies auch mittels Einlasskarten umgesetzt werden kann.[231] Dieses System gilt unterschiedslos für Berichterstatter[232] sowie im Verhältnis der Berichterstatter zu sonstigen Zuschauern.[233] Das Gericht ist auch nicht dazu angehalten, eine repräsentative Öffentlichkeit zu garantieren, sodass Berichterstatter nicht zwingend als Teil der Öffentlichkeit mitvertreten sein müssen.[234] Zulässig bleibt es indes, einen Teil der Plätze für die Berichterstatter zu reservieren, sofern es sich um Verfahren handelt, von denen eine erhöhte mediale Präsenz ausgehen wird.[235]

---

229 *Kissel/Mayer*, § 169 Rn. 26; *Ranft*, JURA 1995, 573, 576.

230 Stein/Jonas/*Jacobs*, ZPO Band 10, § 169 GVG Rn. 17; *Schilken*, Gerichtsverfassungsrecht, § 12 Rn. 172.

231 OLG Schleswig, SchlHA 1979, 203; Wieczorek/Schütze/*Schreiber*, ZPO Band 13/1, § 169 GVG Rn. 24; MüKo/*Zimmermann*, ZPO Band 3, § 169 GVG Rn. 34 f.; *Kissel/Mayer*, § 169 Rn. 35; Stein/Jonas/*Jacobs*, ZPO Band 10, § 169 GVG Rn. 17; Zöller/*Lückemann*, ZPO, § 169 GVG Rn. 9; *von Coelln*, Medienöffentlichkeit, S. 117.

232 Siehe aber zur Zulässigkeit anderer Journalistenauswahlmöglichkeiten *von Coelln*, DÖV 2006, 804, 810.

233 Zur Gleichbehandlung von Berichterstattern und sonstigen Zuschauern: BVerfGE 103, 44, 59 = NJW 2001, 1633, 1634 = JZ 2001, 704, 705; *Kissel/Mayer*, § 169 Rn. 33; MüKo/*Zimmermann*, ZPO Band 3, § 169 GVG Rn. 34; Wieczorek/Schütze/*Schreiber*, ZPO Band 13/1, § 169 GVG Rn. 25; *Eslami*, Nichtöffentlichkeit des Schiedsverfahrens, S. 151; *von Coelln*, DÖV 2006, 804, 804 f.

234 *Von Coelln*, DÖV 2006, 804, 805 verweist auf die Möglichkeit, dass die Plätze im Umkehrschluss auch nur durch Medienvertreter besetzt werden können.

235 BGH, NJW 2006, 1220, 1221; Stein/Jonas/*Jacobs*, ZPO Band 10, § 169 GVG Rn. 18; *Kissel/Mayer*, § 169 Rn. 33; MüKo/*Zimmermann*, ZPO Band 3, § 169 GVG Rn. 34; Wieczorek/Schütze/*Schreiber*, ZPO Band 13/1, § 169 GVG Rn. 25, der insoweit 25 % Restkontingent für sonstige Zuschauer fordert. Siehe dazu auch

Nach den gerade genannten Grundsätzen würde die Möglichkeit, vorab durch Reservierung bestimmte Gruppen zu einer Verhandlung anzumelden, in jeder denkbaren Konstellation konsequenterweise ausscheiden. Dennoch soll eine derartige Bevorzugung erlaubt sein, sofern sachliche Gründe dafür streiten.[236] Dies wird insbesondere bei Schul-, Hochschul- oder Ausländergruppen der Fall sein, die sich mit dem hiesigen Rechtssystem vertraut machen oder praktische Anwendungsbeispiele des Rechts erleben wollen. Grenzen dieser Gestaltungsmöglichkeiten sind lediglich zu setzen, wenn das Gericht bewusst ein unkritisches Publikum installieren will und somit missbräuchlich handelt oder wenn kein ausreichender Platz mehr für andere Zuschauer garantiert werden kann.[237]

Eine derartige pauschale Bevorzugung von Gruppen, sei es auch aus ehrbaren sachlichen Gründen, wirft aber Probleme auf. So weist *von Coelln* zutreffend darauf hin, dass das Abgrenzungsmerkmal der Gruppe keine eindeutigen Ergebnisse zulasse, da im Extremfall auch eine Familie oder bloße Zweckgemeinschaften als Gruppe angesehen werden könnten.[238] Ferner könne auch die missbräuchliche Gesinnung des Gerichts, ein unkritisches Publikum zu bevorzugen, nicht hinreichend genau kontrolliert werden, sodass der Erfolg von Rechtsmitteln mit großen Unsicherheiten behaftet sei.[239] Kritisch hinterfragt werden muss auch die pauschale Forderung nach zwingend freizuhaltenden Plätzen für sonstige Zuschauer. Dass nicht jeder freie Sitzplatz für Gruppen reserviert werden kann, ist im Ansatz eine sinnvolle Restriktion, um auch kurzfristig Entschlossenen Einlass zur Verhandlung gewähren zu können und dem Verdacht vorzubeugen, das Gericht hätte das Publikum bewusst selbst gewählt. Nichtsdestotrotz entbehrt die Forderung, 50 % der Plätze seien freizuhalten, einer nachvollziehbaren Begründung. Insbesondere in kleinen Gerichtssälen wäre es Schulklassen kaum möglich, vollständig an der Verhandlung teilzunehmen.

BVerfG, NJW 2013, 1293ff.: Vergabe von Sitzplätzen für Medienvertreter im NSU-Strafverfahren.

236 *Kissel/Mayer*, § 169 Rn. 32; Wieczorek/Schütze/*Schreiber*, ZPO Band 13/1, § 169 GVG Rn. 26; MüKo/*Zimmermann*, ZPO Band 3, § 169 GVG Rn. 34; *Schilken*, Gerichtsverfassungsrecht, § 12 Rn. 172.

237 *Kissel/Mayer*, § 169 Rn. 32; Wieczorek/Schütze/*Schreiber*, ZPO Band 13/1, § 169 GVG Rn. 26 jeweils mit der Forderung, die Hälfte der Plätze freizuhalten; MüKo/*Zimmermann*, ZPO Band 3, § 169 GVG Rn. 34; *Schilken*, Gerichtsverfassungsrecht, § 12 Rn. 172.

238 *Von Coelln*, Medienöffentlichkeit, S. 119 f.

239 *Von Coelln*, Medienöffentlichkeit, S. 120.

Für die Gruppenbevorzugung müssen daher plausible Erwägungen gefunden werden. Als eine solche käme es in Betracht, das Gruppenmerkmal auf organisierte Personenzusammenschlüsse zu beschränken, die spezifischen Lehr- und Fortbildungszwecken nachgehen. Dann könnten sämtliche Schul-, Hochschul- und Auslandsgruppen, die einen Zusammenhang zur Rechtswissenschaft vorweisen, als Gruppe angesehen werden, nicht dagegen Familien oder bloße Zweckzusammenschlüsse. Das Erfordernis des spezifischen Bezugs zur Rechtswissenschaft sichert ab, dass tatsächlich fachliche Kenntniserweiterung angestrebt wird und nicht bloß eine Scheingruppe von Studierenden bzw. Schülern suggeriert wird. Allen anderen Interessierten bliebe die Option, über das Prioritätsprinzip Einlass zu erhalten. Zudem sollte eine Reservierung für Prozesse, bei denen aufgrund vorheriger hoher medialer Aufmerksamkeit von erhöhtem Zuschaueraufkommen ausgegangen werden muss, nicht zugelassen werden. Da hier regelmäßig mehr Zuschauer zu erwarten sind als Plätze zur Verfügung stehen, scheint das Prioritätsprinzip hier die einzig sachgerechte Lösung bereitzuhalten. Zuzugestehen ist, dass die bloße Erwartung eines Zuschauerandrangs schwer abzuschätzen ist. Dennoch sollte man im Sinne einer optimalen Verwirklichung des § 169 S. 1 GVG in diesem Fall von Reservierungsmöglichkeiten gänzlich absehen, um insbesondere bei Prozessen, die großes Aufsehen erregen, den Verdacht des Missbrauchs auszuschließen. Im Übrigen ist daran festzuhalten, dass sonstigen Zuschauern ein ausreichendes Platzkontingent freizuhalten ist. Eine starre prozentuale Grenze erscheint dagegen nicht tunlich. Vielmehr sollte durch die Wahl des Verhandlungssaals und die Praxiserfahrung des Gerichts für jeden Einzelfall entschieden werden. Im Zweifel sollte das Gericht daran gehalten sein, Gruppen bevorzugt bei alltäglichen Streitigkeiten zuzulassen. Der Lerneffekt – sprich der prozessuale Ablauf einer Gerichtsverhandlung – wird regelmäßig derselbe sein wie in den spektakuläreren Sachverhalten.[240]

Das führt in der Konsequenz zu dem Ergebnis, dass eine Reservierung für Gruppen nur ausnahmsweise zulässig ist, wohingegen Berichterstatter das Privileg genießen, ein Platzkontingent zugewiesen zu bekommen. Die unterschiedliche Behandlung rechtfertigt sich indes daraus, dass Art. 5 Abs. 1 S. 2 GG die Pressefreiheit unter den besonderen Schutz der Verfassung stellt. Des Weiteren tragen Berichterstatter in besonderem Maße dazu bei, dass die Allgemeinheit Informationen über gerichtliche Prozesse er-

---

240 *Von Coelln*, Medienöffentlichkeit, S. 120 f. sieht in der strikten Einhaltung des Prioritätsprinzips die einzig sachgerechte Lösung mit der Folge, dass persönliches Erscheinen eines jeden Interessierten notwendig ist.

hält. Sie verwirklichen daher als „Multiplikator der Öffentlichkeit"[241] einen der Zwecke des § 169 S. 1 GVG, sodass ihre Sonderstellung legitimiert werden kann.[242] Zudem darf nicht verkannt werden, dass Berichterstatter regelmäßig keine homogene und in sich abgeschlossene Gruppe darstellen, sodass auch schon aus diesem Grund eine Gleichbehandlung nicht erforderlich ist.[243]

Zulässigerweise kann der Öffentlichkeitsgrundsatz schließlich auch dann beschränkt werden, wenn eine ungestörte Verhandlung oder die öffentliche Sicherheit garantiert werden sollen. Die Durchführung einer sicheren und ungestörten Verhandlung ist „ebenso wesentlich wie die Kontrolle des Verfahrensganges durch die Allgemeinheit."[244] Maßnahmen, die die Sicherheit des Einzelnen gewährleisten sollen und den Zugang zur Verhandlung nur unwesentlich erschweren, sind daher hinzunehmende Restriktionen des § 169 S. 1 GVG, so zum Beispiel eine Ausweis- oder Registrierungskontrolle.[245]

d) Verstöße und deren Sanktionierung

Um eine Verletzung des Öffentlichkeitsgrundsatzes mit der Konsequenz eines Verfahrensfehlers annehmen zu können, bedarf es nicht nur eines objektiven Verstoßes gegen § 169 S. 1 GVG, sondern auch einer Zurechnung der fehlerhaften Behandlung der Öffentlichkeitsvorschrift an die Gerichtsverantwortlichen.[246] Fehlverhalten Dritter sind nur dann von Relevanz, sofern das Gericht diese bei gebotener Sorgfalt hätte beeinflussen können.[247] Ob tatsächlich ein Zuschauer von der unsachgerechten Behandlung des

---

241 *Von Coelln*, DÖV 2006, 804, 806.
242 Vgl. Wieczorek/Schütze/*Schreiber*, ZPO Band 13/1, § 169 GVG Rn. 25; *Kissel/ Mayer*, § 169 Rn. 33; *von Coelln*, DÖV 2006, 804, 806 f.
243 *Von Coelln*, DÖV 2006, 804, 807; vgl. BVerfG, NJW 2013, 1293ff.
244 BGHSt 27, 13, 15 = NJW 1977, 157, 158 m.w.N.; *Kissel/Mayer*, § 169 Rn. 38.
245 *Kissel/Mayer*, § 169 Rn. 38ff.; Wieczorek/Schütze/*Schreiber*, ZPO Band 13/1, § 169 GVG Rn. 27.
246 Stein/Jonas/*Jacobs*, ZPO Band 10, § 169 GVG Rn. 22; MüKo/*Zimmermann*, ZPO Band 3, § 169 GVG Rn. 60; Wieczorek/Schütze/*Schreiber*, ZPO Band 13/1, § 169 GVG Rn. 30; *Kissel/Mayer*, § 169 Rn. 56; *Eslami*, Nichtöffentlichkeit des Schiedsverfahrens, S. 182 f. stellt dagegen auf die Verletzung von Organisations- und Überwachungspflichten ab.
247 Stein/Jonas/*Jacobs*, ZPO Band 10, § 169 GVG Rn. 22; MüKo/*Zimmermann*, ZPO Band 3, § 169 GVG Rn. 60; Wieczorek/Schütze/*Schreiber*, ZPO Band 13/1, § 169 GVG Rn. 30; *Kissel/Mayer*, § 169 Rn. 56.

Öffentlichkeitsgrundsatzes tangiert wird, spielt keine Rolle, da es allein auf die abstrakte Teilnahmemöglichkeit ankommt.

Jede unzulässige Erweiterung oder Beschränkung der Öffentlichkeit stellt einen Verfahrensfehler dar. Eine Heilungsmöglichkeit kommt erstinstanzlich in Betracht, wenn der betroffene Verhandlungsteil entweder im selben Verfahren oder nach Zurückverweisung durch das Berufungsgericht wiederholt wird, ansonsten auch, wenn das Berufungsgericht selbst den Abschnitt wiederholt.[248] Der Mangel stellt im zivilrechtlichen Verfahren sowohl einen Berufungsgrund nach § 513 Abs. 1 ZPO als auch einen absoluten Revisionsgrund gemäß § 547 Nr. 5 ZPO dar. Dabei gilt für das Zivilverfahren, dass die Norm des § 547 Nr. 5 ZPO nach überwiegender Auffassung[249] sowohl die unzulässige Beschränkung als auch Erweiterung der Öffentlichkeit umfasst. Als Fazit lässt sich somit festhalten, dass durch die Ausgestaltung der Öffentlichkeitsverletzung als absoluter Revisionsgrund die Bedeutung, die dem Grundsatz zuteilwird, durch das Gesetz selbst hervorgehoben wird. Ein gerechtes und ordnungsgemäßes Verfahren liegt dementsprechend grundsätzlich nur dann vor, wenn für die Allgemeinheit die Möglichkeit bestanden hat, am Verfahren als Zuschauer zu partizipieren. Die strenge Regelung garantiert dabei, dass die Vorschriften über die Öffentlichkeit in der Rechtspraxis gewahrt bleiben.[250]

III. Der Öffentlichkeitsgrundsatz im Lichte der Verfassung

Die Bedeutung des Öffentlichkeitsgrundsatzes für das gerichtliche Verfahren wurde oben im Detail dargelegt. Dennoch bleibt die Frage, ob dem Grundsatz auch der Rang eines Verfassungsrechtssatzes zugesprochen werden kann. Im bejahenden Fall hätte dies zunächst die Konsequenz, dass der einfache Gesetzgeber im Rahmen seiner Tätigkeit an strengere Voraussetzungen gebunden wäre und eine Modifizierung bzw. Abschaffung nur

---

248 Stein/Jonas/*Jacobs*, ZPO Band 10, § 169 GVG Rn. 23; MüKo/*Zimmermann*, ZPO Band 3, § 169 GVG Rn. 70; Wieczorek/Schütze/*Schreiber*, ZPO Band 13/1, § 169 GVG Rn. 32; *Kissel/Mayer*, § 169 Rn. 61; *Eslami*, Nichtöffentlichkeit des Schiedsverfahrens, S. 186 f.

249 RGZ 16, 393, 394; OLG Köln, NJW-RR 1986, 560, 561; Stein/Jonas/*Jacobs*, ZPO Band 10, § 169 GVG Rn. 24; MüKo/*Zimmermann*, ZPO Band 3, § 169 GVG Rn. 67; Wieczorek/Schütze/*Schreiber*, ZPO Band 13/1, § 169 GVG Rn. 35; *Kissel/Mayer*, § 169 Rn. 60; *Schilken*, Gerichtsverfassungsrecht, § 12 Rn. 196; *Eslami*, Nichtöffentlichkeit des Schiedsverfahrens, S. 183 f.

250 *Arnold*, in: FS Simotta, S. 11, 25.

in engeren Grenzen möglich erschiene. Auch Begrenzungen des Grundsatzes ließen sich dann nur im restriktiveren Maße legitimieren. Dass die Frage überhaupt virulent wird, resultiert aus der Tatsache, dass das Grundgesetz den Öffentlichkeitsgrundsatz nicht explizit benennt. Damit bleibt die deutsche Verfassung hinter dem Standard anderer europäischer Verfassungen zurück, die den Öffentlichkeitsgrundsatz teils explizit aufgenommen haben.[251] Nichtsdestotrotz verbleibt die Möglichkeit, den Gedanken des § 169 S. 1 GVG verfassungsrechtlich zu verorten. Dass dies durchaus sinnvoll sein kann, belegen zum einen die Landesverfassungen von Bayern, Brandenburg und Sachsen, die der Saalöffentlichkeit ausdrücklich Verfassungsrang zusprechen.[252] Zum anderen kannte auch die Paulskirchenverfassung die Öffentlichkeit des Verfahrens.[253]

Ob und bis zu welchem Punkt die Bejahung von Verfassungsrang auch in Hinblick auf das Grundgesetz diskutabel erscheint, ist Gegenstand der nachfolgenden Untersuchung.

1. Öffentlichkeitsgrundsatz mit dem Rang eines Verfassungsrechtssatzes?

Ausgangspunkt der Kontroverse über die Notwendigkeit der Qualifizierung des Öffentlichkeitsgrundsatzes als Verfassungsnorm bilden verschiedene Urteile des Bundesverfassungsgerichts, die sich mit der Öffentlichkeit als solcher beschäftigen und dafür gesorgt haben, dass es an einer eindeutigen verfassungsrechtlichen Einordnung der Frage mangelt. Legt man den Beschluss des Bundesverfassungsgerichts vom 7. März 1963[254] zugrunde, ergibt sich zunächst ein scheinbar eindeutiges Bild. In dieser Entscheidung wird in kurzer prägnanter Form darauf verwiesen, der Öffentlichkeitsgrundsatz sei kein Grundsatz von Verfassungsrang, sondern lediglich eine Prozessrechtsmaxime, die bestimmte Verfahrensarten beherrsche.[255] Dass dennoch über die Möglichkeit der verfassungsrechtlichen Einordnung des Öffentlichkeitsgrundsatzes diskutiert wird, ist die Folge einer späteren Aussage des Bundesverfassungsgerichts vom 24. Januar 2001.[256] In besagtem

---

251 Österreich: Art. 90 Abs. 1; Griechenland: Art. 93 Abs. 2; Bulgarien: Art. 121 Abs. 3; Spanien: Art. 120 und Art. 24 Abs. 2; Belgien: Art. 148, 149; Niederlande: Art. 121; Schweiz: Art. 30 Abs. 3; Dänemark: § 65.
252 Bayern: Art. 90; Brandenburg: Art. 52 Abs. 4; Sachsen: Art. 78 Abs. 3.
253 Vgl. Art. X § 178 der Paulskirchenverfassung.
254 BVerfGE 15, 303.
255 BVerfGE 15, 303, 307.
256 BVerfGE 103, 44 = NJW 2001, 1633 = JZ 2001, 704.

Urteil führt das Gericht aus, der Öffentlichkeitsgrundsatz sei Teil des Rechtsstaatsprinzips und entspreche dem Öffentlichkeitsprinzip der Demokratie.[257] Begründet wird dies unter Bezugnahme auf die historische Bedeutung der Öffentlichkeit damit, dass die Betroffenen vor einer Geheimjustiz zu schützen seien. Zudem zeige sich in der Öffentlichkeit die Rechtsposition des Volkes, Geschehnisse im gerichtlichen Prozess zur Kenntnis zu nehmen und durch die so der Öffentlichkeit gewährten Einblicke für eine hinreichende Kontrolle der Staatsgewalt, vertreten durch die Gerichte, zu sorgen. Beide Aspekte seien sowohl vom Rechtsstaatsprinzip als auch vom Demokratiegedanken umfasst.[258]

Das Bundesverfassungsgericht geht hier erstmals den Schritt, den Öffentlichkeitsgrundsatz auf das Rechtsstaats- und Demokratieprinzip zurückzuführen. Es relativiert zugleich seine frühere Sichtweise, nach der ein rechtsstaatliches Verfahren dem Gesetzgeber bei der Umsetzung der Öffentlichkeit einen weiten Spielraum belasse. In jener älteren Rechtsprechung[259] fehlte es komplett an der Aussage, dass die Öffentlichkeit zwingend Bestandteil eines rechtsstaatlichen Verfahrens sei und nur ausnahmsweise beschränkt werden dürfe. Vielmehr genüge, so seinerzeit das Gericht, auch der Ausschluss der Öffentlichkeit noch rechtsstaatlichen Gesichtspunkten.[260] Dagegen beinhaltet das Urteil aus 2001 auch erstmals die Formulierung der Öffentlichkeit als Verfassungsgrundsatz, wenn das BVerfG ausführt: „Der Verfassungsgrundsatz der Öffentlichkeit gilt aber nicht ausnahmslos."[261] Diese Wortwahl führt in Zusammenschau mit der Verankerung in den verfassungsrechtlich garantierten Prinzipien der Demokratie und des Rechtsstaates zu einem ersten Indiz für die Anerkennung des Verfassungsrangs des Öffentlichkeitsgrundsatzes.

Nichtsdestotrotz besteht keine Einigkeit darüber, wie der Öffentlichkeitsgrundsatz in Hinblick auf die Verfassung zu werten ist. Zwar ist weitgehend anerkannt, dass die Öffentlichkeit Ausfluss von Rechtsstaats- und Demokratieprinzip ist. Dennoch wird ihre Bedeutung als Verfassungsgrundsatz oftmals verneint und teils auf eine bloße Prozessmaxime beschränkt.[262] Andere betonen dagegen den Verfassungsrang des Öffentlich-

---

257 BVerfGE 103, 44, 63 = NJW 2001, 1633, 1635 = JZ 2001, 704, 705 f.
258 BVerfGE 103, 44, 63 f. = NJW 2001, 1633, 1635 = JZ 2001, 704, 706.
259 BVerfGE 4, 74.
260 BVerfGE 4, 74, 94.
261 BVerfGE 103, 44, 63 = NJW 2001, 1633, 1635 = JZ 2001, 704, 706.
262 *Schilken*, Gerichtsverfassungsrecht, § 12 Rn. 159; *Kissel/Mayer*, § 169 Rn. 4; *Kleinknecht*, in: FS Schmidt-Leichner, S. 111, 113; KaKo/*Diemer*, § 169 GVG Rn. 1;

keitsgrundsatzes.[263] Daher ist im Folgenden zu prüfen, welche der beiden Sichtweisen vorzugwürdig erscheint und welche Konsequenzen damit einhergehen.

2. Normenhierarchischer Rang des Öffentlichkeitsgrundsatzes

Wenn Art. 20 Abs. 2 S. 1 GG dem Volk die Staatsgewalt zuerkennt und diese durch besondere Organe der Rechtsprechung, Gesetzgebung, und vollziehenden Gewalt auszuüben ist, dann muss gewährleistet bleiben, dass diese Organe im Sinne des Volkes handeln. Um dies abzusichern, muss dem Volk eine Aufsichts- und Kontrollfunktion zustehen. Eine solche Kontrolle erfordert es, dass das staatliche Handeln und somit auch die Rechtsprechungstätigkeit weitestgehend öffentlich abgehalten werden.[264] Dass auch die Rechtsprechung einer demokratischen Legitimation bedarf, zeigt indiziell schon die Urteilsverkündung „im Namen des Volkes".[265] Erst durch die geforderte Offenlegung des Staatshandelns wird die Möglichkeit der Kenntnisnahme gegeben und die souveräne Stellung des Volkes umgesetzt, sodass die Öffentlichkeit und das Demokratieprinzip miteinander verwoben sind.[266] Hinzu kommt, dass die Dritte Gewalt über Art. 20 Abs. 3 GG an Recht und Gesetz gebunden bleibt. Das aber führt zu der

---

Meyer-Goßner/Schmitt/*Schmitt*, § 169 GVG, Rn. 1; *Wolf*, Gerichtsverfassungsrecht, § 25 S. 244; Wieczorek/Schütze/*Schreiber*, ZPO Band 13/1, § 169 GVG Rn. 6; *Baumbach/Lauterbach/Albers/Hartmann*, Übersicht § 169 GVG, Rn. 3; wohl auch *Eslami*, Nichtöffentlichkeit des Schiedsverfahrens, S. 93 ff., die nur auf eine verfassungsrechtliche Verankerung Bezug nimmt, und MüKo/*Zimmermann*, ZPO Band 3, § 169 GVG Rn. 3 f.

263 *Kahlert*, Vertraulichkeit im Schiedsverfahren, S. 99 m.w.N.; *Stürner*, JZ 2001, 699, 700; *Stürner*, in: FS Baur, S. 647, 660; Jarass/Pieroth/*Pieroth*, Art. 20 Rn. 21; *Bäumler*, JR 1978, 317, 319 f.; *Arnold*, in: FS Simotta, S. 11, 26 f.; *Staff*, ZRP 1992, 384; Stein/Jonas/*Jacobs*, ZPO Band 10, § 169 GVG Rn. 6; *von Coelln*, Medienöffentlichkeit, S. 221 und weitere Nachweise zur Gegenauffassung auf S. 165 Fußnote 14.

264 *Bäumler*, JR 1978, 317, 319; *Arnold*, in: FS Simotta, S. 11, 27; *Eslami*, Nichtöffentlichkeit des Schiedsverfahrens, S. 95; Wieczorek/Schütze/*Schreiber*, ZPO Band 13/1, § 169 GVG Rn. 6.

265 *Von Coelln*, Medienöffentlichkeit, S. 177 f., der aber keine konkreten Ableitungen daraus ziehen möchte; *Pernice*, Öffentlichkeit und Medienöffentlichkeit, S. 80.

266 *Bäumler*, JR 1978, 317, 320; *von Coelln*, Medienöffentlichkeit, S. 178; vgl. *Eslami*, Nichtöffentlichkeit des Schiedsverfahrens, S. 95; *Staff*, ZRP 1992, 384; *Marcic*, in: FS Arndt, S. 267 ff. und 285.

Konsequenz, dass die praktische Anwendung der Gesetze – vollzogen durch die Richter – wie die Gesetzgebung einer Kontrolle zugänglich gemacht werden muss, damit die Achtung vor der geltenden Rechtsordnung sichergestellt werden kann. In Parallele zu den herausgearbeiteten Zwecken des Öffentlichkeitsgrundsatzes wird dadurch zumindest auch die richterliche Unabhängigkeit und die Vorhersehbarkeit gerichtlicher Entscheidungen angesprochen. Beides stellen Aspekte des Rechtsstaatsprinzips dar, sodass sich die Öffentlichkeit auch in diesen wiederfindet.[267]

Die aufgezeigte Verankerung in den beiden genannten Prinzipien führt nicht automatisch dazu, den Öffentlichkeitsgrundsatz in den Verfassungsrang zu heben. Vielmehr muss man sich zunächst vor Augen führen, dass die Verfassung als oberste Grundordnung der Rechtsgemeinschaft fungiert und nur die wesentlichsten und bedeutsamsten Rechtsgrundsätze in sich aufnehmen sollte.[268] Unbestritten zeigt sich die Bedeutung der Gerichtsöffentlichkeit aber bereits in der dargestellten Historie und ihren Zwecken. Das fortwährende Einsetzen für die Öffentlichkeit sowie die Tatsache, dass sie als ein Eckpfeiler der Paulskirchenverfassung vorgesehen war, unterstreichen die hohe Bedeutung. Entscheidend für die Annahme des Verfassungsrangs spricht, dass es sich beim Demokratie- und Rechtsstaatsprinzip selbst ebenfalls um Verfassungsprinzipien handelt. Wenn man die Öffentlichkeit nun in beiden Gewährleistungen verankert sieht – und das wird auch von Vertretern getan, die den Verfassungsrang des Öffentlichkeitsgrundsatzes leugnen – ist es nur konsequent, auch den Öffentlichkeitsgrundsatz als Teilaspekt beider Prinzipien an der Verfassungsstellung teilhaben zu lassen.[269] Ansonsten müsste jede Einzelausprägung des Rechtsstaats- oder Demokratieprinzips gesondert daraufhin überprüft werden, ob sie eine Stellung als Verfassungsmaxime verdient. Ein solches Ergebnis kann zudem erklären, warum dem Gesetzgeber die Möglichkeit abgesprochen wird, den Öffentlichkeitsgrundsatz vollumfänglich abzuschaffen.[270]

---

267 *Bäumler*, JR 1978, 317, 320; *Eslami*, Nichtöffentlichkeit des Schiedsverfahrens, S. 94; Wieczorek/Schütze/*Schreiber*, ZPO Band 13/1, § 169 GVG Rn. 6.

268 *Arnold*, in: FS Simotta, S. 11, 26.

269 *Kahlert*, Vertraulichkeit im Schiedsverfahren, S. 98.

270 *Von Coelln*, Medienöffentlichkeit, S. 220; Wieczorek/Schütze/*Schreiber*, ZPO Band 13/1, § 169 GVG Rn. 6; MüKo/*Zimmermann*, ZPO Band 3, § 169 GVG Rn. 4; Stein/Jonas/*Jacobs*, ZPO Band 10, § 169 GVG Rn. 6; *Wolf*, Gerichtsverfassungsrecht, § 25 S. 244; *Kahlert*, Vertraulichkeit im Schiedsverfahren, S. 98; *Eslami*, Nichtöffentlichkeit des Schiedsverfahrens, S. 95; *Stürner*, JZ 2001, 699, 700; *Schilken*, Gerichtsverfassungsrecht, § 12 Rn. 159 fordert im Falle einer Abschaffung einen adäquaten Ersatz, der sich aber nicht finden lassen würde.

Gemäß Art. 79 Abs. 3 GG dürfen die Prinzipien aus Art. 20 GG nicht berührt werden, sofern eine Grundgesetzänderung in Rede steht. Zu diesen würde ebenfalls der Öffentlichkeitsgrundsatz zählen, sodass sich als positive Folge der Verfassungsstellung eine komplette Aushöhlung des Grundsatzes verbietet. Ein einfaches Gesetz, welches Nichtöffentlichkeit vor Gerichten einführen würde, wäre mit dem Rechtsstaats- und Demokratieprinzip unvereinbar.[271] Sähe man die Gewährung der Öffentlichkeit als einfache Prozessmaxime, dann könnte der Gesetzgeber aber vollumfänglich über deren Inhalt disponieren, da es insoweit an einer normhierarchischen Kollision mangeln würde. Das Eintreten für die verfassungsrechtliche Stellung hat auch nicht zur zwingenden Folge, dass die Handlungs- und Gestaltungsmöglichkeiten des Gesetzgebers limitiert sind.[272] Zum einen hält das Grundgesetz eine Reihe von Grundsätzen bereit, die als solche verfassungsrechtlich gesichert sind, in ihrer Ausgestaltung aber noch durch den einfachen Gesetzgeber konkretisiert werden müssen. Hier sei nur auf die Grundrechte mit normgeprägtem Schutzbereich verwiesen. Die These, aufgrund des gesetzlichen Ausformungsbedürfnisses müsse die Annahme eines Verfassungsrechtssatzes verneint werden[273], ist daher so nicht haltbar. Zum anderen können Verfassungsnormen durch einfaches Gesetz über verfassungsimmanente Schranken dann beschränkt werden, wenn dadurch der Schutz anderer widerstreitender Verfassungsverbürgungen angestrebt wird.[274] Eine vollständige Öffentlichkeit ohne Ausnahmen ist daher keineswegs zwingende Folge, wenn man den Verfassungsrang bejaht. Vielmehr verfolgt die verfassungsrechtliche Herleitung allein das Ziel, die Öffentlichkeit als fundamentalen Grundsatz zu sehen, die Nichtöffentlichkeit zum Schutze anderer wichtiger Güter als die Ausnahme.[275] Adressat dieser Botschaft ist zunächst der Gesetzgeber, sodass sich die Gewährleistung der Öffentlichkeit als Folge eines verabschiedeten Gesetzes einstellt, welches

---

271 *Arnold*, in: FS Simotta, S. 11, 26; *von Coelln*, Medienöffentlichkeit, S. 220; Stein/Jonas/*Jacobs*, ZPO Band 10, § 169 GVG Rn. 6.

272 *Arnold*, in: FS Simotta, S. 11, 26; *Kahlert*, Vertraulichkeit im Schiedsverfahren, S. 99; *von Coelln*, Medienöffentlichkeit, S. 220 f.

273 So *Kissel/Mayer*, § 169 Rn. 4; Wieczorek/Schütze/*Schreiber*, ZPO Band 13/1, § 169 GVG Rn. 6.

274 *Kahlert*, Vertraulichkeit im Schiedsverfahren, S. 99; *Stürner*, in: FS Baur, S. 647, 660; *von Coelln*, Medienöffentlichkeit, S. 220 f.; *Kissel/Mayer*, § 169 Rn. 4 gehen indes unzutreffend davon aus, dass nur aufgrund der Verneinung des Verfassungsrechtssatzes eine Einschränkbarkeit möglich sei; ähnlich zu dem auch *Schilken*, Gerichtsverfassungsrecht, § 12 Rn. 159.

275 *Von Coelln*, Medienöffentlichkeit, S. 221.

bereits die widerstreitenden Interessen gewichtet hat.[276] Nicht zuletzt spricht auch die Tatsache, dass die EMRK den Öffentlichkeitsgrundsatz explizit als Gewährleistung anerkennt, für die Bejahung des Verfassungsrangs, um einen Gleichrang der Verbürgungen des Grundgesetzes und der EMRK zu erzielen.[277] Der Öffentlichkeitsgrundsatz besitzt daher als Element von Rechtsstaats- und Demokratieprinzip Verfassungsrang.

IV. Internationale Verankerungen des Öffentlichkeitsgrundsatzes

Der hohe Rang des Öffentlichkeitsgrundsatzes zeigt sich auch darin, dass verschiedene internationale Regelwerke seinen Respekt einfordern. Neben der Grundrechtecharta und der Europäischen Menschenrechtskonvention enthalten der Internationale Pakt über bürgerliche und politische Rechte sowie die Allgemeine Erklärung über Menschenrechte der UN explizite Aussagen über den Öffentlichkeitsgrundsatz. Dabei lassen sich sowohl Gemeinsamkeiten als auch Unterschiede zum Regelungsmechanismus des Gerichtsverfassungsgesetzes feststellen, die es im Folgenden gegenüberzustellen gilt.

1. Art. 47 Abs. 2 Grundrechtecharta

Art. 47 der Grundrechtecharta sieht im Allgemeinen einen Anspruch auf wirksamen Rechtsschutz bei einem Gericht vor. Er ist Ausdruck des Gedankens, dass die Union eine Rechtsgemeinschaft bildet, und beinhaltet ein einklagbares Recht.[278] Um die Durchsetzung des Unionsrechts zu garantieren, bedarf es eines effizienten Rechtsschutzes, der sich unter anderem auch an der Beachtung zentraler Verfahrensvorgaben des Abs. 2 messen lassen muss. Teil dieser Vorgabe stellt dabei die Einhaltung des Öffentlichkeitsgrundsatzes dar.

---

276 *Von Coelln*, Medienöffentlichkeit, S. 221.
277 *Stürner*, in: FS Baur, S. 647, 660.
278 Jarass/*Jarass*, Art. 47 GRCh Rn. 3.

a) Regelungsinhalt und Bedeutung der Norm

Art. 47 Abs. 2 der Grundrechtecharta gewährt jeder Person ein Recht darauf, dass ihre betreffende Sache öffentlich zu verhandeln ist. Im Gegensatz zur Vorschrift des § 169 S. 1 GVG fehlt es hingegen an der Klarstellung, dass auch die Verkündung der Urteile und Beschlüsse öffentlich erfolgt. Dennoch unterfällt auch diese dem Grundsatz der Öffentlichkeit, da die Öffentlichkeit der Verhandlung und die der Verkündung als Sinneinheit verstanden werden müssen.[279] Selbst in den Fällen, in denen die Verhandlung unter Ausschluss der Öffentlichkeit abgehalten werden muss, ist die abschließende Verkündung öffentlich[280], sodass dies im Zuge eines Erst-Recht-Schlusses ebenfalls gelten muss, wenn die Verhandlung selbst zuvor der Öffentlichkeit zugänglich war. Dass Art. 47 Abs. 2 GRCh dabei selbst keine Ausschlussgründe normiert, ist unschädlich, da über Art. 52 Abs. 3 GRCh die Ausschlussgründe der EMRK Anwendung finden können.[281]

Im Übrigen bezieht sich Art. 47 Abs. 2 GRCh wie § 169 S. 1 GVG auf die Volksöffentlichkeit, sodass für jedermann innerhalb der gerichtlichen Kapazitäten die Verhandlung zugänglich sein muss.[282] Die Wortwahl der Verhandlung impliziert auch hier, dass sich die Zugänglichkeit auf die mündlichen Gerichtsverfahren beschränkt.[283] Die Garantie aus der Grundrechtecharta korrespondiert im Wesentlichen mit Art. 6 Abs. 1 EMRK, wenngleich der sachliche Anwendungsbereich bei ersterer auch die Unionsorgane umfasst und nicht lediglich die nationalen Gerichte.[284]

---

279 Meyer/*Eser*, Art. 47 GRCh Rn. 35; *Eslami*, Nichtöffentlichkeit des Schiedsverfahrens, S. 103; ohne Begründung auch Calliess/Ruffert/*Blanke*, Art. 47 GRCh Rn. 16.

280 Meyer/*Eser*, Art. 47 GRCh Rn. 35; *Eslami*, Nichtöffentlichkeit des Schiedsverfahrens, S. 103.

281 Meyer/*Eser*, Art. 47 GRCh Rn. 35; Jarass/*Jarass*, Art. 47 GRCh Rn. 40; vgl. auch Calliess/Ruffert/*Blanke*, Art. 47 GRCh Rn. 16; Charta-Erläuterungen, ABl. 2007 C 303/30.

282 Calliess/Ruffert/*Blanke*, Art. 47 GRCh Rn. 16; Jarass/*Jarass*, Art. 47 GRCh Rn. 40.

283 Jarass/*Jarass*, Art. 47 GRCh Rn. 39.

284 *Sackmann*, Transparenz im völkerrechtlichen Investitionsschiedsverfahrens, S. 230 f.

b) Normhierarchischer Rang der Regelung

Art. 47 Abs. 2 GRCh fehlt es an der innerstaatlichen Gesetzeswirkung.[285] Zwar wurde der Grundrechte-Charta im Zuge des Inkrafttretens des Lissabon-Vertrages rechtsverbindliche Wirkung zuerkannt, sie ist jedoch nicht Teil des Vertrages. Bindende Wirkung entfaltet die Grundrechtecharta aber für die Mitgliedstaaten über Art. 6 EUV.[286] Durch die Gleichstellung mit den Verträgen in Art. 6 Abs. 1 S. 1 EUV wird die Charta auf die Ebene des primären Unionsrechts gehoben.[287] Dies hat zur Konsequenz, dass sich sowohl die Union als auch die Mitgliedstaaten bei der Durchführung des Unionsrechts an die Ausprägungen der Grundrechtecharta halten und demzufolge ebenfalls den Öffentlichkeitsgrundsatz wahren müssen.[288]

2. Art. 6 Abs. 1 S. 1 EMRK

Da es sich beim Öffentlichkeitsgrundsatz um ein wesentliches Prinzip eines modernen Rechtsstaates handelt, verwundert es nicht, dass dieser in dem Katalog von Grund- und Menschenrechten der EMRK ebenfalls Berücksichtigung gefunden hat. Als völkerrechtlicher Vertrag gilt die EMRK in Deutschland durch Transformation in innerstaatliches Recht mit dem Rang eines einfachen Bundesgesetzes, ein Verfassungsrang kommt ihr folglich nicht zu.[289] Nationale Gesetze sind aufgrund der völkerrechtlichen Bindungswirkung aber völkerrechtsfreundlich auszulegen, sodass auch im Rahmen des § 169 S. 1 GVG eine Anlehnung an der Vorschrift des Art. 6 Abs. 1 EMRK zu erfolgen hat.[290]

---

285 Stein/Jonas/*Jacobs*, ZPO Band 10, § 169 GVG Rn. 8.
286 Jarass/*Jarass*, Einleitung GRCh Rn. 6; Geiger/Khan/Kotzur/*Geiger*, Art. 6 EUV Rn. 9; Stein/Jonas/*Jacobs*, ZPO Band 10, § 169 GVG Rn. 8 Fußnote 29; *Eslami*, Nichtöffentlichkeit des Schiedsverfahrens, S. 104.
287 Geiger/Khan/Kotzur/*Geiger*, Art. 6 EUV Rn. 9.
288 *Eslami*, Nichtöffentlichkeit des Schiedsverfahrens, S. 104; Geiger/Khan/Kotzur/*Geiger*, Art. 6 EUV Rn. 10.
289 BVerfGE 111, 307, 315 u. 317 = NJW 2004, 3407, 3408; Stein/Jonas/*Jacobs*, ZPO Band 10, § 169 GVG Rn. 8; *Kissel/Mayer*, § 169 Rn. 82; Meyer-Ladewig/Nettesheim/von Raumer/*Meyer-Ladewig/Nettesheim*, Einleitung Rn. 18.
290 BVerfGE 111, 307, 315 f. = NJW 2004, 3407, 3408; Stein/Jonas/*Jacobs*, ZPO Band 10, § 169 GVG Rn. 8; *Kissel/Mayer*, § 169 Rn. 82; Meyer-Ladewig/Nettesheim/von Raumer/*Meyer-Ladewig/Nettesheim*, Einleitung Rn. 19.

a) Regelungsinhalt und Bedeutung der Norm

Inhaltlich sind zunächst starke Parallelen zur nationalen Vorschrift des § 169 S. 1 GVG festzustellen. So intendiert Art. 6 Abs. 1 S. 1 EMRK mit seiner Forderung nach Öffentlichkeit ebenfalls den Jedermann-Zugang zur Verhandlung im Sinne einer Volksöffentlichkeit unter Bezugnahme auf eine mündliche Verhandlung.[291] Die Möglichkeit, von Zeit und Ort des Gerichtstermins Kenntnis zu erlangen und diesen problemlos zu erreichen, wird vom Öffentlichkeitsprinzip des Art. 6 Abs. 1 S. 1 EMRK mitgewährleistet.[292] Sind im Zuge einer Einlasskontrolle zunächst Sicherheitskontrollen vonnöten, wird das Öffentlichkeitsprinzip grundsätzlich nicht beeinträchtigt.[293] Gemäß Abs. 1 S. 2 umfasst das Öffentlichkeitsgebot auch die Verkündung der Urteile, wobei grundsätzlich eine summarische Zusammenfassung derselben ausreichend ist. Eine solche Verkündung oder das Verlesen des Urteils kann indes unterbleiben, wenn die Öffentlichkeit in der Lage ist, sich das Urteil problemlos anderweitig zu verschaffen.[294] Fehlt es an dieser Möglichkeit, kann die Verlesung nur der Urteilsformel und die spätere Zustellung eine Verletzung des Art. 6 Abs. 1 S. 1 EMRK nicht abwenden.[295] In Parallele zu den §§ 170 ff. GVG sieht Art. 6 Abs. 1 S. 2 EMRK einen Katalog von Tatbeständen vor, bei deren Vorliegen die Öffentlichkeit ausgeschlossen werden kann.

Nicht zu verkennen ist trotz der genannten ähnlichen Normzwecke indes, dass es sich bei der EMRK um die Verwirklichung elementarer Menschenrechte handelt. Demzufolge verfolgt die EMRK als Gesamtregelungswerk und somit auch Art. 6 Abs. 1 S. 1 EMRK primär Individualschutz als Regelungsmotiv.[296] Folge dieser Erkenntnis ist, dass keine Verletzung der Öffentlichkeit in Rede steht, wenn ein Öffentlichkeitsausschluss den Betroffenen nicht unzulässig beeinträchtigt. Der angestrebte Individual-

---

291 Dörr/Grote/Marauhn/*Grabenwarter/Pabel*, Band I, Kapitel 14, Rn. 119; BeckOK-StPO/*Valerius*, Art. 6 EMRK Rn. 18; Meyer-Ladewig/Nettesheim/von Raumer/*Meyer-Ladewig/Harrendorf/König*, Art. 6 Rn 170; Frowein/Peukert/*Peukert*, Art. 6 Rn. 1, 188.

292 Meyer-Ladewig/Nettesheim/von Raumer/*Meyer-Ladewig/Harrendorf/König*, Art. 6 Rn 184; *Kreicker*, ZIS 2017, 85, 93.

293 Frowein/Peukert/*Peukert*, Art. 6 Rn. 189; *Kreicker*, ZIS 2017, 85, 93.

294 Meyer-Ladewig/Nettesheim/von Raumer/*Meyer-Ladewig/Harrendorf/König*, Art. 6 Rn 186.

295 EGMR, NJW 2009, 2873.

296 MüKo/*Zimmermann*, ZPO Band 3, § 169 GVG Rn. 6; Dörr/Grote/Marauhn/*Grabenwarter/Pabel*, Band I, Kapitel 14, Rn. 10; *Eslami*, Nichtöffentlichkeit des Schiedsverfahrens, S. 98; *Kreicker*, ZIS 2017, 85, 94.

rechtsschutz führt konsequenterweise auch dazu, dass ein Verzicht auf die Einhaltung der Öffentlichkeit ohne gerichtliche Bindungswirkung möglich ist.[297]

Ein weiterer Unterschied ergibt sich aus dem eingeschränkten sachlichen Anwendungsbereich der EMRK-Vorschrift: Ausweislich ihres Wortlauts gilt der Öffentlichkeitsgrundsatz nur in den Fällen, in denen zivilrechtliche Angelegenheiten oder eine strafrechtliche Anklage in Rede stehen. Zu beachten ist dabei, dass das Begriffspaar „zivilrechtliche Ansprüche und Verpflichtungen" und „strafrechtliche Angelegenheit" nicht national, sondern europäisch-autonom nach dem Sinn und Zweck der EMRK auszulegen ist.[298]

b) Verhältnis zu den Vorschriften des Gerichtsverfassungsrechts

Zu klären bleibt, inwieweit die Vorschrift der EMRK den Öffentlichkeitsgrundsatz über die Vorschriften des GVG hinaus erweitert. Grundsätzlich gilt, dass es hinsichtlich des Rechts, in welchem sich die EMRK nicht von dem des GVG unterscheidet, zu keiner Abänderung kommt, vielmehr soll das bestehende Recht gefestigt und mit übernationalem Rechtsschutz versehen werden.[299] Nur im Falle einer Abweichung kommt es zu Gunsten der EMRK-Regelungen zu einer Modifikation, sofern die dort normierten Grund- und Menschenrechte betroffen sind.[300] Entschieden entgegenzutreten ist der Auffassung des BGH[301], nach welcher Art. 6 Abs. 1 EMRK auf nationaler Ebene ein eigener Anwendungsbereich abgesprochen wird. Wie bereits erläutert gilt § 169 S. 1 GVG nur im Rahmen von Verfahren der ordentlichen Gerichtsbarkeit, während Art. 6 Abs. 1 EMRK auf zivilrechtliche Ansprüche und Verpflichtungen Anwendung findet. Letztgenannte Vorschrift greift somit immer dann ein, wenn Verfahren in Rede stehen, die nicht unter den Begriff der ordentlichen Gerichtsbarkeit fallen, aber die Voraussetzungen des Art. 6 Abs. 1 EMRK erfüllen und nicht eigenstän-

---

297 EGMR, NJW 1982, 2714, 2716; MüKo/*Zimmermann*, ZPO Band 3, § 169 GVG Rn. 6; siehe auch *von Coelln*, Medienöffentlichkeit, S. 99 f.; *Eslami*, Nichtöffentlichkeit des Schiedsverfahrens, S. 98.
298 Frowein/Peukert/*Peukert*, Art. 6 Rn. 5; *Kreicker*, ZIS 2017, 85, 93.
299 Meyer-Goßner/Schmitt/*Schmitt*, Vor Art. 1 MRK Rn. 4; *Kissel/Mayer*, § 169 Rn. 83.
300 *Kissel/Mayer*, § 169 Rn. 83 m.w.N.
301 BGH, JZ 1970, 34, 35.

dig fachgesetzlich geregelt wurden.[302] Ein solcher Anwendungsbereich lag auch lange Zeit für den Bereich der freiwilligen Gerichtsbarkeit vor, bis die Änderung des § 13 GVG dazu geführt hat, dass hier fortan die Öffentlichkeitsvorschriften des GVG zu berücksichtigen sind.[303]

Ein eigener Anwendungsbereich für Art. 6 Abs. 1 EMRK ergibt sich zudem in folgender Situation: Während § 169 S. 1 GVG die Öffentlichkeit allein vor dem erkennenden Gericht, nicht aber vor dem ersuchten oder beauftragten Richter garantiert, legt der Wortlaut der englischen Sprachfassung der EMRK im Unterschied zur französischen eine solche Restriktion nicht nahe.[304]

Im Ergebnis verbleibt der EMRK-Vorschrift daher noch ein beschränkteigenständiger Anwendungsbereich im Vergleich zu den nationalen Vorschriften über die Öffentlichkeit.

3. Art. 14 Abs. 1 S. 2 Internationaler Pakt über bürgerliche und politische Rechte

Der Internationale Pakt über bürgerliche und politische Rechte vom 16. Dezember 1966, kurz IPBPR, wurde als völkerrechtlicher Vertrag zur Verankerung von Menschenrechten im Rahmen der Vereinten Nationen erarbeitet und von der Bundesrepublik Deutschland durch Gesetz vom 15. November 1973 ratifiziert. Er hat somit den Rang eines einfachen Gesetzes und findet unmittelbare Anwendung.[305]

---

302 MüKo/*Zimmermann*, ZPO Band 3, § 169 GVG Rn. 7; *Eslami*, Nichtöffentlichkeit des Schiedsverfahrens, S. 102.

303 MüKo/*Zimmermann*, ZPO Band 3, § 169 GVG Rn. 8: anders noch § 8 FGG.

304 *Französische Fassung:* „Toute personne a droit à ce que sa cause soit entendue équitablement, publiquement et dans un délai raisonnable, par un tribunal indépendant et impartial, établi par la loi, qui décidera, soit des contestations sur ses droits et obligations de caractère civil, soit du bien-fondé de toute accusation en matière pénale dirigée contre elle." *Englische Fassung:* „In the determination of his civil rights and obligations or of any criminal charge against him, everyone is entitled to a fair and public hearing within a reasonable time by an independent and impartial tribunal established by law."
MüKo/*Zimmermann*, ZPO Band 3, § 169 GVG Rn. 9; *Eslami*, Nichtöffentlichkeit des Schiedsverfahrens, S. 102; im Ergebnis entsprechend Stein/Jonas/*Jacobs*, ZPO Band 10, § 169 GVG Rn. 8; Wieczorek/Schütze/*Schreiber*, ZPO Band 13/1, § 169 GVG Rn. 12.

305 MüKo/*Zimmermann*, ZPO Band 3, § 169 GVG Rn. 5; *Eslami*, Nichtöffentlichkeit des Schiedsverfahrens, S. 104; *Löwe/Rosenberg*, Band 11, 26. Auflage 2012, Ein-

Art. 14 Abs. 1 S. 2 IPBPR normiert für jedermann einen Anspruch auf eine öffentliche Verhandlung. Dabei führt die Verankerung im IPBPR nicht zu einer Modifikation der national geltenden §§ 169 ff. GVG. Der deutsche Regelungsmechanismus entspricht den internationalen Anforderungen und wird durch diese zusätzlich gefestigt.[306] Die Regelung gewährt die Öffentlichkeit des Verfahrens als ein Recht des Einzelnen für alle Verfahren, die in den sachlichen Schutzbereich fallen, wohingegen Dritte als Vertreter der Öffentlichkeit hieraus keinen Anspruch auf eine öffentliche Verhandlung ableiten können.[307] Im Übrigen wird aber erneut auf die Volksöffentlichkeit Bezug genommen, sodass jedermann Zugang zum Gerichtsort erhalten muss.[308] In Parallele zu den bereits genannten Regelungswerken hat auch hier allein die mündliche Verhandlung öffentlich zu erfolgen.[309] Ein Unterschied ergibt sich im Vergleich zur nationalen Regelung indes daraus, dass nur zivilrechtliche Ansprüche und Verpflichtungen sowie die strafrechtliche Anklage unter Art. 14 IPBPR fallen, sodass die Öffentlichkeit auch nur in derartigen Verfahren Geltung beanspruchen kann.[310]

Anerkannt ist ferner, dass die Konvention die Öffentlichkeit primär zu dem Zwecke vorsieht, dem Einzelnen hinreichenden Schutz durch eine Verfahrensgarantie zur Seite zu stellen. Dagegen wird nur peripher die Sicherung eines Allgemeininteresses an der Öffentlichkeit der Rechtspflege verfolgt, sodass sich aus dem Charakter des Regelungswerkes ergibt, dass ein Verzicht auf die Einhaltung des Öffentlichkeitsgrundsatzes wirksam möglich ist.[311] Ausreichend ist die Bereithaltung eines grundsätzlich öffentlichen Verfahrens in den nationalen Rechtsordnungen auf Basis einer mündlichen Verhandlung, das dem Rechtssuchenden nicht verwehrt

---

führung EMRK IPBPR Rn. 84 f.; *von Coelln*, Medienöffentlichkeit, S. 96 m.w.N.; vgl. auch BGBl. 1973 II, S. 1533.

306 *Von Coelln*, Medienöffentlichkeit, S. 97.

307 Löwe/Rosenberg/*Esser*, Band 11, 26. Auflage 2012, Art. 14 IPBPR Rn. 379.

308 Löwe/Rosenberg/*Esser*, Band 11, 26. Auflage 2012, Art. 14 IPBPR Rn. 380.

309 *Von Coelln*, Medienöffentlichkeit, S. 97.

310 Löwe/Rosenberg/*Esser*, Band 11, 26. Auflage 2012, Art. 14 IPBPR Rn. 397; *von Coelln*, Medienöffentlichkeit, S. 97.

311 Löwe/Rosenberg/*Esser*, Band 11, 26. Auflage 2012, Art. 14 IPBPR Rn. 391ff., *von Coelln*, Medienöffentlichkeit, S. 99 f.; vgl. auch Wieczorek/Schütze/*Schreiber*, ZPO Band 13/1, § 169 GVG Rn. 6; MüKo/*Zimmermann*, ZPO Band 3, § 169 GVG Rn. 6.

wird.[312] Ist dies gewährleistet, dann kann durch wirksamen Verzicht auch ein schriftliches Verfahren durchgeführt werden.

Zwar gilt der IPBPR nicht als eines der wichtigsten internationalen Regelungswerke. Trotz seines schmalen Umfangs enthält er aber die Garantie der Öffentlichkeit des Verfahrens, sodass sich darin nochmals die Bedeutung der Verfahrensgarantie widerspiegelt.[313]

4. Art. 10 Allgemeine Erklärung über Menschenrechte der UN

Die Allgemeine Erklärung über Menschenrechte der UN vom 10. Dezember 1948 sieht in ihrem Art. 10 ebenfalls vor, dass jeder einen Anspruch auf ein öffentliches Verfahren hat. Die Inhalte der Erklärung gelten als unmissverständliches Bekenntnis der UN zu den wesentlichen Menschenrechten[314], nicht zuletzt wurde sie deshalb auch als „weltweites Bollwerk gegen alle Systeme und Ideologien [bezeichnet], die unsere kulturelle Verschiedenheit und Menschlichkeit unterdrücken wollen."[315] Nichtsdestotrotz kommt der Allgemeinen Erklärung über Menschenrechte keine Gesetzeswirkung zu; es handelt sich um einen bloßen Beschluss der UN mit empfehlendem Charakter, der auch nicht durch die Bezeichnung als Resolution in Frage gestellt wird.[316] Relativiert wird dieser Befund jedoch dadurch, dass eine Vielzahl der in besagter Resolution enthaltenen Gewährleistungen Eingang in bindende völkerrechtliche Verträge gefunden hat bzw. Teil des allgemeinen Völkerrechts wurde und somit eine rechtliche Verbindlichkeit erreicht hat.[317] Die Tatsache, dass der in Art. 10 der Erklärung postulierte Öffentlichkeitsgrundsatz neben grundlegenden Menschenrechten Aufnahme in ein internationales Regelwerk gefunden hat, zeigt jedenfalls seine große Bedeutung auch im internationalen Kontext.

---

312 Löwe/Rosenberg/*Esser*, Band 11, 26. Auflage 2012, Art. 14 IPBPR Rn. 392; *von Coelln*, Medienöffentlichkeit, S. 100.
313 *Eslami*, Nichtöffentlichkeit des Schiedsverfahrens, S. 105.
314 *Eslami*, Nichtöffentlichkeit des Schiedsverfahrens, S. 105.
315 Zitat des damaligen UN-Generalsekretärs Kofi Annan, zitiert nach *Bausback*, BayVerwBl. 1999, 705.
316 Stein/Jonas/*Jacobs*, ZPO Band 10, § 169 GVG Rn. 8; *Bausback*, BayVerwBl. 1999, 705; Maunz/Dürig/*Durner*, Art. 10 Rn. 28; *Eslami*, Nichtöffentlichkeit des Schiedsverfahrens, S. 105.
317 *Bausback*, BayVerwBl. 1999, 705; *Eslami*, Nichtöffentlichkeit des Schiedsverfahrens, S. 105 f.

5. Zwischenfazit

Die Untersuchung internationaler Regelwerke hat die Bedeutung des Öffentlichkeitsgrundsatzes nochmals hervorgehoben. Die Gewährleistung der Öffentlichkeit in Art. 6 Abs. 1 S. 1 EMRK entspricht seinem Wortlaut nach fast der gleichgerichteten Garantie aus Art. 14 Abs. 1 IPBPR, beide Regelungen lassen sich letztlich auf Art. 10 der Allgemeinen Erklärung der Menschenrechte zurückführen.[318] Im Verhältnis zur nationalen Vorschrift des § 169 S. 1 GVG unterscheiden sich die internationalen Vorgaben inhaltlich nur marginal. Dennoch kommt den Regelungen teils eine eigene Bedeutung zu. Als universelle Menschenrechtsgewährleistung ist dem Öffentlichkeitsgrundsatz eine herausragende Bedeutung für ein rechtsstaatliches Verfahren zuzusprechen.

B. Disposition über prozessuale Regelungen im Allgemeinen

Geht es um die Dispositionsmöglichkeit der Parteien über die Öffentlichkeit im Zivilprozess, so steht zudem die Frage im Fokus, inwieweit das geltende Recht den Parteien bereits die Möglichkeit gewährt, im Zivilprozess über Verfahrensregeln zu disponieren. Sollte dies überhaupt nicht oder nur in beschränktem Umfang erlaubt sein, so würde eine Disposition über die Öffentlichkeit einen noch größeren Begründungsaufwand verursachen. Sähe das Gesetz hingegen mannigfaltige Dispositionsakte vor, kann dies Anlass dazu geben, diese zu untersuchen und ihre Voraussetzungen zu analysieren, um sie im Rahmen der etwaigen Disposition über die Öffentlichkeit fruchtbar zu machen. Dies ist die Aufgabe der nachfolgenden Untersuchung.

Zusätzlich sind auch zwei Verfahrensgrundsätze des Zivilprozesses zu berücksichtigen – der Dispositionsgrundsatz und der Beibringungsgrundsatz. Richtigerweise betreffen beide Maximen nicht direkt eine Disposition über prozessuale Regelungen. Nichtsdestotrotz müssen die beiden Grundsätze in der vorliegenden Abhandlung Erwähnung finden, unterstreichen sie doch die Herrschaft der Parteien im Zivilprozess. Wenn sich der Zivilprozess grundsätzlich derart an Parteiinteressen orientiert, rechtfertigt dies eine Behandlung der entsprechenden Maximen. Dass sich dies auch auf die Frage nach der Gerichtsöffentlichkeit und einer damit verbundenen Disposition auswirkt, verdeutlicht der folgende Gedanke: Bleiben die Parteien

---

318 *Kreicker*, ZIS 2017, 85, 92.

inaktiv und strengen keinen Zivilprozess an, erfährt die Öffentlichkeit schon gar nichts von einer Streitigkeit zwischen den Parteien. Voraussetzung ist demnach, dass der potentielle Kläger die Initiative ergreift und gerichtlichen Rechtsschutz erbittet. Erst dann kann die Öffentlichkeit auch ihre Wirkungen entfalten und den Rechtsstreit verfolgen. Diese Initiative ist aber gerade Ausdruck des Dispositionsgrundsatzes. Dasselbe gilt für den Beibringungsgrundsatz: Tragen die Parteien bestimmte Tatsachen nicht im Gerichtssaal vor, so erhält die Öffentlichkeit keinerlei Kenntnis hiervon. Auch hier müssen die Parteien demnach zunächst aktiv werden. Die ausgeprägte Parteiherrschaft im Zivilprozess wird erneut deutlich. Eine mögliche Disposition der Parteien über die Öffentlichkeit wäre ebenso Ausdruck einer starken Parteiherrschaft. Dann aber muss die Reichweite beider Maximen[319] beleuchtet und untersucht werden, in welchen Fällen die gewährte Herrschaft der Parteien Einschränkungen erfährt.

I. Der Dispositionsgrundsatz

Noch heute ist ein bekanntes Sprichwort in der Gesellschaft weit verbreitet: *„Wo kein Kläger, da kein Richter.“*[320] Schaut man sich diese Aussage aus juristischer Perspektive an, so beschreibt die lateinische Redewendung den Inhalt des Dispositionsgrundsatzes in prägnanter Form. Ein Prozess findet seinen Anfang nur auf Initiative einer Partei, auch Gegenstand und Beendigung des Verfahrens liegen in ihren Händen.[321] Die Dispositionsmaxime als eines der prägenden Prinzipien des Zivilprozessrechts[322] erhebt die Parteien somit zu den Herren des Verfahrens.[323] Die Rollenverteilung als Kläger oder Beklagter entspringt nicht einer gerichtlichen Handlung. Vielmehr ist es die Entscheidung des Einzelnen, seine Rechte vor Gericht geltend zu machen, die ihn zum Kläger werden lässt. Das Zivilprozessrecht realisiert dadurch die Entscheidungsfreiheit eines jeden Individuums, ob individuelle Rechtspositionen vor den staatlichen Gerichten geltend ge-

---

319 Siehe zu den Prozessmaximen im Allgemeinen auch *Reimer*, Verfahrenstheorie, S. 199ff.

320 Auf Latein: *Nemo iudex sine actore.*

321 MüKo/*Rauscher*, ZPO Band 1, Einleitung Rn. 313; *Stürner*, in: FS Heldrich, S. 1061; *Schilken*, Zivilprozessrecht, § 8 Rn. 340; *Schreiber*, JURA 1988, 190.

322 *Schilken*, Zivilprozessrecht, § 8 Rn. 339; *Zeiss/Schreiber*, Zivilprozessrecht, § 26 Rn. 169; *Schreiber*, JURA 1988, 190.

323 *Zeiss/Schreiber*, Zivilprozessrecht, § 26 Rn. 169; *Schreiber*, JURA 2007, 500, 503; *Möller*, JA 2010, 47, 48.

macht werden sollen oder nicht.[324] Zugleich führt dies dazu, dass die im materiellen Recht vorherrschende Privatautonomie auf die prozessuale Ebene transferiert wird.[325] Diese Prämisse zugrunde gelegt, muss die Dispositionsmöglichkeit im Verfahren auch auf verfassungsrechtlicher Ebene als Folge materieller Freiheitsrechte aufgefasst werden.[326] Das Grundgesetz verbürgt als Garantie die materielle Verfügungsbefugnis über Art. 14 Abs. 1 GG und Art. 2 Abs. 1 GG. Dann aber ist es nur folgerichtig, den Dispositionsgrundsatz ebenfalls verfassungsrechtlich abzusichern.[327] Wie oben angedeutet, besteht eine freie Entscheidung für oder gegen die Verfahrenseinleitung, soweit nicht allein objektives Recht, sondern subjektive Rechte in Rede stehen. Art. 2 Abs. 1 GG muss daher auch eine Verpflichtung zur aktiven Prozessführung ausschließen.[328]

Der Beklagte dagegen hat sich seine Rolle zwar nicht ausgesucht. Er wird durch das klägerische Handeln in diese Rolle gedrängt. Dennoch verbleibt es bei dem Grundsatz, dass es keiner gesonderten Zuweisung durch das Gericht bedarf.[329] Die gerichtliche Mitwirkung beschränkt sich zunächst auf die Zustellung der Klageschrift. Es findet aber weder eine vorherige Prüfung statt, noch muss das Gericht seine Zustimmung erteilen. Hier zeigt sich zugleich der Unterschied zur gegenläufigen Offizialmaxime. In deren Geltungsbereich wird das Verfahren von Amts wegen eröffnet und beendet und der Entscheidungsrahmen durch das Gericht abgesteckt.[330]

Im Folgenden sind die Ausprägungen des Dispositionsgrundsatzes in der Zivilprozessordnung hinsichtlich Beginn, Gegenstand und Ende des Verfahrens genauer zu beleuchten. In gebotener Kürze ist dabei in einem zweiten Schritt auch auf die historische Entwicklung der Maxime einzugehen.

---

324 MüKo/*Rauscher*, ZPO Band 1, Einleitung Rn. 312; Musielak/Voit/*Musielak*, Einleitung Rn. 35; *Schilken*, Zivilprozessrecht, § 8 Rn. 340.

325 MüKo/*Rauscher*, ZPO Band 1, Einleitung Rn. 312; *Schilken*, Zivilprozessrecht, § 8 Rn. 339; *Grunsky*, Grundlagen des Verfahrensrechts, § 3 II S. 19.

326 *Stürner*, in: FS Baur, S. 647, 651; Stein/Jonas/*Kern*, ZPO Band 2, vor § 128 Rn. 161.

327 *Rosenberg/Schwab/Gottwald*, Zivilprozessrecht, § 1 Rn. 28; *Stürner*, in: FS Baur, S. 647, 650ff.; *ders.*, Parteidisposition, S. 1064.

328 *Stürner*, in: FS Baur, S. 647, 652; *Schreiber*, JURA 2007, 500, 503.

329 *Grunsky*, in: Symposium Baur, S. 25; *Damrau*, Entwicklung einzelner Prozessmaximen, S. 32 f.

330 MüKo/*Rauscher*, ZPO Band 1, Einleitung Rn. 315; *Schreiber*, JURA 1988, 190.

1. Geltungsbereich des Dispositionsgrundsatzes in der Zivilprozessordnung

Die Zivilprozessordnung schreibt den Dispositionsgrundsatz anders als beispielsweise das französische oder spanische Recht[331] nicht in aller Deutlichkeit nieder. Vielmehr enthält sie nur Ausprägungen des genannten Grundsatzes, welche sich in einzelnen Normen der ZPO wiederfinden.[332] Wenn die Dispositionsmaxime nachfolgend unter Berücsichtigung der Verfahrensstadien thematisiert wird, ist daher der Versuch zu unternehmen, über einfachgesetzliche Normen der ZPO eine Rückbindung an das Gesetz herzustellen.

a) Ausprägung und Bedeutung des Dispositionsgrundsatzes

Um die Prozessmaxime in ihren Details darlegen zu können, sind ihre Ausprägungen in den unterschiedlichen Verfahrensstadien genauer zu beleuchten.

aa) Verfahrensbeginn

Schon zu Beginn des Verfahrens wird deutlich, dass der Dispositionsgrundsatz den Zivilprozess beherrscht. Die Einleitung eines solchen Verfahrens erfolgt stets durch die Parteien.[333] Die in früheren Fassungen der ZPO vorgesehene Mitwirkungsmöglichkeit des Staatsanwaltes bei der Klageerhebung[334] beeinträchtigt diese These nicht. Auch in solchen Fällen wurde das Gericht nicht selbst aktiv. Im heutigen Zivilprozess sind derartige Beteiligungs- und Mitwirkungsrechte des Staatsanwaltes ohnehin nicht mehr präsent.[335]

Als wichtigste Vorschrift bestimmt § 253 ZPO, dass der Kläger eine Klageschrift bei Gericht einzureichen hat, um den Prozess in Gang zu brin-

---

331 Siehe dazu Art. 1 code de procédure civile und Art. 19 Ley de enjuiciamiento civil 2000.
332 Übersicht relevanter Einzelnormen bei *Stürner*, in: FS Baur, S. 647, 650 (Stand ZPO 1981); *Rosenberg/Schwab/Gottwald*, Zivilprozessrecht, § 76 Rn. 3 f.
333 *Schilken*, Zivilprozessrecht, § 8 Rn. 341; *Möller*, JA 2010, 47, 48; *Schreiber*, JURA 1988, 190, 191.
334 Siehe dazu *Schreiber*, JURA 1988, 190, 191; *Henckel*, Prozessrecht, S. 119 f.
335 Stein/Jonas/*Kern*, ZPO Band 2, vor § 128 Rn. 169.

gen. Aber auch in Situationen, in denen das Gesetz für ein zivilprozessuales Verfahren einen Antrag vorsieht, ergibt sich keine Abweichung.[336] So ist sowohl für das In-Gang-Setzen eines Mahnverfahrens, §§ 688, 690 ZPO, als auch für einen Arrest oder die einstweilige Verfügung, §§ 920, 936 ZPO, ein Antrag zwingende Voraussetzung. Zudem spiegelt sich der Grundsatz im Rahmen von Ehescheidungen, §§ 121 Nr. 1, 124 FamFG, und bei der Einleitung des Aufgebotsverfahrens, § 434 Abs. 1 FamFG, wider. Selbst dann, wenn eine gerichtliche Entscheidung evident in Widerspruch zur materiellen Rechtslage steht, hängt die Behebung dieser Ungerechtigkeit allein vom Willen der Parteien ab. Das Gericht der nächsthöheren Instanz wird nur tätig, wenn der Betroffene die Initiative ergreift und den richtigen Rechtsbehelf einlegt.[337]

bb) Gegenstand des Verfahrens

Ferner realisiert sich die Dispositionsmaxime darin, dass es dem Kläger bzw. Antragsteller obliegt, den Gegenstand des Verfahrens zu bestimmen.[338] Gemäß § 253 Abs. 2 Nr. 2 ZPO ist der Kläger dazu verpflichtet, in seiner Klageschrift sowohl Gegenstand und Grund des Anspruchs als auch seinen Antrag bestimmt genug auszuführen. An diesen Antrag ist das Gericht gemäß § 308 ZPO derart gebunden, als dass es weder mehr als beantragt noch etwas völlig anderes zusprechen darf.[339] Die postulierte Parteiherrschaft würde andernfalls entwertet werden, könnte das Gericht dem Kläger nach Gutdünken etwas aufzwingen. Auch für den Beklagten bestünde das Risiko, keine adäquate Verteidigungsstrategie entwickeln zu können, wenn das Gericht in seiner Entscheidung über das gestellte Begehren hinaus frei wäre.[340] Eine Verurteilung des Beklagten zu weniger als beantragt mit der Folge einer Teilabweisung der Klage bleibt dagegen unschädlich.[341] Aufgrund dieses Zusammenspiels beschränkt sich die materi-

---

336 MüKo/*Rauscher*, ZPO Band 1, Einleitung Rn. 318; Stein/Jonas/*Kern*, ZPO Band 2, vor § 128 Rn. 161 f.; *Schilken*, Zivilprozessrecht, § 8 Rn. 341; *Schreiber*, JURA 1988, 190, 191.

337 MüKo/*Rauscher*, ZPO Band 1, Einleitung Rn. 318; Stein/Jonas/*Kern*, ZPO Band 2, vor § 128 Rn. 161; *Schreiber*, JURA 1988, 190, 191.

338 BeckOK-ZPO/*Elzer*, § 308 Rn. 1; Saenger/*Saenger*, § 308 Rn. 1.

339 *Schilken*, Zivilprozessrecht, § 8 Rn. 342; *Schreiber*, JURA 2007, 500, 503; *ders.* JURA 1988, 190, 192.

340 Stein/Jonas/*Kern*, ZPO Band 2, vor § 128 Rn. 165.

341 BeckOK-ZPO/*Elzer*, § 308 Rn. 16; Saenger/*Saenger*, § 308 Rn. 6.

elle Rechtskraft folgerichtig auf den vom Kläger erhobenen Anspruch, § 322 Abs. 1 ZPO. Auch spätere Änderungen des Verfahrensgegenstandes sind – teilweise nur mit Zustimmung des Gegners oder des Gerichts – möglich und ebenfalls von einem Parteiantrag abhängig, vgl. §§ 256 Abs. 2, 261 Abs. 2, 263, 264 ZPO.

Die vorgeschriebene Verpflichtung des Gerichts, sich an die Parteianträge zu halten, wird konsequenterweise in der Rechtsmittelinstanz beibehalten. Nach §§ 520 Abs. 3 S. 2 Nr. 1, 551 Abs. 3 Nr. 1 ZPO muss auch die Berufungs- bzw. Revisionsbegründung einen Antrag enthalten. Die vom Gericht vorzunehmende Überprüfung des angefochtenen Urteils begrenzt sich dann auf die in diesem Antrag gemachten Angaben, §§ 528 S. 1, 557 Abs. 1 ZPO.

Die hier nachskizzierte Prämisse der Zivilprozessordnung, das Gericht über weite Strecken an die Parteianträge zu binden, führt dazu, dass dem Kläger der entscheidende Einfluss auf das Verfahren zufällt. Nicht zu verkennen ist indes das von ihm zu tragende prozessuale Risiko in Hinblick auf die Antragstellung: Selbst in den Fällen, in denen das Gericht weitergehende Rechtsfolgen erkennt, ist es daran gehindert, diese dem Kläger zuzusprechen.[342]

cc) Verfahrensende

Deutlich zutage tritt der Dispositionsgrundsatz weiterhin in Hinblick auf das Verfahrensende. Zwar wird durch die Klageerhebung zunächst eine richterliche Entscheidungspflicht begründet.[343] Den Beteiligten stehen jedoch verschiedene Möglichkeiten offen, das Verfahren vorzeitig zu beenden oder die Entscheidung des Gerichts in eine gewünschte Richtung zu lenken. Zu differenzieren ist dabei zwischen der einseitigen Prozessbeendigung durch den Kläger oder den Beklagten sowie einer einvernehmlichen Prozessbeendigung.

---

342 MüKo/*Rauscher*, ZPO Band 1, Einleitung Rn. 318; Wieczorek/Schütze/*Prütting*, ZPO Band 1/1, Einleitung Rn. 84; *Jauernig/Hess*, Zivilprozessrecht, § 24 Rn. 8.
343 *Schilken*, Zivilprozessrecht, § 8 Rn. 344.

(1) Einseitige Prozessbeendigung und -lenkung durch den Kläger

Erkennt der Kläger nach Klageerhebung die mangelnden Erfolgsaussichten seiner Klage, so steht es ihm prinzipiell frei, diese gemäß § 269 ZPO zurückzunehmen. Als Institut zur Verwirklichung der Parteiherrschaft führt die Rücknahme zur Prozessbeendigung ohne Sachentscheidung.[344] Ab der mündlichen Verhandlung bedarf es für die Wirksamkeit der Rücknahme zusätzlich der Einwilligung des Beklagten, um dessen Anspruch auf eine Sachentscheidung gerecht zu werden und ihn vor willkürlicher Disposition über den Streitgegenstand zu schützen.[345] Für die Rechtsmittelinstanz gelten entsprechend §§ 516, 565 ZPO.

Eine weitere Möglichkeit der einseitigen Einflussnahme auf den Prozess stellt der Klageverzicht dar, § 306 ZPO. Zwar führt der Verzicht nicht dazu, dass dem Gericht der Rechtsstreit unmittelbar entzogen wird. Eine Sachentscheidung ergeht weiterhin. Als Ausfluss der Dispositionsbefugnis ist das Gericht jedoch an die Entscheidung des Klägers gebunden, eine Nachprüfung findet nicht statt und der Inhalt der gerichtlichen Entscheidung ist somit bereits vorgezeichnet.[346] Ein vergleichbares Ergebnis kann der Kläger weiterhin dadurch erzielen, dass er säumig wird.[347] Die Klage wird in diesem Falle auf Antrag ohne weiteres als unbegründet abgewiesen, § 330 ZPO.

(2) Einseitige Prozesslenkung durch den Beklagten

Auch für den Beklagten steht ein Weg offen, Einfluss auf das Prozessende auszuüben und somit für ein zügiges Ende des gerichtlichen Verfahrens zu sorgen. Gemäß § 307 ZPO ist es ihm unbenommen, den klägerischen Anspruch anzuerkennen. In Parallele zum Klageverzicht ergeht auch hier ohne weitere Nachprüfung eine Sachentscheidung.

---

344 Saenger/*Saenger*, § 269 Rn. 1.
345 *Schreiber*, JURA 2007, 500, 504; MüKo/*Becker-Eberhard*, ZPO Band 1, § 269 Rn. 1.
346 *Möller*, JA 2010, 47, 48; MüKo/*Rauscher*, ZPO Band 1, Einleitung Rn. 320; Stein/Jonas/*Kern*, ZPO Band 2, vor § 128 Rn. 168.
347 Stein/Jonas/*Kern*, ZPO Band 2, vor § 128 Rn. 168; *Schilken*, Zivilprozessrecht, § 8 Rn. 344.

(3) Einvernehmliche Prozessbeendigung

Schließlich stehen den Parteien auch Möglichkeiten zur Verfügung, einvernehmlich zu einem vorzeitigen Prozessende zu gelangen. Sowohl die beiderseitige Erledigungserklärung, § 91 a ZPO, als auch ein Prozessvergleich, § 794 Abs. 1 Nr. 1 ZPO, führen als parteiliche Dispositionsakte zur Beendigung des Verfahrens ohne Urteil.[348] Der Dispositionsgrundsatz realisiert sich in § 91 a Abs. 1 ZPO insoweit, als dass die Parteien dem Gericht die Entscheidungskompetenz über die Hauptsache entziehen können. Ausreichend hierfür ist eine Erledigungserklärung jeder Partei in wirksamer Form mit der Folge, dass das Gericht nur noch eine Kostenentscheidung trifft.[349] Als Prozesshandlung, die auf Prozessbeendigung gerichtet ist, weist der gerichtliche Vergleich eine starke Parallele zur Erledigungserklärung auf. Im Unterschied zu dieser handelt es sich hierbei jedoch nicht um gleichgerichtete Erklärungen der Parteien, sondern um einen Vertrag. Die Wirksamkeit der Prozessbeendigungserklärung einer Partei steht daher in einem synallagmatischen Abhängigkeitsverhältnis zur Wirksamkeit der Erklärung der anderen.[350]

b) Historische Entwicklungen

Wenngleich die Ausprägungen des Dispositionsgrundsatzes in der heutigen ZPO als selbstverständlich gelten, so ist in gebotener Kürze auf die Entwicklung und Tradition dieser Prozessmaxime einzugehen.

Schon den altrömischen Prozessen war die Eigenmacht des Rechtsverfolgers immanent. Im Rahmen der Verfahrenseinleitung war es ihm erlaubt, durch unmittelbaren physischen Zwang auf den widerstrebenden Gegner oder die zu erlangende Sache zuzugreifen. Auch hier war das Gericht darauf beschränkt, im Sinne einer allgemeinen Ordnung die Ausübung dieser Befugnis zu überwachen.[351] Die diskutierte Tatsache, dass der frühe römische Prozess als Entwicklung aus der Selbsthilfe hervorging, bekräftigt zudem die enge Verbundenheit des frühen römischen Prozesses zur Partei-

---

348 MüKo/*Rauscher*, ZPO Band 1, Einleitung Rn. 321; *Möller*, JA 2010, 47, 48; Einzelheiten hinsichtlich der Voraussetzung bei *Schreiber*, JURA 1988, 190, 196 f.

349 *Lange*, NJW 2001, 2150, 2152; *Schilken*, Zivilprozessrecht, § 8 Rn. 344.

350 MüKo/*Wolfsteiner*, ZPO Band 2, § 794 Rn. 10.

351 *Kaser/Hackl*, Das Römische Zivilprozessrecht, § 3 II.3. S. 28.

initiative und -disposition.[352] Deutlich wird die Parallele zur Dispositionsmaxime ferner darin, dass das Legisaktionenverfahren eine parteibetriebe-
ne Ladung, den Antrag auf Streiteinsetzung vor dem Prätor, Verteidigungs-
vorbringen des Beklagten, ein Anerkenntnis und die gemeinsame Streiteinsetzung kannte. Auch ein Vergleich sowie Säumnis waren möglich.[353]

Im Verlauf des 2. Jahrhunderts v. Chr. wurde das Legisaktionenverfahren
zunehmend vom Formularprozess verdrängt. Dieser erwies sich in der Ausgestaltung wandelbarer und anpassungsfähiger, da er nicht länger an die
strengen Grundsätze der älteren Verfahrensart gebunden blieb.[354] Im Prozess selbst war es nach parteibetriebener Ladung Sache des Klägers, durch
Auswahl einer Klageformel den Verfahrensgegenstand zu bestimmen. Am
Beklagten lag es, seine Gegenrechte geltend zu machen, um den Prozess
mitlenken zu können.[355] Insbesondere durch verschiedene Erklärungen
stand es den Parteien offen, den Richter an Klagformeln zu binden und somit die Mitentscheidung anderer „Ansprüche" (actiones) zu verhindern.[356]
Ausprägungen der Dispositionsmaxime verwirklichen sich ferner in der
Möglichkeit, das Verfahren schon vor Gericht durch Anerkenntnis oder
Vergleich zu beenden. Auch der Umfang der Rechtskraft wurde durch das
prozessuale Handeln des Klägers abgesteckt.[357]

Der klassische Formularprozess wurde in der Nachklassik schließlich
durch das Kognitionsverfahren abgelöst und 342 n. Chr. endgültig beseitigt. Daraus resultierte zugleich die Abschaffung des zweigeteilten Prozess-
aufbaus. Der Gerichtsmagistrat handelte den Fall sowohl in rechtlicher als
auch tatsächlicher Hinsicht ab, eine Aufspaltung zwischen Gerichtsmagistrat und Richter fand nicht mehr statt.[358] Folge des Kognitionsverfahrens
war zum einen, dass die gerichtlichen Mitwirkungshandlungen ausgedehnt wurden, zum anderen, dass die Parteihandlungen an Förmlichkeiten
verloren. Dennoch blieben die charakteristischen Wesenszüge der Partei-

---

352 *Stürner*, in: FS Heldrich, S. 1061, 1062.
353 *Stürner*, in: FS Heldrich, S. 1061, 1062; vgl. zum Ganzen *Kaser/Hackl*, Das Römi-
     sche Zivilprozessrecht, §§ 10, 11, 18.
354 *Kaser/Hackl*, Das Römische Zivilprozessrecht, § 22 I S. 151.
355 *Stürner*, in: FS Heldrich, S. 1061, 1062.
356 *Kupisch*, SZ (RA) 1976, 434, 447 f.
357 *Stürner*, in: FS Heldrich, S. 1061, 1062; *Kaser/Hackl*, Das Römische Zivilprozess-
     recht, § 32 VI S. 241, §§ 42, 43.
358 *Harke*, Römisches Recht, § 1 Rn. 22; *Kaser/Hackl*, Das Römische Zivilprozess-
     recht, § 66 I S. 436, IV S. 442 f.

disposition bei Einleitung des Verfahrens, Säumnis, Vergleich und Gegenstandsbestimmung durch Klagebegehren erhalten.[359]

Auch die nachrömische Entwicklung beweist, dass der Dispositionsgrundsatz nie ernsthaft in Zweifel gezogen wurde. Die dargelegte römische Grundstruktur beeinflusste durch den römisch-kanonischen Prozess das weitere Fortleben der Maxime derart, dass die Parteidisposition über Anfang, Gegenstand und Ende des Verfahrens für den gemeinen kontinentalen Prozess eine Selbstverständlichkeit darstellte.[360] Zusammenfassend lässt sich daher festhalten, dass die Dispositionsmaxime eine ausgesprochen lange Tradition vorweisen kann, die sich bis in die modernen Zivilverfahrensordnungen durchzieht.

2. Grenzen der Parteidisposition

Wenngleich die Dispositionsmaxime zu den prägnantesten Verfahrensgrundsätzen zählt, ist ihre Geltung in der ZPO nicht durchgängig gewährleistet. Zu Gunsten der Offizialmaxime erfährt sie an einigen Stellen inhaltliche Einschränkungen und Modifikationen. Betroffen von dieser Durchbrechung sind zum einen Nebenentscheidungen, zum anderen auch der Bereich familienrechtlicher Entscheidungen. Weiterhin tritt der Dispositionsgrundsatz in ein Spannungsverhältnis zu den richterlichen Pflichten aus § 139 ZPO, sodass auch untersucht werden muss, inwieweit diese Norm den Verfahrensgrundsatz beeinträchtigt.

a) Geltungsprobleme in Hinblick auf § 139 ZPO

Grundsätzlich obliegt es den Parteien, das Verfahren vor den Zivilgerichten durch entsprechende Anträge zu lenken und die richterliche Entscheidungspflicht zu definieren. Die Vorschrift des § 139 ZPO mildert diesen Grundsatz insoweit ab, als dass das Gericht die Beteiligten zu sachdienlichen Anträgen bewegen soll. Durch diese richterliche Hinweis- und Aufklärungspflicht wird das Gericht an der inhaltlichen Ausgestaltung des

---

359 *Stürner*, in: FS Heldrich, S. 1061, 1063; *Kaser/Hackl*, Das Römische Zivilprozessrecht, § 66 IV S. 442 f.; § 72 I S. 481.
360 *Stürner*, in: FS Heldrich, S. 1061, 1063.

Verfahrens beteiligt.[361] Als Ausprägung materieller Prozessleitung weist die Norm dem Richter einen aktiven Part im Zivilprozess zu, indem eine vollständige rechtliche und tatsächliche Erörterung des Prozessstoffes angestrebt wird.

Sinn und Zweck der Vorschrift ist es, den Willen der jeweiligen Partei in die richtige Form zu bringen und die rechtlichen Konsequenzen aufzuzeigen, die sich aus ihrer gewählten Vorgehensweise ergeben. Dadurch wird es den Parteien zugleich ermöglicht, in angemessener Weise auf die aktuelle rechtliche Einschätzung des Gerichts zu reagieren. Nicht intendiert ist dagegen eine Bevormundung der Parteien mit dem Ziel, ihren Willen zu ändern und das vom Gericht als vernünftig angesehene Ergebnis zu erreichen.[362] Ein solches Vorgehen würde sich in Widerspruch setzen zur richterlichen Pflicht zu Neutralität und Gleichbehandlung, welche die Reichweite der Norm begrenzt.[363] § 139 ZPO ist daher zugleich Ausdruck des Anspruchs auf rechtliches Gehör und dient einem fairen Verfahren, welches zu einem richtigen Prozessergebnis hingeführt werden soll.[364] Damit einher geht die Schlussfolgerung, dass es dem Gericht verwehrt bleiben muss, Parteianträge eigenmächtig durch sachdienliche zu ersetzen. Allein zu einem solchen Antrag anzuregen und hinzuwirken, wird von der Norm legitimiert. Konsequenterweise steht es den Parteien somit frei, ob sie den Anregungen des Gerichts Folge leisten oder nicht. Im verneinenden Fall hat der Spruchkörper unverändert über den ursprünglichen Antrag zu entscheiden.[365] Anhand dieser Systematik wird deutlich, dass § 139 ZPO nicht auf eine Durchbrechung der Dispositionsmaxime abzielt. Vielmehr soll die Norm den Parteien eine Hilfe dahingehend sein, richtig zu disponieren, und etwaige Gefahren, die sich für rechtsunkundige Verfahrensbeteiligte auftun, minimieren. Es bleibt allein die Entscheidung der Parteien, ob der alte oder der vom Gericht angeregte neue Antrag verfolgt wird. Die Dispo-

---

361 MüKo/*Rauscher*, ZPO Band 1, Einleitung Rn. 325; Wieczorek/Schütze/*Smid*, ZPO Band 3, § 139 Rn. 1.

362 *Henckel*, Prozessrecht, S. 128; Wieczorek/Schütze/*Smid*, ZPO Band 3, § 139 Rn. 11.

363 Zöller/*Greger*, ZPO, § 139 Rn. 2; Stein/Jonas/*Kern*, ZPO Band 2, § 139 Rn. 4, 21.

364 MüKo/*Fritsche*, ZPO Band 1, § 139 Rn. 2; Musielak/Voit/*Stadler*, § 139 Rn. 1.

365 *Henckel*, Prozessrecht, S. 128; Wieczorek/Schütze/*Smid*, ZPO Band 3, § 139 Rn. 91.

sitionsmaxime wird von § 139 ZPO daher lediglich beeinflusst, nicht aber durchbrochen.[366]

b) Prozesskosten

Eine inhaltliche Einschränkung erfährt die Dispositionsmaxime indes im Rahmen von Nebenentscheidungen. Das Gericht hat in seinem Urteil auch dann eine Entscheidung zu treffen, wenn es an einem Parteiantrag mangelt. Der Antragsgrundsatz erfährt dadurch eine echte Durchbrechung zugunsten einer Entscheidung von Amts wegen.[367]

Betroffen davon ist zunächst die Auferlegung der Prozesskosten, § 308 Abs. 2 ZPO. Grund für die abweichende Regelung ist das öffentliche Interesse an der Klärung der Frage, welche Partei die entstandenen Prozesskosten zu tragen hat.[368] In der Praxis ist oftmals zu beobachten, dass die Parteien den Antrag stellen, dem Gegner die Kosten des Verfahrens aufzuerlegen. Dieses Vorgehen darf indes nicht missverstanden werden. Der Antrag ist allein als Anregung an das Gericht zu begreifen, die gerichtliche Entscheidung erfolgt unabhängig von dessen Vorliegen.

c) Vorläufige Vollstreckbarkeit

Ferner ist die Aufnahme der vorläufigen Vollstreckbarkeit nach §§ 708, 709 ZPO in die Urteilsformel nicht von einem Parteiantrag abhängig, sondern von Amts wegen geboten. Ausnahmen bestehen nur, sofern bereits das Gesetz die vorläufige Vollstreckbarkeit anordnet oder gänzlich ausschließt.[369] Für Gläubiger und Schuldner besteht jedoch die Möglichkeit, die Entscheidung über die vorläufige Vollstreckbarkeit durch Anträge zumindest zu beeinflussen, vgl. §§ 710, 711 S. 3, 712 ZPO.

---

366 *Henckel*, Prozessrecht, S. 129; MüKo/*Rauscher*, ZPO Band 1, Einleitung Rn. 325; Wieczorek/Schütze/*Smid*, ZPO Band 3, § 139 Rn. 11; Stein/Jonas/*Kern*, ZPO Band 2, § 139 Rn. 2.

367 Stein/Jonas/*Kern*, ZPO Band 2, vor § 128 Rn. 170; MüKo/*Rauscher*, ZPO Band 1, Einleitung Rn. 324.

368 Musielak/Voit/*Musielak*, § 308 Rn. 24.

369 BeckOK-ZPO/*Ulrici*, § 708 Rn. 2.

d) § 308 a ZPO

Eine bemerkenswerte Irregularität wurde in Bezug auf die Dispositionsmaxime weiterhin aufgrund des zweiten Gesetzes zur Änderung mietrechtlicher Vorschriften[370] durch § 308 a in die Zivilprozessordnung implementiert. Die Regelung dient dem Ziel, die Belange des Mieters zu wahren, und ergänzt die aus sozialen Gesichtspunkten erlassenen materiellen Vorschriften.[371] Grundsätzlich soll die sog. Sozialklausel, §§ 574 ff. BGB, den Mieter von Wohnraum vor einer Kündigung des Vermieters hinreichend schützen, sofern ein Härtefall gegeben ist. Indes ist zu beachten, dass der Kündigungswiderspruch des Mieters zum einen an eine Schriftform gebunden ist. Zum anderen fallen Streitigkeiten über den Bestand eines Wohnraummietverhältnisses nach § 23 Nr. 2 a GVG in die Zuständigkeit des Amtsgerichts, sodass eine anwaltliche Vertretungspflicht nicht besteht, § 78 Abs. 1 ZPO. Dann aber besteht die potentielle Gefahr, dass der Mieter nicht auf seine Rechte, die aus der Sozialklausel resultieren, hingewiesen wird und diese in der Folge nicht geltend macht.[372] Dieses Szenario hat § 308 a ZPO dergestalt im Blick, als dass es eines Mieterantrages auf Fortsetzung des Mietverhältnisses nicht bedarf. Unter Durchbrechung des Dispositionsgrundsatzes kann das Gericht auch hier von Amts wegen entscheiden, für welche Dauer und unter welchen Änderungen der Vertragsbedingungen das Mietverhältnis fortgesetzt wird. Abgemildert wird diese Durchbrechung freilich dadurch, dass es die materiell geltende Privatautonomie bzw. Vertragsfreiheit erfordert, den Willen des Mieters über § 139 ZPO und § 308 a Abs. 1 S. 2 ZPO vorab zu erforschen.[373]

Der Vollständigkeit halber sei darauf verwiesen, dass auch die Entscheidung über die Gewährung einer Frist in Räumungsurteilen über Wohnraum von Amts wegen möglich ist. Daneben besteht weiterhin auch eine Antragsmöglichkeit, § 721 Abs. 1 ZPO.

---

370 BGBl. 1964 I, Nr. 35, S. 457 ff.
371 *Schreiber*, JURA 1988, 190, 192; Zöller/*Feskorn*, ZPO, § 308 a Rn. 1; MüKo/ *Musielak*, ZPO Band 1, § 308 a Rn. 1.
372 *Schreiber*, JURA 1988, 190, 193.
373 Wieczorek/Schütze/*Rensen*, ZPO Band 5/1, § 308 a Rn. 9.

e) Familienrechtliche Entscheidungen

Mit Wirkung zum 1. September 2009 ist der Bereich familienrechtlicher Entscheidungen aus dem 6. Buch der ZPO herausgefallen und in das FamFG überführt worden.[374] Unverändert geblieben ist dabei die Tatsache, dass der Offizialmaxime in diesem Rechtsgebiet eine nicht unbedeutende Rolle zukommt. Als Pendant der Privatautonomie des materiellen Rechts muss die Dispositionsmaxime dort eingeschränkt werden, wo es den Parteien aufgrund eines öffentlichen Interesses an der Verwirklichung privater Rechte verwehrt bleibt, materiell über den Verfahrensgegenstand zu verfügen.[375] So ist die zuständige Verwaltungsbehörde nach § 1316 Abs. 1 S. 1 BGB in den dort aufgelisteten Fällen dazu berechtigt, einen Antrag auf Eheauflösung zu stellen. Auch im Rahmen der Vaterschaftsanfechtung aufgrund Anerkennung steht der Behörde ein Antragsrecht zu, § 1600 Abs. 1 Nr. 5 BGB. Die Offizialmaxime dominiert ferner die Ehescheidungsverfahren, sofern dort der Versorgungsausgleich in Rede steht, § 137 Abs. 2 S. 2 FamFG.

Zwar gilt in Ehesachen und Familienstreitsachen im Übrigen zunächst, dass die Regelungen der ZPO eine entsprechende Anwendung erfahren, § 113 Abs. 1 S. 2 FamFG. Damit scheint der Dispositionsmaxime Tür und Tor geöffnet. Indes erfasst die uneingeschränkte Geltung der Maxime im Bereich von Ehesachen nur den Antrag. Der Anspruch entzieht sich dagegen im Unterschied zu Familienstreitsachen der parteilichen Disposition. Deutlich wird dies anhand von § 113 Abs. 4 FamFG, der explizit auf Ehesachen Bezug nimmt und unter anderem die Vorschriften über Geständnis und Anerkenntnis für nicht anwendbar erklärt. Auch ein Vergleich scheidet in diesen Verfahren regelmäßig aus.[376]

Ihre größte Ausprägung erfährt die Einschränkung des Dispositionsgrundsatzes schließlich in Abstammungssachen. Zwar steht die Verfahrensinitiative auch hier den Parteien zu.[377] Jedoch ist schon die Dispositionsbefugnis über den Fortgang durch Antragsrücknahme insoweit begrenzt, als dass auch jeder andere Beteiligte das Recht hat, einen Antrag im selben

---

374 Siehe dazu das Gesetz zur Reform des Verfahrens in Familiensachen und in den Angelegenheiten der freiwilligen Gerichtsbarkeit, BGBl. 2008 I, Nr. 61, S. 2586ff.

375 MüKo/*Rauscher*, ZPO Band 1, Einleitung Rn. 326; Stein/Jonas/*Kern*, ZPO Band 2, vor § 128 Rn. 172.

376 MüKo/*Rauscher*, ZPO Band 1, Einleitung Rn. 327; vgl. *Schreiber*, JURA 1988, 190, 193.

377 *Coester-Waltjen*, JURA 2009, 427, 430.

Verfahren zu stellen. Da das FamFG besagte Abstammungssachen als nicht-kontradiktorische Verfahren ausgestaltet, wird den Parteien die Herrschaft über das Verfahren weitestgehend entzogen.[378]

f) Zwischenfazit

Die bisherige Untersuchung hat ergeben, dass das zivilprozessuale Verfahren grundsätzlich von der Dispositionsmaxime geprägt ist. Dieser Verfahrensgrundsatz verwirklicht die Parteiherrschaft und weist eine historische Tradition auf. Es ist daher als primäre Aufgabe zu verstehen, den Grundsatz zu wahren und ihn einer möglichst umfassenden Geltung zuzuführen. Nur in Einzelfällen lässt das Gesetz eine Durchbrechung der Maxime zu. Im Wesentlichen geht es dabei um die Betonung von öffentlichen Interessen, die es als gerechtfertigt erscheinen lassen, die Parteidisposition zu beschränken.

II. Beibringungsgrundsatz

Des Weiteren verwirklicht sich die generelle Möglichkeit der Parteidisposition über prozessuale Regeln auch in einem anderen Verfahrensgrundsatz des Zivilprozessrechts, und zwar dem Verhandlungs- bzw. Beibringungsgrundsatz. In Abgrenzung zum Amtsermittlungsgrundsatz, in dessen Geltungsbereich das Gericht den Tatsachenstoff von Amts wegen ohne Bindung an Parteianträge ermittelt, ist es im Rahmen des Beibringungsgrundsatzes grundsätzlich die Aufgabe der Parteien, all die Tatsachen darzulegen und zu beweisen, auf die das Gericht seine Entscheidung aufbauen soll.[379] Der deutsche Zivilprozess wird dabei entscheidend von diesem elementaren Grundsatz geprägt.[380] Der Grundsatz erfährt nur an einigen wenigen Stellen Einschränkungen.

---

378 *Coester-Waltjen*, JURA 2009, 427, 430.
379 *Möller*, JA 2010, 47, 49; *Jauernig/Hess*, Zivilprozessrecht, § 25 Rn. 9.
380 Das Reichsgericht bezeichnete den Verhandlungsgrundsatz sogar als obersten Grundsatz der Prozessordnung, siehe RGZ 151, 93, 98; BGHZ 161, 138, 143; *Becker-Eberhard*, in: Zivilprozessrecht im Lichte der Maximen, S. 15; *Hahn*, JA 1991, 319; *Schreiber*, JURA 1989, 86.

1. Bedeutung und Ausgestaltung des Beibringungsgrundsatzes im Zivilprozess

Die Zivilprozessordnung geht zwar grundsätzlich von der Geltung des Beibringungsgrundsatzes aus, hat diesen aber nicht explizit niedergeschrieben. Im Zuge eines Umkehrschlusses aus § 127 Abs. 1 FamFG (ehemals § 616 Abs. 1 ZPO a.F.) lässt sich aber eine erste Begründung für die Anerkennung der Maxime finden. Der Gesetzgeber hat hier den Amtsermittlungsgrundsatz für bestimmte Verfahren ausdrücklich eingeführt, sodass für den Normalprozess weiterhin der Beibringungsgrundsatz maßgeblich ist.[381] Darüber hinaus lässt er sich als Leitgedanke mehreren Vorschriften der ZPO, beispielsweise §§ 138 Abs. 3, 288, 331 Abs. 1, entnehmen.[382] Nicht zuletzt spricht auch der Zweck des Prozesses, der Durchsetzung privater Rechtsverhältnisse zu dienen, für die Geltung des Beibringungsgrundsatzes.[383]

Wie der Dispositionsgrundsatz beruht auch der Beibringungsgrundsatz auf dem Gedanken, dass die Parteien die Herren des Verfahrens sind. Sie tragen die Last des Tatsachenvortrages und sind dafür verantwortlich, rechtzeitig ihre Angriffs- und Verteidigungsstrategien vorzutragen, damit die tatsächlichen Urteilsgrundlagen gebildet werden können.[384] Zugleich bestimmen die Parteien durch ihr Verhalten vor Gericht auch die Beweisbedürftigkeit der entsprechend vorgetragenen Tatsachen. Das Gericht ist dabei an das Parteiverhalten gebunden und nicht dazu berechtigt, selbst Prozessstoff einzubringen und diesen zur Entscheidungsgrundlage zu machen.[385] Diese Einschränkung gilt indes nicht für Rechtsausführungen. Der Grundsatz *„iura novit curia"* besagt, dass das Recht dem Gericht be-

---

381 *Jauernig/Hess*, Zivilprozessrecht, § 25 Rn. 11; *Becker-Eberhard*, in: Zivilprozessrecht im Lichte der Maximen, S. 15, 16; *Schreiber*, JURA 1989, 86.

382 BGH, DNotZ 1969, 670, 671; *Grunsky*, Grundlagen des Verfahrensrechts, § 18 II S. 139; *Grunsky/Jacoby*, Zivilprozessrecht, 4. Kapitel Rn. 97; *Becker-Eberhard*, in: Zivilprozessrecht im Lichte der Maximen, S. 15, 19; *Jauernig/Hess*, Zivilprozessrecht, § 25 Rn. 14; vgl. ferner *Hahn/Mugdan*, Materialien zu den Reichs-Justizgesetzen (Neudruck 1983), S. 210.

383 *Grunsky/Jacoby*, Zivilprozessrecht, 4. Kapitel Rn. 97; eine umfassende Darstellung zu den Begründungsansätzen der Verhandlungsmaxime findet sich ferner bei *Hahn*, Kooperationsmaxime, S. 30ff. sowie bei *Zettel*, Beibringungsgrundsatz, S. 31ff. mit teils kritischer Auseinandersetzung mit den Ansätzen.

384 *Schilken*, Zivilprozessrecht, § 8 Rn. 345; *Schreiber*, JURA 1989, 86, 87.

385 MüKo/*Rauscher*, ZPO Band 1, Einleitung Rn. 332; *Schilken*, Zivilprozessrecht, § 8 Rn. 346; *Becker-Eberhard*, in: Zivilprozessrecht im Lichte der Maximen, S. 15, 16, 20.

kannt und unabhängig von übereinstimmenden Ansichten der Parteien anzuwenden ist.[386] Durch diese Ausgestaltungen der Maxime realisiert sich zudem erneut der Grundsatz der Privatautonomie auch auf prozessualer Ebene.

a) Beibringungsgrundsatz und Darlegungslast

Aufgabe des Klägers ist es, all die Tatsachen vorzutragen und im Bedarfsfall auch zu beweisen, die den Tatbestand seines geltend gemachten Anspruches ausfüllen. Dabei ist es ihm unbenommen, seinen Vortrag im Verlaufe des Prozesses zu ändern.[387] Da die Grundlage eines jeden Urteils nach dem Beibringungsgrundsatz aber nur das Parteivorbringen sein kann, dürfen abstrakte Möglichkeiten, die keine Partei behauptet hat und die nicht als allgemeingültige Erfahrungswerte gelten, nicht berücksichtigt werden.[388] Auch Tatsachen, die dem Richter im privaten Umfeld bekannt geworden oder bei Gelegenheit der Beweisaufnahme zu Tage getreten sind, dürfen ohne Parteivortrag nicht verwertet werden.[389] Vielmehr ist es erforderlich, dass die Partei die relevanten Tatsachen ordnungsgemäß in der mündlichen Verhandlung vorbringt, was auch durch schlüssiges Verhalten möglich ist.[390] Keine Relevanz kommt dabei der Frage zu, welche Partei die jeweilige Tatsache in den Prozess eingeführt hat. Folglich können jeder Partei auch eigene ungünstige Tatsachenbehauptungen zum Nachteil gereichen.[391] Eine erste Einschränkung besteht hier allein für den Fall, dass die Klage erfolgreich ist, weil der Beklagte die entscheidungserheblichen Tatsachen vorgebracht hat und diese bewiesen oder vom Kläger unbestritten bleiben: Hier kommt es auf die umstrittene Frage[392] an, ob sich der Kläger den Beklagtenvortrag noch zu eigen machen muss. Ferner bestehen weitere Einschränkungen im Rahmen der Schlüssigkeitsprüfung, innerhalb de-

---

386 *Möller*, JA 2010, 47, 49; *Schreiber*, JURA 1989, 86, 87; vgl. auch die Bedenken hinsichtlich der strikten Trennung von Beibringungsgrundsatz und richterlichem Rechtsbeurteilungsmonopol bei *Hahn*, JA 1991, 319, 322.
387 MüKo/*Rauscher*, ZPO Band 1, Einleitung Rn. 332.
388 Stein/Jonas/*Kern*, ZPO Band 2, vor § 128 Rn. 182.
389 BGH, NJW-RR 1990, 507; MüKo/*Rauscher*, ZPO Band 1, Einleitung Rn. 332.
390 Stein/Jonas/*Kern*, ZPO Band 2, vor § 128 Rn. 182.
391 *Schilken*, Zivilprozessrecht, § 8 Rn. 347; *Grunsky*, Grundlagen des Verfahrensrechts, § 19 I S. 145; *Jauernig/Hess*, Zivilprozessrecht, § 25 Rn. 27ff.
392 Siehe dazu im Einzelnen m.w.N. Stein/Jonas/*Kern*, ZPO Band 2, vor § 128 Rn. 186.

rer es allein auf den Klägervortrag ankommt, sowie bei Einreden, die nur dann Berücksichtigung finden, wenn sie vom Berechtigten geltend gemacht werden.[393]

Offenkundige Tatsachen gemäß § 291 ZPO dürfen dagegen nach überwiegender Ansicht auch dann berücksichtigt werden, wenn es an einem Parteivorbringen fehlt, solange rechtliches Gehör eingeräumt wird.[394]

b) Beibringungsgrundsatz und Beweis

Ausfluss des Beibringungsgrundsatzes ist es ferner, dass die Parteien die Beweisbedürftigkeit ihrer vorgetragenen Tatsachen sowie grundsätzlich auch die Beweismittel bestimmen.[395] Dazu kommt es entscheidend darauf an, ob beweisbedürftige oder nicht beweisbedürftige Tatsachen in Rede stehen. Grundsätzlich müssen alle erheblichen Tatsachen bewiesen werden, die von der anderen Partei bestritten werden.[396] Der Eintritt in die Beweiserhebung erfordert dabei zunächst einen schlüssigen Vortrag des Klägers bzw. ein spezifiziertes Bestreiten der Gegenpartei. Mutmaßungen oder pauschales Bestreiten erfüllen die gestellten Anforderungen nicht.[397]

Ohne ein solches Bestreiten gelten die Tatsachen gemäß § 138 Abs. 3 ZPO als zugestanden, sofern sich aus den sonstigen Parteierklärungen nichts Gegenteiliges ableiten lässt. Es liegt dann ein übereinstimmender Tatsachenvortrag der Parteien vor, den das Gericht nicht auf seinen Wahrheitsgehalt überprüfen darf. An dieser Norm wird die Parteiherrschaft nochmals deutlich: Die Parteien haben es in der Hand, den Sachverhalt einzugrenzen, auf dessen Grundlage die gerichtliche Entscheidung zu fällen ist.[398]

Weiterhin bedarf es dann keines Beweises für den eingeführten Tatsachenstoff, wenn die andere Partei diesen zugesteht, § 288 Abs. 1 ZPO. Sowohl die gestehende Partei als auch das Gericht sind an ein derartiges Ge-

---

393 MüKo/*Rauscher*, ZPO Band 1, Einleitung Rn. 334 f.; Stein/Jonas/*Kern*, ZPO Band 2, vor § 128 Rn. 187; *Schilken*, Zivilprozessrecht, § 8 Rn. 347.

394 *Eberhard*, Grundlagen und Grenzen des Verhandlungsgrundsatzes, S. 21 m.w.N.; MüKo/*Rauscher*, ZPO Band 1, Einleitung Rn. 332.

395 *Schilken*, Zivilprozessrecht, § 8 Rn. 349.

396 *Dölling*, NJW 2013, 3121; Stein/Jonas/*Kern*, ZPO Band 2, vor § 128 Rn. 183.

397 MüKo/*Rauscher*, ZPO Band 1, Einleitung Rn. 336; vgl. zum Ganzen ausführlich *Dölling*, NJW 2013, 3121.

398 *Becker-Eberhard*, in: Zivilprozessrecht im Lichte der Maximen, S. 15, 22; *Hahn*, JA 1991, 319, 324.

ständnis gebunden, eine Nachprüfung findet nicht statt.[399] Eine Grenze der gerichtlichen Bindung besteht nur dann, wenn unmögliche oder offensichtlich unwahre Tatsachen vorliegen.[400] Wenngleich somit eine gewisse Ähnlichkeit zwischen dem Nichtbestreiten aus § 138 Abs. 3 ZPO und den Vorschriften des Geständnisses gemäß §§ 288 ff. ZPO zu konstatieren ist, ergeben sich für letzteres weitreichendere Folgen. Ein Geständnis kann nur dann widerrufen werden, wenn es irrtümlich abgegeben und die Partei daher von einer unbewussten Fehlvorstellung über die Geschehnisse geleitet wurde.[401] Angesichts des Wortlautes von § 138 Abs. 3 ZPO, der nichtbestrittene Tatsachen ebenfalls als zugestanden bezeichnet, könnte man als logische Schlussfolgerung zur Anwendung des § 290 ZPO gelangen.[402] Indes ist es allgemeine Ansicht, dass nachträgliches Bestreiten stets möglich bleibt.[403] Angesichts dieser unterschiedlichen Folgen bedarf es einer genauen Trennung beider Institute. Im Zweifel erscheint es daher sachgerechter, die weniger einschneidenden Folgen des § 138 Abs. 3 ZPO anzunehmen und für ein positives Zugeständnis weitere Umstände zu fordern.[404]

Aus § 291 ZPO ergibt sich ferner, dass offenkundige Tatsachen nicht beweisbedürftig sind.

Liegt keine der soeben erörterten Fallkonstellationen vor, so handelt es sich um beweisbedürftige Tatsachen. Dann wird das umfassende Beweismittelsystem der §§ 355 ff. ZPO relevant. Ursprünglich war es dabei allein die Aufgabe der Parteien, das gewünschte Beweismittel zu benennen, während die heutige Fassung der ZPO zugunsten des Gerichts Eingriffsmöglichkeiten bereithält.[405] Ergibt das Ergebnis der Beweisaufnahme eine Abweichung vom klägerischen Vortrag, so darf das Gericht dieses nicht zur Grundlage seiner Entscheidung machen. In Hinblick auf den Beibringungsgrundsatz und die Tatsache, dass Gegenstand des Prozesses der Par-

---

399 *Zettel*, Beibringungsgrundsatz, S. 31; *Grunsky*, Grundlagen des Verfahrensrechts, § 19 I S. 144; *Schilken*, Zivilprozessrecht, § 8 Rn. 349; *Schreiber*, JURA 1989, 86, 90.

400 BGH, NJW 1979, 2089; *Hahn*, JA 1991, 319, 325; *ders.*, Kooperationsmaxime, S. 271 unter Verweis auf die Fußnoten 692, 688.

401 *Schreiber*, JURA 1989, 86, 90.

402 OLG München, MDR 1984, 321, 322.

403 BGHZ 82, 115, 118; BGH, NJW 1991, 1683; MüKo/*Fritsche*, ZPO Band 1, § 138 Rn. 26; Musielak/Voit/*Stadler*, § 138 Rn. 15; *Schreiber*, JURA 1989, 86, 91.

404 BGH, JZ 1962, 252; BGH, NJW 1983, 1496, 1497; *Schreiber*, JURA 1989, 86, 91.

405 *Schilken*, Zivilprozessrecht, § 8 Rn. 350; *Lüke*, Zivilprozessrecht, § 2 Rn. 19; dazu unten unter 2. Ausnahmen und Einschränkungen.

teivortrag bleibt, ist es dafür erforderlich, dass sich die betroffene Partei das Ergebnis der Beweisaufnahme zu eigen macht.[406]

2. Ausnahmen und Einschränkungen des Beibringungsgrundsatzes

Insgesamt verdeutlicht auch der Beibringungsgrundsatz die Möglichkeiten parteilicher Disposition im Zivilprozess. Dennoch sind auch im Rahmen dieser Maxime mögliche Einschränkungen und Ausnahmen kritisch zu würdigen.

a) Einschränkungen beim Beweisantritt

Das Beweisrecht ist ebenfalls vom Grundsatz der Parteiherrschaft geprägt, von einer reinen Parteiherrschaft kann jedoch nicht mehr gesprochen werden.[407] Zwar haben die Parteien nach wie vor das Initiativrecht inne. Sie wählen das Beweismittel sowie den Umfang der Beweisaufnahme, während das Gericht nur im Rahmen seines Ermessens tätig wird.[408] Darin liegt zugleich der bedeutende Unterschied zum Untersuchungsgrundsatz, der zur Erhebung aller relevanten Beweise verpflichtet.[409] Einschränkungen bestehen allerdings insoweit, als dass die Beweismittel mit Ausnahme des Zeugenbeweises auch ohne Beweisantritt erhoben werden können und eine Aufklärung des Sachverhalts somit von Amts wegen in Betracht kommt.[410] Befinden sich Urkunden oder Akten im Besitz einer Partei, kann das Gericht deren Vorlage verlangen, §§ 142, 143 ZPO. Auch besteht die Möglichkeit, amtliche Auskünfte einzuholen, § 273 Abs. 2 Nr. 2 ZPO. Ferner bestimmt § 144 Abs. 1 ZPO, dass es dem Gericht freisteht, die Einnahme des Augenscheins sowie die Begutachtung durch Sachverständige anzuordnen. Ebenfalls kann die Parteivernehmung von Amts wegen erfol-

---

406 MüKo/*Rauscher*, ZPO Band 1, Einleitung Rn. 337.

407 *Lüke*, Zivilprozessrecht, § 2 Rn. 19; MüKo/*Rauscher*, ZPO Band 1, Einleitung Rn. 339.

408 *Stackmann*, NJW 2007, 3521, 3523; Stein/Jonas/*Kern*, ZPO Band 2, vor § 128 Rn. 184.

409 *Grunsky*, Grundlagen des Verfahrensrechts, § 19 I S. 145 f.; *Möller*, JA 2010, 47, 50.

410 *Zeiss/Schreiber*, Zivilprozessrecht, § 27 Rn. 178; Stein/Jonas/*Kern*, ZPO Band 2, vor § 128 Rn. 184; zum Ganzen ausführlich *Stackmann*, NJW 2007, 3521; *Zettel*, Beibringungsgrundsatz, S. 69ff.

gen, § 448 ZPO. Der Beibringungsgrundsatz gilt somit im Rahmen des Beweisrechts nicht uneingeschränkt, wird aber durch das Erfordernis der parteilichen Initiative sowie das bestehende gerichtliche Ermessen ausreichend gewahrt. Es sind nach wie vor die Parteien, die die Beweise in den Prozess einzubringen haben, erst ihr Verhalten weist den Weg zu einer etwaigen Beweiserhebung von Amts wegen.[411] Der Beibringungsgrundsatz gilt daher auch in diesem Bereich fort.

b) Geltungsprobleme in Hinblick auf § 139 ZPO

Wie auch schon im Rahmen der Abhandlung über die Dispositionsmaxime stellt sich die Frage, inwieweit die richterliche Hinweis- und Aufklärungspflicht den Beibringungsgrundsatz beeinflusst. Neben der oben bereits erörterten Absicherung des rechtlichen Gehörs verfolgt § 139 ZPO als weiteres Ziel die Herstellung von Waffengleichheit unter den Parteien, indem unterschiedliche Kenntnisse und Erfahrungen der Beteiligten ausgeglichen werden.[412]

Dazu hat das Gericht gemäß § 139 Abs. 1 Satz 2 ZPO darauf hinzuwirken, dass sich die Parteien über alle relevanten Tatsachen umfassend erklären und gegebenenfalls Ergänzungen vornehmen. Zwar darf das Gericht zur Erreichung dieses Ziels die Tatsachen mit den Beteiligten erörtern und Fragen stellen. Auch hier muss sich der Richter jedoch strikt an das parteiliche Vorbringen halten, neue Tatsachen dürfen nicht eigenmächtig eingeführt werden.[413]

Ferner hat § 139 ZPO die Benennung der Beweismittel im Blick. Bedeutung erlangt dies insbesondere für den Zeugenbeweis, der als einziger nicht auch von Amts wegen erhoben werden kann. Die richterliche Frage- und Hinweispflicht ist hier extensiver umzusetzen, da keine Gefahr droht, neue Ansprüche oder Einreden zu Tage zu fördern.[414]

Damit mildert § 139 ZPO im Ergebnis zwar auch den Beibringungsgrundsatz ab. Eine Einschränkung ist damit indes nicht verbunden, da das

---

411 *Diakonis*, Grundfragen der Beweiserhebung, S. 111 f.
412 MüKo/*Rauscher*, ZPO Band 1, Einleitung Rn. 343.
413 *Lüke*, Zivilprozessrecht, § 2 Rn. 22; für den Fall, dass das Gericht an der Wahrheit einer parteilichen Tatsachenbehauptung zweifelt, darf es zur Klärung neue Tatsachen selbst einbringen: So *Zettel*, Beibringungsgrundsatz, S. 133.
414 *Schilken*, Zivilprozessrecht, § 8 Rn. 356; vgl. auch *Zettel*, Beibringungsgrundsatz, S. 131.

Gericht nicht selbst die Aufklärung des Sachverhaltes betreiben darf und eine Ergänzung von Amts wegen nicht erfolgt.[415]

c) Wahrheitspflicht, § 138 Abs. 1 ZPO

Eine Modifikation des Beibringungsgrundsatzes folgt ferner aus der sog. Wahrheitspflicht[416] des § 138 Abs. 1 ZPO, welche durch die Novelle vom 27. Oktober 1933 in der ZPO verankert wurde. Danach ist es den Parteien verboten, bewusst über Tatsachen zu lügen. Die Wahrheitspflicht ist dabei gleichermaßen für das Behaupten als auch das Bestreiten von Tatsachen zu beachten.[417] Einschränkend gilt, dass die Vorschrift allein die Pflicht zur subjektiven Wahrhaftigkeit statuiert[418] und somit nur Äußerungen, die wider besseren Wissens aufgestellt werden, pönalisieren will. Behauptungen, über deren Wahrheitsgehalt sich die Parteien im Unklaren befinden und die nicht ins Blaue hinein getätigt werden, bleiben zulässig.[419]Allerdings wird dabei von der überwiegenden Auffassung darauf hingewiesen, dass § 138 Abs. 1 ZPO nur das Verbot der Unwahrheit zugunsten der vortragenden Partei erfasse.[420] Daher stehe es einer Partei offen, ihr ungünstige gegnerische Behauptungen gegen sich gelten zu lassen oder ihr günstige Gegenbehauptungen nicht anzusprechen.[421] Der Wahrheitspflicht wird zudem eine Vollständigkeitspflicht derart entnommen, dass die Parteien im

---

415 *Möller*, JA 2010, 47, 50; *Grunsky*, Grundlagen des Verfahrensrechts, § 19 IV S. 151; *Zettel*, Beibringungsgrundsatz, S. 133.

416 Umfassend dazu *Gomille*, Informationsproblem und Wahrheitspflicht.

417 *Gomille*, Informationsproblem und Wahrheitspflicht, S. 19 m.w.N.; *Zettel*, Beibringungsgrundsatz, S. 122.

418 *Von Hippel*, Wahrheitspflicht, S. 89 f.; *Zettel*, Beibringungsgrundsatz, S. 117; *Heinze*, in: FS Beys, S. 515, 532; *Olzen*, ZZP 98 (1985), 403, 415ff.; *Lüke*, Zivilprozessrecht, § 2 Rn. 23; *Jauernig/Hess*, Zivilprozessrecht, § 26 Rn. 6; *Becker-Eberhard*, in: Zivilprozessrecht im Lichte der Maximen, S. 15, 23 m.w.N.

419 BGH, NJW 1968, 1233, 1234; NJW 1996, 3147, 3150; NJW 1996, 1826, 1827; *Zeiss/Schreiber*, Zivilprozessrecht, § 27 Rn. 202; *Gomille*, Informationsproblem und Wahrheitspflicht, S. 19 m.w.N.

420 Statt vieler Stein/Jonas/*Kern*, ZPO Band 2, § 138 Rn. 6 m.w.N. auch zur Gegenauffassung.

421 Stein/Jonas/*Kern*, ZPO Band 2, § 138 Rn. 6.

Rahmen des Tatsachenvortrages dazu verpflichtet sind, ihnen ungünstige Tatsachen nicht wider besseren Wissens zu verschleiern.[422]

Letztlich ist die Vorschrift des § 138 Abs. 1 ZPO ein stumpfes Schwert. Eine Verletzung der Wahrheitspflicht wird nicht ausdrücklich sanktioniert und resultiert lediglich darin, dass die wahrheitswidrige Behauptung zurückgewiesen wird und im Rahmen des § 286 ZPO Beachtung finden kann.[423] Denkbar ist ferner eine Bestrafung wegen Prozessbetruges. Damit stehen aber Rechtsfolgen in Rede, die nicht unmittelbar auf der Verletzung des § 138 Abs. 1 ZPO beruhen, sondern auch unabhängig von der Norm gelten.[424]

In Conclusio bleiben die Parteien trotz § 138 Abs. 1 ZPO dazu verpflichtet, den Tatsachenstoff vorzutragen, müssen den Prozess aber sorgfältig und sachgemäß führen.[425] Eine gewisse Einschränkung des Beibringungsgrundsatzes folgt hier allenfalls daraus, dass die Beteiligten einen vollständigen Sachvortrag in gewissem Umfang zu gewährleisten haben.[426]

d) Geltungsbereich der Untersuchungsmaxime

Wenngleich der Beibringungsgrundsatz das zivilprozessuale Verfahren beherrscht, hat der Gesetzgeber für bestimmte Fälle die Geltung der Untersuchungsmaxime angeordnet. In deren Anwendungsbereich kann das Gericht Tatsachen von Amts wegen berücksichtigen und Beweise ohne vorherigen Beweisantritt einer Partei erheben.[427] Eine Bindung an das parteili-

---

422 *Lüke*, Zivilprozessrecht, § 2 Rn. 23; *Zeiss/Schreiber*, Zivilprozessrecht, § 27 Rn. 203; *Jauernig/Hess*, Zivilprozessrecht, § 26 Rn. 9; *Zettel*, Beibringungsgrundsatz, S. 119.

423 Vgl. dazu *Gomille*, Informationsproblem und Wahrheitspflicht, S. 25 f.; *Jauernig/Hess*, Zivilprozessrecht, § 26 Rn. 7; *Becker-Eberhard*, in: Zivilprozessrecht im Lichte der Maximen, S. 15, 26; *Schönfeld*, Verhandlungsmaxime, S. 57; MüKo/*Fritsche*, ZPO Band 1, § 138 Rn. 15.

424 *Grunsky*, Grundlagen des Verfahrensrechts, § 19 V S. 156; siehe umfassend zur Frage des Prozessbetrugs *Gomille*, Informationsproblem und Wahrheitspflicht, S. 372ff.

425 Wieczorek/Schütze/*Prütting*, ZPO Band 1/1, Einleitung Rn. 92; MüKo/*Rauscher*, ZPO Band 1, Einleitung Rn. 341.

426 *Schilken*, Zivilprozessrecht, § 8 Rn. 360; vgl. auch MüKo/*Rauscher*, ZPO Band 1, Einleitung Rn. 342.

427 *Grunsky*, Grundlagen des Verfahrensrechts, § 19 II S. 146; *Schilken*, Zivilprozessrecht, § 8 Rn. 352; Wieczorek/Schütze/*Prütting*, ZPO Band 1/1, Einleitung Rn. 88.

che Vorbringen und Beweisanträge besteht daher nicht. Die ZPO schrieb für Verfahren in Ehe- und Abstammungssachen sowie für das Aufgebotsverfahren lange Zeit den Untersuchungsgrundsatz vor. Durch das Gesetz zur Reform des Verfahrens in Familiensachen und in den Angelegenheiten der freiwilligen Gerichtsbarkeit[428] wurden diese speziellen Verfahren jedoch der ZPO zum 1. September 2009 entzogen und finden sich seitdem im FamFG wieder, sodass der Untersuchungsgrundsatz in ZPO-Verfahren keinen Anwendungsbereich mehr hat.[429] Dagegen sind die Verfahren des FamFG von dieser Maxime geprägt.[430] Uneingeschränkt gilt der Untersuchungsgrundsatz zunächst für Ehesachen bei Feststellungsklagen, § 127 Abs. 1 FamFG, und das Aufgebotsverfahren, §§ 26, 433 ff. FamFG. In den Fällen des § 127 Abs. 2 FamFG gilt der Grundsatz dagegen nur eingeschränkt, und zwar nur für ehefreundliche Tatsachen. Auch im Rahmen der Vaterschaftsanfechtung kommt es zur eingeschränkten Anwendung allein bei Tatsachen, die zugunsten der Vaterschaft sprechen, vgl. § 177 Abs. 1 FamFG.

Ihre Rechtfertigung erfahren die aufgeführten Ausnahmen vom Beibringungsgrundsatz dadurch, dass in den genannten Verfahren öffentliche Interessen mitberührt sind[431] und die Parteien regelmäßig nicht uneingeschränkt über das streitige Rechtsverhältnis verfügen können.[432] Wenn der Allgemeinheit ein einzelfallbezogenes Interesse am Ablauf und Ausgang des Verfahrens zugeschrieben werden kann, so ist es nur folgerichtig, die Sammlung des Tatsachenstoffes nicht allein den Parteien aufzuerlegen. Zur Wahrung der öffentlichen Interessen obliegt es daher dem Gericht, die relevanten Tatsachen von Amts wegen zu ermitteln.[433] Dennoch darf an dieser Stelle nicht verkannt werden, dass den Parteien trotz der Amtsermittlung eine tragende Rolle verbleibt. In der Regel ist der Richter auf die Mitwirkung der Beteiligten angewiesen. Sie sind es, die den streitigen Sachverhalt am besten kennen, und können daher durch ihre Angaben

---

428 BGBl. 2008 I, Nr. 61, S. 2586ff.

429 MüKo/*Rauscher*, ZPO Band 1, Einleitung Rn. 349.

430 Stein/Jonas/*Kern*, ZPO Band 2, vor § 128 Rn. 209 f.; MüKo/*Rauscher*, ZPO Band 1, Einleitung Rn. 349.

431 *Schilken*, Zivilprozessrecht, § 8 Rn. 352; *Zeiss/Schreiber*, Zivilprozessrecht, § 27 Rn. 179; *Schreiber*, JURA 1989, 86, 87; *Möller*, JA 2010, 47, 50; *Zettel*, Beibringungsgrundsatz, S. 43.

432 *Grunsky*, Grundlagen des Verfahrensrechts, § 18 III S. 140 f., § 19 III S. 149; *Becker-Eberhard*, in: Zivilprozessrecht im Lichte der Maximen, S. 15, 31 f.

433 *Becker-Eberhard*, in: Zivilprozessrecht im Lichte der Maximen, S. 15, 31.

aufzeigen, inwieweit es einer weiteren Aufklärung bedarf. Insoweit ist von einer parteilichen Mitwirkungs- und Förderungspflicht zu sprechen.[434]

e) Prüfung von Amts wegen

Des Weiteren sieht die ZPO eine Reihe von Normen vor, die das Gericht dazu verpflichten, bestimmte Tatsachen von Amts wegen zu berücksichtigen. Dabei geht es stets um solche Tatsachen, die in Verbindung mit der Zulässigkeit einer Klage[435] oder Rechtsbehelfen[436] stehen. Über die gesetzlich geregelten Fälle hinaus gilt die Prüfung von Amts wegen ferner für alle Sachurteilsvoraussetzungen und Zulässigkeitsbedingungen von Rechtsbehelfen.[437]

Voraussetzung ist indes, dass die in Rede stehende Tatsache von einer Partei vorgebracht wurde, zu einer Ermittlung auf eigene Initiative hin ist das Gericht nicht berechtigt.[438] Vielmehr hat es nur auf seine Bedenken hinzuweisen, die in Bezug auf die Zulässigkeitsvoraussetzungen bestehen. An dieser Stelle verwirklicht sich somit der Beibringungsgrundsatz. Jedoch fehlt es den Parteien an der Möglichkeit, die Beweisbedürftigkeit der Tatsachen zu steuern, ein Nichtbestreiten oder Geständnis bindet das Gericht grundsätzlich nicht.[439] Anders zu entscheiden ist nur dann, wenn die Zulässigkeitsvoraussetzungen der parteilichen Disposition unterliegen, wie es beispielsweise in Bezug auf die sachliche und örtliche Zuständigkeit bei §§ 38 ff. ZPO der Fall ist.[440] Das Verhalten der Beteiligten ist ansonsten für die Überprüfung der Prozessvoraussetzungen sowohl in tatsächlicher als auch rechtlicher Sicht irrelevant.[441] Die Prüfung von Amts wegen steht daher systematisch zwischen Beibringungsgrundsatz und Untersuchungs-

---

434 *Grunsky*, Grundlagen des Verfahrensrechts, § 19 III S. 147; MüKo/*Rauscher*, ZPO Band 1, Einleitung Rn. 347; *Lüke*, Zivilprozessrecht, § 2 Rn. 24.

435 Siehe dazu §§ 56, 589 ZPO.

436 Siehe beispielsweise §§ 341 Abs. 1, 522 Abs. 1, 552, 577 Abs. 1, 589 Abs. 1 ZPO.

437 MüKo/*Rauscher*, ZPO Band 1, Einleitung Rn. 354; *Schreiber*, JURA 1989, 86, 88.

438 *Lüke*, Zivilprozessrecht, § 2 Rn. 20; MüKo/*Rauscher*, ZPO Band 1, Einleitung Rn. 351; *Schreiber*, JURA 1989, 86, 88; *Grunsky*, Grundlagen des Verfahrensrechts, § 22 I S. 174.

439 *Lüke*, Zivilprozessrecht, § 2 Rn. 20; MüKo/*Rauscher*, ZPO Band 1, Einleitung Rn. 352; Stein/Jonas/*Kern*, ZPO Band 2, vor § 128 Rn. 205; *Schilken*, Zivilprozessrecht, § 8 Rn. 351.

440 Einzelheiten bei: Stein/Jonas/*Kern*, ZPO Band 2, vor § 128 Rn. 205 f.; *Zeiss/Schreiber*, Zivilprozessrecht, § 27 Rn. 180.

441 *Lüke*, JuS 1961, 41, 44; *Möller*, JA 2010, 47, 50.

grundsatz[442], da es in den genannten Fällen allein zu einer Amtsprüfung, nicht dagegen zu einer Amtsermittlung kommt.[443] Diese Regelungen finden ihre Rechtfertigung ebenfalls darin, dass die Bejahung der Zulässigkeitsvoraussetzungen auch im Interesse der Öffentlichkeit erfolgt, sodass den Parteien insoweit in der Regel die Disposition entzogen ist.[444] Dann aber erscheint es gerechtfertigt, die parteiliche Herrschaft im Rahmen der Beweisbedürftigkeit einzuschränken.

f) Zwischenfazit

Die vorhergehende Untersuchung hat gezeigt, dass das zivilprozessuale Verfahren maßgeblich vom Beibringungsgrundsatz beherrscht wird. Nichtsdestotrotz wird die grundsätzliche parteiliche Disposition über den Tatsachenstoff an verschiedenen Stellen eingeschränkt oder beseitigt. Das ist vornehmlich dann der Fall, wenn öffentliche Interessen in Rede stehen. Diese führen dazu, dass parteiliche Dispositionsmöglichkeiten zurücktreten müssen. In Hinblick auf das primäre Untersuchungsziel der Arbeit muss daher im weiteren Verlauf berücksichtigt werden, dass öffentliche Interessen einer uneingeschränkten Disposition der Parteien entgegenstehen können. In Hinblick auf die Frage, ob die Gerichtsöffentlichkeit vollständig der Parteidisposition unterliegen kann, sind daher etwaige Allgemeininteressen an einer prinzipiell umfassenden Öffentlichkeit entsprechend zu würdigen.

III. Gerichtsstandsvereinbarungen

Einer genaueren Auseinandersetzung bedarf es weiterhin mit der Möglichkeit der Parteien, Gerichtsstandsvereinbarungen abzuschließen. Dabei handelt es sich um eine vertragliche Vereinbarung zwischen den Beteiligten mit dem Ziel, für Streitigkeiten, die zwischen ihnen aus einem konkreten Rechtsverhältnis herrühren, die Zuständigkeit oder Unzuständigkeit eines

---

442 *Lüke*, Zivilprozessrecht, § 2 Rn. 20; *Lüke*, JuS 1961, 41, 44; *Schreiber*, JURA 1989, 86, 88; MüKo/*Rauscher*, ZPO Band 1, Einleitung Rn. 351.

443 BGH, NJW 1976, 149; *Möller*, JA 2010, 47, 50; Saenger/*Bendtsen*, § 56 Rn. 2; Stein/Jonas/*Kern*, ZPO Band 2, vor § 128 Rn. 198 m.w.N.

444 *Lüke*, Zivilprozessrecht, § 2 Rn. 20; *Schilken*, Zivilprozessrecht, § 8 Rn. 351; *Grunsky*, Grundlagen des Verfahrensrechts, § 22 I S. 172 f.

Gerichts zu bestimmen.[445] Gerichtsstandsvereinbarungen sind nach überwiegender Auffassung als Prozessverträge zu qualifizieren, sodass sich ihre
Zulässigkeit und Wirkung nach Prozessrecht beurteilen, während für ihr
Zustandekommen die bürgerlich-rechtlichen Vorschriften maßgeblich
sind.[446] Die Tatsache, dass die deutsche Zivilprozessordnung in ihren
§§ 38-40 explizite Regelungen für solche Vereinbarungen bereithält, rechtfertigt es an dieser Stelle, diese Art des Prozessvertrages gesondert zu untersuchen. Entgegen dem Wortlaut von § 38 Abs. 1 ZPO sind die Normen dabei sowohl für die Wahl eines an sich unzuständigen Gerichts (Prorogation) als auch die Abwahl eines an sich zuständigen Gerichts (Derogation)
anzuwenden.[447]

1. Überblick über die historische Entwicklung der Gerichtsstandsvereinbarung

Der Regelungskomplex über Gerichtsstandsvereinbarungen hat in der
deutschen Zivilprozessordnung über die Jahrzehnte eine Wandlung erfahren, sodass sich ein kurzer Blick auf die neuere historische Entwicklung[448]
lohnt. Die §§ 38-40 ZPO wurden durch das am 1. April 1974 in Kraft getretene Gesetz zur Änderung der Zivilprozeßordnung, auch als Gerichtsstandsnovelle bekannt[449], wesentlich umstrukturiert. Bis zu diesem Zeitpunkt unterlagen die Gerichtsstandsvereinbarungen weitestgehend dem
Grundsatz der Privatautonomie mit der Folge, dass den Parteien über die
Wahl des Gerichtsstandes eine nahezu umfassende Dispositionsmöglichkeit zukam.[450] Die alte Fassung der §§ 38 ff. ZPO führte im Grundsatz da-

---

445 *Keller*, JURA 2008, 523.
446 BGHZ 59, 23, 26 f.; *Rosenberg/Schwab/Gottwald*, Zivilprozessrecht, § 37 Rn. 2;
  Musielak/Voit, Grundkurs ZPO, § 2 Rn. 102; *Schiedermair*, Vereinbarungen im
  Zivilprozeß, S. 40; *Schilken*, in: FS Musielak, S. 435; Stein/Jonas/*Bork*, ZPO Band
  1, § 38 Rn. 50 f. m.w.N. in Fußnote 124; vgl. zu den weiteren Theorien: *Seegers*,
  Das neue Recht der Gerichtsstandsvereinbarung, S. 43ff.; *Vervessos*, Begründung
  der gerichtlichen Zuständigkeit, S. 22ff.
447 BGH, NJW 1986, 1438, 1439; Pfeiffer/*Pfeiffer*, Handbuch der Handelsgeschäfte,
  § 22 Rn. 34; MüKo/*Patzina*, ZPO Band 1, § 38 Rn. 2; *Schilken*, in: FS Musielak,
  S. 435, 439 f.
448 Ein geschichtlicher Überblick ab dem römischen Recht findet sich bei *Vervessos*,
  Begründung der gerichtlichen Zuständigkeit, S. 13ff.
449 Siehe BGBl. 1974 I, Nr. 28, S. 753ff.
450 *Seegers*, Das neue Recht der Gerichtsstandsvereinbarung, S. 1, 22; *Löwe*, ZRP
  1970, 97; *Wacke*, ZRP 1970, 244.

zu, dass die Parteien den Gerichtsstand in den Grenzen des § 40 a.F. ZPO überwiegend nach eigenen Zweckmäßigkeitsgesichtspunkten wählen konnten.[451] Sinn und Zweck dieser parteifreundlichen Ausgestaltung war es, Interessen der Rechtspflege zu wahren. Zwar war es den Parteien nicht erlaubt, den Rechtsstreit durch eine Vereinbarung dem Gericht zuzuführen, welches am besten und effizientesten über ihn entscheiden konnte. In den Fällen, in denen nur Parteiinteressen betroffen waren, konnte die ZPO indes abweichende Gestaltungsmöglichkeiten zulassen. Denn dann standen gewichtigere öffentliche Interessen, welche auch durch die Regelung des § 40 a.F. und n.F. ZPO verfolgt wurden, gerade nicht entgegen.[452] Insbesondere die Anordnung der Unzulässigkeit einer Vereinbarung bei Bestehen eines ausschließlichen Gerichtsstandes spiegelt das öffentliche Interesse treffend wider: Wegen der größeren Sachnähe oder aufgrund anderer Erwägungen ist das als ausschließlich bestimmte Gericht regelmäßig am besten dazu geeignet, eine gerechte Entscheidung zu treffen. Dieses öffentliche Interesse an einer solchen Entscheidung muss dann aber auch den parteilichen Privatinteressen vorgehen.[453]

Durch die Gerichtsstandsnovelle wollte man dagegen die Schutzbedürftigkeit der sozial Schwächeren betonen.[454] Ein Abweichen vom gesetzlichen Gerichtsstand zu deren Nachteil sollte grundsätzlich nicht mehr in Betracht kommen. Deutlich wird dies am neuen Regelungssystem der §§ 38 ff. ZPO, das ein prinzipielles Prorogationsverbot mit Ausnahmen vorsieht.[455]

Bestand also ursprünglich eine weitgehende parteiliche Freiheit in Hinblick auf den Abschluss von Gerichtsstandsvereinbarungen, so führte die Novelle von 1974 dazu, dass die Dispositionsmöglichkeiten erheblich eingeschränkt wurden.

---

451 *Seegers*, Das neue Recht der Gerichtsstandsvereinbarung, S. 5.

452 Stein/Jonas/*Pohle*, ZPO Band 1, 19. Auflage (Altauflage), § 38 S. 275; *Seegers*, Das neue Recht der Gerichtsstandsvereinbarung, S. 5, 22.

453 *Seegers*, Das neue Recht der Gerichtsstandsvereinbarung, S. 1; *Coester-Waltjen*, JURA 2010, 821, 822.

454 *Seegers*, Das neue Recht der Gerichtsstandsvereinbarung, S. 1; *Löwe*, NJW 1974, 473, 474; MüKo/*Patzina*, ZPO Band 1, § 38 Rn. 1; *Boccafoschi*, Zuständigkeits- und Gerichtsstandsvereinbarungen, S. 5.

455 *Huber*, JuS 2012, 974; *Löwe*, NJW 1974, 473, 474; *Keller*, JURA 2008, 523, 524.

2. Heutige prozessuale Zulässigkeit von Gerichtsstandsvereinbarungen

Einen ersten Prorogationsgrund sieht § 38 ZPO durch die Parteivereinbarung vor. Damit eine solche Vereinbarung möglich und wirksam ist, darf zunächst kein Unwirksamkeitsgrund nach § 40 ZPO vorliegen. Voraussetzung ist demnach, dass sich die Abrede auf ein bestimmtes Rechtsverhältnis bezieht, § 40 Abs. 1 ZPO. Das ist im Regelfall nur dann zu verneinen, wenn die Gerichtsstandsvereinbarung unabhängig vom konkreten Vertrag alle zwischen den Parteien auftretenden Streitigkeiten mitumfassen soll.[456] Ferner dürfen weder nichtvermögensrechtliche Ansprüche nach § 40 Abs. 2 S. 1 Nr. 1 ZPO noch ein ausschließlicher Gerichtsstand nach Nr. 2 in Rede stehen. Ist keiner der genannten Unwirksamkeitsgründe gegeben, kommt es auf das Vorliegen einer der Fallgruppen des § 38 ZPO an.[457]

Die Vereinbarung kann dabei sowohl die sachliche, örtliche als auch internationale Zuständigkeit betreffen.[458] Dagegen sind die funktionelle[459] und die instanzielle[460] Zuständigkeit sowie der Rechtsweg[461] mit Ausnahme der Regelung in § 2 Abs. 4 ArbGG einer Prorogation nicht zugänglich. Auch ist es nicht möglich, die Zuständigkeit spezieller Richter oder Gerichtsabteilungen zu begründen.[462] Dieser grundsätzliche Ausschluss einer Gerichtsstandsvereinbarung wurzelt erneut im Vorrang öffentlicher Interessen und geht auf den verfassungsrechtlichen Grundsatz des gesetzlichen Richters, Art. 101 Abs. 1 S. 2 GG, zurück[463]: So wäre sowohl die gewohnte Prozessgestaltung als auch die Qualität der Urteile gefährdet, würde man

---

456 *Keller*, JURA 2008, 523, 524; *Vervessos*, Begründung der gerichtlichen Zuständigkeit, S. 28.

457 Einzelheiten zu den Fallgruppen bei *Huber*, JuS 2012, 974, 975; *Löwe*, NJW 1974, 473, 474ff.; *Seegers*, Das neue Recht der Gerichtsstandsvereinbarung, S. 31ff.; zur Prorogation des Kaufmannes: *Pfeiffer*, JA 2005, 369.

458 *Keller*, JURA 2008, 523, 525; Zöller/*Schultzky*, ZPO, § 38 Rn. 3; Stein/Jonas/*Bork*, ZPO Band 1, § 38 Rn. 1.

459 Zöller/*Schultzky*, ZPO, § 38 Rn. 3; MüKo/*Patzina*, ZPO Band 1, § 38 Rn. 10; Stein/Jonas/*Bork*, ZPO Band 1, § 38 Rn. 1; *Seegers*, Das neue Recht der Gerichtsstandsvereinbarung, S. 20.

460 MüKo/*Patzina*, ZPO Band 1, § 38 Rn. 10; Stein/Jonas/*Bork*, ZPO Band 1, § 38 Rn. 1.

461 BGH, NJW 1997, 328; Stein/Jonas/*Bork*, ZPO Band 1, § 38 Rn. 2; Zöller/*Schultzky*, ZPO, § 38 Rn. 3; MüKo/*Patzina*, ZPO Band 1, § 38 Rn. 10; *Seegers*, Das neue Recht der Gerichtsstandsvereinbarung, S. 20.

462 Zöller/*Schultzky*, ZPO, § 38 Rn. 3; Stein/Jonas/*Bork*, ZPO Band 1, § 38 Rn. 2; *Keller*, JURA 2008, 523, 525; *Seegers*, Das neue Recht der Gerichtsstandsvereinbarung, S. 20; *Schilken*, in: FS Musielak, S. 435, 450.

463 Umfassend zum gesetzlichen Richter *Kern*, ZZP 130 (2017), 91ff. und 137ff.

den Rechtsweg oder die funktionelle Zuständigkeit in die Hand der Parteien legen.[464] Hinsichtlich der mangelnden Disposition über die Geschäftsverteilung streitet gegen eine Vereinbarungsmöglichkeit, dass andernfalls die Organisation der Gerichte auch hinsichtlich einer voraussehbaren Arbeitsverteilung beeinträchtigt wäre.[465] Darüber hinaus droht die Gefahr, dass Richter als unbeliebt oder beliebt eingestuft werden könnten, sodass das richterliche Ansehen leidet.[466] Diese öffentlichen Interessen rechtfertigen die mangelnde Befugnis der Parteien, eine Gerichtsstandsvereinbarung auf die genannten Punkte auszudehnen.

Das Gericht, dessen Zuständigkeit von den Parteien übereinstimmend wirksam bestimmt wurde, wird infolge der Gerichtsstandsvereinbarung für alle Ansprüche, die von der Vereinbarung umfasst sind, unmittelbar zuständig.[467] Es muss die Verhandlung und Entscheidung des Rechtsstreits übernehmen, eine Ablehnung ist insoweit nicht möglich.[468] Ein derogiertes Gericht verliert hingegen seine Zuständigkeit. Die Frage nach der Wirksamkeit der Prorogation bzw. Derogation ist dabei von Amts wegen zu prüfen.[469]

3. Rügeloses Einlassen, § 39 ZPO

Ein weiterer Prorogationsgrund verwirklicht sich in der rügelosen Verhandlung des Beklagten, § 39 ZPO. Die Gerichtszuständigkeit kann sich hier auch daraus ergeben, dass der Beklagte mündlich zur Hauptsache verhandelt, ohne zuvor die gerichtliche Unzuständigkeit geltend zu machen, § 39 S. 1 ZPO. Im Gegensatz zum früheren Recht wird durch § 39 ZPO keine Gerichtsstandsvereinbarung mehr fingiert, es handelt sich vielmehr

---

464 *Seegers*, Das neue Recht der Gerichtsstandsvereinbarung, S. 21.
465 *Seegers*, Das neue Recht der Gerichtsstandsvereinbarung, S. 21; *Kern*, ZZP 130 (2017), 91, 99 und ZZP 130 (2017), 137, 169 f.; zu den Folgen von Verstößen gegen die Geschäftsverteilung und zur Einordnung der Regeln über den gesetzlichen Richter als unverzichtbare Verfahrensvorschriften im Sinne des § 295 Abs. 2 ZPO *ders.*, ZZP 130 (2017), 91, 101.
466 *Schlosser*, Einverständliches Parteihandeln im Zivilprozeß, S. 27; *Kern*, ZZP 130 (2017), 137, 154ff. weist auf die Bedeutung der konkreten Richterpersönlichkeit für den Verfahrensablauf und das Verfahrensergebnis hin.
467 *Keller*, JURA 2008, 523, 527; *Rosenberg/Schwab/Gottwald*, Zivilprozessrecht, § 37 Rn. 22; *Vervessos*, Begründung der gerichtlichen Zuständigkeit, S. 28 f.
468 *Huber*, JuS 2012, 974; Pfeiffer/*Pfeiffer*, Handbuch der Handelsgeschäfte, § 22 Rn. 73; *Rosenberg/Schwab/Gottwald*, Zivilprozessrecht, § 37 Rn. 22.
469 *Keller*, JURA 2008, 523, 527; *Pfeiffer*, JA 2005, 369, 371.

um eine eigene Zuständigkeitsbegründung.[470] Die Grenzen des § 40 Abs. 2 ZPO sind, wie Satz 2 ausdrücklich klarstellt, zu beachten. Voraussetzung für das Vorliegen des rügelosen Einlassens ist es, dass der Beklagte zur Hauptsache verhandelt. Dazu muss er ein Verhalten an den Tag legen, aus dem sich ergibt, dass er die Klageabweisung nicht bloß als unzulässig, sondern als unbegründet anstrebt.[471] Anträge und Erklärungen müssen sich demnach auf die Streitsache selbst beziehen.[472] Findet der Prozess vor dem Amtsgericht statt, so gilt gemäß § 504 ZPO einschränkend, dass das Gericht auf seine Unzuständigkeit und die Folgen einer rügelosen Einlassung hinweisen muss, damit die Wirkungen des Prorogationsgrundes eintreten.

4. Zwischenfazit

Auch im Rahmen der Zuständigkeitsvereinbarungen besteht die parteiliche Dispositionsmöglichkeit nicht unbegrenzt. Hier sind vor allem die Schranken des § 40 ZPO zu beachten, die öffentlichen Interessen den Vorrang einräumen. Die mangelnde Möglichkeit, über die sachliche, örtliche und internationale Zuständigkeit hinaus eine Vereinbarung zu treffen, ist ebenfalls Ausdruck dessen, dass im Einzelfall vorrangige staatliche bzw. öffentliche Interessen existieren. Dies führt dazu, dass die Parteiinteressen eingeschränkt werden müssen. Die vorangestellte Untersuchung zeigt demzufolge eine Tendenz dahingehend, dass die deutsche Zivilprozessordnung den Parteien zwar grundsätzlich eine weitreichende Dispositionsmöglichkeit an die Hand geben möchte, in Einzelfällen aber dann einschränkend eingreift, sofern übergeordnete öffentliche Interessen mitberührt werden.

IV. Schiedsvereinbarungen

Weitreichende parteiliche Dispositionsmöglichkeiten verwirklichen sich auch in den Vorschriften über das schiedsgerichtliche Verfahren, welche

---

470 *Löwe*, NJW 1974, 473, 476; *Seegers*, Das neue Recht der Gerichtsstandsvereinbarung, S. 38; Stein/Jonas/*Bork*, ZPO Band 1, § 39 Rn. 1.

471 *Huber*, JuS 2002, 974, 975; *Coester-Waltjen*, JURA 2010, 821, 824; Stein/Jonas/*Bork*, ZPO Band 1, § 39 Rn. 7.

472 *Musielak/Voit*, Grundkurs ZPO, § 2 Rn. 104; *Rosenberg/Schwab/Gottwald*, Zivilprozessrecht, § 37 Rn. 26; MüKo/*Patzina*, ZPO Band 1, § 39 Rn. 6.

sich im 10. Buch der Zivilprozessordnung wiederfinden. Durch eine Schiedsvereinbarung steht es den Parteien offen, den staatlichen Gerichten die Entscheidung über den Rechtsstreit zu entziehen und ihn stattdessen einem Schiedsgericht zu übertragen.[473] Die Abkehr von den staatlichen Gerichten hin zur Schiedsgerichtsbarkeit hat grundsätzlich nicht zur Folge, dass das Rechtsschutzniveau eine Abwertung erfährt.[474] Stattdessen führt die Verlagerung des Rechtsstreits vor die Privatgerichte dazu, dass die Privatautonomie der (Schieds-)Parteien in besonderem Maße betont wird, denn in dieser wurzelt die Schiedsgerichtsbarkeit.[475]

Sowohl der Schiedsvereinbarung als solcher als auch dem sich daran anschließenden Verfahrensablauf lassen sich dabei die privatautonomen Prägungen entnehmen. Voraussetzung eines Schiedsverfahrens ist zunächst eine wirksame Vereinbarung der Parteien, § 1029 Abs. 1 ZPO. Nach überwiegender[476] Auffassung handelt es sich auch bei der Schiedsvereinbarung um einen Prozessvertrag, da sich ihre Hauptwirkungen auf prozessualem Gebiet entfalten.[477] Daher ist hinsichtlich Zulässigkeit, Abschluss und Wirkungen primär auf die Regelungen des Prozessrechts zurückzugreifen, hilfsweise gelten auch hier die Normen des materiellen Rechts.

Auch der Verfahrensablauf wird im Wesentlichen von den Parteien bestimmt.[478] So haben die Beteiligten beispielsweise nicht nur die Auswahl der Schiedsrichter und der Verfahrenssprache in der Hand, sondern auch, wann und wo das Schiedsverfahren abgehalten werden und wie die Be-

---

473 *Lüke*, Zivilprozessrecht, § 50 Rn. 485; *Lachmann*, SchiedsVZ 2009, 9, 13; Beck'sches Rechtsanwalts-Handbuch/*Kreindler/Harms/Rust*, § 7 Rn. 45.

474 *Bechte*, ZJS 2011, 307; *Rosenberg/Schwab/Gottwald*, Zivilprozessrecht, § 175 Rn. 22; *Raeschke-Kessler/Berger*, Recht und Praxis des Schiedsverfahrens, Kapitel 1, Rn. 1.

475 *Bechte*, ZJS 2011, 307 f.; *Lionnet/Lionnet*, Handbuch Schiedsgerichtsbarkeit, Kapitel 1, S. 54; *Raeschke-Kessler/Berger*, Recht und Praxis des Schiedsverfahrens, Kapitel 1, Rn. 2; Musielak/Voit/*Voit*, § 1029 Rn. 3.

476 Nachweise über den Vertreter pro eines materiell-rechtlichen Vertrages sowie pro eines doppelfunktionalen Vertrages bei *Schütze*, Schiedsgericht, § 5 Rn. 244, Fußnote 3; *Schwab/Walter*, Kapitel 7, Rn. 37, Fußnote 133.

477 BGHZ 99, 143, 147; *Rosenberg/Schwab/Gottwald*, Zivilprozessrecht, § 175 Rn. 7; *Lüke*, Zivilprozessrecht, § 50 Rn. 486; *Schwab/Walter*, Kapitel 7, Rn. 37; *Wagner*, Prozeßverträge, S. 578ff.; BeckOK-ZPO/*Wolf/Eslami*, § 1029 Rn. 5; Saenger/*Saenger*, § 1029 Rn. 1; Stein/Jonas/*Schlosser*, ZPO Band 10, § 1029 Rn. 1 f.

478 *Berger*, SchiedsVZ 2009, 289, 294; *Lionnet/Lionnet*, Handbuch Schiedsgerichtsbarkeit, Kapitel 1, S. 54 f.; *Raeschke-Kessler/Berger*, Recht und Praxis des Schiedsverfahrens, Kapitel 1, Rn. 28.

weiserhebung erfolgen soll.[479] Diese weitreichende Gestaltungsfreiheit ist Ausfluss der Tatsache, dass für die Parteien im Rahmen des schiedsgerichtlichen Verfahrens nur wenige Vorschriften zwingender Natur sind.[480] Zu diesen gehören beispielsweise solche über die Prozessgrundrechte der Parteien, die Zuständigkeit staatlicher Gerichte sowie die Aufhebung eines Schiedsspruches.[481] Schon hieran zeigt sich, dass das Schiedsverfahren noch stärker als das staatliche Gerichtsverfahren vom Parteiwillen dominiert wird.

1. Zulässigkeit von Schiedsvereinbarungen

Trotz der umfassenden parteilichen Gestaltungsmöglichkeiten muss an dieser Stelle auch die Frage aufgeworfen werden, inwieweit eine Schiedsvereinbarung zulässig ist und ob der Gesetzgeber auch hier Grenzen vorsieht, die von den Parteien nicht überschritten werden dürfen.

Ausgangspunkt ist zunächst die gemeinsame Schiedsvereinbarung der Parteien, die sowohl innerhalb eines anderen Vertrages als Klausel als auch selbständig abgeschlossen werden kann, vgl. § 1029 Abs. 1, 2 ZPO. Die Schiedsvereinbarung muss sich dabei auf eine gegenwärtige oder zukünftige Streitigkeit aus einem hinreichend bestimmten Rechtsverhältnis beziehen, das sowohl vertraglicher als auch nichtvertraglicher Art sein kann.[482] Grenzen der parteilichen Gestaltungsfreiheit ergeben sich aus der Schiedsfähigkeit, die sich in eine objektive und eine subjektive Komponente unterteilen lässt.

a) Objektive Schiedsfähigkeit

Die in § 1030 ZPO niedergeschriebene objektive Schiedsfähigkeit setzt fest, welche Streitigkeiten von einer Schiedsabrede umfasst werden können. Unbenommen bleibt es den Parteien zunächst, die Vereinbarung auf ver-

---

479 *Lüke*, Zivilprozessrecht, § 50 Rn. 489; *Raeschke-Kessler/Berger*, Recht und Praxis des Schiedsverfahrens, Kapitel 1, Rn. 30ff.; Beck'sches Rechtsanwalts-Handbuch/ *Kreindler/Harms/Rust*, § 7 Rn. 47.
480 *Berger*, SchiedsVZ 2009, 289, 294; *Bechte*, ZJS 2011, 307; *Raeschke-Kessler/Berger*, Recht und Praxis des Schiedsverfahrens, Kapitel 1, Rn. 28; *Lachmann*, Handbuch Schiedsgerichtspraxis, Kapitel 4, Rn. 213.
481 *Berger*, SchiedsVZ 2009, 289, 294.
482 *Lüke*, Zivilprozessrecht, § 50 Rn. 486; *Schütze*, Schiedsgericht, § 5 Rn. 306.

mögensrechtliche Ansprüche und somit solche zu erstrecken, an deren Geltendmachung ein wirtschaftliches Interesse besteht.[483] Dagegen sind für nichtvermögensrechtliche Ansprüche strengere Grenzen zu beachten. Diese können nur dann Gegenstand einer Schiedsvereinbarung sein, sofern sich die Parteien über den Anspruch auch vergleichen könnten. Daran fehlt es, sofern Rechtsgüter in Rede stehen, die der parteilichen Verfügungsmacht entzogen sind.[484] Betroffen sind vor allem Ehe- und Kindschaftssachen sowie Betreuungsangelegenheiten und der Bereich der freiwilligen Gerichtsbarkeit.[485]

Eine Sonderregelung findet sich ferner in § 1030 Abs. 2 ZPO wieder. Im dort genannten Umfang ist es unzulässig, eine Schiedsvereinbarung auf Rechtsstreitigkeiten über das Bestehen von Wohnraummietverhältnissen im Inland zu erstrecken. In dieser Norm verwirklicht sich die Tendenz, parteiliche Gestaltungsfreiheiten zum Schutze von regelmäßig Schwächeren einzuschränken.

b) Subjektive Schiedsfähigkeit

Unter der subjektiven Schiedsfähigkeit versteht man die Fähigkeit der Parteien, eine Schiedsvereinbarung abschließen zu können. Partei kann dabei jeder sein, der unabhängig von der Qualifizierung als natürliche oder juristische Person prozessfähig ist.[486] Die subjektive Schiedsfähigkeit setzt dem parteilichen Wirken damit regelmäßig nur eine geringe Schwelle, eine solche Vereinbarung abzuschließen.

---

483 *Bechte*, ZJS 2011, 307, 309; *Raeschke-Kessler/Berger*, Recht und Praxis des Schiedsverfahrens, Kapitel 3, Rn. 160.

484 *Bechte*, ZJS 2011, 307, 309; *Raeschke-Kessler/Berger*, Recht und Praxis des Schiedsverfahrens, Kapitel 3, Rn. 209; BeckOK-ZPO/*Wolf/Eslami*, § 1030 Rn. 7; *Lachmann*, Handbuch Schiedsgerichtspraxis, Kapitel 5, Rn. 285.

485 *Schütze*, Schiedsgericht, § 5 Rn. 269; Wieczorek/Schütze/*Schütze*, ZPO Band 11, § 1030 Rn. 7; *Schwab/Walter*, Kapitel 4, Rn. 2; *Rosenberg/Schwab/Gottwald*, Zivilprozessrecht, § 175 Rn. 15; *Raeschke-Kessler/Berger*, Recht und Praxis des Schiedsverfahrens, Kapitel 1, Rn. 8 f. und Kapitel 3, Rn. 209.

486 *Schwab/Walter*, Kapitel 4, Rn. 3; BeckOK-ZPO/*Wolf/Eslami*, § 1029 Rn. 7; Saenger/*Saenger*, § 1029 Rn. 8.

c) Formerfordernisse

Geringe Anforderungen sind weiterhin an die notwendige Form der Schiedsvereinbarung gestellt, vgl. § 1031 ZPO. Danach genügt grundsätzlich die Einhaltung der Schriftform. Strengere Maßstäbe setzt das Gesetz dagegen an, sofern ein Verbraucher beteiligt ist. Die Schiedsvereinbarung erfüllt nur dann die notwendige Form, wenn sie sich in einer gesonderten Urkunde befindet, die die Parteien unterzeichnet haben. Der grundsätzlich schutzbedürftigere Verbraucher wird durch diese Regelung des § 1031 Abs. 5 ZPO davor bewahrt, übereilt eine Schiedsvereinbarung zu übersehen oder sich aufbürden zu lassen.[487] Relativiert wird dieser Schutzmechanismus freilich dadurch, dass bei einer notariellen Beurkundung auch weitere Vereinbarungen in der Urkunde zulässig sind, vgl. Abs. 5 S. 3 HS 2, und dass Abs. 6 einen etwaigen Formmangel bei Einlassung zur Hauptsache als geheilt ansieht.

2. Wirkungen der Schiedsvereinbarung

Eine wirksame Schiedsvereinbarung führt prozessual dazu, dass der betroffenen Partei vor dem staatlichen Gericht eine prozesshindernde Einrede zusteht, auf die sie sich explizit berufen muss.[488] Eine Prüfung von Amts wegen findet nicht statt. Ist die geltend gemachte Einrede berechtigt, führt dies im Umfang der Schiedsvereinbarung zur Abweisung der Klage als unzulässig[489], vgl. § 1032 Abs. 1 ZPO. In Einzelfällen ist eine Berufung auf die Schiedsvereinbarung aus Gründen der Arglist jedoch nicht zulässig.[490]

Darüber hinaus resultiert aus der Vereinbarung die Pflicht der Parteien, beim späteren Schiedsverfahren mitzuwirken und alles zu unterlassen, was zu seiner Gefährdung führen könnte.[491] An den Schiedsvertrag gebunden

---

487 *Rosenberg/Schwab/Gottwald*, Zivilprozessrecht, § 175 Rn. 31; *Schwab/Walter*, Kapitel 5, vor Rn. 1, 19; BeckOK-ZPO/*Wolf/Eslami*, § 1031 Rn. 21.

488 *Lachmann*, Handbuch Schiedsgerichtspraxis, Kapitel 6, Rn. 434; *Schwab/Walter*, Kapitel 7, Rn. 1; Stein/Jonas/*Schlosser*, ZPO Band 10, § 1029 Rn. 51.

489 *Schütze*, Schiedsgericht, § 5 Rn. 319.

490 *Raeschke-Kessler/Berger*, Recht und Praxis des Schiedsverfahrens, Kapitel 4, Rn. 443; *Schütze*, Schiedsgericht, § 5 Rn. 320; *Lachmann*, Handbuch Schiedsgerichtspraxis, Kapitel 6, Rn. 435.

491 *Rosenberg/Schwab/Gottwald*, Zivilprozessrecht, § 175 Rn. 38; *Schütze*, Schiedsgericht, § 5 Rn. 324; MüKo/*Münch*, ZPO Band 3, § 1029 Rn. 117; Stein/Jonas/*Schlosser*, ZPO Band 10, § 1029 Rn. 54.

sind dabei grundsätzlich nur die Parteien selbst sowie diejenigen, die unmittelbar Rechte aus der Vereinbarung ableiten.[492]

3. Zwischenfazit

Die Untersuchung der Abschlussmöglichkeiten einer Schiedsvereinbarung hat zunächst ein bereits zuvor erzieltes Ergebnis nochmals bekräftigt: Fehlt es den Parteien an der Verfügungsmacht über bestimmte Rechtsgüter, kommt es zu einer Einschränkung der Parteidisposition. Das Rechtsstaatsmonopol zur Manifestation öffentlicher Interessen genießt hier den Vorrang. Darüber hinaus lassen sich den vorstehenden Ausführungen aber auch neue Erkenntnisse in Bezug auf die parteilichen Dispositionsmöglichkeiten entnehmen. Schiedsvereinbarungen sind dann an strengere Voraussetzungen geknüpft, sofern der Schutz sozial Schwächerer vom Gesetzgeber intendiert wird. Das zeigt sich sowohl anhand der gesteigerten Formvorschriften für Schiedsvereinbarungen mit einem Verbraucher als auch an der Sonderregelung für Wohnraummietverhältnisse.[493] Es lässt sich daher der Schluss ziehen, dass der Gesetzgeber die Parteidisposition zwar grundsätzlich in weitem Umfang zulässt. Er wird aber dann regulierend tätig, wenn eine als regelmäßig schwächer geltende Partei Gefahr läuft, übereilt zu handeln. In einem solchen Fall erscheint es gerechtfertigt, von den Parteien gewollte prozessuale Folgen an strengere Voraussetzungen zu knüpfen oder ganz auszuschließen.

Bei der Beantwortung der Frage, inwieweit die Parteien über die Gerichtsöffentlichkeit disponieren können, muss daher auch bedacht werden, dass es je nach Parteikonstellation sinnvoll sein kann, zum Schutze des Schwächeren Sonderregelungen bereitzuhalten.

V. Prozessverträge im Übrigen

Um einen umfassenden Eindruck von den Dispositionsmöglichkeiten der Parteien über prozessuale Regelungen zu gewinnen, muss weiterhin der

---

492 Stein/Jonas/*Schlosser*, ZPO Band 10, § 1029 Rn. 70; *Rosenberg/Schwab/Gottwald*, Zivilprozessrecht, § 175 Rn. 40 f.
493 Dass der Staat den sozialen Kompetenzen des Schiedsgerichts bei der Beteiligung schutzwürdiger und somit privilegierter Personen misstraut, stellt auch Wieczorek/Schütze/*Schütze*, ZPO Band 11, § 1030 Rn. 12 fest.

Bereich der Prozessverträge im Übrigen beleuchtet werden. Um das eigentliche Untersuchungsziel nicht aus den Augen zu verlieren, beschränkt sich die Darstellung im Folgenden auf das Wesentliche.[494]

Ein Prozessvertrag liegt vor, wenn die Parteien eines Prozesses eine Vereinbarung über ein verfahrensrechtliches Verhalten treffen, um das gerichtliche Verfahren nach ihren Vorstellungen zu lenken.[495] Da sich die unmittelbaren Hauptwirkungen der Prozessverträge auf prozessualem Gebiet entfalten, ist hinsichtlich ihrer Abschlussvoraussetzungen zunächst auf das Prozessrecht abzustellen, sekundär greifen die Regeln des materiellen Rechts ein.[496] Daraus ergibt sich, dass es für den Vertragsabschluss ausreichend ist, wenn die persönlichen Prozesshandlungsvoraussetzungen bei den Parteien vorliegen.[497] Wird der Vertrag dagegen außerhalb des Prozesses abgeschlossen, so genügt alternativ auch das Vorliegen geringerer bürgerlich-rechtlicher Erfordernisse.[498]

1. Arten prozessualer Wirkungen

Geht es um die prozessuale Wirkung eines Prozessvertrages, muss zwischen einem verfügenden und einem verpflichtenden Vertragscharakter unterschieden werden. Primärer Effekt des Prozessvertrages ist es, dass der im Vertrag vorgesehene prozessuale Erfolg unmittelbar eintritt. Daraus resultiert die Verfügungswirkung des Vertrages.[499] Denkbar sind dabei in Abhängigkeit von der Aufhebung oder Begründung einer Rechtslage sowohl

---

494 Eine umfassende Darstellung über die Thematik der Prozessverträge findet sich bei *Wagner*, Prozeßverträge.

495 Thomas/Putzo/*Reichold*, Einleitung III, Rn. 6, 3; *Schiedermair*, Vereinbarungen im Zivilprozeß, S. 43.

496 *Rosenberg/Schwab/Gottwald*, Zivilprozessrecht, § 66 Rn. 1; *Schiedermair*, Vereinbarungen im Zivilprozeß, S. 167; *Schellhammer*, Zivilprozess, 13. Kapitel, Rn. 1280; Stein/Jonas/*Kern*, ZPO Band 2, vor § 128 Rn. 335.

497 *Rosenberg/Schwab/Gottwald*, Zivilprozessrecht, § 66 Rn. 12; Stein/Jonas/*Kern*, ZPO Band 2, vor § 128 Rn. 341; *Hellwig*, Systematik des zivilprozeßrechtlichen Vertrages, S. 95.

498 Stein/Jonas/*Kern*, ZPO Band 2, vor § 128 Rn. 342; *Teubner/Künzel*, MDR 1988, 720, 722; vgl. auch *Rosenberg/Schwab/Gottwald*, Zivilprozessrecht, § 66 Rn. 13.

499 *Schiedermair*, Vereinbarungen im Zivilprozeß, S. 95; *Hellwig*, Systematik des zivilprozeßrechtlichen Vertrages, S. 60, 74; *Rosenberg/Schwab/Gottwald*, Zivilprozessrecht, § 66 Rn. 2; *Teubner/Künzel*, MDR 1988, 720, 723.

Verträge mit negativer als auch positiver Verfügungswirkung.[500] Die vom Vertrag hervorgerufenen Wirkungen sind dabei grundsätzlich nur auf Einrede der Gegenpartei zu berücksichtigen.[501]

Dagegen wird ein verpflichtender Charakter des prozessrechtlichen Vertrages mehrheitlich mit der Begründung negiert, solche Verpflichtungen seien materiell-rechtlicher Natur.[502] Lediglich den Prozessverträgen mit negativer Verfügungswirkung wird dabei teilweise auch eine verpflichtende Wirkung zuerkannt, die jedoch ohne eigene prozessuale Bedeutung ist und bei einem Pflichtverstoß allenfalls Schadensersatzansprüche begründen kann.[503] Indes ist nicht zu verkennen, dass die angestrebten Wirkungen bei Verpflichtungsverträgen ebenfalls den prozessualen Bereich betreffen sollen und eine mittelbare prozessuale Wirkung zumindest über den Grundsatz von Treu und Glauben erreicht werden kann, sodass es möglich erscheint, auch verpflichtende Verträge als Prozessverträge zu klassifizieren.[504]

2. Zulässigkeit

Eine große Bedeutung kommt der Frage zu, in welchen Grenzen die Parteien Prozessverträge abschließen können. Fest steht zunächst, dass es den Parteien unbenommen ist, einen solchen Vertrag zu schließen, sofern die Zivilprozessordnung explizite Regelungen hierzu bereithält. Das ist jedoch nur vereinzelt der Fall.[505] Differenzierter fällt die Antwort dagegen aus, sofern es um Vereinbarungen geht, die über die gesetzlichen Regelfälle hin-

---

500 *Rosenberg/Schwab/Gottwald*, Zivilprozessrecht, § 66 Rn. 2; *Schiedermair*, Vereinbarungen im Zivilprozeß, S. 95; *Hellwig*, Systematik des zivilprozeßrechtlichen Vertrages, S. 61.

501 BGH, NJW 1984, 805; NJW 1986, 198; *Schellhammer*, Zivilprozess, 13. Kapitel, Rn. 1283; *Rosenberg/Schwab/Gottwald*, Zivilprozessrecht, § 66 Rn. 2.

502 *Schiedermair*, Vereinbarungen im Zivilprozeß, S. 95 f.; *Baumgärtel*, ZZP 87 (1974), 121, 134; *Zöller/Geimer/Greger*, ZPO, vor § 128 Rn. 26 m.w.N.

503 *Wagner*, Prozeßverträge, S. 38; *Rosenberg/Schwab/Gottwald*, Zivilprozessrecht, § 66 Rn. 3.

504 Stein/Jonas/*Kern*, ZPO Band 2, vor § 128 Rn. 337; *Wagner*, Prozeßverträge, S. 17 ff.; vgl. auch *Teubner/Künzel*, MDR 1988, 720, 724; umfassend auch *Hellwig*, Systematik des zivilprozeßrechtlichen Vertrages, S. 74 ff.

505 Neben den bereits behandelten Gerichtsstandsvereinbarungen sowie dem Schiedsvertrag und den Vereinbarungen über das Schiedsverfahren betrifft dies die sofortige Zwangsvollstreckung, die Abkürzung von Fristen sowie Abreden über die Art der Sicherheitsleistung.

ausgehen. Eine umfassende parteiliche Freiheit, Verträge abschließen zu können, basiert auf der Grundannahme allgemeiner Vertragsfreiheit. Eine solche findet sich im materiellen Privatrecht wieder. Auf dem Gebiet des Prozessrechts ist die Vertragsfreiheit jedoch eingeschränkt, da vielfach Vorschriften in Rede stehen, die im öffentlichen Interesse zwingenden Charakter haben und dazu dienen, das Erreichen der Prozesszwecke sicherzustellen.[506] Verträge, die solche Vorschriften abändern oder ausschließen wollen, sind unzulässig, sog. Verbot des Konventionalprozesses.[507] Grund dafür ist die Tatsache, dass das Gericht als staatliche Institution nicht von der Privatautonomie geleitet wird. Stattdessen hat es eine staatliche Aufgabe zu realisieren, an die es gebunden ist und zu deren Erfüllung es einen staatlichen Regelungsmechanismus – verwirklicht im Prozessrecht – geben muss, der nicht in das Belieben der Parteien gestellt werden kann.[508] Dem entspricht es, dass die grundsätzlich zwingenden Regelungen des Prozessrechts dem öffentlichen Recht zuzuschreiben sind.[509] Ist das Prozessrechtsverhältnis daher einmal hergestellt, kann von einer Vermutung für die umfassende Geltung der Vertragsfreiheit nicht mehr gesprochen werden.[510]

Demzufolge kann ein Prozessvertrag nur noch dann zulässig sein, wenn die Abrede sich innerhalb der parteilichen Dispositionsfreiheit bewegt. Ist das der Fall, können die Parteien auch über die gesetzlichen Varianten hinaus Verträge schließen. Um die genannte grundsätzliche Zulässigkeit eines solchen verfügenden Prozessvertrages festzustellen, müssen die betroffenen gesetzlichen Vorschriften ausgelegt werden. Dafür sind die inhaltliche Bedeutung der in Rede stehenden Regel sowie die Folgen im Falle ihrer Abdingbarkeit zu würdigen.[511]

---

506 Hierzu zählen beispielsweise die Beweiswürdigung oder die Zulässigkeitsvoraussetzungen des Verfahrens, teilweise wird auch die Klagbarkeit genannt; siehe dazu Stein/Jonas/*Kern*, ZPO Band 2, vor § 128 Rn. 333; *Teubner/Künzel*, MDR 1988, 720, 721 f.; allgemein zum öffentlichen Interesse und zwingenden Charakter auch *Hellwig*, Systematik des zivilprozeßrechtlichen Vertrages, S. 83 f.

507 *Rosenberg/Schwab/Gottwald*, Zivilprozessrecht, § 66 Rn. 8; *Hellwig*, Systematik des zivilprozeßrechtlichen Vertrages, S. 84; Stein/Jonas/*Kern*, ZPO Band 2, vor § 128 Rn. 330.

508 Stein/Jonas/*Kern*, ZPO Band 2, vor § 128 Rn. 330; *Vervessos*, Begründung der gerichtlichen Zuständigkeit, S. 2.

509 *Teubner/Künzel*, MDR 1988, 720 f.; Stein/Jonas/*Kern*, ZPO Band 2, vor § 128 Rn. 330.

510 Stein/Jonas/*Kern*, ZPO Band 2, vor § 128 Rn. 330.

511 *Teubner/Künzel*, MDR 1988, 720, 721; Stein/Jonas/*Kern*, ZPO Band 2, vor § 128 Rn. 330.

Zulässig sind ferner auch Verträge, die eine Verpflichtung der Parteien zur Vornahme oder zur Unterlassung von Prozesshandlungen vorsehen.[512] Grenzen finden sich hier allein in gesetzlichen Verboten, den guten Sitten sowie den Interessen der Rechtspflege, die nicht der parteilichen Disposition unterfallen.[513]

3. Zwischenfazit

Damit weisen auch die Prozessverträge im Übrigen eine nachvollziehbare Systematik hinsichtlich der Parteidisposition auf: Grundsätzlich steht es den Parteien frei, über die dispositiven Vorschriften Vereinbarungen zu schließen. Ob die Vorschrift dispositiv ist, kann durch Auslegung ermittelt werden. Handelt es sich dagegen um zwingendes Recht, welches primär öffentlichen Interessen dient, besteht eine solche parteiliche Freiheit grundsätzlich nicht. Festgestellt werden konnte ferner, dass es im Zuge der Auslegung auch auf die inhaltliche Bedeutung der abzubedingenden Regelung und die Folgen für den konkreten Prozess ankommt, die sich im Falle des Abbedingens einstellen. Das zeigt, dass einerseits ein Interesse an einem funktionierenden, effektiven Prozess besteht, dessen Vorschriften entsprechend ausgestaltet sein müssen. Andererseits besteht die Möglichkeit, eine Vorschrift in das Belieben der Parteien zu stellen, wenn ihre Abdingbarkeit keine weitreichenden negativen Folgen für das öffentliche und staatliche Interesse hat.

Insgesamt hat die Untersuchung über die Disposition prozessualer Regeln im Allgemeinen gezeigt, dass im Zivilprozessrecht aufgrund des Charakters des Prozesses als öffentliche Einrichtung öffentliche Interessen eine bedeutende Rolle spielen. Konsequenz davon ist es, die Privatautonomie der Parteien auf prozessualem Gebiet zu beschränken. Damit das Zivilprozessrecht seine objektiven Aufgaben erfolgreich wahrnehmen kann, bedarf es in einigen Bereichen verbindlicher Regelungen. Diese können als das unerschütterliche Fundament des Zivilprozesses bezeichnet werden, auf dem die Parteien ihre verbleibende Dispositionsbefugnis realisieren kön-

---

512 *Rosenberg/Schwab/Gottwald*, Zivilprozessrecht, § 66 Rn. 5; *Teubner/Künzel*, MDR 1988, 720, 721; beispielhafter Überblick über zulässige Verpflichtungen bei *Schellhammer*, Zivilprozess, 13. Kapitel, Rn. 1281.
513 BGH, NJW 1986, 198; NJW-RR 2006, 632, 634; Stein/Jonas/*Kern*, ZPO Band 2, vor § 128 Rn. 336; RGZ 102, 217, 221.

nen.[514] Diese Erwägungen sind im Rahmen des § 169 S. 1 GVG zu würdigen.

---

514 *Vervessos*, Begründung der gerichtlichen Zuständigkeit, S. 2.

Zweites Kapitel: Das Bedürfnis nach einer Dispositionsbefugnis der Parteien über die Gerichtsöffentlichkeit

Im ersten Kapitel wurden die Wesenszüge des Öffentlichkeitsgrundsatzes mitsamt seiner inhaltlichen Bedeutung auf nationaler und internationaler Ebene untersucht. Auch hat die Darstellung gezeigt, dass es dem deutschen Gesetzgeber grundsätzlich nicht fremd ist, den Parteien Dispositionsmöglichkeiten im Rahmen eines Zivilverfahrens zu gewähren. Bevor man sich jedoch voreilig mit der Frage beschäftigt, ob und bis zu welchem Punkt eine Disposition über die Öffentlichkeit im Zivilverfahren möglich ist, gilt es, eine Vorfrage zu klären. Die Bejahung einer solchen Dispositionsmöglichkeit scheint zwar auf den ersten Blick eine willkommene Gelegenheit, den Parteien eine weitere Einflussnahme auf die Ausgestaltung des Prozesses zu bieten. Dennoch macht eine derartige parteiliche Gestaltungsmöglichkeit nur dann einen Sinn, wenn aus ihr ein hinreichender Mehrwert resultiert. Käme man zu dem Ergebnis, dass die Öffentlichkeit gerichtlicher Verhandlungen uneingeschränkte Vorteile böte, so würde sich unweigerlich die Frage stellen, was mit der Annahme einer Dispositionsmöglichkeit gewonnen wäre. Die Sinnhaftigkeit einer Verhandlung unter Ausschluss der Öffentlichkeit kann nur dann positiv beschieden werden, wenn sich damit zugleich auch ein positiver Effekt einstellt, der im Rahmen der Beibehaltung öffentlicher Verhandlungen ansonsten nicht erreicht werden könnte.

Das nachfolgende Kapitel beschäftigt sich daher zunächst mit der Frage, inwieweit mit einer uneingeschränkten Gerichtsöffentlichkeit auch Nachteile einhergehen können. Ein besonderes Augenmerk liegt dabei auf der regelmäßig mit gerichtlich ausgetragenen Streitigkeiten verbundenen Notwendigkeit, persönliche Informationen offenzulegen. Hier droht ein Spannungsverhältnis zur öffentlichen Verhandlung. Ferner bietet die Diskussion Anlass dazu, das Verhältnis von staatlicher Gerichtsbarkeit und Schiedsgerichtsbarkeit näher zu beleuchten. Letztere zeichnet sich insbesondere auch durch Nichtöffentlichkeit aus. Steht in solchen Verfahren die Möglichkeit offen, ohne Publikum zu verhandeln, so muss die Überlegung angestellt werden, ob sich aus dieser Gestaltungsmöglichkeit eine Konsequenz für staatliche Gerichtsverfahren ergeben sollte. Hier stehen die Bedeutung und Ausgestaltung beider Gerichtsbarkeiten unter Berücksichtigung eines möglichen Konkurrenzverhältnisses im Zentrum der Untersuchung.

Abschließend konzentriert sich die vorliegende Arbeit auf die für die Gerichtsöffentlichkeit gesetzlich vorgesehenen Ausschlussgründe des GVG. Sofern die Normen des GVG bereits einen detaillierten Regelungsmechanismus bereithalten und stets sicherstellen, dass die Öffentlichkeit in Konfliktsituationen ausgeschlossen werden kann, bräuchte es möglicherweise keine parteiliche Dispositionsmöglichkeit mehr.

A. *Potentielle Nachteile der Gerichtsöffentlichkeit*

Unbestritten hat die Gerichtsöffentlichkeit als Errungenschaft der Aufklärung wesentlich dazu beigetragen, dass der Weg zu einem rechtsstaatlichen Verfahren geebnet wurde. Dies darf aber nicht zur Folge haben, sich auf den geernteten Früchten des erfolgreichen Kampfes für Gerichtsöffentlichkeit auszuruhen. Die Gerichtsöffentlichkeit muss immer wieder neu erkämpft und ausgestaltet werden. Es handelt sich bei ihr nicht um einen fest umrissenen Grundtypus einer Verfahrensgarantie, vielmehr muss sie mit dem Wandel der Zeit gehen und an die veränderten gesellschaftlichen und politischen Wandlungen des täglichen Lebens angepasst werden.[515] Es lässt sich zwar nicht leugnen, dass der Öffentlichkeitsgrundsatz gemäß seinen Zwecken durch die Kontrollfunktion dazu geführt hat, die Rechte des Einzelnen im Verhältnis zur Dritten Gewalt zu stärken, und das Bedürfnis nach einer gerechten und vertrauensstabilisierenden Rechtsprechung zunehmend befriedigt hat. Dennoch tritt er auch regelmäßig in Konkurrenz zu anderen wichtigen Gütern, die der Gerichtsverfassung immanent sind, und zwar beispielsweise dem Erfordernis einer ungestörten Verhandlung oder dem Schutz der Unabhängigkeit der Judikative vor Einflussnahmen auf die Richter und Verfahrensbeteiligten.[516] Auch die zunehmende Bedeutung des Persönlichkeitsrechts der Betroffenen spielt für die moderne Ausgestaltung des Grundsatzes als ein das Verhältnis zwischen Allgemeinheit und Gerichten prägendes Prinzip[517] eine immer größere Rolle.

Dass die genannten Werte in den gerichtlichen Verhandlungen regelmäßig aufeinandertreffen und im Ernstfall für ein Spannungsverhältnis sor-

---

515 *Kissel/Mayer*, § 169 Rn. 12; *Alwart*, JZ 1990, 883.

516 *Schilken*, Gerichtsverfassungsrecht, § 12 Rn. 164; *Kissel/Mayer*, § 169 Rn. 12.

517 *Eslami*, Nichtöffentlichkeit des Schiedsverfahrens, S. 107; *Schilken*, Gerichtsverfassungsrecht, § 12 Rn. 164.

gen können, liegt auf der Hand. Der Öffentlichkeitsgrundsatz kann hier eine Gefahr für die Aufrechterhaltung und Bewahrung anderer wichtiger Prinzipien des Gerichtsverfahrens darstellen. Wird ihm zu hohes Gewicht beigemessen, verliert er seine rechtsstaatliche Komponente, die sich in der angestrebten Verwirklichung materieller Gerechtigkeit offenbart.[518] Nicht umsonst haftet dem Öffentlichkeitsgrundsatz auch die Bezeichnung der „Janusköpfigkeit" an: Einerseits animiert er die Gerichte zu größerer Selbstkontrolle und beugt Manipulationen vor, andererseits kann er zugleich Wurzel unerbetener Schwierigkeiten sein, die das Gerichtsverfahren nachhaltig negativ beeinflussen und das Bestreben nach Gerechtigkeit in Frage stellen.[519]

Daher gilt es nachfolgend, die negativen Auswirkungen der Öffentlichkeit auf das gerichtliche Verfahren kritisch zu beleuchten und zu prüfen, inwieweit diese hinnehmbar sind.

I. Beeinträchtigung eines effizienten Rechtsschutzes und der Wahrheitsfindung

Vertieft werden muss an dieser Stelle zunächst die Beziehung des Öffentlichkeitsgrundsatzes im Hinblick auf das Ziel, materielle Gerechtigkeit herzustellen. Ein jedes Gerichtsverfahren soll nach Möglichkeit die materielle Wahrheit aufdecken. Gelingt dies, können die zur Entscheidung befugten Richter die für den Fall relevanten Rechtsnormen anwenden und so zu einer richtigen Entscheidung gelangen – das Fundament für die Verwirklichung materieller Gerechtigkeit.[520] Nicht umsonst wird das Streben nach Wahrheitsfindung oft als das bedeutendste Ziel eines Gerichtsverfahrens genannt.[521] Bereits im Rahmen der Untersuchung über die Zwecke des Öffentlichkeitsgrundsatzes wurde herausgearbeitet, dass die Förderung der Wahrheitsfindung in heutiger Zeit nur noch als Begleiterscheinung von Bedeutung ist. Die Öffentlichkeit kann demnach zwar im Dienste der Wahrheitserforschung stehen, hat darüber hinaus aber einen eigenständigen Wert, der dazu führt, dass beide Grundsätze auch in Widerstreit gera-

---

518 *Pernice*, Öffentlichkeit und Medienöffentlichkeit, S. 75.
519 *Alwart*, JZ 1990, 883, 884; *Pernice*, Öffentlichkeit und Medienöffentlichkeit, S. 75.
520 *Von Coelln*, Medienöffentlichkeit, S. 212.
521 BGHSt 9, 280, 281 = NJW 1956, 1646, 1647 in Bezug auf strafrechtliche Verfahren; für das Zivilverfahren vgl. *Stürner*, Aufklärungspflicht, S. 35ff. und S. 43ff. und insbesondere S. 48ff.; *von Coelln*, Medienöffentlichkeit, S. 212.

ten können.[522] Anstatt die Wahrheitsfindung zu unterstützen, kann dann umgekehrt eine Beeinträchtigung derselben erfolgen. Ein wahrheitsgemäßes Vorbringen hat sowohl auf Seiten eines Zeugen als auch bei den Parteien bzw. dem Angeklagten das Potential, als Eingeständnis von Schwäche aufgefasst zu werden.[523] Werden dabei Fehler oder Unzulänglichkeiten einer beteiligten Person offenbart, kristallisiert sich das Dilemma einer umfassenden Gerichtsöffentlichkeit heraus: Durch anwesende Zuschauer droht die Gefahr, dass der Betroffene eine Minderung seines Rufes in Kauf nehmen muss oder in Schwierigkeiten beruflicher, wirtschaftlicher oder privater Natur gerät. Dann wird es dem Betroffenen regelmäßig vorzugswürdig erscheinen, die relevanten Informationen allein gegenüber dem Gericht zu erklären.[524] Konsequenz dieses Befundes ist es, dass sich der zur Stellungnahme Aufgeforderte womöglich dazu entscheidet, prekäre Informationen im Gerichtssaal zurückzuhalten, um Schaden von sich abzuwenden. Diese Scheu vor Publikum hat aber nicht nur nachteilige Auswirkungen auf die Wahrheitsfindung[525], sondern schmälert zugleich die Verwirklichung eines effektiven Rechtsschutzes.[526] Vom Extremfall ausgehend kann dies dazu führen, dass die Verfolgung des eigenen Rechts aus Angst vor zu großer Öffentlichkeit gänzlich abgelehnt wird oder es aufgrund falscher Eingeständnisse zu unbefriedigenden Entscheidungen kommt.

Diese Feststellung relativiert sich indes vor folgendem Hintergrund: Eine pauschale Aussage dahingehend, dass die Zuschauer per se die Wahrheitsfindung fördern oder erschweren, verbietet sich. Denn ob der Einzelne seine Bereitschaft zur wahrheitsgemäßen Sachverhaltsaufklärung lieber im privaten Dialog mit dem Richter oder vor breitem Publikum zeigt, hängt regelmäßig von seiner Persönlichkeit ab.[527] Während der eine aufgrund seiner psychischen Struktur lieber unbeobachtet aussagt, präferiert ein anderer die Öffentlichkeit. Ein allgemeiner Grundsatz, welcher die Öffentlichkeit in ihrer Beziehung zur Wahrheitsfindung für jeden Fall be-

---

522 So schon BGHSt 9, 280, 282 = NJW 1956, 1646, 1647.
523 BGHSt 9, 280, 283 = NJW 1956, 1646, 1647; *von Coelln*, Medienöffentlichkeit, S. 214.
524 BGHSt 9, 280, 283 = NJW 1956, 1646, 1647; *Pernice*, Öffentlichkeit und Medienöffentlichkeit, S. 76; vgl. das entsprechende Zitat bei *Kissel/Mayer*, § 169 Rn. 16.
525 *Eslami*, Nichtöffentlichkeit des Schiedsverfahrens, S. 109; *Schilken*, Gerichtsverfassungsrecht, § 12 Rn. 167; *Kissel/Mayer*, § 169 Rn. 16; *Landsberg*, Gutachten der Rheinischen Immediat-Justiz-Kommission, S. 289 (Votum des Justizministers von Kircheisen); *Alber*, Geschichte der Öffentlichkeit, S. 49 f.
526 *Grunsky*, Grundlagen des Verfahrensrechts, § 24 III S. 224.
527 *Pernice*, Öffentlichkeit und Medienöffentlichkeit, S. 76.

schreiben kann, lässt sich folglich nicht aufstellen. Wurde oben bereits die Förderung der Wahrheitsfindung relativiert, so muss dies auch für die Gefahren gelten. Denn in erster Linie ist die Öffentlichkeit ein neutrales Gebilde, das dem Verfahren passiv folgt. Wie sich die Anwesenheit aber auf das Verhalten des Einzelnen auswirkt, lässt sich nur schwer prognostizieren. Hinzu kommt, dass zumindest im Zivilverfahren regelmäßig weniger von Pönalisierungs- und Stigmatisierungseffekten gesprochen werden kann, sodass hier die Gefahren privater und beruflicher Nachteile minimiert werden. Insbesondere der Kläger und der Beklagte werden schon im Eigeninteresse zur wahrheitsgemäßen Sachverhaltsaufklärung beitragen. Für den Kläger ergibt sich das aus der Tatsache, dass er den Prozess selbst angestrengt hat und am Gewinn des Rechtsstreits interessiert ist. Damit einher geht eine bewusste Entscheidung, die Öffentlichkeitswirkungen des Verfahrens in Kauf zu nehmen. Aber auch der Beklagte wird zur Vermeidung eines Nachteils wahrheitsgemäße Schilderungen anstreben. Dass damit eine Einbuße der Wichtigkeit der Wahrheitsfindung einhergeht, ist nicht zu befürchten. Diese stellt keinen absoluten Wert in der Gerichtsverfassung dar. Auch auf anderem Wege bleibt das Gericht hinter der absoluten Aufklärung der Wahrheit zurück – man denke nur an die Institute des Verzichts oder des Anerkenntnisses, die der Parteiherrschaft den Vorrang gewähren.

Insgesamt kann die Zuschauerpräsenz damit in Einzelfällen zu einer Beeinträchtigung der Wahrheitsfindung führen und einen rechtsstaatlichen Verfahrensablauf hemmen. Ein kompletter Verzicht auf Zuschauer, um die Wahrheitsfindung zu sichern, ist aber aufgrund der vielschichtigen Einzelfallfragen eines Verfahrens und der daran Beteiligten nicht geboten und sogar bedenklich, da die Öffentlichkeit mit ihren anderen Zwecken ebenfalls auf die Einhaltung eines rechtsstaatlichen Verfahrens abzielt. Insoweit stellt die Wahrheitsfindung nur einen Teilaspekt dar.

Dieser Befund ist für die Frage einer Dispositionsmöglichkeit an späterer Stelle aufzugreifen. Vorerst bleibt festzuhalten, dass das Gesetz durch den Grundsatz der Gerichtsöffentlichkeit als Normalfall auch die damit verbundenen Gefahren in Kauf nimmt. Eine unbeschränkte und jederzeitige Dispositionsmöglichkeit der Parteien wäre damit in höchstem Maße rechtfertigungsbedürftig.

II. Zuschauerpräsenz als Hemmnis für rechtsstaatliche Verfahrensgarantien

Neben dem Aspekt der Wahrheitsfindung schlägt sich die Präsenz von Zuschauern zugleich auch auf anderer Ebene eines rechtsstaatlichen Verfahrensablaufs nieder. Angesprochen ist insbesondere das zu gewährende rechtliche Gehör und die Garantie eines fairen Verfahrens. Aber auch die Beeinträchtigung richterlicher Unabhängigkeit kann in Rede stehen. In diesem Fall offenbart sich erneut die Janusköpfigkeit der Gerichtsöffentlichkeit, diente sie doch aus historischer Sicht zunächst auch dazu, die richterliche Unabhängigkeit zu etablieren.

1. Beeinflussungsmöglichkeiten und Auswirkungen auf die Offenlegungsbereitschaft

Die drohenden Nachteile des Öffentlichkeitsprinzips werden evident, wenn sich ein breites Publikum im Gerichtssaal versammelt. Grundsätzlich steigt das mit der Öffentlichkeit verbundene Gefahrenpotential mit zunehmender Zuschauerzahl an, da eine Vielzahl an Zuschauern tendenziell schneller zu einer Beeinträchtigung der Rechtspflege führen kann.[528] Damit ist in erster Linie nicht nur die Erhöhung von Nebengeräuschen angesprochen, die sich naturgemäß mit einer größeren Menschenansammlung potenzieren. Jeder einzelne Anwesende trägt auch die Gefahr in die Verhandlung, in unzulässiger Art und Weise auf die Protagonisten des Prozesses einwirken zu können, sodass sich die Zwecke des Öffentlichkeitsgrundsatzes in ihr Gegenteil verkehren.[529] Dabei muss eine solche Beeinflussung nicht zwingend mit aktiven Handlungen der Zuschauer verbunden sein. Zugegebenermaßen wird es die seltene Ausnahme sein, dass sich ein erboster Zuschauer zu Wort meldet, da er riskiert, aus der Verhandlung ausgeschlossen zu werden. Die eigentliche Gefahr der anwesenden Zuschauer liegt vielmehr in ihrer nonverbalen Ausstrahlkraft. Zutreffend wird daher auch darauf hingewiesen, dass einer Vielzahl an Zuschauer das Potential zukommt, „den Verhandlungssaal zum Theater umfunktionie-

---

528 *Köbl*, in: FS Schnorr von Carolsfeld, S. 235, 243; *Simotta*, in: FS Matscher, S. 449, 454; *Franzki*, DRiZ 1979, 82, 83; *Ranft*, JURA 1995, 573, 577 im Kontext einer medialen Berichterstattung; vgl. auch *Alber*, Geschichte der Öffentlichkeit, S. 52 in Bezug auf Lärmquellen.
529 *Simotta*, in: FS Matscher, S. 449, 454; *von Coelln*, Medienöffentlichkeit, S. 214.

ren" zu können.[530] Angesprochen ist damit zum einen der mögliche Profilierungsdrang der am Prozess Beteiligten, sich im rechten Lichte präsentieren und Eindruck bei Unbeteiligten schinden zu wollen. Dies kann soweit ausarten, dass Bemerkungen fallen und Eigenwerbung betrieben wird, die mit der Verhandlungssache als solcher in keinem engen Zusammenhang mehr stehen.[531] Zum anderen kann eine vollbesetzte Zuschauerbank insbesondere bei unerfahrenen und leicht zu beeinflussenden Personen zu negativen Folgen führen. Derjenige, der es nicht gewohnt ist, vor vielen Menschen zu sprechen, tendiert leichter dazu, sich in eine für ihn peinliche, unangenehme Situation zu manövrieren.[532] Dann liegt es auf der Hand, dass es schneller zu Ungenauigkeiten oder Abweichungen bei der Aussage kommen kann, die die Zuschauer verurteilen. Der Betroffene kann hier im Extremfall durch unangenehmes Nachfragen in die Enge getrieben und an den Pranger gestellt werden, sodass ihm ein Verlust seines Ansehens droht. Abträglich ist dieses Resultat dann auch erneut der bereits angesprochenen Wahrheitsfindung.[533] Durch den Einschüchterungseffekt wird der Betroffene den Drang verspüren, möglichst schnell aus dem Zentrum der Aufmerksamkeit zu verschwinden. Hieraus kann eine mangelnde Offenlegungsbereitschaft folgen[534], um sich nicht noch intensiver einer Befragung ausgesetzt zu sehen oder durch weitere Ungenauigkeiten den Unmut aller Beteiligten zu provozieren. Verstärkt wird der negative Effekt zudem dadurch, dass der Prozessverlauf in der heutigen Zeit durch die Medien einer noch größeren Personenzahl bekannt wird, sodass der nachteilig Betroffene im Zweifel weitreichende negative Erfahrungen über den eigentlichen Prozess hinaus zu tragen hat.[535]

Nicht zu leugnen ist, dass sich der Einzelne unter Beobachtung meist anders verhält, als wenn er im privaten Kreis verkehrt. Je zentraler dabei die Rolle im Prozess ist, desto eher führt eine breite Öffentlichkeit dazu,

---

530 *Simotta*, in: FS Matscher, S. 449, 454; siehe dazu auch *Alber*, Geschichte der Öffentlichkeit, S. 53 f.; *Kamptz*, Jahrbücher für die preußische Gesetzgebung, S. 158, beide in Bezug auf das Strafverfahren.

531 *Ranft*, JURA 1995, 573, 576; *Simotta*, in: FS Matscher, S. 449, 454; vgl. *Hillermeier*, DRiZ 1982, 281, 283; *Fasching*, Zivilprozessrecht, 16. Kapitel Rn. 682.

532 *Simotta*, in: FS Matscher, S. 449, 454.

533 *Simotta*, in: FS Matscher, S. 449, 454; *Ranft*, JURA 1995, 573, 576; *Hillermeier*, DRiZ 1982, 281, 283; siehe zum drohenden Schaden insbesondere für Zeugen im Strafprozess schon *Alber*, Geschichte der Öffentlichkeit, S. 51.

534 *Eslami*, Nichtöffentlichkeit des Verfahrens, S. 107.

535 *Arnold*, in: FS Simotta, S. 11, 17; *Simotta*, in: FS Matscher, S. 449, 454; *Schilken*, Gerichtsverfassungsrecht, § 12 Rn. 165; *Ranft*, JURA 1995, 573, 576ff.; *Eslami*, Nichtöffentlichkeit des Verfahrens, S. 108; *Kissel/Mayer*, § 169 Rn. 13.

dass sich das Verhalten ändert.[536] Angesprochen sind dabei neben den unerfahrenen Zeugen besonders auch Anwälte und Richter, die den kritischen Blicken der Öffentlichkeit ausgesetzt sind. Gerade für erstere kann der Prozess auch als Eigenwerbung verstanden werden, denn eine gelungene Prozessgestaltung mit positivem Ausgang bleibt im Gedächtnis und kann neue Mandanten akquirieren.

Letztlich gilt aber auch hier, dass es entscheidend auf die Persönlichkeit des Einzelnen ankommt, inwieweit er sich von einer großen Öffentlichkeit beeinflussen lässt und einem Geltungsdrang verfällt. Die mit der Öffentlichkeit verbundene Kontrollfunktion zielt selbst darauf ab, auf den Prozess und seinen Ablauf Einfluss zu nehmen.[537] Um diese Wirkung wissen die Verfahrensbeteiligten, sodass sich insbesondere die mit der Situation Vertrauten – sprich Richter und Anwälte – den Gegebenheiten anpassen und durch ihre Erfahrung etwaigen Gefahren vorbeugen können.[538] Sofern negative Auswirkungen auf die Parteien oder Zeugen im Zuge ihrer Aussagen offenbar werden, ist es am Vorsitzenden, durch seine Verhandlungsleitung dafür zu sorgen, ein angenehmes Prozessklima zu schaffen. Das schließt mit ein, bei draufgängerischem Befragen Einhalt zu gebieten und dem Aussagenden die Möglichkeit zu geben, sich zu sammeln. Sollten sich Zuschauer in den Vordergrund drängen, müssen diese ermahnt, notfalls auch ausgeschlossen werden. Unter Berücksichtigung dieser Mechanismen kann auch hier die negative Ausstrahlkraft der Öffentlichkeit eingedämmt und ein Schauspiel mit tragischem Ende vermieden werden. Eine Gefahrenerhöhung durch mediale Berichterstattung wird dadurch relativiert, dass die Verfahrensordnung hinreichend Schutz gewährt, so beispielsweise mittels § 169 S. 2 GVG, der eine umfassende Ton- und Bildaufnahme verbietet.[539]

---

536 *Arnold*, in: FS Simotta, S. 11, 17; *Ranft*, JURA 1995, 573, 577 in Bezug auf die mediale Berichterstattung und ihre Folgen. Diese Aussage muss indes auch gelten, wenn nicht bloß „Augen und Ohren unsichtbarer Unbekannter" auf den Betroffenen gerichtet sind, sondern eine Beobachtung durch Anwesende erfolgt.

537 *Arnold*, in: FS Simotta, S. 11, 17; *Ranft*, JURA 1995, 573, 576.

538 *Arnold*, in: FS Simotta, S. 11, 17.

539 *Schilken*, Gerichtsverfassungsrecht, § 12 Rn. 165; *Arnold*, in: FS Simotta, S. 11, 17.

2. Entwertung des rechtlichen Gehörs und des fairen Verfahrens

Die bisher geschilderten Konsequenzen eines großen Publikums, insbesondere für ein ungezwungenes und ausführliches Aussageverhalten der Beteiligten, wirken sich zugleich auch auf die rechtsstaatlichen Garantien des rechtlichen Gehörs und des fairen Verfahrens aus. Führt der Öffentlichkeitsgrundsatz dazu, dass sich der Verfahrensbeteiligte im Sinne einer ordnungsgemäßen Rechtsverfolgung nicht umfassend äußert, ist die Verbürgung des rechtlichen Gehörs aus Art. 103 Abs. 1 GG beeinträchtigt.[540] Diese garantiert als Folgerung aus dem Rechtsstaatsgedanken eine Anhörung der Beteiligten als Voraussetzung richterlicher Entscheidungen und soll gewährleisten, dass über das Recht nicht von Obrigkeit wegen verfügt wird, damit der Einzelne nicht zum bloßen Objekt einer richterlichen Entscheidung wird.[541] Vielmehr muss er selbst zu Wort kommen und das Verfahren lenken können.[542] Die drohende Entwertung kann sich dabei in der unzureichenden Vertretung eines Anliegens realisieren. Namentlich stehen dann eine Beschränkung des Tatsachenvortrages oder der Beweismittel mit der Folge mangelnder Sachverhaltsaufklärung in Rede[543], auch das Absehen von adäquaten Verteidigungsmitteln kann Ausfluss dessen sein.[544]

Hat aber die Präsenz von Zuschauern eine derart negative Beschränkung des Prozessverhaltens zum Resultat, wird gleichfalls das Prinzip eines fairen Verfahrens für den Einzelnen relativiert. Ein solches Verfahren wurzelt ebenfalls im Rechtsstaatsprinzip[545] und wird vom Bundesverfassungsgericht sogar unter Bezugnahme auf Art. 2 Abs. 1 GG als verfassungsbeschwerdefähiges allgemeines Prozessgrundrecht ausgestaltet.[546] Es setzt voraus, dass sämtliche Interessen und Rechte der Beteiligten unter Wahrung ihrer verfassungsrechtlichen Positionen Berücksichtigung finden und jeder die Möglichkeit hat, seine Rechtsposition in angemessenem Umfang dar-

---

540 *Kissel/Mayer*, § 169 Rn. 13; *Schilken*, Gerichtsverfassungsrecht, § 12 Rn. 165; *Eslami*, Nichtöffentlichkeit des Verfahrens, S. 107; Wieczorek/Schütze/*Schreiber*, ZPO Band 13/1, § 169 GVG Rn. 5.
541 Maunz/Dürig/*Remmert*, Art. 103 Abs. 1 GG Rn. 21; BVerfGE 9, 89, 95 = NJW 1959, 427.
542 BVerfGE 9, 89, 95 = NJW 1959, 427.
543 *Schilken*, Gerichtsverfassungsrecht, § 12 Rn. 165.
544 *Von Coelln*, Medienöffentlichkeit, S. 214.
545 BVerfGE 86, 288, 317 = NJW 1992, 2947, 2949; *von Coelln*, Medienöffentlichkeit, S. 212; *Kissel/Mayer*, Einleitung Rn. 221.
546 BVerfGE 57, 250, 274 f.

zulegen.[547] Dies aber erscheint in den genannten Fällen einer die Beteiligten beeinflussenden Gerichtsöffentlichkeit nicht in vollem Umfang gewährleistet zu sein. Hinzu kommt, dass gerade in Fallgestaltungen mit besonderer politischer oder gesellschaftlicher Brisanz das Gebot eines fairen Verfahrens aufgrund von Vorverurteilungen und angespannten Stimmungen in der Gesellschaft Einbußen erleidet.[548] Nicht zuletzt ist die Fairness des Verfahrens betroffen, wenn bestimmte Gruppen zu einem Verhandlungstermin erscheinen, um ihre Solidarität mit den Betroffenen zu bekunden oder Stimmung gegen einzelne Beteiligte zu machen, um als „Ruhestörer" auf die Rechtsfindung Einfluss zu nehmen.[549] Resultat ist dann erneut ein Einschüchterungseffekt mit der Folge mangelnder Aussagebereitschaft und Wahrheitsaufklärung.

Betrifft diese negative Folge nur einen der Verfahrensbeteiligten und erleidet dieser im Verhältnis zu seinem Kontrahenten einen Nachteil, ist auch das Gebot der Waffengleichheit als weiterer Ausfluss des Rechtsstaatsprinzips in Verbindung mit Art. 3 Abs. 1 GG[550] angesprochen. Das Gebot der Waffengleichheit setzt die Wahrung der Chancengleichheit vor Gericht um und erfordert es, dass jedermann dieselben Voraussetzungen in Sachen Zugang und Handlung vor den Gerichten hat.[551] Ist diese Gleichheit gewahrt, realisiert sich im Gebot der Waffengleichheit das Streben nach materieller Gerechtigkeit.[552] Dies aber wird aufgrund oben genannter Gründe durch die Öffentlichkeit in Frage gestellt. Denn obwohl es dem Einzelnen überlassen bleibt, ob und welche prozessualen Aktionen zu ergreifen sind, obliegt es der Obrigkeit doch, eine freie Entscheidung des Einzelnen dahingehend möglich zu machen.[553] Besteht aber die Gefahr, dass im Zuge der Inanspruchnahme staatlicher Gerichte vor einer breiten Öffentlichkeit umfassend unter Offenlegung jeglicher Details über den Sachverhalt pro-

---

547 *Von Coelln*, Medienöffentlichkeit, S. 213; *Kissel/Mayer*, Einleitung Rn. 222.

548 *Kissel/Mayer*, § 169 Rn. 15.

549 *Kissel/Mayer*, § 169 Rn. 15; *Pantazopoulos*, ZZPInt 13 (2008), 319, 325; *Pfeiffer*, DRiZ 1979, 229, 231.

550 BVerfGE 52, 131, 144 = NJW 1979, 1925; BVerfGE 55, 72, 94 = NJW 1981, 271, 273; *von Coelln*, Medienöffentlichkeit, S. 212; *Schilken*, Gerichtsverfassungsrecht, § 9 Rn. 117 m.w.N; umfassend zur Waffengleichheit im Zivilprozess *Schack*, ZZP 129 (2016), 393..

551 *Schack*, ZZP 129 (2016), 393, 403ff.; *Schilken*, Gerichtsverfassungsrecht, § 9 Rn. 117 f.; *von Coelln*, Medienöffentlichkeit, S. 212.

552 *Schilken*, Gerichtsverfassungsrecht, § 9 Rn. 121; *von Coelln*, Medienöffentlichkeit, S. 212.

553 *Von Coelln*, Medienöffentlichkeit, S. 215; vgl. auch *Schack*, ZZP 129 (2016), 393, 400 f.

zessiert werden muss, sieht der Betroffene möglicherweise davon ab, diesen Weg zu beschreiten, sodass das Gebot der Waffengleichheit beschnitten wird.[554]

Mithin zeigt sich, dass das Gebot der Öffentlichkeit dazu führt, dass rechtsstaatliche Gewährleistungen in Einzelfällen in Frage gestellt werden können.

3. Beeinträchtigung der Garantie richterlicher Unabhängigkeit

Zu prüfen bleibt ferner, inwieweit sich die Öffentlichkeit auf die richterliche Unabhängigkeit auswirken kann. Es wurde bereits festgestellt, dass diese heute primär nicht mehr durch den Öffentlichkeitsgrundsatz garantiert wird, sondern durch andere Gewährleistungen wie beispielsweise Art. 97 GG. Ein Spannungsverhältnis zwischen diesen beiden Werten mit der Folge richterlicher Beeinflussung kann nichtsdestotrotz in unterschiedlicher Art und Intensität entstehen[555], zumal Art. 97 GG primär den Schutz vor staatlicher Einflussnahme im Blick hat.

Fallgestaltungen mit besonderer politischer oder gesellschaftlicher Brisanz, bei denen sich Gruppierungen im Gerichtssaal versammeln und Druck ausüben wollen, haben nicht nur Auswirkungen auf die Prozessbeteiligten, sondern gleichermaßen auf die Richter. Diese können während des Verfahrensverlaufs durch Unmutsäußerungen der Anwesenden in jeglicher Form unbewusst zu einer bestimmten Entscheidung gedrängt werden, sodass sich die Öffentlichkeit als „sabotierende" Öffentlichkeit darstellt.[556] Eine andere Gefahr, die der richterlichen Unabhängigkeit und Objektivität droht, haftet der medialen Berichterstattung im Vorfeld kontroverser Prozesse an: Verfahren, die die Gesellschaft bewegen, werden vorab in den Medien seziert, um das Informationsinteresse der Allgemeinheit zu befriedigen. Auch der zur Entscheidung berufene Richter wird sich die-

---

554 *Von Coelln*, Medienöffentlichkeit, S. 215; *Schilken*, Gerichtsverfassungsrecht, § 12 Rn. 165; *Eslami*, Nichtöffentlichkeit des Verfahrens, S. 108.

555 *Wolf*, Gerichtsverfassungsrecht, § 21 S. 211ff.; *Schilken*, Gerichtsverfassungsrecht, § 12 Rn. 166; *Eslami*, Nichtöffentlichkeit des Verfahrens, S. 108 f.; *von Coelln*, Medienöffentlichkeit, S. 208ff.; *Köbl*, in: FS Schnorr von Carolsfeld, S. 235, 243; *Pernice*, Öffentlichkeit und Medienöffentlichkeit, S. 77.

556 *Franzki*, DRiZ 1979, 82, 83 mit vielen plastischen Beispielen der Einwirkungsmöglichkeiten; *Pernice*, Öffentlichkeit und Medienöffentlichkeit, S. 77; *Eslami*, Nichtöffentlichkeit des Verfahrens, S. 108; *von Coelln*, Medienöffentlichkeit, S. 208.

sen Berichterstattungen regelmäßig nicht entziehen können. Zwar ist die Öffentlichkeit nur in Bezug auf eine mündliche Verhandlung garantiert, sodass hier nicht von einer Gefahr des Öffentlichkeitsgrundsatzes im klassischen Sinn gesprochen werden kann. Dennoch wird der Richter die gewonnenen Eindrücke in die Verhandlung hineintragen und sich von der dort bestehenden Öffentlichkeit in seinem ersten Eindruck möglicherweise weiter bestärkt oder unter Druck gesetzt fühlen. Eine unabhängige Entscheidungsfindung ist dann aufgrund einer vorverurteilenden, tendenziösen Berichterstattung in den Medien vielfach erschwert.[557] Es droht die Gefahr einer vorschnellen Würdigung von Zeugenaussagen oder Sachverständigengutachten sowie die Einordung einzelner Prozessbeteiligter in bestimmte Kategorien.[558] Dass dadurch zugleich das allgemeine Meinungsbild der Öffentlichkeit beeinflusst wird, welches sich im Verfahren dann aktiv durch Zuhörer widerspiegeln kann, ist offensichtlich. Dieses Phänomen wird zwar regelmäßig in strafrechtlichen Verfahren zu beobachten sein, in deren Rahmen Vorverurteilungen und Anprangerungen eine nicht zu unterschätzende Gefahr darstellen. Dennoch hat sich auch der Zivilprozess dieser Entwicklung in abgeschwächter Form zu erwehren.[559] Spätestens im Falle von Musterprozessen oder dann, wenn Interessenverbände in den Sachverhalt involviert sind, wird dies hinreichend deutlich.

Der Öffentlichkeitsgrundsatz kann demzufolge negativen Einfluss auf die richterliche Tätigkeit und deren Unabhängigkeit haben. Dennoch verbietet es sich, zur Vermeidung derartiger Einflüsse gänzlich auf den Öffentlichkeitsgrundsatz als Regelprinzip zu verzichten. Denn der Richter entscheidet keine private Angelegenheit, sondern erfüllt durch seine Rechtsprechung eine gesamtgesellschaftliche Funktion, an der die Öffentlichkeit ein Interesse hat.[560] Daraus ergibt sich, dass kritische Äußerungen im Rahmen sozialadäquaten Verhaltens – sei es seitens der Medien oder der Bevöl-

---

557 *Schilken*, Gerichtsverfassungsrecht, § 12 Rn. 166; *Pernice*, Öffentlichkeit und Medienöffentlichkeit, S. 77; *Köbl*, in: FS Schnorr von Carolsfeld, S. 235, 243; *Eslami*, Nichtöffentlichkeit des Verfahrens, S. 109; *von Coelln*, Medienöffentlichkeit, S. 208ff.; *Wolf*, Gerichtsverfassungsrecht, § 21 S. 211.

558 *Pernice*, Öffentlichkeit und Medienöffentlichkeit, S. 77; *Wolf*, Gerichtsverfassungsrecht, § 21 S. 213.

559 *Von Coelln*, Medienöffentlichkeit, S. 208; *Schilken*, Gerichtsverfassungsrecht, § 12 Rn. 166; *Wolf*, Gerichtsverfassungsrecht, § 21 S. 212; *Köbl*, in: FS Schnorr von Carolsfeld, S. 235, 243 sieht hingegen für den Zivilprozess grundsätzlich keine gleichwertigen Gefahren, wie sie im Strafprozess typischerweise auftreten, relativiert ihre Aussage aber auf den S. 248ff.

560 *Wolf*, Gerichtsverfassungsrecht, § 21 S. 211.

kerung – auch unter Berücksichtigung von Art. 5 Abs. 1 GG im Grunde genommen zulässig sind und die richterliche Unabhängigkeit nicht in einem unzulässigen Maß schmälern.[561] Im Gegenteil kann die Kenntnisnahme der Öffentlichkeitsmeinung auch positiv zu bewerten sein. Der Richter hat aufgrund des angesprochenen gesellschaftlichen Auftrages die Pflicht, sich nicht zu isolieren, sondern soll zur Entscheidungsfindung vielmehr die Meinungsströmungen in der Gesellschaft kritisch berücksichtigen und auswerten. Wertvolle Erkenntnisgewinne können die Folge sein.[562] Eine Öffentlichkeit trotz potentieller Beeinflussungsmöglichkeiten hat zudem den Vorteil, dass sich der Richter umfassend zu seiner Entscheidung äußern und so missverständlichen Berichterstattungen vorbeugen kann.[563] Insoweit wäre ein umfassender Ausschluss der Öffentlichkeit nachteilig, da die Medien dennoch aufgrund Hörensagens über kontroverse Prozesse berichten würden. Die Fehleranfälligkeit samt vorurteilsbehafteter Äußerungen läge hier in einem weitaus höheren Bereich.[564]

Des Weiteren wird man im Regelfall davon ausgehen können, dass der Berufsrichter mit zunehmender Berufserfahrung in der Lage ist, die Beeinflussungstendenzen einzuordnen, und weiß, mit ihnen angemessen umzugehen.[565] Nicht zuletzt helfen dabei auch ein Erfahrungsaustausch mit älteren Kollegen oder Fortbildungsprogramme[566], wobei hier die Erfolgsaussichten naturgemäß vom jeweiligen Individuum abhängen. Soweit man davon ausgeht, dass Laienrichter einer Manipulation durch die Öffentlichkeit leichter zugänglich sind[567], kann dem dadurch begegnet werden, dass der Berufsrichter hier unterstützend tätig wird und durch sein Nachfragen

---

561 *Von Coelln*, Medienöffentlichkeit, S. 209 f.; *Geiger*, DRiZ 1979, 81; vgl. *Wolf*, Gerichtsverfassungsrecht, § 21 S. 213.

562 *Wolf*, Gerichtsverfassungsrecht, § 21 S. 212.

563 *Von Coelln*, Medienöffentlichkeit, S. 211.

564 *Von Coelln*, Medienöffentlichkeit, S. 211.

565 Vgl. *Eslami*, Nichtöffentlichkeit des Verfahrens, S. 109, die das Gericht für fähig hält, sich von solchen Einflüssen abzuschirmen; *Stürner*, JZ 1978, 161, 164 gesteht zwar ein, dass der Berufsjurist weniger beeinflussbar ist, zeigt sich dennoch kritisch.

566 *Franzki*, DRiZ 1979, 82, 83; vgl. *Lautmann*, Soziologie vor den Toren der Jurisprudenz, S. 98ff.; erneut kritisch *Stürner*, JZ 1978, 161, 165, der vor einem Berufsbild des „unverwundbaren Berufsjuristen" warnt und insoweit die Möglichkeit menschlicher Verhaltensänderung durch Lernen als beschränkt ansieht.

567 *Wolf*, Gerichtsverfassungsrecht, § 21 S. 212; *Pernice*, Öffentlichkeit und Medienöffentlichkeit, S. 77; *von Coelln*, Medienöffentlichkeit, S. 208; *Dahs*, AnwBl. 1959, 171, 183; *Rinsche*, ZRP 1987, 384, 385; *Hillermeier*, DRiZ 1982, 281, 283; *Stürner*, JZ 1978, 161, 164; umfassend *Baur*, in: FS Kern, S. 49ff. und insbesondere S. 55.

im Prozess Behauptungen zu entkräften oder zu untermauern versucht, die bereits im Vorfeld in der Medienlandschaft kursieren. Nicht zuletzt ist hinsichtlich der medialen Wirkungen auch zu bedenken, dass sich die Gefahr primär aus der Berichterstattung selbst ergibt, nicht dagegen schon aus der prinzipiellen öffentlichen Zugänglichkeit der Gerichtsverhandlungen als solcher. Um auch der extensiveren Zulässigkeit von Ton-, Rundfunk- und Filmaufnahmen gerecht zu werden, die sich durch das EMöGG eingestellt hat, bietet es sich an, die Richter durch entsprechendes Medientraining auf die bevorstehende Aufgabe vorzubereiten, ihre Urteile gegebenenfalls „live" verkünden und begründen zu müssen. Dann besteht auch kein Grund mehr zu einer restriktiven Handhabung der neuen Vorschriften des § 169 GVG aufgrund bloßer Medienscheu. Eine Vorreiterstellung hat insoweit bisher das Bundessozialgericht eingenommen, das seinen Richtern ein Medientraining anbietet.[568] Dadurch sollen sowohl das äußere Erscheinungsbild als auch die Sprache der Richter auf die Erfordernisse einer medialen Übertragung vorbereitet werden. Diese Art der Vorbereitung hilft letztlich dabei, den „medialen Gefahren" Herr zu werden. Es wäre daher begrüßenswert, wenn sich auch die anderen obersten Bundesgerichte für eine derartige Richterfortbildung entscheiden würden.

Darüber hinaus besteht für den Richter nach wie vor die Möglichkeit, explizit auf seine Neutralitätspflicht hinzuweisen.[569] Auch helfen die gesetzlichen Ausschlussgründe der §§ 170 ff. GVG sowie die Maßnahmen der Sitzungspolizei aus §§ 176 ff. GVG dabei, Störungen während einer laufenden Verhandlung zu eliminieren. Notfalls muss durch erhöhte Polizeipräsenz der ungestörte Prozessablauf garantiert werden.[570]

Somit rechtfertigt auch der drohende Nachteil der richterlichen Beeinflussungsmöglichkeiten keine generelle Abkehr vom Grundsatz der Öffentlichkeit. Vielmehr gilt es, die drohenden Gefahren durch die beschriebenen Vorgehensweisen zu minimieren. Dennoch gibt es Verfahren, in denen die Gefahren weitaus höher sind als in anderen. Auch dieses Ergebnis muss im Rahmen der Dispositionsmöglichkeit über die Öffentlichkeit Beachtung finden.

---

568 Siehe: https://rsw.beck.de/aktuell/meldung/bsg-richter-erhalten-medientraining-fuer-kuenftige-tv-uebertragungen-aus-gerichtssaelen (zuletzt abgerufen: 16. November 2018).
569 *Wolf*, Gerichtsverfassungsrecht, § 21 S. 214.
570 *Wolf*, Gerichtsverfassungsrecht, § 21 S. 216; *Franzki*, DRiZ 1979, 82, 83.

III. Zwischenfazit: Konsequenzen für die Wahrheitsfindung

Zusammenfassend lässt sich festhalten, dass die Nachteile des Öffentlichkeitsgrundsatzes vor allem in einer Beeinträchtigung der Wahrheitsfindung bestehen. Diese kann nicht nur direkt durch verbalen oder nonverbalen psychischen Druck der Zuschauer auf die Verfahrensbeteiligten betroffen sein. Auch die Unerfahrenheit einzelner Protagonisten im Prozess fördert die Beeinflussbarkeit und in der Folge eine ungenaue und lückenhafte Sachverhaltsschilderung. Die Nachteile für das rechtliche Gehör und ein faires Verfahren realisieren sich letztlich ebenfalls in der erhöhten Schwierigkeit, den wahren Sachverhalt aufzudecken. Bleibt es dem Einzelnen verwehrt, sich spezifischer Prozessmittel zu bedienen, oder sieht er gar aus Angst vor der unberechenbaren Öffentlichkeit ganz von gerichtlichem Rechtsschutz ab, leiden nicht nur die Garantien des rechtlichen Gehörs und des fairen Verfahrens. Vielmehr bleibt auch die Wahrheit im Dunklen, der Ruf nach materieller Gerechtigkeit läuft leer.

Letztlich gilt aber auch hier, dass eine allgemeingültige Aussage, die für jeden denkbaren Fall gültig ist, kaum möglich ist. Denn wie sich der Betroffene von der Öffentlichkeit beeinflussen lässt, ist einzelfallabhängig und eine Frage der Persönlichkeit. Treffend lässt sich daher hier die These von der Janusköpfigkeit der Gerichtsöffentlichkeit nochmals betonen. Das gilt nicht zuletzt auch deshalb, weil die Wahrheitsfindung einen Verfahrenszweck des rechtsstaatlichen Gerichtsprozesses darstellt, welcher durch die Öffentlichkeit erst die notwendige Transparenz erfährt.[571]

IV. Spannungsverhältnis zum Persönlichkeitsrecht

Große Probleme verursacht seit jeher die Aufgabe, das Gebot der Gerichtsöffentlichkeit mit dem aus Art. 2 Abs. 1, Art. 1 Abs. 1 GG fließenden allgemeinen Persönlichkeitsrecht der Verfahrensbeteiligten zu vereinbaren.[572] Zwar ist diese Problematik mit der bereits geschilderten mangelnden Offenlegungsbereitschaft im Prozess verbunden, die Bedeutung des

---

571 *Von Coelln*, Medienöffentlichkeit, S. 218.
572 *Kissel/Mayer*, § 169 Rn. 14; *Schilken*, Gerichtsverfassungsrecht, § 12 Rn. 168; *Eslami*, Nichtöffentlichkeit des Verfahrens, S. 108; Wieczorek/Schütze/*Schreiber*, ZPO Band 13/1, § 169 GVG Rn. 5; *Grunsky*, Grundlagen des Verfahrensrechts, § 24 III S. 224; *Köbl*, in: FS Schnorr von Carolsfeld, S. 235, 237ff.; *Arnold*, in: FS Simotta, S. 11, 19 f.; *Bericht der Kommission 1975*, S. 150.

Persönlichkeitsschutzes rechtfertigt an dieser Stelle jedoch eine intensivere Auseinandersetzung mit der Frage. Das gilt insbesondere aufgrund der Tatsache, dass es sich bei den Freiheitsgrundrechten – und unter ein solches fällt das allgemeine Persönlichkeitsrecht – ebenfalls um ein Charakteristikum eines materiell verstandenen Rechtsstaatsprinzips handelt.[573] Damit prallen zwei rechtstaatlich gewichtige Prinzipien aufeinander, die eine tragende Rolle einnehmen und umso behutsamer angenähert werden müssen.

1. Arten der Beeinträchtigung des Persönlichkeitsrechts aller Verfahrensbeteiligter

Deutlich zutage tritt das Spannungsverhältnis zunächst im Normalfall einer mündlichen Verhandlung unter den Augen anwesender Zuschauer. Insbesondere im Rahmen eines Strafprozesses liegt es auf der Hand, dass die erörterten Delikte und die detaillierte Schilderung des Tatgeschehens Potential dazu haben, Prangerwirkungen zu entfalten, und sich der Angeklagte einer erheblichen Anfeindung in der Gesellschaft ausgesetzt sieht.[574] Typischerweise realisieren sich unter diesem Aspekt auch die Gefahren, die im Zusammenhang mit medialer (Vor-)Berichterstattung erörtert wurden, in intensiver Art und Weise: Vorverurteilungen erfahren Zuspruch und die Unschuldsvermutung droht durch die Zuschauer frühzeitig ausgehebelt zu werden.[575] Dass sich aus dem Urteil dann möglicherweise doch ein Freispruch ergibt, kann für den Betroffenen – seine gewonnene Freiheit kurz außer Acht gelassen – ein nur schwacher Trost sein. Denn vielfach bleibt die Vorverurteilung im Gedächtnis und der ehemals Angeklagte gebrandmarkt. Damit zusammen fällt das Erschwernis der angestrebten Resozialisierung.[576] Die Öffentlichkeit, die über das Verhalten des potentiellen Straftäters Bescheid weiß, wird in der Regel Skrupel davor haben, Kontakt

---

573 *Von Coelln*, Medienöffentlichkeit, S. 216.

574 *Kissel/Mayer*, § 169 Rn. 14; *Eslami*, Nichtöffentlichkeit des Verfahrens, S. 108; *von Coelln*, Medienöffentlichkeit, S. 217; *Hillermeier*, DRiZ 1982, 281, 283; *Müller*, JZ 1977, 381, 385 spricht von Stigmatisierung; vgl. auch *Alber*, Geschichte der Öffentlichkeit, S. 46 f.

575 *Von Coelln*, Medienöffentlichkeit, S. 217; *Fasching*, Zivilprozessrecht, 16. Kapitel, Rn. 682.

576 *Kissel/Mayer*, § 169 Rn. 14; *Kohlhaas*, NJW 1970, 600; *Hillermeier*, DRiZ 1982, 281, 283; *von Coelln*, Medienöffentlichkeit, S. 217.

aufzubauen, und davon absehen, vorurteilsfrei eine zweite Chance zu gewähren.

Teilweise wird die mediale Öffentlichkeitswirkung insbesondere im Strafverfahren auch als Chance für den Angeklagten gewertet. Zwar sieht er sich der Gefahr ausgesetzt, tendenziöse Berichterstattung erdulden zu müssen. Andererseits soll ihm aber auch die Chance eröffnet sein, die Medien aktiv zu seinem eigenen Vorteil nutzen zu können.[577] Denn wenn die Vorverurteilung infolge der Medienberichte aus der Gesellschaft resultiert, erscheint es logisch, auf demselben Weg auch einer solchen Entwicklung vorzubeugen. Dennoch sollte eine solche Schlussfolgerung mit Vorsicht genossen werden. Sie setzt voraus, dass der Angeklagte in der Lage ist, taktisch gewieft vorzugehen und seine Verteidigungsstrategien nach ihren Wirkungen in der Gesellschaft zu bemessen. Ein solch routiniertes Auftreten im Falle drohender Haftstrafen wird aber die Ausnahme bilden. Hinzu kommt, dass es in der Regel dem Verteidiger obliegt, vor Gericht zu sprechen. Dass dieser aber in erster Linie versuchen wird, die Öffentlichkeit milde zu stimmen, kann nicht angenommen werden. Ihm obliegt vorrangig die Aufgabe, eine angemessene Entscheidung für seinen Mandanten zu erreichen und seine Überzeugungsarbeit an das Gericht bzw. die Staatsanwaltschaft zu adressieren.[578] Jedes unsachgemäße Vorgehen nur aufgrund öffentlicher Besserstellung setzt ihn der Gefahr aus, sich selbst haftbar zu machen.[579] Hier schließt sich erneut der Kreis zur drohenden Verrohung des Gerichtsprozesses zu einem bloßen Schauspiel.

Erscheinen die geschilderten Auswirkungen zunächst allein auf das Strafverfahren beschränkt, so muss doch festgehalten werden, dass ähnliche Folgen auch dem Zivilprozess nicht gänzlich fremd sind. Hier steht zwar weniger eine Prangerwirkung im Fokus, dennoch kann es auch im Zivilverfahren zu allgemeinen Bloßstellungen kommen.[580] Denn auch die Parteien können sich dazu genötigt fühlen, unter Umständen brisante Informationen zu offenbaren, die in der Öffentlichkeit kontrovers beurteilt

---

577 *Schulz*, Kriminalberichterstattung, S. 165.
578 *Sommer*, Effektive Strafverteidigung, 3. Kapitel, Rn. 552.
579 In diesem Kontext ist freilich anzuerkennen, dass eine effektive Verteidigung in der modernen Medienlandschaft voraussetzt, die Medien miteinzubeziehen. Der Verteidiger kann der Frage nicht ausweichen, ob und wie eine Berichterstattung die Verteidigungsstrategie beeinflussen kann und muss, siehe dazu *Sommer*, Effektive Strafverteidigung, 3. Kapitel, Rn. 553. Dennoch handelt es sich bei der Interaktion mit der Öffentlichkeit nicht um die Hauptaufgabe der Verteidigung.
580 *Kissel/Mayer*, § 169 Rn. 14; *von Coelln*, Medienöffentlichkeit, S. 217.

werden. Typische Anwendungsfälle können hier den Bereich der Produkthaftung oder Medizin betreffen. Von besonderem Interesse sind ärztliche oder psychologische Gutachten, die in Zivil- wie Strafverfahren gleichermaßen denkbar sind und in besonderem Maße zu einer Verunglimpfung führen können.[581] Vielfach kann zudem davon ausgegangen werden, dass in der Bevölkerung nicht sauber zwischen zivil- und strafrechtlichen Bereichen getrennt wird. Der juristische Laie nimmt vielmehr den in Rede stehenden Sachverhalt zur Kenntnis. Geht es im Prozess dann um Gesundheits- oder Lebensschäden, wird der Verurteilungseffekt gleichermaßen eintreten. Dafür ist nicht entscheidend, ob es sich um zivilrechtliche oder strafrechtliche Sanktionen handelt. Die Öffentlichkeit ist vielmehr daran interessiert, dass dem „Täter" eine gerechte Strafe zuteil wird. Der Bloßstellungseffekt resultiert schon aus dem Lebenssachverhalt, nicht aber aus der Einordung in die Bereiche der ordentlichen Gerichtsbarkeit. Dem entspricht es, dass das bloße Bekanntwerden eines Prozesses unabhängig von seiner konkreten Ausgestaltung als Nachteil angesehen werden kann.[582]

Die Gefährdungen für das allgemeine Persönlichkeitsrecht beschränken sich nicht zwingend nur auf den Angeklagten oder die Parteien.[583] Auch Anwälte, Richter und Staatsanwälte können durch die Gerichtsöffentlichkeit beeinträchtigt werden. Anfeindungen können sich zum einen dann ergeben, wenn sich Anwälte dazu bereit erklären, den für die Öffentlichkeit weniger sympathischen Beteiligten zu vertreten. Das kann im Strafrecht der Schwerverbrecher sein, im Zivilprozess das rücksichtlos nach Gewinn strebende Unternehmen, das seinen Ruf bewahren will und sich aller Mittel bedient, um den einfachen Verbraucher einzuschüchtern. Auch lassen die gefällten Urteile Rückschlüsse auf die Namen der beteiligten Richter bzw. Staatsanwälte zu, die mit der Entscheidung in Verbindung stehen.[584] In Extremfällen kann hier ein zu mildes Vorgehen mit der Gefahr einhergehen, persönlichen Anfeindungen ausgesetzt zu sein.

---

581 *Herbst*, NJW 1969, 546, 547, die im Wesentlichen nur auf das Strafverfahren Bezug nimmt, aber in ihrer Einleitung erkennen lässt, dass es sich um ein Phänomen auch anderer Verfahren handeln kann.

582 *Köbl*, in: FS Schnorr von Carolsfeld, S. 235, 236.

583 *Schilken*, Gerichtsverfassungsrecht, § 12 Rn. 168; *Eslami*, Nichtöffentlichkeit des Verfahrens, S. 108.

584 Siehe dazu auch BVerwG, NJW 2015, 807 mit der Feststellung, dass Persönlichkeitsrechte eines Verteidigers und eines Staatsanwalts, die in einem gerichtlichen Strafverfahren mitgewirkt haben, der Nennung ihres Namens an Pressevertreter regelmäßig nicht entgegenstehen.

2. Geheimhaltungsinteressen der Parteien

Ferner kann eine Beeinträchtigung des Persönlichkeitsrechts auch dann in Rede stehen, wenn es um die inhaltlichen Aspekte des Prozesses geht. Besonders im Zivilprozess, der als Ziel die Beilegung einer privatrechtlichen Streitigkeit verfolgt, sehen sich die Parteien oftmals dazu genötigt, private Informationen offenzulegen, um einen gerichtlichen Sieg erringen zu können. Der Einzelne sieht sich damit in heiklen Prozesskonstellationen einer Art Zwickmühle gegenüber: Einerseits hat er ein Interesse daran, im Prozess zu obsiegen. Das erfordert eine umfassende Aufklärung des Sachverhaltes. Andererseits ist ihm daran gelegen, möglichst wenig sensible private Informationen in der Öffentlichkeit zu thematisieren.[585]

Einzugestehen ist zwar, dass das Gesetz die Problematik der Geheimhaltungsinteressen als solche erkannt hat und in den §§ 170 ff. GVG einzelne Regelungen über den Öffentlichkeitsausschluss zum Schutze der Beteiligten bereithält. Insbesondere § 170 Abs. 1 S. 1 GVG, § 171 b Abs. 1 S. 1 GVG und § 172 Nr. 2 GVG nehmen dabei auf das Interesse, familiäre, private oder geschäftliche Informationen nicht vollumfänglich einer unbekannten Öffentlichkeit präsentieren zu müssen, Rücksicht.[586] Dennoch darf nicht verkannt werden, dass damit nur Teilaspekte des Persönlichkeitsinteresses geschützt werden. Angelegenheiten in Familiensachen unterfallen gemäß § 170 Abs. 1 S. 1 GVG automatisch einer nichtöffentlichen Verhandlung, in den anderen beiden genannten Fällen besteht aber der Grundsatz der Öffentlichkeit fort, da die Nichtöffentlichkeit zunächst nicht zwingend vorgeschrieben wird. Hier bedarf es einer gerichtlichen Ermessensentscheidung oder eines Antrages, um den gewünschten Schutz vor Publikum zu erreichen. Das erscheint auf den ersten Blick prekär, kann sich doch selbst im Fall alltäglicher Prozesse – genannt seien beispielsweise Verdienstausfallsklagen, Schmerzensgeldprozesse oder Streitigkeiten um den Ersatz von Behandlungskosten – das Bedürfnis entwickeln, intimste Umstände anderen Beteiligten vorzuenthalten.[587] Dass dafür dann unter Umständen Anträge erforderlich sind oder die Entscheidung in das gerichtliche Gutdün-

---

585 Vgl. zu diesem Spannungsverhältnis schon *Feuerbach*, Betrachtungen über die Öffentlichkeit, Band 1, S. 186; siehe ferner dazu, dass im strafrechtlichen Bereich oftmals das Strafbefehlsverfahren gewählt wird, um eine diskrete Erledigung der Sache unter Wahrung größtmöglicher Anonymität zu erreichen: *Müller*, JZ 1977, 381, 385.

586 Einzelheiten dazu unter Kapitel 2, C.

587 *Köbl*, in: FS Schnorr von Carolsfeld, S. 235, 237; vgl. auch *Jauernig/Heß*, Zivilprozessrecht, § 27 Rn. 16; *Simotta*, in: FS Matscher, S. 449, 455.

ken gestellt wird, scheint den Wert des Persönlichkeitsrechts zu schmälern. Denn obwohl nicht jeder Zivilprozess automatisch dazu führt, dass sensible private Informationen zu offenbaren sind[588], wird sich der Betroffene dann überlegen, ob er überhaupt gerichtlichen Rechtsschutz in Anspruch nehmen wird. Schließlich birgt ein öffentlicher Prozess auch die Gefahr, dass Dinge von Dritten ausgekundschaftet werden. Deutlich wird dies, wenn es um kaufrechtliche, dienst- oder werkvertragliche Fälle geht, in denen erhöhte Konkurrenz besteht.[589] Eine solche Situation kann aber nicht automatisch dazu führen, dass die Öffentlichkeit per se Vorrang genießt, nur weil ein öffentlicher Markt besteht. Immerhin ließe sich das Gesagte im Extremfall auf die Formel herunterbrechen, dass Rechtsschutz nur noch dann zu erlangen ist, sofern die Preisgabe von privaten Lebensumständen in Kauf genommen wird.[590] Das aber wird einem wirksamen Rechtsschutz unter Beachtung des Persönlichkeitsschutzes nicht gerecht. Klarer wird die beschriebene Diskrepanz aufgrund der Tatsache, dass die Rechtsordnung Geheimnisse auch in anderen Fällen gut zu schützen weiß, wie dem Arzt-, Steuer- und Briefgeheimnis zu entnehmen ist.[591] Damit stellt sich die Frage, warum vor Gericht zwingend sensible Informationen preisgegeben werden sollten, die man im privaten Leben nicht an jeden beliebigen Dritten weitergeben würde.[592]

Um diese Frage beantworten zu können, bietet es sich zur Verdeutlichung an, auf folgendes metaphorisches Bild zurückzugreifen: Grundsätzlich wird alles, was den Einzelnen selbst angeht, von einem Kreis aufgenommen, der seine Privatrechtsverhältnisse samt etwaiger geheimer Informationen umschließt. Begehrt der Einzelne aber gerichtlichen Rechtsschutz, gibt er einen Teil dieses Kreises freiwillig auf, das reine Privatrechtsverhältnis wird zu einem öffentlichen und der Streit Teil des allgemeingültigen objektiven Rechts.[593] Hinzu kommt, dass der Streit aus der subjektiv-intimen Sphäre vor ein staatliches Forum gelangt und dadurch zugleich unbeteiligte Dritte, namentlich Anwälte, Richter oder Zeugen, Teil des

---

588 *Köbl*, in: FS Schnorr von Carolsfeld, S. 235, 238.

589 *Köbl*, in: FS Schnorr von Carolsfeld, S. 235, 238.

590 *Grunsky*, Grundlagen des Verfahrensrechts, § 24 III S. 224; vgl. *Feuerbach*, Betrachtungen über die Öffentlichkeit, Band 1, S. 185.

591 *Köbl*, in: FS Schnorr von Carolsfeld, S. 235, 238; vgl. *Maass*, Information und Geheimnis im Zivilrecht, S. 33; heute sind insbesondere die §§ 202, 203 StGB von Bedeutung.

592 Vgl. *Jauernig/Hess*, Zivilprozessrecht, § 27 Rn. 16; *Maass*, Information und Geheimnis im Zivilrecht, S. 33 f.

593 *Arnold*, in: FS Simotta, S. 11, 19.

Streits werden.[594] Das private Recht wandelt sich teilweise zu einem öffentlichen mit der Folge, dass der Einzelne auch das über sich gelten lassen muss, was der Staat im Zuge seiner Institutionen als notwendig erachtet. Dazu gehört der Grundsatz einer gerichtlichen Öffentlichkeit. Denn der Rechtsschutzsuchende kann nicht erwarten, dass von den Einrichtungen des Staates in identischer Weise verfahren wird, wie er es aus seinem privaten Hause her kennt. Dort mag man jeden abweisen können, der Einlass begehrt und Informationen erwartet. Vor Gericht befindet sich der Einzelne aber nicht in seinem privaten Haus, sondern vielmehr auf offener Straße, auf der man nicht jedem verbieten kann, seine Augen und Ohren vollkommen vor anderen zu verschließen.[595]

Das uneingeschränkte Interesse, private Informationen umfassend zu schützen und geheim zu halten, wird in Parallele dazu somit zum einen durch die Funktion der Öffentlichkeit sowie zum anderen durch „ihre Bedeutung für das Recht in seiner Objektivität und das Vertrauen in die Legitimität und Verbindlichkeit gerichtlicher Entscheidungen"[596] begrenzt. Daran verdeutlichen sich zudem die widerstreitenden Felder – subjektives Interesse des Einzelnen versus objektives Interesse der Rechtsgemeinschaft – die hier aufeinanderprallen.

V. Folgen für das Persönlichkeitsrecht: Notwendigkeit einer Abwägungsentscheidung

Dass sowohl eine umfassende Gerichtsöffentlichkeit unter Missachtung etwaiger Geheimhaltungsinteressen als auch ein absoluter Persönlichkeitsschutz unter Aufgabe der Öffentlichkeit samt der ihr zufallenden Funktionen nicht den richtigen Weg darstellen, um das subjektive und objektive Interesse angemessen zu berücksichtigen, leuchtet nach der vorangestellten Untersuchung ein. Vielmehr muss es die Aufgabe der Gerichtsverfassung sein, hier einen schonenden Ausgleich der gegenläufigen Positionen zu erreichen. Das geschieht regelmäßig dadurch, dass in jedem Einzelfall eine

---

594 *Hahn*, Kooperationsmaxime, S. 81.
595 Das gesamte Bild ist angelehnt an *Feuerbach*, Betrachtungen über die Öffentlichkeit, Band 1, S. 187; *Hahn*, Kooperationsmaxime, S. 81 erblickt in der Mitteilung des Streits an eine offizielle Instanz den Grund, warum der rein private Streit auf eine allgemeine gesellschaftliche Ebene transferiert wird.
596 *Arnold*, in: FS Simotta, S. 11, 18.

Abwägungsentscheidung zu erfolgen hat[597], die das Persönlichkeitsrecht oder den Grundsatz der Öffentlichkeit stärker gewichtet. Nur so ist garantiert, dass jeder neue Streit mit seinen individuellen Interessen der Parteien angemessen behandelt wird. Das Gerichtsverfassungsrecht geht dabei davon aus, dass die Gerichtsöffentlichkeit grundsätzlich Vorrang genießt, in Einzelfällen aber eine Einschränkung erforderlich wird.[598] Dieses Ergebnis spiegelt sich in der Systematik der §§ 169 ff. GVG wider. Diese leiten zunächst mit dem Grundsatz der Öffentlichkeit ein und halten in der Folge Ausschlussgründe kraft Gesetzes bzw. richterlicher Anordnung bereit, um im jeweiligen Einzelfall die Möglichkeit zu eröffnen, auch das Persönlichkeitsrecht der Beteiligten abzusichern. Dieses System einer gezielten Beschränkung der Öffentlichkeit im Bedarfsfall würdigt die mit dem Grundsatz verbundenen Zwecke in angemessener Art und Weise.[599] Darüber hinaus ist zu bedenken, dass auch der zur Entscheidung berufene Richter die Möglichkeit hat, in einem öffentlichen Verfahren für den Schutz der Persönlichkeitsrechte und anderer individueller Interessen zu sorgen, sofern Gefahrensituationen für die Beteiligten auszumachen sind.[600]

Zudem kann die Abwägungsentscheidung nicht nur Aufgabe des Gesetzes sein. Auch der Einzelne muss sich fragen, ob er im konkreten Fall die Rechtsdurchsetzung vor Gericht oder die Geheimhaltung seiner Interessen präferiert.[601] Dass der Öffentlichkeitsgrundsatz dadurch zu stark betont wird und daher weitere Beschränkungen desselben zu befürworten seien[602], ist eine These, die sich in dieser Allgemeinheit nicht stützen lässt. Denn öffentliche und private Interessen müssen nicht in jedem Einzelfall zwingend gegenläufiger Natur sein. Situationsabhängig kann der Beteiligte durchaus einen Vorteil darin sehen, dass seine Streitigkeit einem größe-

---

597 *Arnold*, in: FS Simotta, S. 11, 18; KaKo/*Fischer*, Einleitung Grundsatz der Öffentlichkeit, Rn. 67; vgl. auch schon *Bericht der Kommission 1975*, S. 154 f.

598 *Kissel/Mayer*, § 169 Rn. 17; *Schilken*, Gerichtsverfassungsrecht, § 12 Rn. 169; *Eslami*, Nichtöffentlichkeit des Schiedsverfahrens, S. 109 f.; *Jauernig/Hess*, Zivilprozessrecht, § 27 Rn. 16.

599 *Schilken*, Gerichtsverfassungsrecht, § 12 Rn. 169; *Eslami*, Nichtöffentlichkeit des Schiedsverfahrens, S. 110.

600 *Kissel/Mayer*, § 169 Rn. 18; *Schilken*, Gerichtsverfassungsrecht, § 12 Rn. 169; *Eslami*, Nichtöffentlichkeit des Schiedsverfahrens, S. 110.

601 *Arnold*, in: FS Simotta, S. 11, 19 mit dem Hinweis, eine unterbliebene Rechtsdurchsetzung könne die Gerichte auch entlasten und eine offensichtliche Niederlage samt Kosten vermeiden.

602 *Grunsky*, Grundlagen des Verfahrensrechts, § 24 III S. 224 f.; *Köbl*, in: FS Schnorr von Carolsfeld, S. 235, 235 ff.

ren Publikum präsentiert wird.[603] Dann kann er sich die Öffentlichkeit auch zu Nutze machen, um die Unsicherheit der Gegenpartei auszunutzen und ein für ihn vorteilhaftes Ergebnis zu erzielen. Der Öffentlichkeitsgrundsatz kann somit zwar eine Gefahr für das Persönlichkeitsrecht darstellen, dient aber unter Umständen auch als „taktisches Instrument" vor Gericht.[604] Die Gerichtsöffentlichkeit liegt in einem solchen Fall auch im privaten Interesse des Beteiligten, der sich einer solchen Taktik bedient. Dass sich der Gesetzgeber dessen bewusst war, lässt sich mittelbar aus der Vorschrift des § 171 b Abs. 4 GVG ableiten. Trotz einer Beeinträchtigung des Persönlichkeitsrechts kann das Gericht den Ausschluss der Öffentlichkeit nach § 171 b Abs. 1 S. 1 GVG nicht vollziehen, sofern der Betroffene einem solchen Ausschluss widerspricht. Diese gerichtliche Ermessensbeschränkung im Zuge der Ausschlussmöglichkeit zeigt, dass es trotz einer Beeinträchtigung von Persönlichkeitswerten Situationen geben kann, in denen ein legitimes Interesse am Fortbestehen der Gerichtsöffentlichkeit in Frage kommt. Nicht zuletzt verdeutlicht die Norm auch, dass der Betroffene „Herr" seiner Persönlichkeitsrechte bleibt. Die Entscheidung, wie mit der Öffentlichkeit im Zuge einer drohenden Gefahr für das Persönlichkeitsrecht zu verfahren ist, ist letztlich abhängig von einem Antrag bzw. Widerspruch des Betroffenen, vgl. § 171 b Abs. 3 S. 1, Abs. 4 GVG.

Ähnliches gilt ferner für das private Interesse zunächst unbeteiligter Dritter, denen durch die Öffentlichkeit der Verhandlung erst aufgezeigt wird, dass ihnen womöglich eigene Ansprüche zustehen.[605] Der pauschale Ruf nach einem „Weniger" an Öffentlichkeit aufgrund von Persönlichkeitsrechtserwägungen verbietet sich daher.

Festzuhalten bleibt, dass sich weder der Öffentlichkeitsgrundsatz noch das Persönlichkeitsrecht anmaßen dürfen, als ein absoluter Wert erscheinen zu wollen, der in jedem Falle den Vorrang genießt. Für die vorliegende Untersuchung bedeutet dies, dass eine umfassende Dispositionsmöglichkeit der Parteien aus Gründen des Persönlichkeitsschutzes und der damit einhergehenden Geheimhaltungsinteressen kaum in Betracht zu ziehen ist, sofern der Öffentlichkeit dadurch in jedem denkbaren Fall die Einsicht in die Verhandlung genommen wird. Auch muss berücksichtigt werden, dass eine Partei durchaus ein Interesse daran haben kann, öffentlich zu verhandeln. Das sollte im Rahmen einer Disposition Berücksichtigung finden.

---

603 *Arnold*, in: FS Simotta, S. 11, 19.
604 *Arnold*, in: FS Simotta, S. 11, 19.
605 *Arnold*, in: FS Simotta, S. 11, 19.

B. Konkurrenzverhältnis zwischen staatlicher Gerichtsbarkeit und Schiedsgerichtsbarkeit

Die Wahrung der angesprochenen Geheimhaltungsinteressen führt zu einem weiteren Aspekt, der das Bedürfnis einer parteilichen Einflussnahme auf den Öffentlichkeitsgrundsatz zusätzlich vergrößern könnte. Angesprochen ist die Möglichkeit, seine Rechtsstreitigkeit nicht vor einem staatlichen Gericht führen zu müssen, sondern sich als Alternative der Schiedsgerichtsbarkeit zu bedienen. Ein entscheidender Vorteil, den die Schiedsgerichtsbarkeit für sich in Anspruch zu nehmen pflegt, ist die grundsätzlich geltende Nichtöffentlichkeit im Schiedsverfahren. Dabei handelt es sich keineswegs um einen bloß theoretisch geführten Streit über die Vor- und Nachteile beider Gerichtsbarkeiten. Die Praxis hat gezeigt, dass Unternehmen und wirtschaftliche Interessenverbände in der Nichtöffentlichkeit gerade den entscheidenden Vorteil sehen, dessentwegen sie sich gegen die staatlichen Rechtsschutzmöglichkeiten entscheiden.[606] Das erklärt unter anderem, warum sich verstärkt die (internationalen) wirtschaftsrechtlichen Verfahren mit Unternehmensbeteiligung in den Bereich der Schiedsgerichtsbarkeit bewegen.[607]

Die zunehmende Beliebtheit der Schiedsgerichtsbarkeit lässt sich auch anhand der Geschäftsentwicklung der Deutschen Institution für Schiedsgerichtsbarkeit e.V. (DIS) belegen, aus der sich ein kontinuierlicher Anstieg der Verfahren ergibt.[608] Nun kann man die zunehmende Ausbreitung des Schiedsgerichtswesens zwar zunächst als eine begrüßenswerte Alternative zur staatlichen Gerichtsbarkeit begreifen, die sich fortschreitend etabliert. Dennoch darf nicht verkannt werden, dass die wachsende Bedeutung dieser Verfahren auch als Warnung dahingehend aufgefasst werden kann, dass

---

606 *Kohler*, Moderne Praxis des Schiedsgerichtswesens, S. 79; *Lachmann*, Handbuch Schiedsgerichtspraxis, Kapitel 3, Rn. 144; *Schmidt-Diemitz*, DB 1999, 369, 370; *Risse/Oehm*. ZVglRWiss 2015, 407; *Eslami*, Nichtöffentlichkeit des Schiedsverfahrens, S. 191 mit weiteren internationalen Studien auf S. 194ff., die die These stützen.

607 *Trittmann/Schroeder*, SchiedsVZ 2005, 71, 72; *Raeschke-Kessler*, AnwBl. 2004, 321; *ders.*, AnwBl. 2015, 822; *Hamann/Lennarz*, JA 2012, 801; *Duve/Keller*, SchiedsVZ 2005, 169, 169 f.; die Vorteile für Wirtschaftsakteure betont auch *Gaier*, JM 2017, 392, 393.

608 *Duve/Sattler*, AnwBl. 2012, 2, 7; *Prütting*, AnwBl. 2013, 401, 403, der zwar die steigende Tendenz anerkennt, aber aufgrund der konkreten Zahlen von einem „innerstaatlich verschwindend geringen Phänomen" spricht; *Bechte*, ZJS 2011, 307, 314 spricht allgemein von einem stetigen Anstieg.

die staatliche Gerichtsbarkeit zunehmend zur zweiten Wahl wird.[609] Anstatt unter den Augen der Öffentlichkeit zu prozessieren, wird der Weg in
die Vertraulichkeit und Abschottung gewählt. Nicht zuletzt wird das
Schiedsgerichtswesen daher auch abwertend als Schattenjustiz[610] dekla-
riert, um die Intransparenz im Vergleich zu den staatlichen Gerichten zu
betonen. Auch von einer „Flucht in die Schiedsgerichtsbarkeit" ist oftmals
die Rede, insbesondere im Rahmen klassischer Schiedsgerichtsbarkeits-
sachverhalte in bürgerlichen Rechtsstreitigkeiten auf den Gebieten des
Handels- und Gesellschaftsrechts, speziell auch dem Unternehmenskauf-
recht.[611]

Für die vorliegende Untersuchung bedeuten die dargestellten Tendenzen zunächst, dass kritisch zu prüfen ist, ob die Parteien die Schiedsgerichtsbarkeit auch deshalb bevorzugen, weil das staatliche Gerichtsverfahren im Vergleich dazu an für sie nicht hinnehmbaren Mängeln leidet. Dabei ist aufzuschlüsseln, ob es sich bei beiden Gerichtsbarkeiten um Konkurrenten handelt oder ob auch ein Nebeneinander im Sinne einer echten
Alternative denkbar ist. Um diesbezüglich ein valides Ergebnis zu erhalten,
müssen die vermeintlichen Vorteile der Schiedsgerichtsbarkeit überprüft
und hinterfragt werden. Nur für den Fall, dass die staatliche Gerichtsbarkeit in einzelnen Punkten hinterherhinkt, ergibt sich die Frage nach einer
Anpassungsmöglichkeit zur Attraktivitätssteigerung. Dabei ist es nicht
zwingend entscheidend, dass sich eine Verbesserung der staatlichen Gerichtsbarkeit auch im Verhältnis zur Schiedsgerichtsbarkeit auswirkt. Im
Zuge der veränderten Verhältnisse durch die Schiedsgerichtsbarkeit geht es
zuvörderst um die Aufdeckung von Mängeln, die für das staatliche Verfahren allgemein zu beseitigen sind. Denn schon ein chinesischer Aphorismus
hat zutreffend beschrieben: „Wenn der Wind der Veränderung weht, bauen

---

609 So *Mayen*, AnwBl. 2013, 268; *Duve/Sattler*, AnwBl. 2012, 2, 7; *Zypries*, SchiedsVZ
2009, 1, 2; *Trittmann/Schroeder*, SchiedsVZ 2005, 71, 72; *Brosius-Gersdorf*,
VVDStRL 74 (2015), 169, 171 mit Fußnote 3, welche die rückläufigen Verfah-
renszahlen vor staatlichen Gerichten wiedergibt; *Schroeder*, KritV 2012, 145, 158,
der von Konkurrenzfähigkeit spricht; *Reul*, Effizienz im Schiedsverfahren, S. 27
sieht Schiedsgerichtsbarkeit und staatliche Gerichtsbarkeit ebenfalls in einem
Konkurrenzwettbewerb, weist aber auch darauf hin, dass sich die Bedeutung der
Schiedsgerichtsbarkeit im Wesentlichen auf Nischenbereiche beschränkt
(S. 30 f.); *Gaier*, JM 2017, 392 konstatiert einen Rückgang staatlicher Verfahren,
sieht beide Gerichte jedoch nicht als Konkurrenten und schreibt der Schiedsgerichtsbarkeit auch nicht die Verantwortung für diese Entwicklung zu.
610 Vgl. *Risse/Oehm*, ZVglRWiss 2015, 407, 408.
611 Vgl. schon den *Bericht der Kommission 1961*, S. 182; vgl. auch *Schroeder*, KritV
2012, 145, 156; *Duve/Keller*, SchiedsVZ 2005, 169, 172.

die einen Mauern und die anderen Windmühlen."[612] Um die Frage nach einer Dispositionsbefugnis der Parteien über die Öffentlichkeit darüber hinaus sinnvoll beurteilen zu können, sind zunächst die Prinzipien und Zwecke der Gerichtsbarkeiten zu vergleichen. Nur wenn die Gerichtsbarkeiten auch subjektive Parteiziele verfolgen, macht es Sinn, den Parteien ein Mittel an die Hand zu geben, um sich einen Einfluss auf das Verfahren zu sichern. Sollten dagegen ausschließlich objektivierte Zwecke die primäre Intention hinter der Bereitstellung der Gerichtsbarkeiten sein, so erscheint es rechtfertigungsbedürftig, im Sinne der Parteien einen erweiterten Öffentlichkeitsausschluss zu forcieren.

I. Prinzipien und Zwecke der Gerichtsbarkeiten

Bei rein formaler Betrachtung weisen das Schiedsgerichtswesen und die staatliche Justiz Gemeinsamkeiten auf. Beide Gerichtsbarkeiten stellen Drittentscheidungsverfahren dar, die bei normalem Verlauf am Ende des Verfahrens eine bindende und vollstreckbare Entscheidung durch den jeweiligen Spruchkörper bereithalten.[613] Dennoch sind diese zwei Wege der Streitbeilegung zu trennen.

1. Staatliche Gerichtsbarkeit und Zivilprozess im Speziellen

Der Begriff des Zivilprozesses beschreibt zunächst das gerichtliche Verfahren in bürgerlichen Rechtsstreitigkeiten und stellt einen Ausschnitt der Zivilrechtspflege dar. Der Staat bietet mit ihm nicht nur ein effektives Rechtsschutzmittel an, sondern beansprucht damit zugleich ein Rechtsschutzmonopol dergestalt, dass jegliche andere Form der Rechtsrealisierung – insbesondere die Selbsthilfe – ausgeschlossen ist.[614] Das Rechtsschutzmonopol ist dabei Ausfluss des Rechtsstaatsprinzips, des Gewaltenteilungsgrundsatzes und des Art. 19 Abs. 4 GG. Der Rechtsschutzsuchende ist zwingend darauf angewiesen, dass ihm die staatlichen Institutionen of-

---

612 *Brosius-Gersdorf*, VVDStRL 74 (2015), 169 macht dieses Sprichwort im selben Kontext ebenfalls fruchtbar.
613 *Schroeder*, KritV 2012, 145, 146.
614 *Schilken*, Zivilprozessrecht, § 1 Rn. 6; *ders.*, Gerichtsverfassungsrecht § 3 Rn. 32; *Schönke/Kuchinke*, Zivilprozessrecht, § 1 S. 1; *Jauernig/Hess*, Zivilprozessrecht, § 1 Rn. 3.

fenstehen. Dem entspricht es, dass der Staat eigene Organe zur Rechtsverwirklichung zur Verfügung stellen muss und der Einzelne hierauf einen Anspruch hat, sog. Justizgewährungspflicht bzw. -anspruch.[615] Dieser Anspruch resultiert im Wesentlichen aus dem Rechtsstaatprinzip.[616] Regelmäßig wird diese Aufgabe von den Richtern übernommen, Art. 92 GG, die über Art. 20 Abs. 3 GG allein an Recht und Gesetz gebunden sind. Sachfremde Einflüsse dürfen keine Berücksichtigung finden. Dem entspricht es, dass die rechtsprechende Tätigkeit unabhängig und neutral in sachlicher und persönlicher Hinsicht zu erfolgen hat und von objektiven Personen umgesetzt wird.[617] Im staatlichen Gerichtsverfahren werden diese Bedingungen durch verschiedene Garantien abgesichert. Zunächst wird die richterliche Unabhängigkeit in Art. 97 Abs. 1 GG festgeschrieben. Diese hängt eng mit der Gewaltenteilung zusammen und trägt wesentlich dazu bei, dass der beschriebene Justizgewährungsanspruch eine materielle Absicherung erfährt: Für eine wirksame Rechtsschutzmöglichkeit ist die richterliche Unabhängigkeit unabdingbar, um den Rechtsstreit wahrheitsgemäß und gerecht auflösen zu können.[618] Mittelbar wirkt sich auch die Garantie des gesetzlichen Richters[619] aus Art. 101 Abs. 1 S. 2 GG auf die Unabhängigkeit des Richters aus und führt ebenfalls dazu, dass sachfremde Einflüsse eingedämmt werden. Gesetzlicher Richter kann nur sein, wer unter Befolgung des geltenden Geschäftsverteilungsplans für das jeweilige Verfahren zugeteilt wurde.[620]

Im Folgenden sind die speziellen Ziele und Zwecke des Zivilprozesses zu erörtern, um im weiteren Verlauf der Untersuchung Rückschlüsse auf die Möglichkeiten parteilicher Disposition über die Öffentlichkeit im Zivilprozess zu ziehen.

---

615 *Schilken*, Zivilprozessrecht, § 1 Rn. 6; *ders.*, Gerichtsverfassungsrecht § 6 Rn. 86ff.; *Diedrich*, JuS 1998, 158, 160; *Brosius-Gersdorf*, VVDStRL 74 (2015), 169, 180; siehe auch schon *Bericht der Kommission 1961*, S. 167.

616 *Schilken*, Gerichtsverfassungsrecht § 6 Rn. 87 m.w.N.; *Steiner*, SchiedsVZ 2013, 15, 16; *Stürner*, Aufklärungspflicht, S. 39 stellt auch auf Art. 2 Abs. 1 GG ab.

617 *Eslami*, Nichtöffentlichkeit des Schiedsverfahrens, S. 42.

618 *Eslami*, Nichtöffentlichkeit des Schiedsverfahrens, S. 44; *Kissel/Mayer*, § 1 Rn. 2.

619 Dazu umfassend *Kern*, ZZP 130 (2017), 91ff. und 137ff.

620 BVerfGE 95, 322, 328; *Eslami*, Nichtöffentlichkeit des Schiedsverfahrens, S. 44 f.; siehe auch *Kern*, ZZP 130 (2017), 91, 117ff.

a) Durchsetzung subjektiver Rechte

Aufgrund des oben beschriebenen staatlichen Rechtsschutzmonopols bleibt dem Einzelnen im Falle einer Rechtsstreitigkeit allein die Möglichkeit, die staatlichen Organe zur Hilfe zu rufen. Das materielle Recht weist jedem Bürger subjektive Rechte zu. Im Rahmen des täglichen Zusammenlebens droht die Gefahr, dass diese Rechte – sei es beabsichtigt oder nicht – durch andere beeinträchtigt werden. Zwar obliegt dem Betroffenen die freie Entscheidung darüber, ob er seine Rechte mittels der staatlichen Justiz bewahren bzw. einfordern möchte. Tut er dies jedoch nicht und strengt demzufolge keinen Prozess an, wird er sein Recht im Zweifel einbüßen. Die Möglichkeit, den vom Staat zur Verfügung gestellten Prozess wahrzunehmen, dient daher dazu, eigene materielle Rechte zu verwirklichen. Dem Einzelnen soll ein effektives Instrument an die Hand gegeben werden, um dieses Ziel erreichen zu können. Primärer Zweck des Prozesses ist daher der Schutz und die Durchsetzung subjektiver Privatrechte.[621] Als Kehrseite ergibt sich damit zugleich zumindest auch, dass der Prozess einen Schutz vor unberechtigter Inanspruchnahme eines geltend gemachten subjektiven Rechts darstellt.[622] Das aber ändert an der These, dass die Durchsetzung subjektiver Rechte im Vordergrund steht, nichts.[623] Zwar will derjenige, der sich einer unberechtigten Inanspruchnahme erwehrt, solche Rechte richtigerweise nicht geltend machen. Dennoch kommt der Prozess auf Antrag des Klägers und somit nur dann zustande, wenn dieser die Gerichte aufgrund etwaiger subjektiver Rechte anruft. Aus dem Blickwinkel des Klägers – und darauf muss es entscheidend ankommen – geht es damit sehr wohl um die Durchsetzung subjektiver Rechte. Ob das gelingt oder nicht, stellt den Prozesszweck als solchen aber nicht in Frage.

Zweifel an diesem Prozessziel könnten sich allenfalls ergeben, wenn man sich vergegenwärtigt, dass die Durchsetzung subjektiver Rechte im Erkenntnisverfahren nur ein Teilschritt zur Verwirklichung derselben bedeu-

---

621 BGHZ 10, 333, 336; 161, 138, 143; *Bericht der Kommission 1961*, S. 167; *Grunsky*, Grundlagen des Verfahrensrechts, § 1 II S. 3; *Heinze*, in: FS Beys, S. 515, 518; *Stürner*, Aufklärungspflicht, S. 49; *Jauernig/Hess*, Zivilprozessrecht, § 1 Rn. 7; *Schilken*, Gerichtsverfassungsrecht, § 4 Rn. 75; *ders.*, Zivilprozessrecht, § 1 Rn. 10; *Pawlowski*, ZZP 80 (1967), 345 f.; Stein/Jonas/*Brehm*, ZPO Band 1, vor § 1 Rn. 5, 9; *Rosenberg/Schwab/Gottwald*, Zivilprozessrecht, § 1 Rn. 7; siehe auch schon *Geib*, Rechtsschutzbegehren, S. 7.

622 *Heinze*, in: FS Beys, S. 515, 518; *Mitsopoulos*, ZZP 91 (1978), 113, 119; *Schilken*, Zivilprozessrecht, § 1 Rn. 10; *Stürner*, Aufklärungspflicht, S. 43.

623 So aber *Schmidt*, Zweck des Zivilprozesses, S. 29.

ten kann. Dann nämlich, wenn sich der Prozessgegner weiterhin weigert, die Entscheidung anzuerkennen, bedarf es zusätzlicher staatlicher Hilfe in Form der Zwangsvollstreckung. Nun ist es jedoch selbstverständlich, dass eine solche im Rahmen von Feststellungsklagen nicht erfolgen kann. Das könnte hier zu der Annahme verleiten, dass die Durchsetzung subjektiver Rechte jedenfalls nicht stets als ein Hauptzweck des Prozesses anzuerkennen ist. Nichtsdestotrotz liegt die Legitimation des Feststellungsprozesses ebenso in der Gefährdung eines subjektiven Rechts, denn ohne eine solche fehlt es regelmäßig schon an einem Rechtsschutzbedürfnis.[624] Ein solches ist aber zu fordern, damit sich die staatliche Justiz der Rechtsprobleme des Einzelnen annimmt.

Ein anderes Ergebnis lässt sich auch nicht für die Gestaltungsklagen konstatieren, bei denen es ebenfalls regelmäßig an der Zwangsvollstreckungsmöglichkeit fehlt. Legt man diesen Klagen einen Anspruch gegen den Gegner oder ein materielles Gestaltungsrecht zugrunde, so wird ein subjektives privates Recht durchgesetzt.[625]

Ferner könnte die in Spezialgesetzen vorgesehene Möglichkeit der Klage- bzw. Abwehrbefugnis von Verbänden dazu führen, dass die Durchsetzung subjektiver Privatrechte als Prozesszweck zu hinterfragen ist. Hier sei insbesondere auf die §§ 3 UKlaG, 8 UWG verwiesen, die den Verbänden eine solche Option gewähren. Derartige Regelungen seien deshalb dahingehend zu verstehen, dass vielmehr (auch) ein Allgemeininteresse an der Rechtsverfolgung bestehe mit der Folge der Sicherung nicht bloß subjektiver Einzelinteressen, sondern übergreifender Interessen, sodass auch der Justizgewährungsanspruch einen Bedeutungswandel erfahre.[626] Dem ist zunächst zu erwidern, dass der Zivilprozess regelmäßig einen Rechtsstreit von Einzelpersonen löst. Verbandsklagen sind im Vergleich zu Einzelklagen die Ausnahme[627], sodass es im Regelfall auch allein bei der Durchsetzung subjektiver Rechte verbleibt. Darüber hinaus darf nicht der Fehler begangen werden, das Rechtsverfolgungsinteresse der Verbände mit dem Interesse der Öffentlichkeit an der Einhaltung gewisser Standards gleichzusetzen. Die Verbände bleiben Interessenvertreter ihrer Mitglieder und wollen diese vertreten. Primär liegt der Fokus auf der Verfolgung von Einzel-

---

624 *Grunsky*, Grundlagen des Verfahrensrechts, § 1 II S. 6.
625 Stein/Jonas/*Brehm*, ZPO Band 1, vor § 1 Rn. 10; *Stürner*, Aufklärungspflicht, S. 49.
626 *Schmidt*, Zweck des Zivilprozesses, S. 29 f.; AK-ZPO/*Schmidt*, Einleitung Rn. 12; ähnlich in diese Richtung auch *Hahn*, Kooperationsmaxime, S. 79.
627 Vgl. *Fries*, Verbraucherrechtsdurchsetzung, S. 179: „*Die Wettbewerbszentrale prozessiert aktuell in gut 700 Fällen pro Jahr.*".

oder Gruppeninteressen[628], sodass der Prozesszweck der Durchsetzung subjektiver Privatrechte auch gewahrt bleibt.

b) Herstellung des Rechtsfriedens

Ein Konflikt zwischen Privaten ist regelmäßig der Keim für ein anstehendes Gerichtsverfahren. Es stellt sich daher die Frage, ob der Prozess zugleich auch das Ziel verfolgt, diesen Streit effektiv zu beenden und den Rechtsfrieden zwischen den Streitenden zu wahren.[629] Tatsächlich wird der Rechtsfrieden durch die rechtskräftige Entscheidung der unabhängigen Staatsorgane wiederhergestellt.[630] Die Entscheidung einer staatlichen Institution wird in der Regel auch als endgültiger Konfliktlösungsweg anerkannt. Dennoch darf nicht verkannt werden, dass sich der Rechtsfrieden gerade erst dadurch einstellt, dass das subjektive Recht in zutreffender Art und Weise ermittelt wurde. Die Streitbeilegung und damit konsequenterweise auch der hergestellte Rechtsfrieden sind Ausfluss dessen, was in Bezug auf das subjektive Recht festgestellt wurde. Die Realisierung des Rechtsfriedens geht somit zwingend Hand in Hand mit dieser Feststellung und der nachfolgenden Rechtsgewährung einher: Die Durchsetzung subjektiver Rechte ist die Vorbedingung für die Wiederherstellung des Rechtsfriedens, dieser kommt als Folge zum Zug.[631] Daraus lässt sich aber gerade nicht schließen, dass die Herstellung des Rechtsfriedens ein eigenständiger Prozesszweck sei und die subjektive Rechtsdurchsetzung lediglich als mittelbarer Zweck fungiere.[632] Die Rechtsdurchsetzung ist zwingend notwendig, damit Rechtsfrieden entstehen kann. Sie ist daher nicht bloß als zwischenzeitliches Etappenziel zu verstehen, sondern als Endziel, das dann auch Rechtsfrieden mitbringt. Ohne die subjektive Rechtsdurchsetzung gä-

---

628 *Heinze*, in: FS Beys, S. 515, 522; Stein/Jonas/*Brehm*, ZPO Band 1, vor § 1 Rn. 11; allgemein kritisch bzgl. der Durchsetzung öffentlicher Interessen durch private Kläger auch *Jauernig/Hess*, Zivilprozessrecht, § 1 Rn. 9.

629 Für die Annahme, die Herstellung des Rechtsfriedens stelle einen eigenständigen Zweck dar, u.a.: Stein/Jonas/*Schumann*, ZPO Band 1, 20. Auflage (Altauflage), Einleitung Rn. 11; *Schönke/Kuchinke*, Zivilprozessrecht, § 2 S. 4; *von Mettenheim*, Grundsatz der Prozeßökonomie, S. 19 f.; *Laumen*, Rechtsgespräch im Zivilprozeß, S. 83 f.; *Rosenberg*, Beweislast, S. 66.

630 *Schilken*, Zivilprozessrecht, § 1 Rn. 12; *Rosenberg/Schwab/Gottwald*, Zivilprozessrecht, § 1 Rn. 10.

631 So noch *Diakonis*, Grundfragen der Beweiserhebung, S. 33.

632 Das aber folgert *Diakonis*, Grundfragen der Beweiserhebung, S. 33.

be es hingegen keinen Rechtsfrieden, da diese als Vorbedingung notwendigerweise erfüllt sein muss. Dann aber macht es keinen Sinn, den Rechtsfrieden als eigenständigen Prozesszweck zu qualifizieren, wenn er in höchstem Maße abhängig ist von anderen Entwicklungsstufen. Er kann daher nicht als ein selbständiger Hauptzweck des Prozesses betrachtet werden.[633]

Daran ändern auch die Fälle nichts, in denen ein unrichtiges Urteil gefällt wird. Zwar besteht hier die Gefahr, dass dem subjektiven Recht nicht zu seiner berechtigten Durchsetzung verholfen wurde. Deshalb könnte man davon ausgehen, dass sich die Wirkungen des Prozesses primär darauf beschränken, den Rechtsstreit zu beenden und Frieden zwischen den Parteien herzustellen. Jedoch sollte man das unrichtige Urteil als Ausnahmefall nicht dazu nutzen, um allgemeingültige Aussagen zum Prozesszweck treffen zu wollen.[634] Immerhin besteht durch die weiteren Instanzen noch die Möglichkeit, die Unrichtigkeit zu erkennen und das subjektive Recht zu wahren. Im Erfolgsfall minimiert sich der Gedanke des Rechtsfriedens wieder zum bloßen „Anhängsel". Daher kann der seltenere Fall der Fehlentscheidung einen eigenständigen Zweck der Rechtsfriedensherstellung nicht legitimieren.

Zu bestätigen ist indes, dass die Zivilprozessordnung Institute kennt, denen der Gedanke des Rechtsfriedens immanent ist. Das trifft richtigerweise auf den Prozessvergleich zu.[635] Aufgrund des gegenseitigen Nachgebens der Parteien könnte man den Schluss ziehen, dass hier die Durchsetzung subjektiver Rechte zweitrangig sei. Das Streben nach Rechtsfrieden aber deshalb als eigenständigen Prozesszweck zu überhöhen, ist nicht angebracht. Zwar sieht § 278 Abs. 1, 2 ZPO vor, dass zu jeder Zeit eine gütliche Streitbeilegung angestrebt werden soll. Insoweit ist die Norm Ausdruck des Rechtsfriedengedankens.[636] Zwingend zu befolgen ist diese Vorschrift jedoch nicht. Zum einen sieht schon Abs. 2 vor, dass bei mangelnden Erfolgsaussichten keine solche Beilegung erfolgen muss. Ferner ist das Unterlassen der gütlichen Streitbeilegung weder für die Parteien noch den Pro-

---

633 Dieses Ergebnis teilend: *Rosenberg/Schwab/Gottwald*, Zivilprozessrecht, § 1 Rn. 10; *Schilken*, Zivilprozessrecht, § 1 Rn. 12; *ders.*, Gerichtsverfassungsrecht, § 4 Rn. 78; *Schmidt*, Zweck des Zivilprozesses, S. 13 f.; *Grunsky*, Grundlagen des Verfahrensrechts, § 1 II S. 4; *Gaul*, AcP 1968, 27, 59; *Schönfeld*, Verhandlungsmaxime, S. 34; *Heinze*, in: FS Beys, S. 515, 522 f. m.w.N.

634 So aber *Sax*, ZZP 67 (1954), 21 ff.; dagegen *Rosenberg/Schwab/Gottwald*, Zivilprozessrecht, § 1 Rn. 10.

635 *Diakonis*, Grundfragen der Beweiserhebung, S. 35 f.

636 Musielak/Voit/*Foerste*, § 278 Rn. 1; Saenger/*Saenger*, § 278 Rn. 1.

zess mit negativen Folgen verknüpft. Dies zeigt aber, dass das Institut samt Vergleichsmöglichkeit zwar im Optimalfall realisiert werden soll, nicht aber um jeden Preis. Der Vergleich mag eine Option sein, um den Streit zu beenden. Dann zeigt sich der Rechtsfrieden in besonderer Art und Weise. Der Normalfall liegt aber nicht im Vergleichsabschluss. Daher ist davon Abstand zu nehmen, allein aus diesem Sonderinstitut als Alternative zur richterlichen Entscheidung einen generellen Rückschluss für die Prozesszwecke zu ziehen.[637] Dass der Prozess den Rechtsfrieden zumindest als Begleiterscheinung aber auch verfolgt, ist hingegen eine Selbstverständlichkeit.

c) Wahrheitsfindung

Weiterhin stellt sich die Frage, ob der staatliche Gerichtsprozess auch der Wahrheitsfindung dient und diese als eigener Prozesszweck anzuerkennen ist. Sieht man in der Durchsetzung der subjektiven Rechte einen Hauptzweck des Prozesses, dann muss man streng genommen zunächst davon ausgehen, dass das Gericht das in Rede stehende subjektive Recht überprüft und nur dann zu seiner Durchsetzung beiträgt, wenn es berechtigterweise davon ausgehen kann, dass es dem Kläger auch zusteht. Dazu ist es aber erforderlich, dass die Behauptungen des Klägers wahren Tatsachen entsprechen. Man könnte daher davon ausgehen, ein eigener Prozesszweck sei insbesondere auch das Auffinden der Wahrheit als verfassungsmäßige Gewährleistung aus dem Justizgewährungsanspruch,[638] damit das subjektive Recht als Folge dann erst zu- oder aberkannt werden kann. Vielfach wird in diesem Kontext auch betont, dass der Zivilprozess nicht nur allein in den Händen der Parteien liege, sondern auch eine „Wohlfahrtseinrichtung des Staates" sei. Aus dieser „Sozialbindung des Rechtsschutzes" ergebe sich schon eine Beschränkung für die Parteien dergestalt, dass diese

---

637 Vgl. Stein/Jonas/*Brehm*, ZPO Band 1, vor § 1 Rn. 16.
638 So u.a. *Stürner*, Aufklärungspflicht, S. 43 und 48ff.; *Schmidt*, Zweck des Zivilprozesses, S. 34ff. und insbesondere S. 38; *Hassold*, Voraussetzungen der besonderen Streitgenossenschaft, S. 79ff.; *Gaul*, AcP 1968, 27, 49ff.; *Niese*, Doppelfunktionelle Prozeßhandlungen, S. 16; *Gehrlein*, ZZP 110 (1997), 451, 470 bezeichnet die Wahrheitsermittlung als vorrangigen Zweck eines jeden gerichtlichen Verfahrens.

nicht uneingeschränkt darüber bestimmen können, was im Prozess überprüft werde.[639]

Die Lösung der Frage, ob die Wahrheitsfindung als eigener Prozesszweck zu qualifizieren ist, ergibt sich bereits aus dem soeben Gesagten. Die Wahrheitsfindung ist das Mittel zum eigentlichen Zweck des Prozesses, nämlich den Individualschutz zu garantieren.[640] Um die Durchsetzung subjektiver Rechte realisieren zu können, bedient man sich der Wahrheitsfindung. Diese ist bloß das Instrument des Richters, um die Gegebenheiten zu beleuchten und in der Folge die geltend gemachten Rechte zu- oder abzuerkennen. Hinzu kommt, dass das Gericht aufgrund der Normausgestaltung in der ZPO an den Parteiwillen gebunden und die Wahrheit nur eingeschränkt nachprüfbar ist.[641] Beispielhaft sei das Geständnis angeführt, gegen das das Gericht keine Wahrheitsfindung mehr betreiben kann.[642] Auch dort, wo nur reine Rechtsfragen zu klären sind, verwirklicht sich das Streben nach Wahrheitsfindung nicht. Verdeutlicht wird dies auch durch verschiedene Institute der ZPO. So haben sowohl die Revision als auch die Vorlageverfahren einzig das Ziel, Rechtsfragen aufzuschlüsseln.[643] Legte man dem Prozess dagegen im Rahmen der Wahrheitsfindung eine soziale Komponente zugrunde, bestünde die große Gefahr, dass die Intensität der Wahrheitsermittlung von einer „Sozialwürdigkeitsprüfung" des Richters abhängig gemacht wird.[644] Denn wenn man den Parteien aufgrund der sozialen Komponente das Recht abspricht, über das zu Verhandelnde zu bestimmen, obliegt es letztlich dem Richter, wie weit die Auf-

---

639 *Bathe*, Verhandlungsmaxime und Verfahrensbeschleunigung, S. 39; *Bernhardt*, JZ 1963, 245, 246 f., vgl. auch *Hahn*, Kooperationsmaxime, S. 71 f.

640 *Heinze*, in: FS Beys, S. 515, 524; *Laumen*, Rechtsgespräch im Zivilprozeß, S. 80; Stein/Jonas/*Brehm*, ZPO Band 1, vor § 1 Rn. 25.

641 *Grunsky*, Grundlagen des Verfahrensrechts, § 1 II S. 4; Stein/Jonas/*Brehm*, ZPO Band 1, vor § 1 Rn. 25; *Gomille*, Informationsproblem und Wahrheitspflicht, S. 150 f.; *Beckhaus*, Bewältigung von Informationsdefiziten, S. 287 lehnt es deshalb ab, die Wahrheitsfindung als zentralen Zweck des Zivilprozesses zu begreifen, lässt aber offen, ob es sich bei der Wahrheitsfindung um ein bloßes „Zwischenziel" oder einen „Prozesszweck" handelt; vgl. *Diakonis*, Grundfragen der Beweiserhebung, S. 41 und 43.

642 *Grunsky*, Grundlagen des Verfahrensrechts, § 1 II S. 4; *Brehm*, Bindung des Richters, S. 30; *Gomille*, Informationsproblem und Wahrheitspflicht, S. 151; *Beckhaus*, Bewältigung von Informationsdefiziten, S. 287; vgl. *Diakonis*, Grundfragen der Beweiserhebung, S. 42.

643 Stein/Jonas/*Brehm*, ZPO Band 1, vor § 1 Rn. 25.

644 *Hahn*, Kooperationsmaxime, S. 73; *Gomille*, Informationsproblem und Wahrheitspflicht, S. 161; auch *Stürner*, Aufklärungspflicht, S. 55 lehnt den Gedanken vom richterlichen „Sozialingenieur" in dieser Allgemeinheit ab.

klärung reicht. Ein solches Resultat würde aber dem Ergebnis nicht gerecht, dass es zuvörderst auf die Durchsetzung subjektiver Rechte und die Verwirklichung der Parteienherrschaft ankommt. Daher ist es nicht haltbar, die Wahrheitsfindung *gesondert* als Prozesszweck bzw. als zentrale Aufgabe des Zivilprozesses zu benennen.[645]

d) Rechtsanwendung, Rechtsgewissheit und Rechtsfortbildung

Unbestritten muss jeder Prozess zur Ermittlung der in Rede stehenden Rechte das geltende Recht anwenden. Die Richter entscheiden nicht nach Gutdünken, sondern sind an Recht und Gesetz gebunden. Die Verwirklichung der materiellen Rechtsordnung strebt eine Konfliktlösung an. Damit stellt sich auch für die Parteien eine definitive Klärung ihrer Rechtsprobleme ein: Sie erlangen Gewissheit darüber, wie das geltende Recht ihren Konflikt löst. Der Richter füllt die abstrakten Gesetzestexte mit Leben, indem er sie konkret auf den zu entscheidenden Sachverhalt anwendet und somit das Recht im Einzelfall konkretisiert.[646] Die streitig gestellte Rechtsfrage wird verbindlich entschieden und durch die materielle Rechtskraft erreicht, dass das erzielte Prozessergebnis nicht mehr angezweifelt werden kann. Um eine solche Rechtssicherheit zu erreichen, muss es auch dann zu einer definitiven Entscheidung kommen, wenn der in Rede stehende Sachverhalt nicht vollumfänglich aufzuklären ist. Mittels der Beweislastverteilung im Zivilprozess wird gewährleistet, dass der Richter auch in diesen Fällen zu einer Rechtsgewissheit beitragen kann.[647] Nicht zu folgen ist hingegen dem Verständnis *Pawlowskis* von Rechtsgewissheit. Hiernach solle das materielle Recht vor Prozessbeginn unklar sein und erst

---

645 So schon *Wach*, Vorträge über die Reichs-Civilprocessordnung, S. 149: Dass die Wahrheitspflicht lediglich „zufälliges Resultat" sei, ist aufgrund des heutigen § 138 Abs. 1 ZPO jedoch nicht mehr haltbar; *Heinze*, in: FS Beys, S. 515, 524; *Rosenberg*, Beweislast, S. 66; *Brehm*, Bindung des Richters, S. 28; *Jauernig*, JuS 1971, 329, 330; *Grunsky*, Grundlagen des Verfahrensrechts, § 1 II S. 4; *Laumen*, Rechtsgespräch im Zivilprozeß, S. 80; Stein/Jonas/*Brehm*, ZPO Band 1, vor § 1 Rn. 25 f.; *Gomille*, Informationsproblem und Wahrheitspflicht, S. 150 f.; *Beckhaus*, Bewältigung von Informationsdefiziten, S. 287; *Schönfeld*, Verhandlungsmaxime, S. 33..

646 Stein/Jonas/*Brehm*, ZPO Band 1, vor § 1 Rn. 24; *Schönke/Kuchinke*, Zivilprozessrecht, § 1 II S. 3; *Laumen*, Rechtsgespräch im Zivilprozeß, S. 77.

647 Stein/Jonas/*Brehm*, ZPO Band 1, vor § 1 Rn. 15, vgl. auch *Schilken*, Gerichtsverfassungsrecht, § 4 Rn. 77.

durch den Prozess selbst dargelegt werden.[648] Das Recht müsse daher zunächst durch ein Rechtsgespräch aller Beteiligten bestimmt werden, um im Anschluss über dessen Durchsetzbarkeit zu entscheiden.[649] Dieser Auffassung liegt zwar richtigerweise der Gedanke zu Grunde, dass das Recht im Einzelfall noch zu konkretisieren ist. Indes ist das materielle Recht auch schon vor Prozessbeginn bestimmt genug, handelt es sich doch nicht um einen bloßen unverbindlichen Plan, sondern um zu befolgende verbindliche Regelungen.[650] Dafür spricht ferner auch, dass oftmals nur Tatsachen streitig sind, nicht aber die konkrete Rechtseinordnung als solche.[651]

Damit ist abschließend noch zu erklären, ob die durch Rechtsanwendung erreichte Rechtsgewissheit als Prozesszweck zu qualifizieren ist. Teilweise wird das mit der Begründung verneint, dass zwischen den Parteien bereits vor Prozessbeginn Einigkeit über die Rechtslage bestehen könne, der Schuldner der Forderung aber trotzdem nicht nachkomme.[652] Darüber hinaus werde Rechtsgewissheit nicht erreicht, wenn sich der Unterlegene trotz der gerichtlichen Entscheidung dennoch im Recht wähnt.[653] Beide Einwendungen überzeugen jedoch nicht. Ob sich der Einzelne nach dem Prozess dennoch im Recht sieht, ist unerheblich. Die gerichtliche Entscheidung hat einen konkreten Fall unter Zugrundelegung der einschlägigen Normen entschieden. Damit erhalten die Parteien rein objektiv Rechtsgewissheit hinsichtlich ihres spezifischen Problems. Ob der Unterlegene damit einverstanden ist, ist kein ausschlaggebendes Argument. Er erhält jedenfalls die Gewissheit, dass die Dritte Gewalt ihn im entschiedenen Fall nicht im Recht sieht. Ferner kann sich trotz vermeintlicher vorprozessualer Einigkeit über die Rechtslage der Fall einstellen, dass vor Gericht ein anderes Rechtsergebnis erzielt wird. Die Parteien wenden das Recht regelmäßig nur laienhaft an, sodass ihnen dann Rechtsgewissheit zu Teil wird, wenn das Gericht die Rechtslage anders bewertet. Daher ist es vorzugswürdig, die Rechtsgewissheit als einen Prozesszweck anzusehen. Dagegen spricht auch nicht, dass diese aufgrund der Durchsetzung subjektiver Rechte mitverwirklicht wird. Denn Rechtsgewissheit wird im Zweifel erst dann erreicht, wenn das materielle Recht zuvor präzisiert und verfeinert wurde.[654]

---

648 *Pawlowski*, ZZP 80 (1967), 345, 363 f.
649 *Pawlowski*, ZZP 80 (1967), 345, 368.
650 *Laumen*, Rechtsgespräch im Zivilprozeß, S. 76.
651 *Laumen*, Rechtsgespräch im Zivilprozeß, S. 76.
652 *Grunsky*, Grundlagen des Verfahrensrechts, § 1 II S. 4.
653 *Grunsky*, Grundlagen des Verfahrensrechts, § 1 II S. 4.
654 Vgl. Stein/Jonas/*Schumann*, ZPO Band 1, 20. Auflage (Altauflage), Einleitung Rn. 17.

Das aber ist eine notwendige Vorstufe der folgenden Rechtsdurchsetzung und kann daher nicht schon als bloße Begleiterscheinung mitverwirklicht sein. Hieraus ergibt sich die Legitimation, einen eigenständigen Prozesszweck anzunehmen.[655]

Die angesprochene Rechtsgewissheit wirkt sich zunächst unmittelbar nur auf die am Prozess beteiligten Parteien aus. Sie erhalten eine definitive Lösung für ihre Streitigkeit. Oftmals beschränkt sich die Rechtsanwendung und -umsetzung aber nicht allein auf die Prozessbeteiligten. Dritte haben ein Interesse daran, über die Gesetzestexte hinaus Informationen zu erlangen, um eine valide Einschätzung darüber zu erhalten, wie die Gerichte konkrete Rechtsstreitigkeiten lösen. Rechtsfortbildung ist dabei auch im Zivilprozess von immanenter Bedeutung. Das ist zum einen darauf zurückzuführen, dass der Gesetzgeber nicht jede Rechtsfrage im Gesetz regeln kann und will.[656] Zum anderen fördern die Verwendung von Generalklauseln sowie die zu erweisende Praxistauglichkeit neuer Gesetze das Bedürfnis nach Rechtsfortbildung als Instrument zur Wahrung der Einheit der zersplitterten Privatrechtsordnung.[657] Nicht zuletzt ist auch die veränderte Rechtsanschauung in der Bevölkerung über die Jahre bei der Rechtsanwendung zu berücksichtigen, sodass sich der Rechtsfortbildungsgedanke auch aus dem Gedanken speist, dass das Recht als solches lebendig bleiben muss.[658]

Zu konstatieren ist zunächst, dass Präjudizien im Zivilprozess nur faktische Ausstrahlwirkung besitzen, die Einheitlichkeit der Rechtsprechung wird durch Verfahrensvorschriften hinreichend abgesichert.[659] Daher hat der Richter grundsätzlich freie Hand dahingehend, die Spruchpraxis an neu entstehende Bedürfnisse anzupassen. Einschränkend muss er eine Ermessensbindung dergestalt beachten, dass ein Abweichen von der aktuell herrschenden Praxis nur dann legitim ist, wenn er die Überzeugung gewinnt, dass die derzeit praktizierte Rechtsprechung – die eine Rechtsquelle eigner Art darstellt – untunlich ist.[660] Durch diese Vorgehensweise reali-

---

655 Im Ergebnis die Rechtsgewissheit ebenfalls als Prozesszweck ansehend: *Laumen*, Rechtsgespräch im Zivilprozeß, S. 77; *Schönke/Kuchinke*, Zivilprozessrecht, § 1 II S. 3; *Stein/Jonas/Brehm*, ZPO Band 1, vor § 1 Rn. 17; *Blomeyer*, Zivilprozeßrecht, § 1 I S. 2.

656 Stein/Jonas/*Schumann*, ZPO Band 1, 20. Auflage (Altauflage), Einleitung Rn. 24.

657 Stein/Jonas/*Schumann*, ZPO Band 1, 20. Auflage (Altauflage), Einleitung Rn. 24.

658 Stein/Jonas/*Schumann*, ZPO Band 1, 20. Auflage (Altauflage), Einleitung Rn. 25.

659 Stein/Jonas/*Brehm*, ZPO Band 1, vor § 1 Rn. 18 f.; vgl. MüKo/*Rauscher*, ZPO Band 1, Einleitung Rn. 10.

660 Stein/Jonas/*Brehm*, ZPO Band 1, vor § 1 Rn. 21.

siert sich der Gedanke der Rechtsfortbildung. Besteht im Einzelfall das Bedürfnis, geltende Spruchpraxis zu korrigieren oder Gesetzeslücken auszufüllen, so kann der Richter dies tun. Die Rechtsanwendung wird modifiziert und die Fortentwicklung des Rechts vor allem durch das Rechtsmittelrecht und speziell die Revisionsgerichte garantiert.[661]

Da diese Aufgabe zwingend erforderlich ist, um im Einzelfall auch die Durchsetzung der Rechte zu garantieren – Lückenschließung oder Fortbildung einer Norm ist notwendigerweise der erste Schritt hierfür – ist bei der Rechtsfortbildung von einem selbständigen Prozesszweck auszugehen.[662] Gesetzeskonkretisierung und Lückenschließung sollten dabei erweiternd auch unter die Rechtsfortbildung gefasst werden, obwohl andere Gerichte streng genommen nicht gebunden werden.[663] Überzeugungskraft und Ansehen höherer Gerichte und ihre Autorität gegenüber den untergeordneten Gerichten tragen dazu bei, dass die Rechtsfortbildung dennoch regelmäßig beachtet wird.[664]

e) Bewährung der objektiven Rechtsordnung

Zu prüfen bleibt, inwieweit auch die Bewährung der geltenden objektiven Rechtsordnung eine Aufgabe ist, die der staatlichen Gerichtsbarkeit zufällt. Nicht abzustreiten ist zunächst die Tatsache, dass es zwischen der Durchsetzung subjektiver Rechte und dem objektiven Recht enge Verknüpfungen gibt. Subjektive Rechte wurzeln im objektiven Recht, mithin also der Rechtsordnung. Fehlt es an der Möglichkeit, die subjektiven Rechte in einem geregelten Verfahren geltend zu machen, wird zugleich auch das objektive Recht beeinträchtigt. Die Zuerkennung der subjektiven Rechte im Prozess führt idealerweise auch dazu, dass die Befolgung der geltenden Rechtsnormen in der Gesellschaft gefördert wird.[665] Der Zivil-

---

661 *Jauernig/Hess*, Zivilprozessrecht, § 1 Rn. 5; *Blomeyer*, Zivilprozeßrecht, § 1 I S. 2, MüKo/*Rauscher*, ZPO Band 1, Einleitung Rn. 10; vgl. auch *Schönke/Kuchinke*, Zivilprozessrecht, § 1 II S. 3.

662 Ebenso Stein/Jonas/*Brehm*, ZPO Band 1, vor § 1 Rn. 23; Stein/Jonas/*Schumann*, ZPO Band 1, 20. Auflage (Altauflage), Einleitung Rn. 24; AK-ZPO/*Schmidt*, Einleitung Rn. 14; MüKo/*Rauscher*, ZPO Band 1, Einleitung Rn. 10; umfassend dazu auch *Lames*, Rechtsfortbildung als Prozeßzweck.

663 Aus diesem Grund verneint Stein/Jonas/*Brehm*, ZPO Band 1, vor § 1 Rn. 24 die Einordnung unter die Rechtsfortbildung.

664 Stein/Jonas/*Schumann*, ZPO Band 1, 20. Auflage (Altauflage), Einleitung Rn. 25.

665 *Grunsky*, Grundlagen des Verfahrensrechts, § 1 II S. 5.

prozess verfolgt daher zumindest auch ein überindividuelles Interesse an der Einhaltung der objektiven Rechtsordnung.[666]

Diese These lässt sich auch historisch anhand der Entwicklung der Zivilprozessordnung belegen. Als die CPO im Jahre 1877 erlassen wurde, bestand ein Konsens dahingehend, dass der Zivilprozess zuvörderst dem Schutz subjektiver Rechte zu dienen habe.[667] Diese Sichtweise änderte sich mit Beginn des 20. Jahrhunderts dahingehend, dass fortan die Bewährung der objektiven Rechtsordnung in den Vordergrund gerückt würde. Das materielle Recht habe sich im Prozess zu beweisen und der Zweck der Institution „staatliche Gerichtsbarkeit" laufe nicht zwingend parallel mit dem Zweck der einzelnen Prozesse, sodass die Durchsetzung subjektiver Rechte lediglich sekundär mitverwirklicht werde.[668] Betont wurde dadurch insbesondere, dass der Rechtsschutz für die „Volksgemeinschaft" als Ganzes existiere und der Prozess als Institution überwiegend den Gehorsam des Volkes gegenüber der Rechtsordnung absichern solle.[669] Die Novellen des Zivilprozesses 1909, 1924 und 1933 führten in der Folge zur Ausdehnung der Richtermacht unter gleichzeitiger Beschränkung der weitreichenden Parteifreiheit, sodass hier auch das gesetzgeberische Interesse an einer funktionierenden Rechtsordnung als solcher erkennbar wird.[670] Dass der Zivilprozess daher sowohl die Durchsetzung subjektiver Rechte als auch die Bewahrung der objektiven Rechtsordnung forciert, steht nicht zur Diskussion. Es stellt sich allenfalls die Frage, in welchem Verhältnis die beiden genannten Aspekte zueinanderstehen. Im Allgemeinen wird man sagen müssen, dass sich aus der Durchsetzung subjektiver Rechte zugleich auch als notwendige Folge die Bewahrung der objektiven Rechtsordnung ergibt. Denn wenn ein subjektives Recht im Prozess zuerkannt wird, wird damit zugleich auch die Rechtsordnung umgesetzt und gesichert. Beides ist derart miteinander verwoben, dass von „verschiedenen

---

666 *Laumen*, Rechtsgespräch im Zivilprozeß, S. 80.

667 *Gaul*, AcP 1968, 27, 47; Stein/Jonas/*Brehm*, ZPO Band 1, vor § 1 Rn. 13; *Laumen*, Rechtsgespräch im Zivilprozeß, S. 80.

668 *De Boor*, Auflockerung des Zivilprozesses, S. 35 f.; Stein/Jonas/*Pohle*, ZPO Band 1, 18. Auflage (Altauflage), Einleitung C, S. 17 f.

669 *De Boor*, Auflockerung des Zivilprozesses, S. 35 f.; hinzuweisen ist insbesondere auch auf den Einfluss von F. Klein, den Begründer der österreichischen Zivilprozessordnung, der die soziale Bedeutung des Prozesses als Wohlfahrtseinrichtung betonte und auf das Gemeinwohl und den gesellschaftlichen Frieden abstellte: *Klein*, Zeit- und Geistesströmungen im Prozesse, S. 25 ff.

670 *Laumen*, Rechtsgespräch im Zivilprozeß, S. 81; *Gaul*, AcP 1968, 27, 46.

Seiten einer Medaille" gesprochen werden kann.[671] Eine isolierte Eigenständigkeit beider Aspekte im Sinne jeweils selbständiger Prozesszwecke ergibt sich daraus folglich nicht. Vielmehr verstärkt der Gedanke der Wahrung der objektiven Rechtsordnung den Prozesszweck der subjektiven Rechtsdurchsetzung.

f) Sozialfunktion des Zivilprozesses

Bereits innerhalb der thematisierten möglichen Prozesszwecke ist deutlich geworden, dass die Idee des Prozesses als reine „Wohlfahrtseinrichtung" nicht haltbar ist. Dazu dominiert das subjektive Recht die geltenden zivilprozessualen Vorschriften zu stark. Dennoch hat sich auch der Gedanke verbreitet, der Richter sei zunehmend sozialer Helfer.[672] Primäre Intention dieser Auffassung ist es, die „Kraft des Richters frei zu geben und sie [...] in den Dienst des Rechts, des Gemeinwohles und des gesellschaftlichen Friedens zu stellen."[673] Das bedeutet nichts anderes, als dem Richter – seines Zeichens Repräsentant der Allgemeinheit – einen umfassenden Einfluss auf das Verfahren zu gewähren, um den sozial Schwächeren zu schützen.[674]

Gegen ein solches Verständnis des Zivilprozesses als umfassende Sozialeinrichtung sprechen indes gewichtige Bedenken. Zu beachten ist, dass der Richter an Recht und Gesetz gebunden bleibt und den Prozess daher nicht einseitig zugunsten des sozial Schwächeren ausgestalten kann.[675] Er hat von der Geltung des materiellen Rechts auszugehen und kann einen „sozialen Ausgleich" allenfalls in den Bereichen der Generalklauseln oder Gesetzeslücken realisieren.[676] Ein Richter darf sich aber keinesfalls über die Wertungen des materiellen Rechts hinwegsetzen. Denn dann würde er zu-

---

671 *Laumen*, Rechtsgespräch im Zivilprozeß, S. 81; Stein/Jonas/*Brehm*, ZPO Band 1, vor § 1 Rn. 12; *Rosenberg/Schwab/Gottwald*, Zivilprozessrecht, § 1 Rn. 8; *Jauernig/Hess*, Zivilprozessrecht, § 1 Rn. 5; *Pawlowski*, ZZP 80 (1967), 345, 347; *Schilken*, Gerichtsverfassungsrecht, § 4 Rn. 74; *Schilken*, Zivilprozessrecht, § 1 Rn. 8; vgl. auch MüKo/*Rauscher*, ZPO Band 1, Einleitung Rn. 8 f.; *Stürner*, Aufklärungspflicht, S. 51 ff.

672 Zum Ganzen: *Klein*, Zeit- und Geistesströmungen im Prozesse, S. 1 ff.; siehe auch *Meyer*, JR 2004, 1 ff.

673 *Klein*, Zeit- und Geistesströmungen im Prozesse, S. 36.

674 *Meyer*, JR 2004, 1.

675 *Schilken*, Zivilprozessrecht, § 1 Rn. 16.

676 *Meyer*, JR 2004, 4; zur Möglichkeit der sozialen Gestaltung unter diesen Aspekten *Schilken*, Zivilprozessrecht, § 1 Rn. 16.

kunftsgestaltend in die parteilichen Beziehungen derart eingreifen, dass er selbst über Recht und Billigkeit entscheiden dürfte.[677] Würde man den Richter als „Sozialingenieur" sehen, bestünde zudem leicht die Gefahr, dass eine Partei entgegen ihrem Willen bevormundet wird. Das widerspricht aber den bereits thematisierten prozessualen Gestaltungsmöglichkeiten. Dass eine Partei aufgrund von Unachtsamkeit oder Unerfahrenheit nicht alle Möglichkeiten wahrnimmt, die die Verhandlungs- bzw. Dispositionsmaxime bereithalten, stellt eine Gefahr dar, die der Gesetzgeber bei der Verabschiedung der CPO bewusst in Kauf nahm.[678] Der Richter unterliegt vielmehr dem Grundsatz der Unparteilichkeit und darf nicht zu intensiv lenkend in den Prozess eingreifen, ansonsten droht der Einwand der Befangenheit.[679] Darüber hinaus bildet der zur Entscheidung gestellte Sachverhalt regelmäßig nur einen Ausschnitt aus dem gesamten Leben. Wollte der Richter hier sozial fungieren, müsste er sicherstellen, dass er alle sozialen Gesamtzusammenhänge beachtet und in seine Erwägungen miteinbezieht.[680] Das aber wird kaum zu leisten sein. Soziale Aspekte können im Zivilprozess auch anderweitig unterstützt werden. Die Regelungen zur Prozesskostenhilfe belegen dies.

g) Zwischenergebnis

Die Untersuchung der Ziele und Zwecke staatlicher Gerichtsbarkeit hat gezeigt, dass sowohl Individual- als auch Allgemeininteressen den Prozess beeinflussen. Primärer Zweck bleibt die Durchsetzung subjektiver Rechte. Steht das Individualinteresse der Rechtsdurchsetzung derart im Fokus, spricht dies dafür, diese Interessen auch auf die Ausgestaltung des Prozesses zu übertragen. Daher erscheint es nicht untunlich, eine Dispositionsmöglichkeit der Parteien über die Öffentlichkeit in Erwägung zu ziehen. Schließlich dient der Prozess primär den Interessen des Einzelnen. Dennoch hat das Allgemeininteresse namentlich unter den Gesichtspunkten der Bewährung der objektiven Rechtsordnung und der Rechtsfortbildung seinen Platz im gerichtlichen Prozess gefunden. Wenngleich es sich nicht stets um eigenständige Prozesszwecke handelt, kommt ihnen eine Bedeutung für das staatliche Gerichtsverfahren zu. Um dieses Allgemeininteresse

---

677 *Meyer*, JR 2004, 1, 4.
678 *Meyer*, JR 2004, 1, 3.
679 *Meyer*, JR 2004, 1, 4.
680 *Grunsky*, Grundlagen des Verfahrensrechts, § 1 IV S. 13.

nicht zu unterlaufen, muss darauf bei der Ausgestaltung der Öffentlich-keitsdisposition Rücksicht genommen werden. Das Allgemeininteresse würde durch eine umfassende Dispositionsmöglichkeit stark beschnitten. Daher muss es für die Öffentlichkeit ausreichend Raum geben, um am gerichtlichen Verfahren partizipieren zu können.

Um die Attraktivität der staatlichen Gerichte aufwerten zu können, muss im Folgenden ihr vermeintlicher Konkurrent näher beleuchtet werden. Die Schiedsgerichte zeichnen sich insbesondere durch vollständige Nichtöffentlichkeit aus. Erst durch die Analyse der Schiedsgerichtsbarkeit kann festgestellt werden, in welchem Verhältnis beide Gerichtsbarkeiten zueinander stehen und wo die wahren Vorteile liegen.

2. Schiedsgerichtsbarkeit

Schiedsgerichte zeichnen sich im Unterschied zu staatlichen Gerichten zunächst entscheidend dadurch aus, dass es sich um Privatgerichte handelt und der Grundsatz der Privatautonomie daher als tragende Säule dieser Gerichtsbarkeit fungiert.[681] Dennoch bieten sie eine gleichwertige Rechtsschutzalternative, da der Streit zwischen den Beteiligten endgültig beendet wird und die Entscheidung im Schiedsgerichtsverfahren ebenso bindend ist wie im Falle staatlichen Rechtsschutzes.[682] Schiedsgerichte setzen zwar keine Hoheitsakte und üben dementsprechend keine öffentliche Gewalt aus, die Schiedsrichter sind nicht aufgrund eines öffentlichen Amtes zur Streitschlichtung berufen.[683] Es handelt sich aber gleichwohl um materielle Rechtsprechungstätigkeit.[684] Aufgrund der Tatsache, dass die Schiedsgerichte nicht in die staatliche Organisation eingebettet sind und dem Gerichtsbegriff aus Art. 92 GG nicht genügen, wäre es jedoch unzulässig, allein solche privaten Gerichte als wirksamen Rechtsschutzmechanismus zu

---

681 Siehe dazu schon oben zu Schiedsvereinbarungen: 1. Kapitel, B, IV.
682 BGHZ 65, 59, 61; *Bechte*, ZJS 2011, 307; *Rosenberg/Schwab/Gottwald*, Zivilprozessrecht, § 175 Rn. 22; *Raeschke-Kessler/Berger*, Recht und Praxis des Schiedsverfahrens, Kapitel 1, Rn. 1; *Schütze*, Schiedsgericht, Einleitung Rn. 6 f.; *Eslami*, Nichtöffentlichkeit des Verfahrens, S. 39 f.
683 *Schroeder*, KritV 2012, 145, 147; *Schwab/Walter*, Schiedsgerichtsbarkeit, Kapitel 9 Rn. 4.
684 BGHZ 51, 255, 258; 54, 392, 395; 65, 59, 61; *Schwab/Walter*, Schiedsgerichtsbarkeit, Kapitel 1 Rn. 1; *Lachmann*, Handbuch Schiedsgerichtspraxis, Kapitel 1, Rn. 8.

installieren.[685] Das würde der Justizgewährungspflicht nicht gerecht. Die Zuweisung materieller Rechtsprechungstätigkeit hat indes zur Folge, dass auch die Schiedsgerichte als Ersatz endgültiger Entscheidungsfinder für die staatliche Justiz unabhängig und unparteilich fungieren müssen.[686] Nichtsdestotrotz können die Erwägungen und Garantien für die staatliche Gerichtsbarkeit nicht uneingeschränkt übertragen werden. Der besondere Pfeiler der Privatautonomie, auf dem die Schiedsgerichtsbarkeit fußt, zwingt dazu, Modifikationen vorzunehmen. Immerhin haben die Schiedsrichter aufgrund der anderen Ausgestaltung ihres Dienstverhältnisses schon keinen Dienstherrn, wie es bei staatlichen Richtern der Fall ist, und sind folglich weisungsfrei.[687] Auch Art. 101 Abs. 1 S. 2 GG kann nicht per se übertragen werden, da die Parteien im Schiedsgerichtsverfahren die Richterbesetzung selbst ausgestalten können und nicht von Beginn an einer Zuteilung durch einen starren Geschäftsverteilungsplan unterliegen.[688] Dennoch wird der Grundsatz der Neutralität und Unparteilichkeit durch verschiedene Normen des 10. Buches der ZPO hinreichend gesichert[689], sodass insoweit eine Parallele zwischen staatlicher und Schiedsgerichtsbarkeit auszumachen ist.

Die oftmals darüber hinaus geäußerte These, staatliche Justiz und Schiedsgerichtswesen seien per se ausschließlich als Konkurrenten anzusehen, lässt sich auf den ersten Blick dann nachvollziehen, wenn man bedenkt, dass die Wahl der Schiedsgerichtsbarkeit dazu führt, dass der Rechtsstreit den staatlichen Gerichten grundsätzlich entzogen wird.[690] Die bewusste Entscheidung für die Schiedsgerichtsbarkeit hat also zwingend zur Folge, dass der staatliche Justizweg nicht eingeschlagen werden kann. Verfassungsrechtliche Bedenken in Hinblick auf Art. 92, 101 GG lassen sich hiergegen aber nicht erheben. Weder ist ein absolutes Rechtsprechungsmonopol des Staates anzuerkennen noch besteht die Pflicht, dem Einzelnen Rechtsschutz aufzuzwingen.[691] Vielmehr haben die Parteien aufgrund privatautonomer Gestaltungsfreiheit das Recht, den gesetzlichen

---

685 *Brosius-Gersdorf*, VVDStRL 74 (2015), 169, 180.
686 BGHZ 51, 255, 258 f.
687 *Eslami*, Nichtöffentlichkeit des Schiedsverfahrens, S. 54.
688 *Eslami*, Nichtöffentlichkeit des Schiedsverfahrens, S. 54.
689 Ausführlich *Eslami*, Nichtöffentlichkeit des Schiedsverfahrens, S. 55ff.
690 *Lionnet/Lionnet*, Handbuch Schiedsgerichtsbarkeit, Kapitel 1, S. 54; *Schütze*, Schiedsgericht, Einleitung Rn. 6; *Schroeder*, KritV 2012, 145, 149; *Hamann/Lennarz*, JA 2012, 801; *Wolff*, JuS 2008, 108.
691 *Schütze*, Schiedsgericht, Einleitung Rn. 10; *Eslami*, Nichtöffentlichkeit des Verfahrens, S. 39; *Lachmann*, Handbuch Schiedsgerichtspraxis, Kapitel 4, Rn. 231ff.

Richter abzubedingen und einen privaten zu wählen, der dann gesetzlicher Richter wird.[692] Dem entspricht es, dass die Übertragung von Rechtsprechungsaufgaben auf private Gerichte unter Verneinung verfassungsrechtlicher Bedenken auch höchstrichterlich Anerkennung findet.[693] Gleichwohl ist eine Koexistenz beider Gerichtsbarkeiten nur dann möglich, wenn der Staat im jeweiligen Bereich auf sein Rechtsprechungsmonopol verzichtet.[694] Das hat der Gesetzgeber durch die schiedsfreundliche Ausgestaltung der ZPO getan. Er realisiert damit sein Ziel, die Schiedsgerichtsbarkeit „als Alternative zur staatlichen Justiz zu stärken" und die staatlichen Gerichte zu entlasten.[695] Zutreffend bezeichnet man die schiedsgerichtliche Tätigkeit daher auch als delegierte Rechtsprechungsbefugnis.[696]

Um das Verhältnis von staatlicher Justiz und Schiedsgerichtsbarkeit aufschlüsseln und eine Aussage darüber treffen zu können, ob die Rechtsschutzsuchenden hinsichtlich ihrer Wahl für eine der beiden Gerichtsbarkeiten regelmäßig vor eine „Entweder-oder-Entscheidung" gestellt werden, müssen im Folgenden die Gründe für die Wahl der Schiedsgerichtsbarkeit untersucht werden.

II. Gründe für die Wahl der Schiedsgerichtsbarkeit

Zu bedenken ist zunächst, dass das staatliche Gerichtsverfahren den Regelfall des Rechtsschutzes darstellt. Wählen die Parteien den Gang in die Schiedsgerichtsbarkeit, liegt dem eine bewusste Entscheidung zugrunde. Ausgangspunkt ist eine Schiedsgerichtsvereinbarung, die explizit zwischen den Beteiligten geschlossen werden muss. Es müssen daher gewichtige Gründe für die Wahl von Schiedsgerichten streiten, wenn sich die Parteien

---

und 240; ferner zur verfassungsrechtlichen Zulässigkeit: *Schwab/Walter*, Schiedsgerichtsbarkeit, Kapitel 1 Rn. 1 m.w.N. sowie zur Tatsache, dass Rechtsschutz nicht aufgezwungen werden darf: Kapitel 1 Rn. 7.

692 *Schütze*, Schiedsgericht, Einleitung Rn. 6, 10; *Hamann/Lennarz*, JA 2012, 801; *Brosius-Gersdorf*, VVDStRL 74 (2015), 169, 176; *Diedrich*, JuS 1998, 158, 160, der insoweit aber auch auf die Freiheitsgrundrechte Art. 2, 6, 9 und 12 GG und das Sozialstaatsprinzip abstellt.

693 BGHZ 65, 59, 61.

694 *Schroeder*, KritV 2012, 145, 147; vgl. dazu die Ausführungen zur Schiedsfähigkeit oben: 1. Kapitel, B, IV, 1.

695 Vgl. BT-Drucksache 13/5274, S. 1 und 74ff.; den Entlastungsfaktor betont auch *Steiner*, SchiedsVZ 2013, 15, 16.

696 *Schroeder*, KritV 2012, 145, 154.

im Vorfeld dazu entscheiden, das Angebot der staatlichen Justiz nicht wahrzunehmen.

1. Parteiautonomie

Schiedsgerichtsvereinbarungen als Ausfluss der Privatautonomie führen dazu, dass die Parteien das Verfahren umfassend frei gestalten können. Nur wenige Regelungen im 10. Buch der ZPO sind zwingender Natur.[697] Im Gegensatz zum starren Verfahrensablauf im Rahmen der staatlichen Gerichtsbarkeit können die Parteien hier ihren Gestaltungswünschen freien Lauf lassen und ein für sie „maßgeschneidertes Verfahren" realisieren.[698] Insbesondere die Wahl der Schiedsrichter (§ 1035 ZPO), des Schiedsortes (§ 1043 ZPO) sowie der Verfahrenssprache (§ 1045 ZPO) sorgen für die erhöhte Attraktivität der Schiedsgerichtsbarkeit. Im staatlichen Verfahren erfolgt die Zuteilung der Verfahren an die Richter jedes Jahr im Voraus nach dem Geschäftsverteilungsplan für das entsprechende Geschäftsjahr. Wahlmöglichkeiten in Bezug auf die Richterperson bestehen allenfalls mittelbar über die Wahl einer Kammer oder bei konkurrierender Gerichtszuständigkeit.[699] Immer öfter ist jedoch zu beobachten, dass in dem Verfahren schwierige technische oder wirtschaftliche Fragestellungen relevant sind. Zur Beantwortung dieser Fragen bedarf es vielfach detaillierter Spezialkenntnisse, an denen es den staatlichen Richtern mangelt. Zur Kompensation müssen sich die Richter dann vertieft einarbeiten oder Dritte als Sachverständige hinzuziehen.[700] Das Verfahren kann dadurch verzögert werden. In der Schiedsgerichtsbarkeit dagegen kann durch die Möglichkeit der Einflussnahme auf die Richterbesetzung eine hohe Sachkunde der zur Entscheidung Berufenen garantiert werden[701], da an die Person des Schiedsrichters grundsätzlich keine besonderen Voraussetzungen geknüpft werden

---

697 Siehe zu den zwingenden Vorschriften MüKo/*Münch*, ZPO Band 3, § 1042 Rn. 16; Beck'sches Rechtsanwalts-Handbuch/*Kreindler/Harms/Rust*, § 7 Rn. 21.

698 *Brosius-Gersdorf*, VVDStRL 74 (2015), 169, 174; *Lachmann*, Handbuch Schiedsgerichtspraxis, Kapitel 3, Rn. 126; MüKo/*Münch*, ZPO Band 3, Vorbemerkungen zu § 1025 Rn. 97 spricht anschaulich von der chamäleonartigen Anpassungsfähigkeit des Schiedsverfahrens.

699 Wieczorek/Schütze/*Schütze*, ZPO Band 11, § 1025 Rn. 6.

700 Vgl. *Lachmann*, Handbuch Schiedsgerichtspraxis, Kapitel 3, Rn. 133.

701 *Brosius-Gersdorf*, VVDStRL 74 (2015), 169, 174; MüKo/*Münch*, ZPO Band 3, Vorbemerkungen zu § 1025 Rn. 92; *Lionnet/Lionnet*, Handbuch Schiedsgerichtsbarkeit, Kapitel 1, S. 77; *Schwab/Walter*, Kapitel 1, Rn. 8.

– ein Jurist ist hier regelmäßig nicht vonnöten.[702] Deshalb wird teilweise auch der Schluss gezogen, dass die spätere Entscheidung der frei und individuell gewählten Schiedsrichter zu noch größerer Akzeptanz bei den Beteiligten führen wird.[703] Indes ist eine derartige Deduktion mit Vorsicht zu genießen. Dass beide Parteien mit der Wahl der Schiedsrichter zufrieden sind, stellt den Idealzustand eines jeden Verfahrens dar. Es kann ebenso gut vorkommen, dass der jeweilige Schiedsrichter voreingenommen ist und sich als Vertreter der Person begreift, die ihn ernannt hat.[704] Zwar führt die Tatsache, dass jede Partei einen Schiedsrichter benennen kann, zu einer Neutralisierung dieses Vorteils. Im Extremfall besteht aber die Gefahr mangelnder Kooperationsbereitschaft unter den parteilich gewählten Schiedsrichtern. Es obliegt dann allein dem Vorsitzenden, den eigentlichen Richterpart auszufüllen.[705] In dieser Situation aber wird der Unterlegene kaum die Entscheidung in höherem Maße akzeptieren, als dies vor den staatlichen Gerichten der Fall wäre. Jedenfalls in der administrierten Schiedsgerichtsbarkeit wird dieser latenten Gefahr dadurch begegnet, dass die Unabhängigkeit und Unparteilichkeit der Richter überprüft und von ihnen eine Erklärung über etwaige Ablehnungsgründe gefordert wird.[706] Dennoch bleibt die Wahl des Schiedsrichters für die Parteien damit regelmäßig einer der ersten elementar wichtigen Schritte auf dem Weg zum Verfahrenssieg.[707]

Auch die Möglichkeit, Sprache und Ort des Verfahrens zu modifizieren, kann vorteilhaft sein. Gemäß § 184 S. 1 GVG ist die Gerichtssprache vor staatlichen Gerichten grundsätzlich deutsch. Im Schiedsverfahren können die Parteien selbst wählen, welche Sprache Anwendung findet. Die Verfahrenssprache muss der Amtssprache nicht entsprechen.[708] Zwar ist es zu empfehlen, sich an der Vertragssprache zu orientieren. Streiten sich aber Parteien derselben Nationalität, existiert hier die Möglichkeit, der Mutter-

---

702 Zu beachten ist aber § 2 DIS-SchO.
703 *Leisinger*, Vertraulichkeit, S. 35; *Diedrich*, JuS 1998, 158, 159; *Schroeder*, KritV 2012, 145, 150.
704 *Kohler*, Moderne Praxis des Schiedsgerichtswesens, S. 84; MüKo/*Münch*, ZPO Band 3, Vorbemerkungen zu § 1025 Rn. 92; *Lachmann*, Handbuch Schiedsgerichtspraxis, Kapitel 3, Rn. 120; *Schwab/Walter*, Kapitel 1, Rn. 9.
705 Vgl. *Kohler*, Moderne Praxis des Schiedsgerichtswesens, S. 85; siehe aber auch *Lachmann*, Handbuch Schiedsgerichtspraxis, Kapitel 3, Rn. 123, der darauf hinweist, dass dennoch viele Schiedssprüche einstimmig ergehen.
706 *Lionnet/Lionnet*, Handbuch Schiedsgerichtsbarkeit, Kapitel 1, S. 82.
707 MüKo/*Münch*, ZPO Band 3, Vorbemerkungen zu § 1025 Rn. 94.
708 *Schroeder*, KritV 2012, 145, 150.

sprache den Vorrang einzuräumen, Übersetzungserfordernisse zu eliminieren und somit die eigene Sprachkompetenz sicherzustellen.[709] Ebenso ist der Ort des Verfahrens frei wählbar. Durch die Wahl wird bestimmt, ob ein inländischer oder ausländischer Schiedsspruch in Rede steht und welches staatliche Gericht in das Verfahren eingreifen kann, um den Bestand des Schiedsspruches einer rechtlichen Überprüfung zu unterziehen.[710] Hier wird regelmäßig der Wunsch bestehen, schiedsfreundlichen Staaten den Vorzug zu geben.

Die Verfahrensgestaltung ist damit dem Grunde nach weitaus flexibler als vor den staatlichen Gerichten. Die Parteien haben die Macht, das Schiedsgericht „von den Fesseln der ZPO oder einer anderen Prozessordnung" zu befreien[711], eine erhöhte Flexibilität ist zunächst die Folge.[712] Anwendbares materielles Recht, Verfahrenssprache und -ort sowie das Verfahrensrecht einschließlich der Beweisaufnahmeregeln sind individuell gestaltbar.[713] Zu bedenken bleibt aber auch hier, dass es zur Verfahrensgestaltung der Einigung beider Parteien bedarf. Sind die Meinungsverschiedenheiten zu groß, wird es auch in Verfahrensfragen nur schwer zu einer Übereinstimmung kommen.[714] Nicht zu unterschätzen ist auch die Gefahr fehlender Verhandlungsparität.[715] Vielfach kann die Verpflichtung, im Vorfeld passende Verfahrensregelungen zu wählen, zudem zur Last werden. Trotz dieser Bedenken ist zu konstatieren, dass sich die Schiedsgerichtsbarkeit den Bedürfnissen der Parteien im Zweifel besser anpassen kann als die staatliche Gerichtsbarkeit. Das gilt jedenfalls dann, wenn die Parteien konkrete Vorstellungen vom Ablauf des Verfahrens und seiner Gestaltung haben.

2. Schnelligkeit des Verfahrens

„*Life is short and legal procedures are long.*"[716] Hinter diesem einprägsamen Satz verbirgt sich ein weiterer Vorteil, der in Zusammenhang mit der

---

709 *Hamann/Lennarz*, JA 2012, 801, 804.
710 *Hamann/Lennarz*, JA 2012, 801, 804.
711 *Schütze*, Schiedsgericht, Einleitung Rn. 45.
712 *Lachmann*, Handbuch Schiedsgerichtspraxis, Kapitel 3, Rn. 140; *Lionnet/Lionnet*, Handbuch Schiedsgerichtsbarkeit, Kapitel 1, S. 77.
713 *Leisinger*, Vertraulichkeit, S. 35.
714 *Lachmann*, Handbuch Schiedsgerichtspraxis, Kapitel 3, Rn. 142.
715 MüKo/*Münch*, ZPO Band 3, Vorbemerkungen zu § 1025 Rn. 99.
716 Übernommen von *Prütting*, JZ 1985, 261, 263.

Schiedsgerichtsbarkeit genannt wird. Es geht um den Aspekt eines schnelleren Verfahrens. Dabei wird darauf hingewiesen, dass der Prozess vor den staatlichen Gerichten – auch aufgrund des bestehenden Instanzenzuges – in der Regel länger dauert als vor den Schiedsgerichten, die nur in einer Instanz entscheiden.[717] Dass auch die Praxis an einer raschen Entscheidung interessiert ist, zeigt eine Umfrage unter Unternehmen: Der Zeitfaktor wurde hier als primärer Grund für die Wahl der Schiedsgerichtsbarkeit genannt.[718] Interessanterweise betont auch der BGH die Schnelligkeit der Entscheidungsfindung als einen Vorteil, die der (Sport-)Schiedsgerichtsbarkeit im Verhältnis zu den staatlichen Gerichten anhaftet.[719]

Richtigerweise wird man im Ergebnis davon ausgehen müssen, dass im staatlichen Gerichtsverfahren bei vollständiger Inanspruchnahme des Instanzenzuges eine längere Zeit verstreicht als beim Schiedsverfahren mit nur einer Instanz. Indes muss diese Feststellung aufgrund folgender Erwägungen relativiert werden: Zunächst führt der Instanzenzug im Gegenzug dazu, dass die Entscheidung detailliert überprüft wird, sodass am Ende die Gewähr einer dem materiellen Recht entsprechenden Entscheidung höher ist. Der Zeitfaktor darf nicht auf Kosten der Richtigkeit der Entscheidung angepriesen werden. Hinzu kommt, dass das Schiedsgerichtsverfahren dann unattraktiv wirkt, wenn das Schiedsgericht erst noch gebildet und die Schiedsrichter bestellt werden müssen.[720] Hier verliert das Schiedsgerichtsverfahren ebenfalls Zeit, während die Staatsgerichtsbarkeit im Zweifel schon verhandeln kann. Erstinstanzlich weist das staatliche Gerichtsverfahren dann auch in Hinblick auf den Zeitfaktor Vorteile auf.[721] Zudem wird der Instanzenzug nur in Ausnahmefällen vollständig in Anspruch genommen. Demgegenüber kann sich die schiedsgerichtliche Streitigkeit

---

717 *Schwab/Walter*, Kapitel 1, Rn. 8; *Schütze*, Schiedsgericht, Einleitung Rn. 41; *Markgraf*, JuS 2013, 1090, 1091; *Hamann/Lennarz*, JA 2012, 801, 806; *Gottwald*, ZZP 95 (1982), 245, 252; *Stumpf*, in: FS Bülow, S. 217, 219; siehe zur durchschnittlichen Verfahrensdauer vor Zivilgerichten: https://www.destatis.de/DE/P ublikationen/Thematisch/Rechtspflege/GerichtePersonal/Zivilgerichte21002101 67004.pdf?__blob=publicationFile (zuletzt abgerufen: 16. November 2018).
718 *Schmidt-Diemitz*, DB 1999, 369, 370.
719 BGHZ 210, 292, 315 = NJW 2016, 2266, 2272.
720 MüKo/*Münch*, ZPO Band 3, Vorbemerkungen zu § 1025 Rn. 89; Wieczorek/ Schütze/*Schütze*, ZPO Band 11, § 1025 Rn. 16; *Lachmann*, Handbuch Schiedsgerichtspraxis, Kapitel 3, Rn. 156; *Hamann/Lennarz*, JA 2012, 801, 806.
721 MüKo/*Münch*, ZPO Band 3, Vorbemerkungen zu § 1025 Rn. 89; *Lachmann*, Handbuch Schiedsgerichtspraxis, Kapitel 3, Rn. 156.

ebenfalls im Aufhebungs- oder Vollstreckbarerklärungsverfahren hinziehen.[722]

Im Ergebnis hängt die Verfahrensdauer daher vom individuell zu entscheidenden Fall und seiner Entwicklung in der Verhandlung ab. Auch in der Schiedsgerichtsbarkeit sind Fälle zu verhandeln, die aufgrund ihrer Komplexität viel Zeit in Anspruch nehmen. Nicht zuletzt hängt die Dauer auch von der Verhaltensweise und Erfahrung der bestellten Schiedsrichter und der Parteien ab.[723] Eine pauschale Aussage dahingehend, die Schiedsgerichtsbarkeit erspare Zeit, verbietet sich daher.[724]

3. Kostenersparnis

Ein ähnliches Bild ergibt sich hinsichtlich der These, mit der Schiedsgerichtsbarkeit sei eine Kostenersparnis verbunden.[725] Auch hier verbietet sich indes eine allgemeingültige Aussage über die Kostenersparnisse beider Gerichtsbarkeiten.[726] Die Schiedsverfahrenskosten setzen sich aus drei Positionen zusammen: Kosten des Schiedsgerichts, Auslagen im Schiedsverfahren sowie Parteikosten für ihr Erscheinen und die anwaltliche Vertretung.[727] Schon aus dieser mannigfaltigen Kostenzusammensetzung ist eine Prognose über die am Ende konkret erreichten Kosten nicht immer einfach, zumal sich die Vergütungsvereinbarungen in Schiedsrichterverträgen und Schiedsordnungen teils auch erheblich voneinander unterscheiden.[728]

---

722 *Lachmann*, Handbuch Schiedsgerichtspraxis, Kapitel 3, Rn. 157; *Schütze*, Schiedsgericht, Einleitung Rn. 41; *Hamann/Lennarz*, JA 2012, 801, 806; *Harbst*, SchiedsVZ 2007, 22.

723 *Schroeder*, KritV 2012, 145, 152; *Schütze*, Schiedsgericht, Einleitung Rn. 41; *Harbst*, SchiedsVZ 2007, 22; *Schütze/Tscherning/Wais*, Handbuch des Schiedsverfahrens, 1. Teil A, Rn. 4.

724 So auch *Schroeder*, KritV 2012, 145, 152; *Prütting*, AnwBl. 2013, 401, 403; *Lionnet/Lionnet*, Handbuch Schiedsgerichtsbarkeit, Kapitel 1, S. 79 sieht einen Zeitvorteil nur unter der Prämisse, dass die Parteien die Möglichkeiten zur Beschleunigung des Schiedsverfahrens aktiv ausnutzen. Insoweit hängt der Zeitfaktor auch von der individuellen Fallgestaltung ab.

725 So beispielsweise BGH, NJW-RR 1991, 423, 424; *Schwab/Walter*, Kapitel 1, Rn. 8 unter Verweis auf den fehlenden Instanzenzug; *Bechte*, ZJS 2011, 307, 308; *Stumpf*, in: FS Bülow, S. 217, 220.

726 *Prütting*, AnwBl. 2013, 401, 403.

727 *Lionnet/Lionnet*, Handbuch Schiedsgerichtsbarkeit, Kapitel 1, S. 80; vgl. MüKo/ *Münch*, ZPO Band 3, Vorbemerkungen zu § 1025 Rn. 91.

728 *Schütze*, Schiedsgericht, Einleitung Rn. 43.

Jedenfalls dann, wenn auch vor den staatlichen Gerichten nur eine Instanz durchlaufen wird – und das bleibt in den meisten Fällen die Regel – können die Schiedsrichterhonorare und Auslagen dazu führen, dass das Schiedsverfahren teurer ist als das staatliche Verfahren.[729] Besonders bei geringfügigen Streitwerten lohnt der Gang in die Schiedsgerichtsbarkeit nicht, während bei höheren Streitwerten dann Kostenvorteile entstehen können, wenn die Schiedsgerichtsinstitutionen eine Gebührendegression vorsehen.[730] Nicht zu vernachlässigen ist aber auch die Tatsache, dass eigene Anwaltskosten im Schiedsverfahren grundsätzlich vollumfänglich erstattungsfähig sind, sodass sich für die unterlegene Partei dann ein erhöhtes unkalkulierbares Kostenrisiko einstellt.[731] Im Ergebnis hängt die Kostenfrage daher auch hier vom Einzelfall ab.

4. Endgültigkeit eines Schiedsverfahrens

Des Weiteren wird auch die Endgültigkeit des Schiedsverfahrens als Vorteil ins Feld geführt.[732] Der fehlende Instanzenzug garantiert, dass eine einmal getroffene Entscheidung rechtskräftig in erster Instanz existiert und der Verfahrenssieger nicht fürchten muss, es könne noch zu einer Korrektur durch ein höheres Gericht kommen. Der Schiedsspruch hat daher direkt die Wirkung eines Urteils letzter Instanz. Wenngleich in § 1059 ZPO die Möglichkeit der Aufhebungsklage als außerordentlicher Rechtsbehelf vorgesehen ist, ist es dem staatlichen Gericht in diesem Rahmen jedoch verwehrt, eine umfassende Rechtsprüfung vorzunehmen, sog. Verbot der révision au fond.[733] Nur bei evidenten Missbräuchen der Rechtsprechungsbefugnis durch die private Schiedsgerichtsbarkeit findet ein Eingriff staatlicher Gerichte statt. Vollständige Korrekturmöglichkeiten, die das staatliche

---

729 *Lionnet/Lionnet*, Handbuch Schiedsgerichtsbarkeit, Kapitel 1, S. 81; *Raeschke-Kessler/Berger*, Recht und Praxis des Schiedsverfahrens, Kapitel 1, Rn. 106; vgl. *Lachmann*, Handbuch Schiedsgerichtspraxis, Kapitel 3, Rn. 163 in Bezug auf ad-hoc-Verfahren; *Markgraf*, JuS 2013, 1090, 1092.

730 *Lachmann*, Handbuch Schiedsgerichtspraxis, Kapitel 3, Rn. 163 mit detailliertem Kostenvergleich ab Rn. 4666; *Raeschke-Kessler/Berger*, Recht und Praxis des Schiedsverfahrens, Kapitel 1, Rn. 107 und 109; MüKo/*Münch*, ZPO Band 3, Vorbemerkungen zu § 1025 Rn. 91; *Hamann/Lennarz*, JA 2012, 801, 806.

731 *Hamann/Lennarz*, JA 2012, 801, 806 f.

732 *Leisinger*, Vertraulichkeit, S. 36; *Schroeder*, KritV 2012, 145, 151; vgl. *Raeschke-Kessler/Berger*, Recht und Praxis des Schiedsverfahrens, Kapitel 1, Rn. 52.

733 *Schroeder*, KritV 2012, 145, 151; Beck'sches Rechtsanwalts-Handbuch/*Kreindler/Harms/Rust*, § 7 Rn. 40.

Gerichtsverfahren im Normalfall bereithält, bestehen daher grundsätzlich nicht. Abgemildert werden könnte dieses Resultat zwar mittels einer Parteivereinbarung, die es erlaubt, gegen einen Schiedsspruch ein Oberschiedsgericht anzurufen.[734] Indes wird in der Praxis auch aufgrund der dann steigenden Kosten ohne Garantie einer richtigeren Entscheidung regelmäßig von einer solchen Vorgehensweise abgesehen.[735] Eine adäquate Kompensationsmöglichkeit besteht demnach nicht.

Ob es sich hierbei um einen wirklichen Vorteil der Schiedsgerichtsbarkeit handelt, muss aber kritisch hinterfragt werden. Die Endgültigkeit geht im ungünstigsten Fall zu Lasten der Richtigkeit einer Entscheidung.[736] Durch die schiedsverfahrensrechtliche Ausgestaltung wird der Aspekt der Rechtssicherheit frühzeitig bevorzugt. Darüber hinaus ist der vermeintliche Vorteil nur aus Sicht des Verfahrenssiegers gegeben. Als Kehrseite der Medaille ergibt sich für die unterlegene Partei ein Nachteil aus der Tatsache, dass ihr nur eine Instanz zur Verfügung stand und sie die Entscheidung nun hinzunehmen hat.[737]

Daher ist die Endgültigkeit eines schiedsgerichtlichen Verfahrens ebenfalls nicht per se geeignet, einen eindeutigen Vorteil gegenüber den staatlichen Gerichten zu begründen.

5. Erleichterte Vollstreckbarkeit

Die Behauptung, ein Schiedsspruch sei leichter vollstreckbar als staatliche Entscheidungen, muss ebenfalls differenziert aufgeschlüsselt werden. Dazu ist zwischen inländischen und ausländischen Schiedssprüchen zu unterscheiden.

Aufgrund des privaten Charakters des Schiedsverfahrens ist eine Vollstreckung der Schiedssprüche mit staatlicher Hilfe an sich nicht möglich und auch eigene Vollstreckungsorgane fehlen dem Schiedsgericht.[738] § 1060 ZPO bestimmt, dass ein inländischer Schiedsspruch separat für vollstreckbar erklärt werden muss. Der Staat behält sich durch diese Vorschrift eine Minimalkontrolle des Schiedsspruchs vor, damit keine verfahrensfehlerhaf-

---

734 Beck'sches Rechtsanwalts-Handbuch/*Kreindler/Harms/Rust*, § 7 Rn. 40; *Schütze*, Schiedsgericht, Einleitung Rn. 41.
735 *Schütze/Tscherning/Wais*, Handbuch des Schiedsverfahrens, 1. Teil A, Rn. 122.
736 *Markgraf*, JuS 2013, 1090, 1092; ähnlich *Stumpf*, in: FS Bülow, S. 217, 224.
737 *Schroeder*, KritV 2012, 145, 152.
738 *Diedrich*, JuS 1998, 158, 159.

ten oder ordre-public-widrigen Schiedssprüche zwangsvollstreckt werden.[739] Im staatlichen Gerichtsverfahren dagegen ist für Urteile eines inländischen Gerichts eine eigenständige Zwangsvollstreckungserklärung nicht vonnöten. Das förmliche Verfahren, das für Schiedssprüche vorgesehen ist, kostet die Parteien also zusätzlich Zeit.[740]

Im Gegensatz zur Vollstreckbarkeit der staatlichen Urteile existieren für ausländische Schiedssprüche mit dem Genfer Abkommen zur Vollstreckung ausländischer Schiedssprüche[741] und insbesondere der New York Convention über die Anerkennung und Vollstreckung ausländischer Schiedssprüche[742] multinationale Vereinbarungen, die die Vollstreckbarkeit erleichtern. Damit ist zugleich angedeutet, dass sich der Vorteil der Vollstreckbarkeit auf das internationale Schiedsverfahren konzentriert.[743] Wenn es sich beispielsweise um einen neutralen Schiedsort in einem Drittland handelt, erfolgt die Vollstreckbarkeit des Schiedsspruchs in den Ländern der Parteien als ein ausländischer, sodass auch in diesem Fall die NYC eingreift. Nach der Vollstreckbarerklärung kann der ausländische Schiedsspruch im Inland dann wie ein Urteil vollstreckt werden. Eine inhaltliche Überprüfung findet aufgrund des Verbots der révision au fond auch hier nicht statt, eine Versagung der Anerkennung kommt nur für abschließend aufgelistete Fälle in Betracht.[744] Für das deutsche Verfahren ist diese Konstruktion in § 1061 ZPO niedergeschrieben. Für ausländische staatliche Gerichtsurteile muss – was nicht immer gegeben ist – eine bilaterale Vereinbarung oder die Gegenseitigkeit der Vollstreckung vorliegen, um eine Vollstreckbarkeit zu garantieren, sofern nicht innerhalb der Europäischen Union die EuGVVO Anwendung findet.[745] Im Anwendungsbereich dieser Verordnung ist das staatliche ausländische Gerichtsurteil leichter zu voll-

---

739 Beck'sches Rechtsanwalts-Handbuch/*Kreindler/Harms/Rust*, § 7 Rn. 30.
740 *Lachmann*, Handbuch Schiedsgerichtspraxis, Kapitel 3, Rn. 175.
741 RGBl. 1930 II, S. 1067.
742 BGBl. 1961 II, Nr. 11, S. 121, 123; 1962 II, Nr. 7, S. 102; mittlerweile sind über 150 Staaten beigetreten, sodass die Anerkennung und Vollstreckung der Schiedssprüche nahezu weltweit gesichert wird.
743 *Lionnet/Lionnet*, Handbuch Schiedsgerichtsbarkeit, Kapitel 1, S. 76; *Schütze/Tscherning/Wais*, Handbuch des Schiedsverfahrens, 1. Teil A, Rn. 18; *Schütze*, Schiedsgericht, Einleitung Rn. 48; *Stumpf*, in: FS Bülow, S. 217, 223 f.; *Hamann/Lennarz*, JA 2012, 801, 808, die staatliche Gerichtsurteile in Deutschland als vorzugswürdig gegenüber inländischen Schiedssprüchen bezeichnen.
744 Beck'sches Rechtsanwalts-Handbuch/*Kreindler/Harms/Rust*, § 7 Rn. 32 f.; *Hamann/Lennarz*, JA 2012, 801, 808.
745 *Hamann/Lennarz*, JA 2012, 801, 808; *Lachmann*, Handbuch Schiedsgerichtspraxis, Kapitel 3, Rn. 183.

strecken als ein ausländischer Schiedsspruch, da die Anerkennungsversagungsgründe hier enger gefasst sind. Zudem ist darauf hinzuweisen, dass die EuGVVO gemäß Art. 1 Abs. 2 lit. d gerade nicht für das Feld der Schiedsgerichtsbarkeit gilt und die Schiedssprüche daher nicht in den Genuss des erleichterten Verfahrens kommen können.

Ob die Vollstreckbarkeit des Schiedsspruches einen Vorteil der Schiedsgerichtsbarkeit darstellt, hängt somit wesentlich davon ab, ob ein ausländischer oder inländischer Schiedsspruch in Rede steht und sich das Verfahren im Bereich der Europäischen Union abspielt oder auch Berührungen zu Drittstaaten bestehen. Die Frage stellt sich ferner auch nur dann, wenn keine freiwillige Befolgung des Schiedsspruchs erfolgt. Daher sollte die Vollstreckbarkeit nicht gebetsmühlenartig als ein Vorteil des Schiedsgerichtswesens angepriesen werden.

6. Vergleichsfreundlichkeit

Dem Schiedsverfahren wird vielfach auch eine vergleichsfreundlichere Einstellung nachgesagt, die aufgrund der Ermessensfreiheit der Verfahrensgestaltung und des damit verbundenen höheren Einigungsdrucks bestehen soll.[746]

Die gütliche Streitbeilegung ist den staatlichen Gerichten jedenfalls in Deutschland jedoch ebenfalls nicht fremd. Das belegt § 278 Abs. 1 ZPO, der die Richter dazu anhält, in jeder Lage des Verfahrens eine gütliche Streitbeilegung im Blick zu behalten. Primär verfolgen beide Gerichtsbarkeiten aber den Zweck, die Streitigkeit durch eine Entscheidung bzw. einen Schiedsspruch zu beenden.[747] Die gütliche Streitbeilegung ist lediglich fakultativ und eine gern gesehene Option, sollte aber für keine der beiden Gerichtsbarkeiten überbetont werden. Geht es den Parteien zuvörderst um eine gütliche Streitbeilegung, bieten die Verfahren alternativer Streitbeilegung einen gleichwertigen Weg – man denke nur an die Mediation

---

746 *Berger*, SchiedsVZ 2009, 289, 292; *Schwab/Walter*, Kapitel 1, Rn. 8; *Raeschke-Kessler/Berger*, Recht und Praxis des Schiedsverfahrens, Kapitel 1, Rn. 48 und Kapitel 8, Rn. 820; *Stumpf*, in: FS Bülow, S. 217, 222; *Diedrich*, JuS 1998, 158 führt die Vergleichsfreundlichkeit indes auf die Nichtöffentlichkeit des Verfahrens zurück; *Lachmann*, Handbuch Schiedsgerichtspraxis, Kapitel 3, Rn. 167ff. betont, dass die Rahmenbedingungen grundsätzlich besser seien, relativiert den vergleichsfreundlicheren Charakter im Folgenden aber.

747 *Schroeder*, KritV 2012, 145, 151.

oder Schlichtung.[748] Zudem wird die Vergleichsfreundlichkeit sowohl für das schiedsgerichtliche als auch das staatliche Verfahren vom individuellen Willen der Beteiligten abhängen.[749] Daher liegt kein allgemeingültiger Vorteil vor, sondern allenfalls ein solcher, der in beiden Verfahren steuerbar ist.

7. Nichtöffentlichkeit und Vertraulichkeit

Betont wurde bereits, dass die Nichtöffentlichkeit des schiedsgerichtlichen Verfahrens einen ausschlaggebenden Grund für die Abwahl der staatlichen Gerichte darstellt. Dieser Grundsatz, der international unter der Bezeichnung *„Privacy of Arbitration"* bekannt ist, wird für das deutsche Schiedsverfahrensrecht einhellig postuliert.[750] Danach darf kein Fremder dem Verfahren ohne Einverständnis der Betroffenen beiwohnen, das Verfahren ist beschränkt auf die Parteiöffentlichkeit.[751] Die Vorteile dieser Ausgestaltung liegen dabei auf der Hand: Schiedsverfahren unterliegen dem Gebot der Vertraulichkeit. Der Schiedsstreit und sein Verlauf werden nicht an die Öffentlichkeit getragen, sodass die Gefahr der Diskreditierung, sei es persönlicher oder wirtschaftlicher Natur, minimiert wird und Interna im Unternehmens- und Wettbewerbsbereich effektiver geschützt bleiben.[752] Oftmals bestehen auch nach Abschluss des Verfahrens weitere wirtschaftliche Beziehungen zwischen den Beteiligten, sodass ein Verfahren im „Geheimen" regelmäßig weniger belastend auf die zukünftige Geschäftsbeziehung wirkt.[753] Damit korrespondiert auch die Tatsache, dass Schiedssprüche

---

748 *Schroeder*, KritV 2012, 145, 151.
749 Im Ergebnis ebenso *Lachmann*, Handbuch Schiedsgerichtspraxis, Kapitel 3, Rn. 169.
750 Siehe u.a. *Lionnet/Lionnet*, Handbuch Schiedsgerichtsbarkeit, Kapitel 7, S. 454; *Raeschke-Kessler/Berger*, Recht und Praxis des Schiedsverfahrens, Kapitel 6, Rn. 685; *Schwab/Walter*, Kapitel 16, Rn. 43; *Schütze/Tscherning/Wais*, Handbuch des Schiedsverfahrens, 1. Teil A, Rn. 17; *Kohler*, Moderne Praxis des Schiedsgerichtswesens, S. 79; *Leisinger*, Vertraulichkeit, S. 42.
751 Beck'sches Rechtsanwalts-Handbuch/*Kreindler/Harms/Rust*, § 7 Rn. 27; *Lachmann*, Handbuch Schiedsgerichtspraxis, Kapitel 3, Rn. 144.
752 *Lionnet/Lionnet*, Handbuch Schiedsgerichtsbarkeit, Kapitel 1, S. 77 und Kapitel 7, S. 455; *Schütze/Tscherning/Wais*, Handbuch des Schiedsverfahrens, 1. Teil A, Rn. 17; *Kohler*, Moderne Praxis des Schiedsgerichtswesens, S. 79ff.; *Eslami*, Nichtöffentlichkeit des Schiedsverfahrens, S. 192 f.
753 *Diedrich*, JuS 1998, 158; *Markgraf*, JuS 2013, 1090, 1091; *Kohler*, Moderne Praxis des Schiedsgerichtswesens, S. 80 unter Bezugnahme auf das bei Dauerverträgen

grundsätzlich nicht veröffentlicht werden bzw. die Zustimmung der Parteien hierfür vorliegen muss.[754] Die Kreise, die ein schiedsgerichtliches Verfahren in der Gesellschaft zieht, sind daher regelmäßig kleiner, als es bei einem öffentlichen staatlichen Gerichtsverfahren der Fall wäre.

Dennoch dürfen die erwähnten Begrifflichkeiten der Nichtöffentlichkeit und der Vertraulichkeit nicht vermischt werden. Erstere bezeichnet die Tatsache, dass keine außenstehenden Dritten an der Verhandlung teilnehmen dürfen, während letztere die Pflicht der Parteien und Schiedsrichter umschreibt, keinerlei Informationen über das Verfahren an außenstehende Dritte weiterzuleiten.[755] Geht es bei der Nichtöffentlichkeit also um das Verhältnis zu Außenstehenden, betrifft die Vertraulichkeit in erster Linie die Beziehungen der Verfahrensbeteiligten untereinander.[756] Dass beide Prinzipien aber trotz der genannten Differenzierung miteinander verflochten sind, zeigt die folgende Überlegung: Vertraulichkeit macht nur dort Sinn, wo Dritte nicht von sich aus an die Informationen gelangen können. Daher ist es unabdingbare Voraussetzung der Vertraulichkeit, dass das Schiedsverfahren nichtöffentlich abgehalten wird, ansonsten liefe der Geheimnisschutz leer.[757]

a) Nichtöffentlichkeit und deren Inhalt

Auffällig ist indes, dass der nationale Gesetzgeber keine Regelung geschaffen hat, welche die Nichtöffentlichkeit des schiedsgerichtlichen Verfahrens anordnet. Auch im Ausland ist die Normierung des nichtöffentlichen Verfahrens die Ausnahme.[758] Insoweit stellt sich die Frage, aus welchen Gedanken der grundsätzliche Ausschluss der Öffentlichkeit im schiedsgerichtlichen Verfahren herrührt. § 1042 Abs. 3 ZPO erlaubt es den Parteien, das Verfahren frei zu gestalten. Schon diese flexible Regelung könnte dafür

---

bestehende Vertrauensverhältnis; *Eslami*, Nichtöffentlichkeit des Schiedsverfahrens, S. 193 f.

754 *Hamann/Lennarz*, JA 2012, 801, 807; *Schütze*, Schiedsgericht, Einleitung Rn. 47; MüKo/*Münch*, ZPO Band 3, Vorbemerkungen zu § 1025 Rn. 96.

755 *Eslami*, Nichtöffentlichkeit des Schiedsverfahrens, S. 191; *Leisinger*, Vertraulichkeit, S. 37 f.

756 *Eslami*, Nichtöffentlichkeit des Schiedsverfahrens, S. 191 f.

757 *Leisinger*, Vertraulichkeit, S. 36; *Lionnet/Lionnet*, Handbuch Schiedsgerichtsbarkeit, Kapitel 7, S. 455; *Eslami*, Nichtöffentlichkeit des Schiedsverfahrens, S. 202.

758 *Eslami*, Nichtöffentlichkeit des Schiedsverfahrens, S. 203 unter Verweis auf die Regelungen Norwegens und North Carolinas.

sprechen, dass die Parteien die Nichtöffentlichkeit, aber auch im Einzelfall gezielt die Öffentlichkeit, im schiedsgerichtlichen Verfahren vereinbaren können.[759] Letzteres wird indes die Ausnahme bleiben. Ein Zwang zur Nichtöffentlichkeit besteht aber daher konsequenterweise nicht. Fehlt es an einer Parteiregelung, sind die Schiedsrichter nach Abs. 4 zur konkreten Ausgestaltung ermächtigt. Im Sinne eines störungsfreien Verfahrens wird hier ebenfalls primär die Nichtöffentlichkeit angeordnet.[760] Ein anderer Begründungsansatz leitet die Nichtöffentlichkeit bei fehlender Vereinbarung aus einer stillschweigenden Parteierklärung ab.[761] Diese ergebe sich bereits aus dem grundsätzlichen Interesse im schiedsgerichtlichen Verfahren, für Geheimhaltung und Reputationserhalt zu sorgen.[762] Als entscheidendes Merkmal des Schiedsgerichtswesens sei die Nichtöffentlichkeit schon aufgrund ihrer Vorteile stets mitvereinbart, sodass sie als Grundprinzip konkludent mitvereinbart werde und den Schiedsrichtern daher keinerlei Ermessen zufalle.[763]

Beide Begründungsansätze unterscheiden sich folglich kaum, da beide übereinstimmend von der prinzipiellen Nichtöffentlichkeit ausgehen. Nur dann, wenn es an einer ausdrücklichen Vereinbarung fehlt, divergieren die Strömungen. Weil aber regelmäßig davon auszugehen ist, dass auch die Schiedsrichter ihr Ermessen im Sinne der Nichtöffentlichkeit ausüben würden, kommt dem Unterschied nur geringe Bedeutung zu. Den Grundsatz der Nichtöffentlichkeit sollte man dagegen nicht vorschnell aus der Tatsache ableiten, dass institutionelle Schiedsordnungen explizite Regelungen über die Nichtöffentlichkeit bereithalten. Zwar mag man darin ein Indiz für ein allgemeines Prinzip der Schiedsgerichtsbarkeit sehen. Indessen lässt dieser Befund auch den Umkehrschluss zu, dass überall dort, wo es an einer ausdrücklichen Regelung über die Nichtöffentlichkeit fehlt, von Öf-

---

759 *Geiben*, Privatsphäre und Vertraulichkeit, S. 20 f.; *Kahlert*, Vertraulichkeit im Schiedsverfahren, S. 141; vgl. MüKo/*Zimmermann*, ZPO Band 3, § 169 GVG Rn. 21; *Baumbach/Lauterbach/Albers/Hartmann*, § 1042 Rn. 12.

760 *Geiben*, Privatsphäre und Vertraulichkeit, S. 21; MüKo/*Zimmermann*, ZPO Band 3, § 169 GVG Rn. 21; *Eslami*, Nichtöffentlichkeit des Schiedsverfahrens, S. 209, die darauf hinweist, dass auch die Öffentlichkeit angeordnet werden könne, es den Parteien aber nach dieser Entscheidung unbenommen bleibe, nachträglich die Nichtöffentlichkeit explizit zu vereinbaren.

761 *Lionnet/Lionnet*, Handbuch Schiedsgerichtsbarkeit, Kapitel 7, S. 455; *Leisinger*, Vertraulichkeit, S. 43; *Kahlert*, Vertraulichkeit im Schiedsverfahren, S. 147; kritisch *Eslami*, Nichtöffentlichkeit des Schiedsverfahrens, S. 209.

762 *Leisinger*, Vertraulichkeit, S. 43.

763 Vgl. *Eslami*, Nichtöffentlichkeit des Schiedsverfahrens, S. 204.

fentlichkeit auszugehen ist.[764] Daher stellt dieser Ansatz keine weitere Begründungsalternative dar.

Inhaltlich verfolgt der Grundsatz der Nichtöffentlichkeit als Kehrseite des § 169 S. 1 GVG, dass nichtbeteiligte Dritte grundsätzlich keinen Zutritt zur Verhandlung erhalten dürfen. Die Teilnahmeberechtigung ergibt sich aus dem Anspruch auf rechtliches Gehör (im Schiedsverfahren einfachgesetzlich in § 1042 Abs. 1 S. 2 ZPO geregelt), sodass nur solche Personen zur Verhandlung zuzulassen sind, die zur ordnungsgemäßen Verfahrensdurchführung erforderlich sind.[765] Dazu zählen zunächst die Parteien selbst sowie etwaige gesetzliche Parteivertreter und die Schiedsrichter.[766] Aus § 1042 Abs. 2 ZPO ergibt sich ferner, dass Rechtsanwälte als Prozessbevollmächtigte für die Verhandlung erforderlich sind und demnach nicht ausgeschlossen werden dürfen. Auch Parteisachverständige, die gemäß § 1049 Abs. 2 S. 2 HS 2 ZPO von den Parteien in der Verhandlung eingesetzt werden dürfen, fallen unter das Zutrittsrecht.[767] Andernfalls könnten sie sich nicht effektiv zur Streitfrage äußern. Die vom Schiedsgericht bestellten Gutachter können zwar ebenfalls entsprechend dem Wortlaut aus § 1049 Abs. 1 und 2 S. 1 ZPO an der Verhandlung teilnehmen. Den Parteien bleibt es aber unbenommen, eine explizite Vereinbarung zu treffen, die eine Teilnahme des gerichtlich bestellten Gutachters an der mündlichen Verhandlung verbietet.[768] Unter der Prämisse, dass sich die Parteien einverstanden erklären, sind weiterhin Protokollführer bzw. Sekretäre sowie Übersetzer zur Verhandlung zuzulassen.[769] Das Einverständnis kann dabei bereits bei der parteilichen Ausgestaltung der Verfahrensregeln abgegeben werden. Als Beweismittel sind auch Zeugen zur Verhandlung zuzulassen, sofern sie für den Fortlauf des Verfahrens benötigt werden und entweder

---

764 *Eslami*, Nichtöffentlichkeit des Schiedsverfahrens, S. 206.

765 *Eslami*, Nichtöffentlichkeit des Schiedsverfahrens, S. 215; *Geiben*, Privatsphäre und Vertraulichkeit, S. 23; *Ritz*, Geheimhaltung im Schiedsverfahren, S. 63.

766 *Eslami*, Nichtöffentlichkeit des Schiedsverfahrens, S. 215 und 217; *Geiben*, Privatsphäre und Vertraulichkeit, S. 22 und 24; *Ritz*, Geheimhaltung im Schiedsverfahren, S. 63 f.; *Kahlert*, Vertraulichkeit im Schiedsverfahren, S. 157 und 161.

767 *Eslami*, Nichtöffentlichkeit des Schiedsverfahrens, S. 217.

768 *Eslami*, Nichtöffentlichkeit des Schiedsverfahrens, S. 219; *Ritz*, Geheimhaltung im Schiedsverfahren, S. 66 f.

769 *Eslami*, Nichtöffentlichkeit des Schiedsverfahrens, S. 218; *Geiben*, Privatsphäre und Vertraulichkeit, S. 24; *Ritz*, Geheimhaltung im Schiedsverfahren, S. 64; *Kahlert*, Vertraulichkeit im Schiedsverfahren, S. 157 f. und 172.

vom Schiedsgericht geladen oder von der jeweiligen Partei gestellt werden.[770]

Im Übrigen sind verfahrensfremde Dritte zuzulassen, wenn alle Parteien explizit zustimmen oder wenn nur eine Partei zustimmt, ihr aber bei Verweigerung der Zulassung des Dritten eine Verletzung des rechtlichen Gehörs droht.[771] Insgesamt sind die Beteiligten typischerweise bestrebt, den Kreis der zur Verhandlung berechtigten Personen möglichst klein zu halten, um den Interessen an Geheimhaltung in umfassender Art und Weise Rechnung zu tragen. Ungewollter Zugriff auf die Verhandlung von außen – sei es durch passive Beobachter wie die Medien oder durch aktive Parteiunterstützer – soll effektiv eliminiert werden.[772]

Die eingangs beschriebenen Vorteile der Nichtöffentlichkeit lösen sich indes dann in Luft auf, wenn ein Aufhebungsverfahren oder die Zwangsvollstreckung eines Schiedsspruchs vor den staatlichen Gerichten nach §§ 1059 ff. ZPO in Rede steht.[773] Dann gelten die staatlichen Regeln und somit auch § 169 S. 1 GVG, da § 1063 Abs. 2 ZPO eine obligatorische mündliche Verhandlung vorschreibt. Insbesondere in den Fällen, in denen ein ordre-public-Verstoß geltend gemacht wird, droht die Gefahr, dass vertrauliche Informationen offengelegt werden müssen. Denn nach überwiegender Auffassung überprüfen staatliche Gerichte im Rahmen der geltend gemachten Verletzung des ordre public sowohl die rechtlichen Erwägungen als auch die Feststellungen des Schiedsgerichts.[774] Verstärkt wird der dadurch hergestellte Öffentlichkeitsbezug auch durch die etwaige Veröffentlichung der staatlichen Gerichtsentscheidung. Informationen können in derartigen Konstellationen letztlich dennoch an die Öffentlichkeit gelangen.

---

770 *Eslami*, Nichtöffentlichkeit des Schiedsverfahrens, S. 218; *Geiben*, Privatsphäre und Vertraulichkeit, S. 24; *Kahlert*, Vertraulichkeit im Schiedsverfahren, S. 170 f.

771 *Risse/Oehm*, ZVglRWiss 2015, 407, 414.

772 *Risse/Oehm*, ZVglRWiss 2015, 407, 413.

773 *Stumpf*, in: FS Bülow, S. 217, 220; *Hamann/Lennarz*, JA 2012, 801, 807; *Lachmann*, Handbuch Schiedsgerichtspraxis, Kapitel 3, Rn. 146; *Geiben*, Privatsphäre und Vertraulichkeit, S. 35.

774 Die Prüfungskompetenz ist in Hinblick auf die Feststellungen des Schiedsgerichts jedoch umstritten. Siehe dazu auch mit Nachweisen zur Gegenansicht *Eslami*, Nichtöffentlichkeit des Schiedsverfahrens, S. 277 und *Harbst*, SchiedsVZ 2007, 22, 24ff.

b) Vertraulichkeit[775]

Bei der Vertraulichkeit des Schiedsverfahrens handelt es sich um einen Aspekt des Schiedsverfahrens, der einer Begründung bedarf und in den Einzelheiten besonders bei fehlender expliziter Vereinbarung der Parteien uneinheitlich beurteilt wird.[776] Man könnte zunächst davon ausgehen, dass sich die Vertraulichkeit der Parteien untereinander bereits mit dem Abschluss der Schiedsvereinbarung derart einstellt, dass es den Parteien verboten ist, über Verlauf und Ergebnis des Schiedsverfahrens zu sprechen.[777] Des Weiteren könnte die Vertraulichkeit auch schon als generelle Verpflichtung klassifiziert werden, die im Wesen des Schiedsverfahrens wurzelt.[778] Mangels expliziter Rechtsgrundlage im deutschen Recht können beide Ansätze für die Geltung der Vertraulichkeit indes nicht a priori aufrechterhalten werden.[779] Damit besteht im Grundsatz das Recht, dass die Parteien den Verlauf des Schiedsverfahrens samt Inhalt an Dritte herantragen dürfen, sofern sich die Parteien nicht explizit auf eine Vertraulichkeitspflicht geeinigt haben oder die in Anwendung gebrachte Schiedsverfahrensordnung eine solche vorsieht.[780] Dem entspricht es, dass die Vertraulichkeitspflicht auch im internationalen Vergleich im Gegensatz zur Nichtöffentlichkeit nicht einhellig als Grundprinzip des Schiedsgerichtswesens tituliert wird.[781] Weiterführend könnte man erwägen, ob das Schiedsge-

---

775 Eine umfassende Behandlung des Vertraulichkeitsgrundsatzes bieten die Dissertationen von *Leisinger*, Vertraulichkeit; *Kahlert*, Vertraulichkeit im Schiedsverfahren, sowie *Holder*, Vertraulichkeit im Schiedsverfahren.

776 Eine detaillierte Übersicht findet sich bei *Eslami*, Nichtöffentlichkeit des Schiedsverfahrens, S. 239ff.

777 So *Leisinger*, Vertraulichkeit, S. 155, der die Vertraulichkeitspflicht als Nebenpflicht zur Schiedsvereinbarung einordnet.

778 *Raeschke-Kessler/Berger*, Recht und Praxis des Schiedsverfahrens, Kapitel 1, Rn. 27 und Kapitel 6, Rn. 683; *Holder*, Vertraulichkeit im Schiedsverfahren, S. 104ff.

779 *Risse/Oehm*, ZVglRWiss 2015, 407, 415; *Lachmann*, Handbuch Schiedsgerichtspraxis, Kapitel 3, Rn. 147; *Lionnet/Lionnet*, Handbuch Schiedsgerichtsbarkeit, Kapitel 7, S. 458; *Geiben*, Privatsphäre und Vertraulichkeit, S. 38; *Eslami*, Nichtöffentlichkeit des Schiedsverfahrens, S. 246ff.

780 *Risse/Oehm*, ZVglRWiss 2015, 407, 416; *Lachmann*, Handbuch Schiedsgerichtspraxis, Kapitel 3, Rn. 148; *Eslami*, Nichtöffentlichkeit des Schiedsverfahrens, S. 236.

781 *Lachmann*, Handbuch Schiedsgerichtspraxis, Kapitel 3, Rn. 146; *Risse/Oehm*, ZVglRWiss 2015, 407, 416 mit dem Hinweis auf die Ausnahmen in England und Neuseeland; *Eslami*, Nichtöffentlichkeit des Schiedsverfahrens, S. 235 unter Bezug auf weitere wenige Ausnahmen; vgl. auch die ablehnende Entscheidung „Esso Australia Resources Ltd. v. Plowman", Arbitration International Vol. 11

richt mangels Parteivereinbarung berechtigt ist, den Parteien eine Vertraulichkeitspflicht aufzuerlegen, § 1042 Abs. 4 ZPO. Dem steht jedoch entgegen, dass sich an ein derartiges gerichtliches Vorgehen auch materielle Wirkungen anschließen, die über die schiedsgerichtlichen Kompetenzen der bloßen Verfahrensgestaltung hinausreichen würden.[782] Im Übrigen ist darauf hinzuweisen, dass auch bei vereinbarter Vertraulichkeit Ausnahmen anerkannt sind, die zu einer Durchbrechung dieses Grundsatzes führen können. Namentlich handelt es sich dabei um Fälle, in denen vertragliche oder gesetzliche Offenlegungspflichten eingreifen oder öffentliche bzw. private Interessen eine Offenlegung gebieten.[783]

Nicht nur die parteiliche Vertraulichkeitspflicht ist wie gesehen begrenzt, auch andere Beteiligte unterliegen keiner umfassenden Vertraulichkeitspflicht. Dafür ermangelt es schon einer konkreten Rechtsgrundlage in der ZPO, die den Beteiligten ein Stillhalten nach außen abverlangt. Schiedsrichtern fällt eine Verschwiegenheitspflicht aus dem Beratungsgeheimnis sowie aus einer allgemeinen Verpflichtung heraus zu, welche sich teilweise auf eine Analogie zur Amtsverschwiegenheit des staatlichen Richters, teilweise auf eine Nebenpflicht des Schiedsvertrags stützt.[784] Übrige Personen, insbesondere Zeugen, können indes grundsätzlich nicht zur Verschwiegenheit verpflichtet werden.[785] Möchte man verhindern, dass diese Personen Informationen nach außen tragen, bedarf es einer separaten vertraglichen Vereinbarung.[786]

Dennoch wird nach dem Erläuterten offensichtlich, dass die Verneinung von Vertraulichkeit in Einzelfällen letztlich die Nichtöffentlichkeit entwer-

---

(1995, Issue 3), 235ff. sowie die „Bulbank-Entscheidung" – Trade Finance Inc. v. Bulgarian Trade Bank Ltd., Stockholm Arbitration Report 2000, 137ff.

782 *Leisinger*, Vertraulichkeit, S. 164; *Lachmann*, Handbuch Schiedsgerichtspraxis, Kapitel 3, Rn. 151; *Eslami*, Nichtöffentlichkeit des Schiedsverfahrens, S. 248 m.w.N.

783 Ausführlich zu den vier Ausnahmen: *Eslami*, Nichtöffentlichkeit des Schiedsverfahrens, S. 250ff.

784 *Eslami*, Nichtöffentlichkeit des Schiedsverfahrens, S. 290; *Leisinger*, Vertraulichkeit, S. 91; *Holder*, Vertraulichkeit im Schiedsverfahren, S. 42ff.; vgl. auch *Kahlert*, Vertraulichkeit im Schiedsverfahren, S. 176ff.

785 *Eslami*, Nichtöffentlichkeit des Schiedsverfahrens, S. 290; *Leisinger*, Vertraulichkeit, S. 94; *Kahlert*, Vertraulichkeit im Schiedsverfahren, S. 315 f.; *Geiben*, Privatsphäre und Vertraulichkeit, S. 56.

786 *Leisinger*, Vertraulichkeit, S. 94; *Ritz*, Geheimhaltung im Schiedsverfahren, S. 159; *Kahlert*, Vertraulichkeit im Schiedsverfahren, S. 313; *Geiben*, Privatsphäre und Vertraulichkeit, S. 56.

tet, da bei unbeschränkter Informationsweitergabe der Ausschluss Dritter teilweise ins Leere läuft.

III. Konsequenzen für die staatliche Gerichtsbarkeit

Die Untersuchung der Gründe für die Wahl der Schiedsgerichtsbarkeit hat gezeigt, dass die regelmäßig angeführten Vorteile des Schiedsgerichtswesens nicht per se greifen. Oftmals kommt es auf das konkrete Verfahren an, ob das staatliche oder das schiedsgerichtliche Verfahren für die Parteien geeigneter ist. Letztlich lockt das Schiedsverfahren mit zwei grundsätzlichen Aspekten, die das staatliche Verfahren nach aktueller Gesetzeslage nicht adäquat kompensieren kann. Das betrifft zum einen die großzügigen Möglichkeiten, das Verfahren frei zu gestalten, und zum anderen die Tatsache, dass die Nichtöffentlichkeit des Verfahrens als Grundsatz besteht. Für ersteres wird man auf staatlicher Ebene kaum einen attraktiven Ersatz installieren können. Haben die Parteien genaue Vorstellungen über den Ablauf des Verfahrens und die Regelungsart und -dichte, werden sie das Schiedsverfahren wählen. Das wird insbesondere für spezifische Rechtsgebiete der Fall sein. Diese Spezialgebiete wird die staatliche Justiz nicht vollends abdecken können. Das aber zeigt, dass es sich im Verhältnis staatlicher Gerichtsbarkeit vs. Schiedsgerichtsbarkeit nicht stets um ein „Entweder-oder-Verhältnis" handeln muss. Beide Gerichtsbarkeiten koexistieren unter diesem Gesichtspunkt nebeneinander, ohne sich konkurrenzmäßig zu beeinflussen.[787] Anders beurteilt sich die Frage nach der Nichtöffentlichkeit. Diese stellt einen entscheidenden Faktor dar, um sich für die Schiedsgerichtsbarkeit zu entscheiden. Dabei genügt schon die Kenntnis, dass Dritte nicht zur Verhandlung zugelassen werden. Selbst wenn das parteiliche Bedürfnis, Informationen im Verborgenen zu halten, noch nicht konkret besteht, bietet das Wissen, dass das Schiedsverfahren regelmäßig ohne Zuschauer abgehalten wird, einen willkommenen Nebeneffekt. Warum sollten sich die Parteien dann auf ein staatliches Gerichtsverfahren einlassen, in dem ein Ausschluss der Öffentlichkeit – wie im Folgenden noch zu zeigen sein wird – regelmäßig mit Unwägbarkeiten verbunden ist? Hier hat das staatliche Gerichtsverfahren zweifellos Nachholbedarf, um den Anschluss an das Schiedsgerichtsverfahren nicht zu verlieren. Denn wenn es auch im staatlichen Gerichtsverfahren die Möglichkeit gäbe, unter vorheriger Beurteilung der Erfolgsaussichten die Öffentlichkeit über den Partei-

---

787 Vgl. ähnlich *Prütting*, AnwBl. 2013, 401, 403.

willen gezielt auszuschließen, verlöre das Schiedsverfahren einen echten Vorteil. Daher bleibt hier als Zwischenergebnis festzuhalten, dass das staatliche Gerichtsverfahren attraktiver werden würde, sofern Dispositionsmöglichkeiten über die Öffentlichkeit bestünden. Dem kann auch nicht entgegengehalten werden, dass in der Schiedsgerichtsbarkeit ebenfalls die latente Gefahr der Öffentlichkeit besteht, sofern staatliche Gerichte eingeschaltet werden. Zum einen werden Aufhebungs- und Vollstreckungsverfahren die Ausnahme bilden. Zum anderen erscheint es aus Sicht der Parteien regelmäßig vorteilhafter, eine prinzipielle Nichtöffentlichkeit als Regel zu genießen und nur in Ausnahmefällen die „Gefahren" der Öffentlichkeit zu spüren, anstatt mit der Öffentlichkeit in das Verfahren zu gehen und die Gefahr zu tragen, dass es trotz des parteilichen Bedürfnisses zu keinem gesetzlichen Ausschluss der Öffentlichkeit kommt. Setzt man an diesem entscheidenden Punkt an und gewährt den Parteien die Option, über die Öffentlichkeit zu disponieren, erreicht man einen noch größeren Gleichklang zwischen beiden Gerichtsbarkeiten. Dafür spricht zudem, dass sich die Parteien in der Schiedsvereinbarung explizit auch für die Öffentlichkeit entscheiden können. Daher sollte man umgekehrt auch über die Möglichkeit nachdenken, den Öffentlichkeitsausschluss im staatlichen Verfahren an den Parteiwillen zu binden. Dem steht nicht zwingend entgegen, dass das Schiedsverfahren privatrechtlicher Natur ist, das staatliche Verfahren dagegen auch von öffentlichen Interessen geleitet wird. Insoweit kann dies angemessen berücksichtigt werden, indem die Regelung über die Dispositionsmöglichkeit zum Schutze überwiegender öffentlicher bzw. staatlicher Interessen entsprechende Modifikationen bereithält. Zwar ist einzugestehen, dass eine derartige Regelungstechnik dazu führen muss, dass die Ausgestaltungsmöglichkeiten im Schiedsverfahren größer bleiben. Dennoch wäre eine Regelung mit den genannten Einschränkungen vor den staatlichen Gerichten und insbesondere im Zivilprozess als Gewinn zu begrüßen, würde sie doch eine höhere Flexibilität des Verfahrens ermöglichen und den Parteiinteressen dienen. Die Kluft zwischen beiden Gerichtsbarkeiten könnte in Bezug auf das Thema der Gerichtsöffentlichkeit annähernd geschlossen werden.

Zugleich wird die Tendenz des Zulaufs zur Schiedsgerichtsbarkeit umgekehrt, die vor allem für den Bereich wirtschaftlicher Streitigkeiten festgestellt wurde. Diese Streitigkeiten könnten auch aufgrund der dann bestehenden Einflussnahmemöglichkeiten auf die Gerichtsöffentlichkeit wieder vermehrt vor die staatlichen Gerichte gelangen. Das hätte auch einen weiteren Vorteil: Der vor den staatlichen Gerichten bestehende Instanzenzug kann im Zweifel garantieren, dass umstrittene Rechtsfragen des Gesellschaftsrechts oder im Recht des Unternehmenskaufs bis vor den Bundesgerichtshof gelangen. Das stellt die Rechtsfortbildung in den genannten Sektoren sicher.[788] Wenn ein ordentliches Gericht die Rechtsprechung eines höheren Gerichts ignoriert, kann es im Zuge des Instanzendrucks schnell zur Aufhebung der Entscheidung kommen – hier realisiert sich im Gegensatz zur Schiedsgerichtsbarkeit ein Befolgungsdruck für die unteren Gerichte.[789] Dagegen bleibt es der Schiedsgerichtsbarkeit mit ihrer einen Instanz verwehrt, zu Präjudizien beizutragen, da die Schiedssprüche nicht veröffentlicht werden und oftmals Vertraulichkeit vereinbart wird.[790] Zudem fehlt es schon an einer ständigen Gerichtsorganisation, die eine solche Entwicklung garantieren könnte.[791] Rechtsunsicherheit und zunehmende Einzelfallentscheidungen sind die Konsequenz.[792] Eine gesicherte Rechtsfortbildung und Grundsatzentscheidungen können für die Parteien als Orientierungshilfe aber durchaus hilfreich sein, um ihre Chancen vor Gericht valide einschätzen zu können. Auch unter diesem Aspekt verdient die Bemühung, das staatliche Verfahren zu modifizieren, Befürwortung.

C. Bisherige gesetzliche Ausnahmen vom Öffentlichkeitsprinzip

Das Bedürfnis nach einer neuen gesetzlichen Regelung hinsichtlich der Disposition über die Öffentlichkeit würde sich allenfalls dann minimieren, wenn das geltende Recht bereits einen umfassenden Ausschlusskatalog bereithielte, der in sämtlichen Fällen mit messbarer Sicherheit einen Ausschluss Dritter von der Verhandlung garantiert. Im Folgenden ist daher genauer auf die gesetzlichen Ausschlustatbestände des GVG einzugehen. Darüber hinaus bedarf es auch eines kurzen Blickes auf andere gesetzliche Regelungen, die es Dritten verwehren, der Verhandlung beizuwohnen. Mit

---

788 *Schroeder*, KritV 2012, 145, 156; vgl. *Duve/Keller*, SchiedsVZ 2005, 169, 172.

789 *Duve/Keller*, SchiedsVZ 2005, 169, 171.

790 *Hirsch*, SchiedsVZ 2003, 49, 52; *Duve/Keller*, SchiedsVZ 2005, 169, 171; *Stumpf*, in: FS Bülow, S. 217, 225; *Lachmann*, Handbuch Schiedsgerichtspraxis, Kapitel 3, Rn. 170; *Brosius-Gersdorf*, VVDStRL 74 (2015), 169, 181 f.; *Schroeder*, KritV 2012, 145, 156 f. hingegen weist auf ein faktisches Präjudiziensystem hin, da sich die Parteien in ihren Schriftsätzen auf frühere Schiedssprüche beziehen können und die Schiedsgerichte vergangene Schiedssprüche zur Begründung heranziehen.

791 *Lionnet/Lionnet*, Handbuch Schiedsgerichtsbarkeit, Kapitel 1, S. 82.

792 *Hirsch*, SchiedsVZ 2003, 49, 52; *Lachmann*, Handbuch Schiedsgerichtspraxis, Kapitel 3, Rn. 171; MüKo/*Münch*, ZPO Band 3, Vorbemerkungen zu § 1025 Rn. 96.

den §§ 170 ff. GVG verfolgt der Gesetzgeber das Ziel, im Einzelfall nicht nur Allgemeininteressen höher zu bewerten als den Öffentlichkeitsgrundsatz, auch Individualinteressen werden durch die Ausschlusstatbestände geschützt.[793] Dieser Aspekt verdient eine besondere Beachtung, denn eine Dispositionsmöglichkeit der Parteien über die Öffentlichkeit fußt letztlich ebenfalls auf den individuellen Interessen der Beteiligten. Daher muss geprüft werden, ob die individuellen Interessen der Parteien bereits durch die gesetzlichen Regelungen hinreichend abgedeckt sind. Die im GVG geführten Ausschlusstatbestände sind dabei als ein abschließender Katalog zu verstehen, der sowohl zwingende als auch fakultative Ausschlussgründe bereithält.[794] Im letzteren Fall ist die Öffentlichkeit nur dann auszuschließen, wenn das Gericht dies nach Beachtung des richterlichen Ermessens für notwendig erachtet.

I. Ausschluss in Familiensachen, § 170 GVG

§ 170 GVG hat über die Zeit verschiedenste Wandlungen durchgemacht, bevor er durch das FGG-RG vom 17.12.2008 in seine heutige Fassung gegossen wurde. Dabei lässt sich die Tendenz erkennen, dass die Vorschrift in Bezug auf die dort genannten Familiensachen zunehmend extensiv verändert wurde.

Zunächst sah der Entwurf des GVG vor, dass in Ehesachen keine Öffentlichkeit zugelassen werden sollte. Als Grund führte man die aus dem noch bestehenden Band der Ehe resultierende Pietät an.[795] Letztlich entschied man sich indes nach eingehender Beratung dafür, die Öffentlichkeit in Ehesachen dann auszuschließen, wenn eine Partei einen vom Gericht stets zu befolgenden Antrag dahingehend stellte.[796] Die 1. DVO zum EheG[797] ordnete schließlich an, dass Verhandlungen in Ehesachen unter Ausschluss der Öffentlichkeit stattzufinden haben. Beweggrund für diese umfassende Regelung war es, den Betroffenen Peinlichkeiten und Schamgefühle zu ersparen, die durch eine anwesende Öffentlichkeit noch verstärkt würden.[798]

---

793 *Ranft*, JURA 1995, 573, 575.
794 *Eslami*, Nichtöffentlichkeit des Schiedsverfahrens, S. 118.
795 *Hahn*, Materialien zu dem Gerichtsverfassungsgesetz I, S. 174.
796 Vgl. *Hahn*, Materialien zu dem Gerichtsverfassungsgesetz I, S. 330ff.
797 RGBl. 1938 I, S. 923, 926 (§ 30).
798 *Kissel/Mayer*, § 170 Rn. 1.

Kindschaftssachen wurden dagegen weiterhin öffentlich verhandelt.[799] Erst das NichtehelG erweiterte dann den Anwendungsbereich des § 170 GVG. Im Sinne der Intimsphäre sowie der Beziehung zwischen Mutter und Kind wurden auch Kindschaftssachen den Augen der Öffentlichkeit entzogen.[800] Das 1. EheRG von 1976 führte schließlich dazu, dass die Nichtöffentlichkeit grundsätzlich für alle Familiensachen angeordnet wurde. Ausnahmen galten gemäß S. 2 der damaligen Fassung des § 170 GVG dergestalt, dass Streitigkeiten allein über unterhalts- und güterrechtliche Fragen der Öffentlichkeit zugänglich blieben.[801] Das betraf die § 23 b Abs. 1 S. 2 Nr. 5, 6 und 9 GVG a.F. vor Änderung durch das FGG-RG. Abzuwenden war die dort bestehende öffentliche Verhandlung allein dadurch, dass bezüglich der Familiensachen im Verbund verhandelt, d.h. nicht bloß die Vermögensfrage isoliert behandelt wurde.[802] Der Gesetzgeber hat in der Folge erkannt, dass die Privatsphäre auch im Rahmen der vermögensrechtlichen Fragen von Familiensachen den Vorzug vor der grundsätzlichen Gerichtsöffentlichkeit verdient und durch das angesprochene FGG-RG den § 170 nicht nur auf Angelegenheiten der freiwilligen Gerichtsbarkeit erweitert, sondern zugleich auch S. 2 derart modifiziert, dass Familiensachen fortan ohne Ausnahme der Nichtöffentlichkeit unterfallen.

1. Sinn und Zweck der Norm

Die heutige Fassung des § 170 GVG verfolgt zwei Hauptziele. Typischerweise werden in der Verhandlung über Familienangelegenheiten sensible Informationen aus dem Bereich der Privatsphäre offengelegt. Durch den Ausschluss der Öffentlichkeit wird zunächst das Interesse der Betroffenen berücksichtigt, derartige Bereiche zum Schutz des allgemeinen Persönlichkeitsrechts möglichst diskret zu behandeln.[803] Die Tatsache, dass solch schutzwürdige Belange heutzutage aufgrund der bloß formalen Voraussetzungen der Scheidung anders als früher nur noch spärlich thematisiert werden, rechtfertigt keine andere Beurteilung. Allein die bloße Möglich-

---

799 Vgl. BGH, NJW 1956, 1441, der eine entsprechende Anwendung der Vorschrift auf Kindschaftssachen in der genannten Entscheidung verneint.
800 BT-Drucksache 5/3719, S. 30.
801 *Holzhauer*, ZRP 2001, 87.
802 *Holzhauer*, ZRP 2001, 87; *Schilken*, Gerichtsverfassungsrecht, § 12 Rn. 181.
803 OLG Köln, NJW-RR 1986, 560, 561; MüKo/*Zimmermann*, ZPO Band 3, § 170 GVG Rn. 1; Stein/Jonas/*Jacobs*, ZPO Band 10, § 170 GVG Rn. 1; vgl. BT-Drucksache 7/650, S. 190.

keit, intime Umstände offenlegen zu müssen, legitimiert hier den Ausschluss Dritter zum Schutze der Parteien. Zum anderen soll auch der Wahrheitsfindung gedient werden, indem der Ausschluss den Beteiligten die Möglichkeit einräumen soll, offen und unbefangen über die notwendigen Informationen sprechen zu können.[804] Im Verhältnis zu Art. 6 Abs. 1 S. 1 EMRK geht § 170 GVG als lex specialis vor.[805]

2. Anwendungsbereich

Die nichtöffentliche Verhandlung gilt gemäß § 170 Abs. 1 S. 1 GVG für die Bereiche der freiwilligen Gerichtsbarkeit, § 23 a Abs. 2 GVG, sowie Familiensachen, § 111 FamFG unter Einschluss des § 112 FamFG. Die Anordnung der Nichtöffentlichkeit ist indes nicht als absolutes Verbot zu begreifen.[806] Das Gericht kann gemäß § 170 Abs. 1 S. 2 die Öffentlichkeit auch zulassen. Voraussetzung hierfür ist jedoch, dass keiner der Beteiligten widerspricht. Hier realisiert sich einmal mehr die Wertung des Gesetzgebers, den Schutz der Privatsphäre höher zu bewerten als den Öffentlichkeitsgrundsatz.[807] Selbst, wenn alle Beteiligten übereinstimmend den Wunsch hegen, die Öffentlichkeit zuzulassen, muss das Gericht diesem Wunsch nicht entsprechen.[808] Das Postulat des Schutzes der Privatsphäre wird im Anwendungsbereich des § 170 Abs. 2 GVG gelockert. Das Rechtsbeschwerdegericht muss eine umfassende Interessenabwägung durchführen, wenn es die Öffentlichkeit zulassen will. Da in derartigen Fällen regelmäßig nur Rechtsfragen zu erörtern sind, verdient der Persönlichkeitsschutz hier keinen umfassenden Schutz.[809]

Nichtöffentlichkeit der Verhandlung meint in diesem Kontext, dass mit Ausnahme der am Verfahren Beteiligten sowie ihrer Verfahrensvertreter und der Beistände, vgl. §§ 7 und 12 FamFG, keine anderen Personen der Verhandlung beiwohnen dürfen, sofern das Gericht nicht über § 175 Abs. 2 S. 1 GVG weitere Personen zugelassen hat.[810] Hier spiegelt sich die Tatsa-

---

804 MüKo/*Zimmermann*, ZPO Band 3, § 170 GVG Rn. 2; Stein/Jonas/*Jacobs*, ZPO Band 10, § 170 GVG Rn. 1; vgl. BT-Drucksache 7/650, S. 190.

805 MüKo/*Zimmermann*, ZPO Band 3, § 170 GVG Rn. 1.

806 *Eslami*, Nichtöffentlichkeit des Schiedsverfahrens, S. 118.

807 BT-Drucksache 16/6308, S. 320; Stein/Jonas/*Jacobs*, ZPO Band 10, § 170 GVG Rn. 2.

808 MüKo/*Zimmermann*, ZPO Band 3, § 170 GVG Rn. 2; *Kissel/Mayer*, § 170 Rn. 6.

809 Stein/Jonas/*Jacobs*, ZPO Band 10, § 170 GVG Rn. 2; *Kissel/Mayer*, § 170 Rn. 7.

810 Stein/Jonas/*Jacobs*, ZPO Band 10, § 170 GVG Rn. 4; *Kissel/Mayer*, § 170 Rn. 3.

che wider, dass die Personen, die zur Wahrnehmung subjektiver Interessen in der mündlichen Verhandlung anwesend sein müssen, auch ein Teilnahmerecht haben.[811] Das Anwesenheitsrecht von Zeugen und Sachverständigen richtet sich nach § 394 ZPO. Damit ist die Anwesenheit Dritter auf das notwendige Maß zu reduzieren, was sich dadurch sicherstellen lässt, dass sie nur in dem Verfahrensabschnitt auftreten dürfen, in dem sie zwingend erforderlich sind.[812]

Zu beachten ist ferner, dass fortan auch § 173 Abs. 1 GVG Anwendung findet. Nach dieser Norm ist die nachfolgende Urteilsverkündung selbst bei nichtöffentlicher Verhandlung öffentlich.[813] Indes waren Verfahren der freiwilligen Gerichtsbarkeit sowie Familiensachen zunächst nicht umfasst, da dort gemäß § 38 FamFG durch Beschluss entschieden wurde. Durch die Klarstellung in § 173 Abs. 1 GVG, dass nun auch die Endentscheidung in Ehesachen und Familienstreitsachen öffentlich zu verkünden ist, ist dieses Problem beseitigt worden. Ist eine Verletzung des § 170 GVG zu beanstanden, liegt wie auch bei § 169 S. 1 GVG ein absoluter Revisionsgrund vor.[814]

II. Ausschluss zum Schutze der Privatsphäre, § 171 b GVG

§ 171 b GVG, durch das Opferschutzgesetz vom 18. 12. 1986[815] ins Leben gerufen, unterscheidet sich auf den ersten Blick von § 170 GVG durch seine Regelungstechnik. Die zuletzt genannte Norm ordnet für einen speziellen Bereich – Familiensachen und Angelegenheiten der freiwilligen Gerichtsbarkeit – einen gesetzlichen Ausschluss der Öffentlichkeit als Regelfall an. § 171 b GVG bezieht sich dagegen nicht auf einen speziellen Sachbereich, sondern kann in jedem sachspezifischen Verfahren zur Anwendung gelangen. Trotz ihrer Entstehungsgeschichte gilt die Norm nicht nur für das strafrechtliche Verfahren, sondern gleichermaßen auch für den Zivilprozess und die Verfahren anderer Gerichtsbarkeiten.[816] Dabei bestehen durchaus auch praktische Anwendungsfälle, in denen § 171 b GVG im

---

811 MüKo/*Zimmermann*, ZPO Band 3, § 170 GVG Rn. 8 unter Bezugnahme auf das rechtliche Gehör.

812 Stein/Jonas/*Jacobs*, ZPO Band 10, § 170 GVG Rn. 4; MüKo/*Zimmermann*, ZPO Band 3, § 170 GVG Rn. 9.

813 *Kissel/Mayer*, § 173 Rn. 1.

814 Stein/Jonas/*Jacobs*, ZPO Band 10, § 170 GVG Rn. 5; MüKo/*Zimmermann*, ZPO Band 3, § 170 GVG Rn. 10; *Kissel/Mayer*, § 173 Rn. 10.

815 BGBl. 1986 I, Nr. 68, S. 2496.

816 Zöller/*Lückemann*, ZPO, § 171 b GVG Rn. 2; *Kissel/Mayer*, § 171 b, Rn. 1.

Rahmen eines zivilrechtlichen Prozesses Bedeutung erlangen kann. Das kann zum einen der Fall sein, wenn das Gericht in Familiensachen die Öffentlichkeit nach § 170 Abs. 1 S. 2 GVG zugelassen hat und in der Folge persönliche Informationen behandelt werden. Zum anderen sind Schadensersatzklagen als Folge von Persönlichkeitsrechtsverletzungen insbesondere auch im Bereich der Sexualdelikte oder Arzthaftungsfälle, in denen der Krankheitsverlauf detailliert zu erörtern ist, prädestinierte Fälle für die Relevanz des § 171 b GVG im Zivilprozess.[817]

Darüber hinaus geht die Norm im Grundsatz davon aus, dass die Gerichtsverhandlung öffentlich abzuhalten ist. Das Gericht „kann" lediglich die Öffentlichkeit ausschließen, wenn die Voraussetzungen von Abs. 1 S. 1 vorliegen. Selbst wenn das Gericht unter den Voraussetzungen des Abs. 3 S. 1 dazu verpflichtet ist, Dritten den Zugang zur Verhandlung zu verwehren, besteht als Ausgangslage zunächst Gerichtsöffentlichkeit. Die Norm des § 171 b GVG hebt somit hervor, dass der Grundsatz der Gerichtsöffentlichkeit schützenswert ist und nur in Ausnahmefällen eingeschränkt werden kann.

Dennoch sind die Gemeinsamkeiten zu § 170 GVG unverkennbar. Die Norm schützt den Persönlichkeitsbereich des Einzelnen und bewertet ihn im Verhältnis zur Öffentlichkeit als höherrangig, sofern die weiteren Voraussetzungen vorliegen.[818] Zudem hat der Betroffene auch hier eine Einflussmöglichkeit dergestalt, dass er entscheiden kann, ob die Umstände aus seinem Privatleben in einer öffentlichen Verhandlung offenbart werden sollen oder nicht.[819]

1. Sinn und Zweck der Norm

Wie bereits angedeutet, dient die Vorschrift primär dazu, das in der Verfassung garantierte allgemeine Persönlichkeitsrecht der Beteiligten abzusichern[820] und die Gefahren einer Zur-Schau- oder Bloßstellung zu reduzieren.[821] Wie die Historie zeigt, sollte durch die Regelung vornehmlich der

---

817 MüKo/*Zimmermann*, ZPO Band 3, § 171 b GVG Rn. 4; detailliert zu § 171 b GVG und Arzthaftungsfällen *Fenger*, NJW 2000, 853.
818 BT-Drucksache 10/5305, S. 22.
819 Zöller/*Lückemann*, ZPO, § 171 b GVG Rn. 1; MüKo/*Zimmermann*, ZPO Band 3, § 171 b GVG Rn. 2; Stein/Jonas/*Jacobs*, ZPO Band 10, § 171 b GVG Rn. 1.
820 BT-Drucksache 10/5305, S. 22; BT-Drucksache 10/6124, S. 12 f.
821 *Eslami*, Nichtöffentlichkeit im Schiedsverfahren, S. 120; MüKo/*Zimmermann*, ZPO Band 3, § 171 b GVG Rn. 1.

Schutz der Betroffenen eines Strafverfahrens aufgewertet werden. Denn gerade die dort vorzunehmende Persönlichkeitserforschung macht es auch im Hinblick auf den Amtsermittlungsgrundsatz erforderlich, den persönlichen Lebensbereich von Opfer, Zeugen und Angeklagtem offenzulegen.[822] Dann aber muss das Persönlichkeitsrecht des Einzelnen wenigstens dadurch geschützt werden, dass unbeteiligte Dritte keinen Zugang zu diesen sensiblen Informationen erhalten.

2. Anwendungsbereich

Für die Einschlägigkeit des § 171 b GVG müssen zunächst sowohl die persönlichen als auch die sachlichen Voraussetzungen gegeben sein. Geschützt werden sollen zunächst die Verfahrensbeteiligten, Zeugen sowie die Opfer von Straftaten. Unter den Begriff der Verfahrensbeteiligten fallen neben den Parteien auch Drittbeteiligte gemäß §§ 64 ff. ZPO.[823] Aufgrund des Wortlautes der Norm wird teilweise davon ausgegangen, dass nur feststehende Zeugen, nicht dagegen auch potentielle Zeugen erfasst werden.[824] Die überwiegende Ansicht differenziert dagegen nicht und gewährt auch letzteren den Schutz aus § 171 b Abs. 1 GVG.[825] Das erscheint für einen umfassenden Persönlichkeitsschutz aus präventiver Sicht angezeigt. Selbst wenn man sich strikt am Wortlaut orientiert, relativiert sich die Bedeutung der Streitigkeit dadurch, dass mit § 172 GVG eine alternative Vorschrift den Schutz der potentiellen Zeugen vor der Öffentlichkeit garantieren kann.

Aus sachlicher Sicht müssen Umstände in Rede stehen, die den persönlichen Lebensbereich des Einzelnen betreffen. Darunter wird trotz der Schwierigkeit einer allgemeingültigen Begriffsdefinition jede Information verstanden, die der Privat- oder Intimsphäre zuzuordnen ist und auf die

---

822 *Kissel/Mayer*, § 171 b Rn. 1; *Rieß/Hilger*, NStZ 1987, 204, 207.

823 MüKo/*Zimmermann*, ZPO Band 3, § 171 b GVG Rn. 6; *Kissel/Mayer*, § 171 b Rn. 2.

824 Stein/Jonas/*Jacobs*, ZPO Band 10, § 171 b GVG Rn. 2; *Sieg*, NJW 1980, 379; *ders.* NJW 1981, 963.

825 MüKo/*Zimmermann*, ZPO Band 3, § 171 b GVG Rn. 7; Zöller/*Lückemann*, ZPO, § 171 b GVG Rn. 5; *Kleinknecht*, in: FS Schmidt-Leichner, S. 111, 115 mit Fußnote 11; *Kissel/Mayer*, § 171 b Rn. 2 m.w.N.

ein außenstehender Dritter nicht ohne weiteres zugreifen kann.[826] Soweit postuliert wird, der Begriff sei zunächst weit zu verstehen, um Einschränkungen dann über die weiteren Voraussetzungen der Schutzwürdigkeit der Interessen oder der Abwägung mit den öffentlichen Belangen durchzusetzen[827], ergibt sich im praktischen Ergebnis regelmäßig keine Abweichung von der obigen Auffassung. Im Fokus steht somit die „menschenwürdige Privatheit."[828] Zu den Themen, die üblicherweise vor fremden Dritten nicht spontan besprochen werden und somit einem berechtigten Diskretionsinteresse unterliegen, zählen daher u.a.: Gesundheitszustand, sexuelle Neigungen, Familienleben, persönliche Beziehungen oder die religiöse bzw. politische Weltanschauung.[829] Die Aufzählung und die Tendenz der Praxis, den Begriff eher eng zu verstehen, zeigen indes, welche Problematik § 171 b GVG bereithält. Auch in anderen Streitigkeiten vor dem Zivilgericht besteht durchaus das Bedürfnis, sensible Informationen der Öffentlichkeit nicht ungefiltert preiszugeben. Das betrifft vornehmlich Miet- oder Darlehensstreitigkeiten sowie Erbschaftsstreitigkeiten, die allesamt in der Regel öffentlich verhandelt werden, da § 171 b GVG hier nicht greift.[830] Das Berufs- oder Erwerbsleben fällt ebenfalls regelmäßig nicht in die private Sphäre.[831] Daraus lässt sich eine erste Ableitung dergestalt treffen, dass § 171 b GVG die Geheimhaltungsinteressen der Parteien nicht in einer umfassenden Art und Weise zu schützen vermag und nur im Bereich der höchst intimen Bereiche zuverlässigen Schutz bietet.

Die Tatsache, dass der persönliche Lebensbereich betroffen ist, rechtfertigt per se nicht die Abkehr von der Gerichtsöffentlichkeit. Vielmehr müssen zunächst schutzwürdige Belange einer öffentlichen Verhandlung entgegenstehen. Ob der Betroffene subjektiv das Verlangen nach Schutz hat, ist dabei nicht entscheidend. Anzulegen ist ein objektiver Maßstab, nach dem sich die Schutzwürdigkeit zu definieren hat.[832] Erforderlich sind da-

---

826 MüKo/*Zimmermann*, ZPO Band 3, § 171 b GVG Rn. 9; Wieczorek/Schütze/ *Schreiber*, ZPO Band 13/1, § 171 b GVG Rn. 4; Zöller/*Lückemann*, ZPO, § 171 b GVG Rn. 3; *Kissel/Mayer*, § 171 b Rn. 3; vgl. BGHSt 30, 212, 214 = NJW 1982, 59.

827 So Stein/Jonas/*Jacobs*, ZPO Band 10, § 171 b GVG Rn. 3, der wirtschaftliche Verhältnisse somit zunächst vom Begriff umfasst sieht, diese aber über das Korrelat des schutzwürdigen Interesses ausscheiden lässt.

828 *Kissel/Mayer*, § 171 b Rn. 3.

829 Wieczorek/Schütze/*Schreiber*, ZPO Band 13/1, § 171 b GVG Rn. 4, *Kissel/Mayer*, § 171 b Rn. 3; KaKo/*Diemer*, § 171 b GVG Rn. 3.

830 MüKo/*Zimmermann*, ZPO Band 3, § 171 b GVG Rn. 9.

831 *Kissel/Mayer*, § 171 b Rn. 4; KaKo/*Diemer*, § 171 b GVG Rn. 3.

832 Stein/Jonas/*Jacobs*, ZPO Band 10, § 171 b GVG Rn. 4; *Kissel/Mayer*, § 171 b Rn. 5.

her Umstände, die über das übliche Maß an Beeinträchtigung der Privatsphäre hinausgehen.[833] Dagegen kommt es nicht darauf an, dass die schutzwürdige Thematik schon konkret im Verhandlungssaal angesprochen wird, bevor es zum Ausschluss der Öffentlichkeit kommt. Ausreichend ist, dass mit einer Erörterung mit großer Wahrscheinlichkeit zu rechnen ist.[834] In einem letzten Schritt muss das Persönlichkeitsrecht im konkreten Verfahren mit dem Öffentlichkeitsgrundsatz abgewogen werden, bevor es zu einem Ausschluss der Öffentlichkeit kommen kann, § 171 b Abs. 1 S. 2 GVG. Überwiegt dabei das Interesse an einer öffentlichen Verhandlung, ist der Öffentlichkeit der Vorzug einzuräumen, bei Gleichwertigkeit oder geringwertigeren Interessen sind die Voraussetzungen eines Ausschlusses dagegen zu bejahen.[835] Dabei muss das öffentliche Interesse nicht zwingend von der Allgemeinheit ausgehen, es kann auch in einer Einzelperson begründet sein, die ein Interesse an der öffentlichen Erörterung hat.[836] Bei der Entscheidung muss der Grundsatz der Verhältnismäßigkeit beachtet werden. Als Anhaltspunkt bietet es sich an, das Öffentlichkeitsinteresse umso eher zurücktreten zu lassen, je intensiver der innere Kern des Persönlichkeitsrechts tangiert ist und je eher von einer unzulässigen Anprangerungswirkung durch die spätere Berichterstattung der Massenmedien ausgegangen werden muss.[837]

Liegen alle genannten Voraussetzungen vor, so hängt der Ausschluss davon ab, welche Variante des § 171 b GVG einschlägig ist. Dieser enthält in Abs. 1 einen fakultativen Ausschlusstatbestand, in Abs. 3 einen zwingenden und in Abs. 2 eine Empfehlung, die hier mangels Relevanz der Untersuchung außer Acht gelassen wird.

---

833 *Kissel/Mayer*, § 171 b Rn. 7.

834 BGHSt 30, 212, 214 = NJW 1982, 59; MüKo/*Zimmermann*, ZPO Band 3, § 171 b GVG Rn. 10.

835 Stein/Jonas/*Jacobs*, ZPO Band 10, § 171 b GVG Rn. 5; *Kissel/Mayer*, § 171 b Rn. 11.

836 Wieczorek/Schütze/*Schreiber*, ZPO Band 13/1, § 171 b GVG Rn. 7; MüKo/*Zimmermann*, ZPO Band 3, § 171 b GVG Rn. 14.

837 *Kissel/Mayer*, § 171 b Rn. 11; *Kleinknecht*, in: FS Schmidt-Leichner, S. 111, 114; vgl. KaKo/*Diemer*, § 171 b GVG Rn. 4.

a) Fakultativer Ausschluss der Öffentlichkeit durch das Gericht, § 171 b
   Abs. 1 S. 1 GVG

Liegen sämtliche Voraussetzungen vor, so entscheidet das Gericht von
Amts wegen unter Ausübung seines pflichtgemäßen Ermessens, ob ein
Ausschluss der Öffentlichkeit sinnvoll erscheint.[838] Ohne gewichtige Gründe, die für die Gerichtsöffentlichkeit streiten, wird sich das Gericht hier regelmäßig für einen Ausschluss entscheiden.[839]

Etwas Abweichendes gilt nur im Falle des Abs. 4: Das Gericht verliert
hier die fakultative Ausschlussmöglichkeit, wenn der Betroffene dem
Ausschluss widerspricht. Möchte der in seinem Persönlichkeitsrecht Beein-
trächtigte demnach, dass die Verhandlung öffentlich stattfindet, so hat das
Gericht diesem Wunsch Folge zu leisten. Hier zeigt sich erneut, dass der
Gesetzgeber die Entscheidung über den Persönlichkeitsschutz letztlich in
die Hand des Betroffenen legt. Sind jedoch mehrere Beteiligte betroffen, so
muss der Widerspruch einheitlich erfolgen, andernfalls entfaltet er keine
Wirkung.[840] Der Widerspruch kann in jedem Stadium des Verfahrens als
höchstpersönliche Erklärung erhoben werden, muss dabei ernstlich und
eindeutig sein und wirkt ex nunc.[841]

b) Zwingender Ausschluss der Öffentlichkeit durch das Gericht, § 171 b
   Abs. 3 GVG

Ohne Ermessen des Gerichts ist die Gerichtsöffentlichkeit zwingend auszuschließen, wenn der in seinem persönlichen Lebensbereich Betroffene
einen dahingehenden Ausschließungsantrag stellt. Selbstverständlich verbleibt es bei den Anforderungen des Abs. 1. Liegt daher ein überwiegendes
Interesse an öffentlicher Verhandlung vor, ist der Antrag gleichwohl nicht
bindend.[842] Stellt nur einer von mehreren Betroffenen den Antrag, so ist

---

838 Wieczorek/Schütze/*Schreiber*, ZPO Band 13/1, § 171 b GVG Rn. 8; Stein/Jonas/
    Jacobs, ZPO Band 10, § 171 b GVG Rn. 7.
839 Vgl. Zöller/*Lückemann*, ZPO, § 171 b GVG Rn. 7.
840 MüKo/*Zimmermann*, ZPO Band 3, § 171 b GVG Rn. 15; *Kissel/Mayer*, § 171 b
    Rn. 14.
841 Stein/Jonas/*Jacobs*, ZPO Band 10, § 171 b GVG Rn. 6; MüKo/*Zimmermann*, ZPO
    Band 3, § 171 b GVG Rn. 15.
842 MüKo/*Zimmermann*, ZPO Band 3, § 171 b GVG Rn. 16; Wieczorek/Schütze/
    Schreiber, ZPO Band 13/1, § 171 b GVG Rn. 11; *Eslami*, Nichtöffentlichkeit des
    Schiedsverfahrens, S. 123 f.

die Verhandlung für den Teil, in dem persönliche Belange des Antragstellers behandelt werden, in nichtöffentlicher Form abzuhalten.[843] Abs. 3 erhebt den Betroffenen damit zu einer Art „Türsteher" für die Öffentlichkeit, da sein Antrag entscheidenden Einfluss auf die Zugänglichkeit zur Verhandlung hat.

c) Dauer des Ausschlusses und Unanfechtbarkeit der Entscheidung

Die Nichtöffentlichkeit darf nur solange aufrechterhalten werden, wie die Erörterung der Umstände aus dem persönlichen Lebensbereich andauert, und bedarf einer präzisen Beschreibung.[844] Die Wiederherstellung der Öffentlichkeit muss für interessierte Dritte derart erkennbar sein, dass diese ohne Schwierigkeiten wieder die Möglichkeit haben, der Verhandlung zu folgen.[845] Eine etwaige Verlängerung des Ausschlusses muss ebenfalls öffentlich verkündet werden. Unschädlich ist es, wenn die Erörterung der persönlichen Belange aufgrund eines anderen Verhandlungsverlaufs wider Erwarten nicht erfolgt, die Öffentlichkeit aber ausgeschlossen wurde. Eine Wiederholung des Abschnitts in öffentlicher Verhandlung ist nicht vonnöten.[846]

Ferner ist § 173 Abs. 2 GVG zu beachten. Liegen die Voraussetzungen des § 171 b GVG vor, rechtfertigt dies unter Umständen ebenfalls einen Öffentlichkeitsausschluss während der Verkündung der Endentscheidungsgründe. Die Entscheidung über den Ausschluss oder den Nichtausschluss der Öffentlichkeit ist darüber hinaus gemäß § 171 b Abs. 5 GVG unanfechtbar. Gemäß §§ 512, 557 Abs. 2 ZPO wird durch die Berufung oder die Revision eine Entscheidung der Vorinstanz nicht überprüft, die nach den Vorschriften der ZPO oder anderer Bestimmungen, die in einem Zivilverfahren Anwendung finden, als unanfechtbar gilt. Daher kann eine Missachtung des § 171 b GVG einer Revision nicht zum Erfolg verhelfen.[847] Inten-

---

843 MüKo/*Zimmermann*, ZPO Band 3, § 171 b GVG Rn. 16; Wieczorek/Schütze/*Schreiber*, ZPO Band 13/1, § 171 b GVG Rn. 12.

844 KaKo/*Diemer*, § 171 b GVG Rn. 5; *Kissel/Mayer*, § 171 b Rn. 16; *Rieß/Hilger*, NStZ 1987, 204, 208.

845 MüKo/*Zimmermann*, ZPO Band 3, § 171 b GVG Rn. 17.

846 BGHSt 30, 212, 215 = NJW 1982, 59; Wieczorek/Schütze/*Schreiber*, ZPO Band 13/1, § 171 b GVG Rn. 8.

847 MüKo/*Zimmermann*, ZPO Band 3, § 171 b GVG Rn. 19; Zöller/*Lückemann*, ZPO, § 171 b GVG Rn. 9; Stein/Jonas/*Jacobs*, ZPO Band 10, § 171 b GVG Rn. 11; *Kissel/Mayer*, § 171 b Rn. 17.

tion dieser Regelung ist es, das Gericht nicht mit dem Damoklesschwert eines Revisionsgrundes zu bedrohen und dadurch eine nur zögerliche Anwendung des § 171 b GVG in Kauf zu nehmen.[848] Letzter Ausweg bleibt hier allein die Geltendmachung der Verletzung des rechtlichen Gehörs, welche die Berufung bzw. Revision eröffnen kann.

III. Weitere Ausschlussgründe, § 172 GVG

Aufgrund der Vor- und Nachteile, die die Gerichtsöffentlichkeit mit sich bringt, muss es weitere Möglichkeiten geben, im Falle gegensätzlicher Interessen lenkend einzugreifen. § 170 und § 171 b GVG decken das Bedürfnis nach Schutz vor unbeteiligten Dritten in der Verhandlung nicht vollumfänglich ab, da die Vorschriften mit den Familiensachen und der engeren Persönlichkeitssphäre nur spezielle Bereiche im Blick haben, die einen Ausschluss der Öffentlichkeit legitimieren können. Mit § 172 GVG sieht der Gesetzgeber daher eine Reihe weiterer Ausschlussgründe vor.

Der Ausschluss der Öffentlichkeit realisiert sich in den Fällen der Nummern 1-4 nicht schon kraft Gesetzes. Vielmehr bedarf es eines Gerichtsbeschlusses im Verfahren nach § 174 Abs. 1 GVG, durch welchen das Gericht als gesamter Spruchkörper nach pflichtgemäßem Ermessen und von Amts wegen über die Notwendigkeit des Ausschlusses entscheidet.[849] Anders als § 171 b GVG sieht die Norm dabei kein Widerspruchs- oder Antragsrecht der Beteiligten vor. Damit existiert weder ein Anspruch auf Öffentlichkeitsausschluss noch auf Aufrechterhaltung der Öffentlichkeit.[850] Im Vergleich zur Regelung des § 171 b GVG besteht kein Verhältnis des Vorrangs. § 172 GVG steht selbständig daneben[851], sodass es trotz der fehlenden Voraussetzungen des § 171 b GVG noch zu einem Öffentlichkeitsausschluss kommen kann. Selbst wenn der Betroffene gemäß § 171 b Abs. 4 GVG einem Öffentlichkeitsausschluss widerspricht und die Norm somit nicht mehr greift, eröffnet § 172 GVG die Option, doch noch einen Ausschluss durch-

---

848 BT-Drucksache 10/5305, S. 24; Wieczorek/Schütze/*Schreiber*, ZPO Band 13/1, § 171 b GVG Rn. 13.

849 *Kissel/Mayer*, § 172 Rn. 2; siehe zum Verfahren nach § 174 GVG noch im Folgenden unter Kapitel 2, C, III, d.

850 *Kissel/Mayer*, § 172 Rn. 2.

851 BT-Drucksache 10/5305, S. 24; BGHSt 38, 248, 249 = NJW 1992, 2436; *Katholnigg*, JR 1993, 297 f.

zusetzen.[852] Sind indes beide Vorschriften gleichermaßen erfüllt, ist es aufgrund des besonderen Persönlichkeitsschutzes des § 171 b GVG angezeigt, diese Regelung vorrangig anzuwenden, wofür auch die Unanfechtbarkeitsregelung in Abs. 5 streitet.[853]

1. Sinn und Zweck der Norm

§ 172 GVG scheint auf den ersten Blick eine Zwitter-Norm darzustellen, da sie mit ihren Nr. 1-4 verschiedenste Rechtsgüter unter Bezugnahme sowohl auf Individual- als auch Allgemeininteressen schützt. Dennoch lässt sich feststellen, dass die Norm vor allem den Schutz des Geheimnisses anstrebt, wie sich insbesondere aus Nr. 2 und 3 ergibt.[854] Darüber hinaus dient auch diese Vorschrift der Wahrheitsfindung, da man sich vom Öffentlichkeitsausschluss regelmäßig eine ungezwungenere und neutralere Atmosphäre verspricht, die eine sachdienliche Verhandlung fördert.[855]

2. Einzelne Ausschlusstatbestände des § 172 GVG

a) § 172 Nr. 1 GVG

Die Möglichkeit, durch Gerichtsbeschluss für die Nichtöffentlichkeit der Verhandlung zu sorgen, war ursprünglich nur für den Fall der Besorgnis einer Gefährdung der öffentlichen Ordnung und der Sittlichkeit vorgesehen. 1888 wurde der Passus „insbesondere der Staatssicherheit" ergänzt.[856] Diese drei Elemente werden auch heute noch durch die Nr. 1 der Vorschrift geschützt. Es handelt sich dabei um Aspekte kollektiver Interessen, da es um die Bewahrung von Allgemeininteressen bzw. Ordnungsinteressen geht.

---

852 *Katholnigg*, JR 1993, 297, 298; *Rieß/Hilger*, NStZ 1987, 204, 208 mit Fußnote 335.

853 *Eslami*, Nichtöffentlichkeit des Schiedsverfahrens, S. 124.

854 *Eslami*, Nichtöffentlichkeit des Schiedsverfahrens, S. 125; MüKo/*Zimmermann*, ZPO Band 3, § 172 GVG Rn. 1.

855 MüKo/*Zimmermann*, ZPO Band 3, § 172 GVG Rn. 1; Wieczorek/Schütze/*Schreiber*, ZPO Band 13/1, § 172 GVG Rn. 1; *Eslami*, Nichtöffentlichkeit des Schiedsverfahrens, S. 125; Stein/Jonas/*Jacobs*, ZPO Band 10, § 172 Rn. 1.

856 *Kissel/Mayer*, § 172 Rn. 1; siehe RGBl. I S. 133.

Die Staatssicherheit ist in einer Situation gefährdet, in der die Preisgabe sicherheitsrelevanter (Amts)geheimnisse oder Arbeitsweisen zu einer Verwirklichung des § 92 Abs. 3 Nr. 2 StGB führen könnte. Demnach muss die äußere oder innere Sicherheit des Landes – eingeschlossen ist auch die Funktionsfähigkeit der demokratisch legitimierten Organe[857] – einer potentiellen Gefahr ausgesetzt werden, was speziell für das Zivilverfahren kaum praktische Relevanz besitzt.[858]

Unter den unbestimmten Begriff der öffentlichen Ordnung, in der Praxis oftmals Auffangtatbestand[859], fällt insbesondere der störungsfreie Ablauf der gerichtlichen Verhandlung sowohl im Hinblick auf deren Inhalt als auch den dafür vorgesehenen äußeren Rahmen.[860] Dahinter steht der Gedanke, dass ein störungsfreier Verhandlungsverlauf den gleichen Wert besitzt wie die Öffentlichkeit der Verhandlung.[861] Demzufolge zielt die Vorschrift primär darauf ab, Störungen durch das Publikum zu unterbinden und die Wahrheitserforschung zu erleichtern. Auch wenn eine Störung für die öffentliche Ordnung von außerhalb des Gerichtssaals zu befürchten ist, beispielsweise durch laute Kundgebungen, findet die Norm prinzipiell Anwendung.[862] Daneben kann die zweite Variante des § 172 Nr. 1 GVG zumindest im Strafverfahren auch dann eingreifen, wenn die Gefahr droht, dass in der Verhandlung ein Anreiz zur Begehung von Straftaten gesetzt wird oder neue strafrechtliche Vorgehensweisen erörtert werden.[863] Um die grundlegende Bedeutung des Öffentlichkeitsgrundsatzes für ein rechtsstaatliches Verfahren nicht zu unterlaufen, ist bei einer drohenden Störung durch das Publikum indes eine Einschränkung zu machen. Das Gericht hat sich bei der Anwendung der Norm am Verhältnismäßigkeitsgrundsatz zu orientieren, sodass ein vollständiger Öffentlichkeitsausschluss über § 172 Nr. 1 GVG nur dann gerechtfertigt ist, wenn die Störer nicht individualisiert und via sitzungspolizeilicher Maßnahme aus

---

857 *Kissel/Mayer*, § 172 Rn. 20.
858 *Eslami*, Nichtöffentlichkeit des Schiedsverfahrens, S. 126; MüKo/*Zimmermann*, ZPO Band 3, § 172 GVG Rn. 2.
859 Stein/Jonas/*Jacobs*, ZPO Band 10, § 172 Rn. 3.
860 *Schilken*, Gerichtsverfassungsrecht, § 12 Rn. 185; siehe auch RGSt. 30, 104, 105.
861 Vgl. BGHSt 27, 13, 15 = NJW 1977, 157, 158.
862 Wieczorek/Schütze/*Schreiber*, ZPO Band 13/1, § 172 GVG Rn. 3; Stein/Jonas/*Jacobs*, ZPO Band 10, § 172 Rn. 3.
863 Wieczorek/Schütze/*Schreiber*, ZPO Band 13/1, § 172 GVG Rn. 3; *Kissel/Mayer*, § 172 Rn. 29.

dem Saal entfernt werden können.[864] Die Wurzel der Gefährdung muss aber in jedem Fall in der Öffentlichkeit der Verhandlung als solcher liegen.[865]

Die dritte Variante des § 172 Nr. 1 GVG hat mit der Gefährdung der Sittlichkeit einen Begriff zum Gegenstand, der sich einer konkreten Definition entzieht. Der Sittlichkeitsbegriff unterliegt den Wandlungen der Zeit und muss sich daher immer wieder aktualisieren.[866] Um im praktischen Fall dennoch eine Orientierungslinie zu haben, wird eine solche Gefährdung dann angenommen, „wenn die öffentliche Erörterung von Dingen nach einer objektiven Betrachtungsweise dazu geeignet ist, das Scham- und Sittlichkeitsgefühl einer normalen oder durchschnittlichen Person in geschlechtlicher Beziehung zu verletzen."[867] Aufgrund der immer weiter fortschreitenden Enttabuisierung des sexuellen Bereichs im Alltag, die durch mediale Einflüsse gefördert wird, bildet eine Verletzung der Sittlichkeit die Ausnahme. Die öffentliche Verhandlung hat sich im Hinblick auf die Sittlichkeitsvorstellung daran zu orientieren, was im alltäglichen Leben gang und gäbe ist. Die Vorschrift ist daher vorzugswürdigerweise mit Zurückhaltung fruchtbar zu machen, zumal § 171 b GVG im Zweifel ebenfalls ein angemessenes Schutzniveau garantiert.[868]

Für alle drei Varianten ist eine Gefährdung dann zu besorgen, wenn nach Einschätzung des Gerichts eine Wahrscheinlichkeit für die Beeinträchtigung eines der genannten Schutzaspekte besteht, ohne dass es auf eine tatsächliche Gefährdung ankommt.[869]

---

864 Stein/Jonas/*Jacobs*, ZPO Band 10, § 172 Rn. 3; Wieczorek/Schütze/*Schreiber*, ZPO Band 13/1, § 172 GVG Rn. 4; Zöller/*Lückemann*, ZPO, § 172 GVG Rn. 4; MüKo/*Zimmermann*, ZPO Band 3, § 172 GVG Rn. 3; *Kissel/Mayer*, § 172 Rn. 24.

865 *Kissel/Mayer*, § 172 Rn. 23.

866 Vgl. *Schweling*, DRiZ 1970, 354; *Kissel/Mayer*, § 172 Rn. 31.

867 *Eslami*, Nichtöffentlichkeit des Schiedsverfahrens, S. 128; siehe ferner: BGH, NJW 1986, 200, 201; OLG Düsseldorf, MDR 1981, 427; *Schweling*, DRiZ 1970, 354, 355; *Kissel/Mayer*, § 172 Rn. 31.

868 *Kissel/Mayer*, § 172 Rn. 32; *Schweling*, DRiZ 1970, 354, 355; MüKo/*Zimmermann*, ZPO Band 3, § 172 GVG Rn. 4; Wieczorek/Schütze/*Schreiber*, ZPO Band 13/1, § 172 GVG Rn. 5.

869 *Schilken*, Gerichtsverfassungsrecht, § 12 Rn. 185.

b) § 172 Nr. 1 a GVG

Nr. 1 a hat zunächst den Schutz der hochrangigen Rechtsgüter Leben, Leib und Freiheit im Blick und wurde durch Art. 4 des OrgKG im Jahre 1992 primär in das Gesetz aufgenommen, um die Bekämpfung des illegalen Rauschgifthandels und sonstiger organisierter Kriminalität voranzutreiben.[870] Andere als die genannten Rechtsgüter sind nicht geschützt und können allenfalls über andere Vorschriften zum Ausschluss der Öffentlichkeit führen. Zuvörderst zielt die Regelung darauf ab, die Zeugen zu einer wahrheitsgetreuen Aussage zu bewegen und ihnen die Situation im Gerichtssaal so angenehm wie nur möglich zu gestalten. Aufgrund der großen Bedeutung der Verfahrensöffentlichkeit genügt es indes nicht, dass die Zeugenaussage allein dadurch erschwert wird, dass der Zeuge bei Öffentlichkeit der Verhandlung möglicherweise nicht der Wahrheit entsprechend aussagen wird.[871] Auch andere Beteiligte und andere Verfahren können in den Genuss des Ausschlussgrundes aus § 172 Nr. 1 a GVG kommen.[872] Für die Anwendung der Vorschrift reicht es dabei grundsätzlich aus, wenn die in Rede stehende Gefahr für den Zeugen oder eine andere Person – der Gefährdete muss dabei selbst nicht zwingend am Verfahren beteiligt sein – aus objektiver Sichtweise befürchtet werden muss.[873] Wird die Gefahrenlage hauptsächlich von nur einer Person hervorgerufen, so kann es im Sinne des Öffentlichkeitsgrundsatzes auch tunlich sein, nur diese aus der Verhandlung auszuschließen.[874] Dann greifen erneut die Vorschriften über die sitzungspolizeilichen Maßnahmen.

c) § 172 Nr. 2 GVG

Den Fokus auf einen effektiven Geheimnisschutz legt die folgende Nummer des § 172 GVG. Geheimnisse des wirtschaftlichen Lebens mit beruflichem, geschäftlichem oder steuerlichem Bezug werden unter den Voraus-

---

870 BT-Drucksache 12/2720, S. 2 f.; MüKo/*Zimmermann*, ZPO Band 3, § 172 GVG Rn. 5.

871 *Kissel/Mayer*, § 172 Rn. 35; *Eslami*, Nichtöffentlichkeit des Schiedsverfahrens, S. 129.

872 Wieczorek/Schütze/*Schreiber*, ZPO Band 13/1, § 172 GVG Rn. 6.

873 MüKo/*Zimmermann*, ZPO Band 3, § 172 GVG Rn. 5; Wieczorek/Schütze/*Schreiber*, ZPO Band 13/1, § 172 GVG Rn. 7; Zöller/*Lückemann*, ZPO, § 172 GVG Rn. 5 a; *Kissel/Mayer*, § 172 Rn. 36.

874 *Kissel/Mayer*, § 172 Rn. 37; BGH bei Holtz, MDR 1980, 271, 273.

setzungen der Nr. 2 dann geschützt, wenn eine öffentliche Erörterung die Gefahr mit sich bringt, dass überwiegend schutzwürdige Interessen verletzt werden. Dabei erscheint diese Vorschrift auf den ersten Blick als eine gelungene Ergänzung zu § 171 b GVG. Ihr Anwendungsbereich geht über den genannten Paragraphen sogar noch hinaus. Der Schutz umfasst nicht bloß Prozessbeteiligte und Zeugen, sondern bezieht sich auch auf Geheimnisse von Dritten, was vom Gericht von Amts wegen zu berücksichtigen ist.[875] Zentrale Begrifflichkeit der Norm stellt das „Geheimnis" dar. Ein solches liegt vor, wenn Tatsachen in Rede stehen, die nur wenigen Personen bekannt und zugänglich sind, es nach dem Willen des Berechtigten auch sein sollen und an deren Geheimhaltung er ein schutzwürdiges Interesse hat.[876] Regelmäßig werden in einer gerichtlichen Verhandlung auch Gegebenheiten erörtert, deren Offenbarung dem Betroffenen unlieb ist. Das subjektive Interesse an Geheimhaltung dieser Informationen und die fehlende ungehinderte Zugänglichkeit für Dritte kann den Ausschluss der Öffentlichkeit daher allein nicht rechtfertigen. Ansonsten bestünde die Gefahr, dass die Informationen zur Sachverhaltsaufklärung unzureichend zu ermitteln wären. Um die Wichtigkeit einer öffentlichen Verhandlung zu garantieren, sieht § 172 Nr. 2 GVG daher eine prinzipielle Ausschlussmöglichkeit nur für die Fälle vor, in denen ein *wichtiges* Geheimnis von der Offenlegung betroffen ist. Die Schwelle zur Wichtigkeit ist in der Regel dann überschritten, wenn dem Geheimnis für die wirtschaftliche Entwicklung, die Wettbewerbsfähigkeit oder den Geschäftserfolg des Geheimnisträgers große Bedeutung zufällt.[877] Dadurch wird zugleich klargestellt, dass nicht jedes nebensächliche wirtschaftliche Wirken unter den besonderen Schutz gestellt wird, den § 172 Nr. 2 GVG anstrebt.

Insgesamt ist es auch hier ausreichend, dass die Offenlegung des Geheimnisses ernstlich zu befürchten ist. Darüber hinaus hat die Verletzung überwiegender schutzwürdiger Interessen im Falle einer öffentlichen Verhandlung in Rede zu stehen, sodass der Geheimnisschutz im konkreten Fall nach einer Interessenabwägung höher zu bewerten sein muss als das Öffentlichkeitsprinzip. Aufgrund objektiver Beurteilung muss dem Geheimnis daher ein gewisses Maß an Schutz- bzw. Wertniveau zufallen, wo-

---

875 *Kissel/Mayer*, § 172 Rn. 38; Wieczorek/Schütze/*Schreiber*, ZPO Band 13/1, § 172 GVG Rn. 8; MüKo/*Zimmermann*, ZPO Band 3, § 172 GVG Rn. 6.

876 Stein/Jonas/*Jacobs*, ZPO Band 10, § 172 Rn. 7; Wieczorek/Schütze/*Schreiber*, ZPO Band 13/1, § 172 GVG Rn. 9; MüKo/*Zimmermann*, ZPO Band 3, § 172 GVG Rn. 6; *Kissel/Mayer*, § 172 Rn. 38; *Lachmann*, NJW 1987, 2206, 2207.

877 Stein/Jonas/*Jacobs*, ZPO Band 10, § 172 Rn. 7; Wieczorek/Schütze/*Schreiber*, ZPO Band 13/1, § 172 GVG Rn. 11; *Kissel/Mayer*, § 172 Rn. 38.

bei jedoch der anzulegende Maßstab nicht zu streng sein darf, um der Persönlichkeitssphäre ausreichend Entfaltungsraum zu gewähren.[878]

Je intensiver es dabei um Missstände geht, die für die Allgemeinheit von Interesse erscheinen, desto eher wird dem Öffentlichkeitsgrundsatz der Vorrang einzuräumen sein.[879] Auch die Erörterung des Geheimnisses nur in Teilen oder die Möglichkeit, die Informationen durch bloße Einsichtnahme der Unterlagen zu erlangen, können Grund dafür sein, die Verhandlungsöffentlichkeit aufrechtzuerhalten.[880]

Für die verschiedenen Varianten der Nr. 2 gilt, dass ein Betriebs- bzw. Geschäftsgeheimnis vorliegt, wenn allgemein unternehmensbezogene Geheimnisse inklusive technischer Abläufe oder kaufmännischer Tätigkeiten betroffen sind.[881] Der Geheimnisinhaber hat dabei ein Interesse daran, derartige Informationen, die Dritten regelmäßig unbekannt sind, geheim zu halten und die Preisgabe zu verhindern, was zudem durch Art. 12, 14 GG abgesichert wird.[882] Aber auch in Konstellationen, in denen das Geheimnis einer beschränkten Zahl an Dritten – sei es auf legalem oder illegalem Weg – bekannt wurde, verbleibt es bei der Anwendbarkeit der Norm.[883]

Das Erfindungsgeheimnis schließt nicht nur die fertige Erfindung selbst in den Schutzbereich ein, sondern erstreckt sich auch auf den Prozess als solchen, sodass auch Entwürfe oder Materialen eingeschlossen werden.[884] Die Begrifflichkeit der Erfindung ist dabei weit auszulegen und bezeichnet eine „neue, fortschrittliche, niederlegungsfähige, verwert- und ausführbare Idee, Regel oder Lehre, [...] welche in irgendeiner Art und Weise gewerblich nutzbar ist."[885] Die Annahme eines Geheimnisses verbietet sich dagegen, sobald die Erfindung als Patent angemeldet und veröffentlicht wor-

---

878 *Kissel/Mayer*, § 172 Rn. 39; Stein/Jonas/*Jacobs*, ZPO Band 10, § 172 Rn. 7; MüKo/*Zimmermann*, ZPO Band 3, § 172 GVG Rn. 6 f.

879 BVerfGE 77, 1, 44 f. = NJW 1988, 890, 892.

880 *Kissel/Mayer*, § 172 Rn. 39; MüKo/*Zimmermann*, ZPO Band 3, § 172 GVG Rn. 7.

881 *Gottwald*, BB 1979, 1780, 1781; *Stürner*, JZ 1985, 453; Stein/Jonas/*Jacobs*, ZPO Band 10, § 172 Rn. 8; MüKo/*Zimmermann*, ZPO Band 3, § 172 GVG Rn. 8.

882 Zöller/*Lückemann*, ZPO, § 172 GVG Rn. 8; siehe auch *Rudkowski*, Transparenzpflichten, S. 24ff. sowie *Ploch-Kumpf*, Schutz von Unternehmensgeheimnissen, S. 11ff.

883 *Kissel/Mayer*, § 172 Rn. 40.

884 Stein/Jonas/*Jacobs*, ZPO Band 10, § 172 Rn. 9; *Kissel/Mayer*, § 172 Rn. 42; MüKo/*Zimmermann*, ZPO Band 3, § 172 GVG Rn. 9.

885 *Eslami*, Nichtöffentlichkeit des Schiedsverfahrens, S. 131; vgl. auch BGHZ 52, 74, 76 = NJW 1969, 1713.

den ist oder ein anderes Schutzrecht (Design- bzw. Gebrauchsmuster) erteilt wurde.[886]

Letztlich wird auch das Steuergeheimnis geschützt. Materiell-rechtlich durch § 30 AO abgesichert, sind alle Informationen umfasst, die einem Amtsträger oder einer gleichgestellten Person in einem Verwaltungs-, Rechnungsprüfungs- oder gerichtlichem Verfahren betreffend Steuersachen, Steuerstraf- bzw. Bußgeldverfahren zur Kenntnis gelangt sind.[887] Entstammt die Information aus einer der genannten Quellen, greift Nr. 2 ein. Bei anderen Quellen muss dagegen eine inhaltliche Steuerbezogenheit der Information gegeben sein.[888] Entscheidend ist insgesamt nicht der spezifisch steuerliche Bezug, vielmehr kommt es auf Träger und Herkunft der Information an.[889] Selbst, wenn das Steuergeheimnis für das Verfahren eine nur untergeordnete Rolle spielt, kann es angezeigt sein, die Öffentlichkeit auszuschließen.[890]

d) § 172 Nr. 3 GVG

Die Nr. 3 des § 172 GVG ergänzt den strafrechtlichen Schutz des Privatgeheimnisses insoweit, als dass die unbefugte Offenbarung privater Geheimnisse durch Dritte den Hauptaspekt des Normanwendungsbereichs darstellt. Die Vorschrift greift ein, wenn eine öffentliche Erörterung solcher Privatgeheimnisse droht, die bei unbefugter Offenbarung zu einer strafrechtlichen Sanktion führen würde. Solche Sanktionen halten beispielsweise die §§ 203 StGB, 96 Abs. 7 Nr. 1, 130 Abs. 1 Nr. 1, 155 SGB IX oder 120 Abs. 2 BetrVG bereit. Einschränkend muss es sich bei dem Geheimnisträger um einen Zeugen oder Sachverständigen handeln, andere Verfahrensbeteiligte werden von der Norm nicht erfasst.[891] Der Geheimnisbegriff deckt sich mit dem aus § 172 Nr. 2 GVG. Ein *privates* Geheimnis liegt dabei vor, wenn es sich um Vorgänge aus der persönlichen Lebensfüh-

---

886 Stein/Jonas/*Jacobs*, ZPO Band 10, § 172 Rn. 9; *Kissel/Mayer*, § 172 Rn. 42; Zöller/*Lückemann*, ZPO, § 172 GVG Rn. 9; MüKo/*Zimmermann*, ZPO Band 3, § 172 GVG Rn. 9.

887 Stein/Jonas/*Jacobs*, ZPO Band 10, § 172 Rn. 10; Wieczorek/Schütze/*Schreiber*, ZPO Band 13/1, § 172 GVG Rn. 10.

888 MüKo/*Zimmermann*, ZPO Band 3, § 172 GVG Rn. 10.

889 MüKo/*Zimmermann*, ZPO Band 3, § 172 GVG Rn. 10; Stein/Jonas/*Jacobs*, ZPO Band 10, § 172 Rn. 10.

890 *Kissel/Mayer*, § 172 Rn. 43.

891 Stein/Jonas/*Jacobs*, ZPO Band 10, § 172 Rn. 12; *Kissel/Mayer*, § 172 Rn. 47.

rung handelt.[892] Damit der Gleichklang zu den materiell-rechtlichen Vorschriften nicht verloren geht, muss das Geheimnis den genannten Personen auch explizit anvertraut worden sein, sodass die bloß zufällige Kenntnisnahme nicht ausreicht, um den Anwendungsbereich der Norm zu eröffnen.[893] Dadurch, dass im geschilderten Fall die Möglichkeit besteht, die Öffentlichkeit auszuschließen, soll es dem Schutzberechtigten auch im Interesse einer effektiven Wahrheitsfindung erleichtert werden, den Geheimnisträger von seiner Schweigepflicht zu befreien.[894] Denn eine solche entfällt nicht bereits durch die Tatsache, dass eine gerichtliche Vernehmung erfolgt.[895] Wird die Öffentlichkeit demnach ausgeschlossen, muss der Schutzberechtigte nicht fürchten, dass das Geheimnis unkontrolliert jedem unbeteiligten Dritten mitgeteilt wird. Die Hemmschwelle, den Zeugen oder Sachverständigen von seiner Geheimhaltungspflicht zu entbinden, wird daher regelmäßig herabgesetzt. Hinzu kommt, dass für den Öffentlichkeitsausschluss anders als bei Nr. 2 keine Interessenabwägung zwischen dem Öffentlichkeitsgedanken und dem Geheimnisschutz vorzunehmen ist.[896] Die Nr. 3 des § 172 GVG stellt demnach keinen Offenbarungsgrund dar, sondern gewährt die Option, eine befugte Offenbarung durch Entbindung von der Schweigepflicht zu erreichen.[897]

e) § 172 Nr. 4 GVG

§ 172 GVG schließt ab mit Nr. 4 und lässt einen Öffentlichkeitsausschluss zu, wenn eine Person unter 18 Jahren vernommen wird. Hintergrund für den besonderen Schutz der Jugendlichen ist die Annahme, dass diese durch das Auftreten vor Gericht und die Beobachtung des Publikums einer erhöhten Gefahr psychischer Belastungen ausgesetzt sind.[898] Auch

---

892 *Kissel/Mayer*, § 172 Rn. 44; Wieczorek/Schütze/*Schreiber*, ZPO Band 13/1, § 172 GVG Rn. 13.

893 Stein/Jonas/*Jacobs*, ZPO Band 10, § 172 Rn. 12; *Kissel/Mayer*, § 172 Rn. 44; Wieczorek/Schütze/*Schreiber*, ZPO Band 13/1, § 172 GVG Rn. 12.

894 Zöller/*Lückemann*, ZPO, § 172 GVG Rn. 12; Wieczorek/Schütze/*Schreiber*, ZPO Band 13/1, § 172 GVG Rn. 12; Stein/Jonas/*Jacobs*, ZPO Band 10, § 172 Rn. 12; vgl. MüKo/*Zimmermann*, ZPO Band 3, § 172 GVG Rn. 11.

895 Wieczorek/Schütze/*Schreiber*, ZPO Band 13/1, § 172 GVG Rn. 12; MüKo/*Zimmermann*, ZPO Band 3, § 172 GVG Rn. 11.

896 *Kissel/Mayer*, § 172 Rn. 49.

897 Zöller/*Lückemann*, ZPO, § 172 GVG Rn. 12.

898 BT-Drucksache 7/550, S. 321 und 7/1261, S. 35.

wenn sich die Beteiligung vor Gericht negativ auf das weitere Fortkommen des Jugendlichen auswirken könnte oder ihm das Gefühl vermittelt wird, er sei Zentrum des öffentlichen Interesses, kann ein berechtigter Ausschluss über die Nr. 4 erfolgen.[899] Teilweise soll für die Nr. 4 einschränkend gelten, dass nur dann ein Ausschluss zu legitimieren sei, sofern der Jugendliche als Zeuge vernommen wird.[900] Demnach sei die Vernehmung als Partei nicht umfasst, da für den strafrechtlichen Bereich ohnehin § 48 JGG eingreife und es im Übrigen für den Zivilprozess an einer entsprechenden Regelung fehle. Dem ist jedoch entgegenzuhalten, dass sich eine derartige Begrenzung der Nr. 4 nicht entnehmen lässt. Schon der Wortlaut differenziert nicht danach, ob die Vernehmung als Zeuge oder Partei erfolgt. Darüber hinaus streitet auch ein Umkehrschluss zu Nr. 3 für ein erweiterndes Verständnis: Nr. 3 beschränkt den Anwendungsbereich explizit auf bestimmte Personen des Verfahrens. Hätte der Gesetzgeber auch für die Nr. 4 eine bloße Vernehmung als Zeuge im Blick gehabt, hätte er dies hier festgeschrieben.[901] Demnach ist die Stellung des Jugendlichen als Zeuge oder Partei nicht entscheidend, Nr. 4 findet in beiden Konstellationen Anwendung.[902] Tritt ein Jugendlicher als Partei oder Zeuge auf, kommt es für den Ausschluss der Öffentlichkeit weder auf weitere Voraussetzungen an, noch auf den konkret zu erwartenden Inhalt der Erörterung.[903]

3. Ermessensentscheidung des Gerichts und Anfechtbarkeit

Liegen die Voraussetzungen einer der aufgeführten Nummern vor, so entscheidet das Gericht über den Ausschluss nach pflichtgemäßem Ermessen[904] und unter Angabe einer Begründung, die jedoch den Schutzzweck

---

899 Meyer-Goßner/Schmitt/*Schmitt*, § 172 GVG, Rn. 14.

900 So *Kissel/Mayer*, § 172 Rn. 52; vgl. KaKo/*Diemer*, § 172 GVG Rn. 10.

901 Stein/Jonas/*Jacobs*, ZPO Band 10, § 172 Rn. 13.

902 So zutreffend MüKo/*Zimmermann*, ZPO Band 3, § 172 GVG Rn. 12; Stein/Jonas/ *Jacobs*, ZPO Band 10, § 172 Rn. 13; Wieczorek/Schütze/*Schreiber*, ZPO Band 13/1, § 172 GVG Rn. 15; Zöller/*Lückemann*, ZPO, § 172 GVG Rn. 13; *Eslami*, Nichtöffentlichkeit des Schiedsverfahrens, S. 134.

903 MüKo/*Zimmermann*, ZPO Band 3, § 172 GVG Rn. 12; *Kissel/Mayer*, § 172 Rn. 53.

904 Siehe dazu auch BGH, NJW 1986, 200, 201.

des § 172 GVG nicht entwerten darf.[905] Die Begründung muss daher so ausgestaltet sein, dass sie insbesondere das Geheimnis, das es zu schützen gilt, nicht preisgibt. Die Entscheidung kann während der gesamten Dauer der Verhandlung erfolgen und auch nachträglich geändert werden, wobei jedoch stets nur eine ex-nunc-Wirkung erzielt wird.[906] Dabei ist es möglich, den Ausschluss auch nur auf Teile der Öffentlichkeit zu beschränken. In jedem Fall darf das Gericht Dritte nur solange ausschließen, wie die Voraussetzungen der Norm vorliegen, während es zur Wiederherstellung der Öffentlichkeit nach erfolgtem Ausschluss für die gesamte Verhandlung wie auch für einen erweiterten Öffentlichkeitsausschluss eines ausdrücklichen Gerichtsbeschlusses bedarf.[907] § 173 Abs. 2 GVG ist auch hier zu beachten.

Da weder § 169 S. 1 GVG ein subjektives Recht auf Teilnahme vermittelt noch § 172 GVG einen Anspruch auf Ausschluss garantiert, kann die Entscheidung über die Handhabung der Öffentlichkeit auch nicht selbständig von Dritten bzw. den Interessierten angefochten oder mittels Beschwerde aufgehoben werden.[908] Verstößt das Gericht bei angeordnetem Ausschluss gegen die Ausschlussvoraussetzungen des § 172 GVG, bleibt indes die Möglichkeit, die Sachentscheidung mittels Berufung oder Revision anzugreifen.[909] Im Gegensatz zu § 171 b GVG ordnet § 172 GVG die Unanfechtbarkeit der Entscheidungen gerade nicht an. Eine Einschränkung ist hinsichtlich der Überprüfung des nächsthöheren Gerichts jedoch geboten, da es sich bei der Ausschlussentscheidung über die Öffentlichkeit um eine Ermessensentscheidung handelt: Damit diese Ermessensausübung hinreichend berücksichtigt wird, kann das Rechtsmittelgericht nur offensichtliche Ermessensfehler oder die Verkennung der zum Tatbestand gehörenden Rechtsbegriffe rügen.[910] Dann kommt ein absoluter Revisionsgrund – im

---

905 RGSt 66, 113; BGHSt 69, 401; zum Begründungserfordernis *Eslami*, Nichtöffentlichkeit des Schiedsverfahrens, S. 125; MüKo/*Zimmermann*, ZPO Band 3, § 172 GVG Rn. 13; vgl. auch *Schweling*, DRiZ 1970, 385, 387.

906 *Kissel/Mayer*, § 172 Rn. 11.

907 *Kissel/Mayer*, § 172 Rn. 3 f. und 9 m.w.N.; Wieczorek/Schütze/*Schreiber*, ZPO Band 13/1, § 172 GVG Rn. 17.

908 Wieczorek/Schütze/*Schreiber*, ZPO Band 13/1, § 172 GVG Rn. 20; MüKo/*Zimmermann*, ZPO Band 3, § 172 GVG Rn. 15; siehe zum fehlenden Anfechtungsrecht der Zuschauer bei Ausschluss OLG Nürnberg, MDR 1961, 508; zum fehlenden Anspruch der Verfahrensbeteiligten bei Nichtausschluss BGHSt 23, 82 = NJW 1969, 2107.

909 Wieczorek/Schütze/*Schreiber*, ZPO Band 13/1, § 172 GVG Rn. 21.

910 Zöller/*Lückemann*, ZPO, § 172 GVG Rn. 15; Stein/Jonas/*Jacobs*, ZPO Band 10, § 172 Rn. 15; MüKo/*Zimmermann*, ZPO Band 3, § 172 GVG Rn. 16; *Eslami*,

Zivilverfahren nach § 547 Nr. 5 ZPO – in Betracht.[911] Bei einem fehlerhaft unterbliebenen Ausschluss gemäß § 172 GVG ist indes nur dann von einer solchen Verletzung der Öffentlichkeitsvorschriften auszugehen, wenn eine Ermessensreduzierung auf null gegeben war.[912]

4. Exkurs: Verhandlung über den Ausschluss der Öffentlichkeit, § 174 GVG

Wie bereits angedeutet, erfolgt eine gesonderte Verhandlung über den Öffentlichkeitsausschluss als eigener getrennter Verfahrensteil immer dann, wenn ein Beteiligter einen solchen beantragt oder das Gericht eine Ermessensentscheidung dahingehend treffen muss.[913] Dabei ist für jeden etwaigen Ausschlussbeschluss eine eigene Verhandlung durchzuführen, die Fälle des § 173 Abs. 2 GVG eingeschlossen.[914] Wie der Wortlaut des § 174 Abs. 1 GVG nahelegt, muss der Ausschluss verhandelt werden. Das Für und Wider eines solchen ist daher unter Beachtung des rechtlichen Gehörs der Betroffenen, realisiert durch die Möglichkeit der Stellungnahme, zu ermitteln.[915] Die Verhandlung des § 174 Abs. 1 GVG unterliegt grundsätzlich ebenfalls dem Öffentlichkeitsprinzip. Nach S. 1 ist dieser Grundsatz durchbrochen, wenn ein Betroffener die nichtöffentliche Verhandlung beantragt oder das Gericht es als angemessen erachtet, unter Ausschluss der Öffentlichkeit zu beschließen. Mit dieser Ausnahme soll erreicht werden, dass eine umfassende Darlegung der Gründe für den begehrten Ausschluss der

---

Nichtöffentlichkeit des Schiedsverfahrens, S. 126; siehe zu Ermessensfehlern *Schweling*, DRiZ 1970, 354, 356 und 385, 386; *Kissel/Mayer*, § 172 Rn. 16; siehe zur Verkennung der tatbestandlichen Rechtsbegriffe RGSt. 69, 401, 402; *Schweling*, DRiZ 1970, 354, 356; *Kissel/Mayer*, § 172 Rn. 15.

911 *Katholnigg*, JR 1993, 297, 298; *Kissel/Mayer*, § 172 Rn. 15 f.; Wieczorek/Schütze/*Schreiber*, ZPO Band 13/1, § 172 GVG Rn. 21; MüKo/*Zimmermann*, ZPO Band 3, § 172 GVG Rn. 16.

912 MüKo/*Zimmermann*, ZPO Band 3, § 172 GVG Rn. 16 mit dem Hinweis, dass solche Fälle regelmäßig nicht vorkommen bzw. über § 170 und § 171 b GVG abgedeckt werden und es daher hier an der Praxisrelevanz für § 172 GVG fehlt; ebenso *Eslami*, Nichtöffentlichkeit des Schiedsverfahrens, S. 126; vgl. auch Stein/Jonas/*Jacobs*, ZPO Band 10, § 172 GVG Rn. 15 f.

913 *Kissel/Mayer*, § 174 Rn. 1.

914 MüKo/*Zimmermann*, ZPO Band 3, § 174 GVG Rn. 2; *Kissel/Mayer*, § 174 Rn. 2.

915 Wieczorek/Schütze/*Schreiber*, ZPO Band 13/1, § 174 GVG Rn. 1; MüKo/*Zimmermann*, ZPO Band 3, § 174 GVG Rn. 3.

Öffentlichkeit gewährleistet wird.[916] Der die Verhandlung nach § 174 GVG abschließende Beschluss des Gerichts über den Ausschluss der Öffentlichkeit ist wiederum grundsätzlich vollständig und öffentlich zu verkünden, auch wenn die Verhandlung nichtöffentlich durchgeführt wurde.[917] S. 2 gewährt bei der Gefahr von Störungen der Gerichtsordnung aber erneut eine Ausnahme von der öffentlichen Verkündung. S. 3 bestimmt, dass die Gründe, die in den Fällen der §§ 171 b, 172, 173 GVG das Gericht zum Ausschluss bewegt haben, zu benennen sind. Sinn und Zweck der Begründungspflicht ist zum einen, eine Selbstkontrolle des zur Entscheidung berufenen Gerichts zu ermöglichen und zum anderen, eine Nachprüfung durch das Revisionsgericht effektiv zu gewährleisten.[918] Zugleich wird auch der interessierten Öffentlichkeit vor Augen geführt, warum eine nichtöffentliche Verhandlung geboten war. Die Beschlüsse nach § 174 GVG sind nicht isoliert anfechtbar[919], sofern dies in der Norm nicht ausdrücklich bestimmt ist, vgl. Abs. 3. Ein Verstoß gegen die Vorschrift begründet aber einen absoluten Revisionsgrund nach § 547 Nr. 5 ZPO, sofern es sich nicht um einen unanfechtbaren Fall des § 171 b GVG handelt.[920]

5. Zwischenfazit: Bedürfnis nach einer Dispositionsbefugnis über die Gerichtsöffentlichkeit

Die vorstehende Analyse hat folgendes Bild über die Chancen eines Öffentlichkeitsausschlusses ergeben: Im Bereich der engeren Persönlichkeitssphäre hat der Gesetzgeber einen soliden Schutz des Einzelnen durch den gesetzlichen Ausschlussgrund des § 171 b GVG entwickelt. Insbesondere besteht hier für die Parteien, die eine Beschneidung ihrer Persönlichkeitssphäre zu befürchten haben, eine kalkulierbare und effektive Möglichkeit, über Abs. 3 selbst Einfluss auf die Frage der Öffentlichkeit der Verhandlung zu nehmen. Insoweit müssen sich die Betroffenen nicht zwingend

---

916   MüKo/*Zimmermann*, ZPO Band 3, § 174 GVG Rn. 5; *Eslami*, Nichtöffentlichkeit des Schiedsverfahrens, S. 141.

917   BGH, NStZ 1985, 37, 38; *Eslami*, Nichtöffentlichkeit des Schiedsverfahrens, S. 142.

918   Stein/Jonas/*Jacobs*, ZPO Band 10, § 174 Rn. 6; *Kissel/Mayer*, § 174 Rn. 11.

919   Stein/Jonas/*Jacobs*, ZPO Band 10, § 174 Rn. 7; Wieczorek/Schütze/*Schreiber*, ZPO Band 13/1, § 174 GVG Rn. 7.

920   Stein/Jonas/*Jacobs*, ZPO Band 10, § 174 Rn. 7; MüKo/*Zimmermann*, ZPO Band 3, § 174 GVG Rn. 12.

von einer gerichtlichen Ermessensentscheidung überraschen lassen, sondern können die Entscheidung über Zulassung oder Ausschluss der Öffentlichkeit dank des Antragsrechts oder des Widerspruchsrechts aus Abs. 4 konkret steuern. Nachteilig wirkt sich für den Bereich des § 171 b GVG indes aus, dass er nur in den Bereichen greift, in denen die enge Persönlichkeitssphäre tangiert ist. Auch ist Voraussetzung, dass dem Ausschluss der Öffentlichkeit keine öffentlichen Interessen zuwiderlaufen. Insoweit bestehen Hürden, die die Realisierung umfassender Geheimhaltungsinteressen erschweren.

Gravierender wirkt sich für den Betroffenen der Bereich des § 172 GVG aus. Hier hat er keinerlei Einflussmöglichkeiten auf die gerichtliche Entscheidung über den Öffentlichkeitsausschluss. Dadurch, dass die Norm weder Antrags- noch Widerspruchsrecht vorsieht, steht der Ausschluss komplett im Ermessen des Gerichts. Der Rechtsschutzsuchende ist daher gezwungen, mit dem „Überraschungseffekt" der Ermessensentscheidung zu leben, und hat in Kauf zu nehmen, dass sensible Informationen vor den Augen Dritter behandelt werden. Dass die Entscheidung über den Öffentlichkeitsausschluss im Nachhinein über die Sachentscheidung noch angegriffen werden und gegebenenfalls eine Berufung oder Revision begründen kann, ist ein nur schwacher Trost. Zum einen bestehen nur beschränkte Überprüfungskompetenzen für das nächsthöhere Gericht, zum anderen sind die geheimhaltungsbedürftigen Informationen dann schon regelmäßig in der ersten Verhandlung offenbart worden.[921] Sowohl die Darlegungs- und Aufklärungspflicht der Parteien als auch die Beweisaufnahme sorgen dann im Sinne einer sachgerechten Entscheidung dafür, dass das schützenswerte Geheimnis aus dem wirtschaftlichen Bereich im Prozess zur Sprache kommen muss.[922]

Bevor aus den genannten Nachteilen ein Bedürfnis nach einer Disposition über die Öffentlichkeit abgeleitet wird, muss untersucht werden, ob es für den Gesetzgeber eine Rechtfertigung gibt, § 171 b GVG und § 172 GVG in Bezug auf die Einflussmöglichkeiten der Prozessbeteiligten unterschiedlich auszugestalten. Im Rahmen des § 172 GVG wurde das Antragsrecht bzgl. eines Ausschlusses der Öffentlichkeit zu keiner Zeit Gesetz, obwohl die Einführung eines solchen durchaus zur Debatte stand.[923] Der Gesetzge-

---

921 *Stadler*, Schutz des Unternehmensgeheimnisses, S. 160.

922 Vgl. *Gottwald*, BB 1979, 1780.

923 Siehe *Bericht der Kommission 1975*, S. 155, welcher sich mit einem Ausschluss durch Antrag beschäftigte, diesen Reformvorschlag in der Folge aber nicht berücksichtigte; ferner auch schon *Schmidt*, Verhandlungen 36. DJT, Bd. 1, S. 227 f.

ber konnte sich indes bis heute nicht dazu durchringen, auch für § 172 GVG ein Antragsrecht zu statuieren. Aufgrund dieses Befundes verwundert es nicht, dass die heutige Regelung als nicht weitgehend genug kritisiert wird.[924] Dabei knüpft die Kritik neben der Tatsache, dass gegen die Entscheidung über den Öffentlichkeitsausschluss selbst kein Rechtsmittel gewährt wird, vor allem an die bestehende freie Ermessensentscheidung des Gerichts an, sodass als Lösung seit jeher ein entsprechendes Antrags- und Beschwerderecht eingefordert wird.[925] Diese Ausgestaltung hat unverkennbar den Vorteil, den Parteien das letzte Wort über den Ausschluss der Öffentlichkeit zuzuschreiben. Dadurch wird vermieden, dass es gegen den Willen der Betroffenen zur Offenlegung sensibler Geheimnisse vor der Öffentlichkeit kommt und das Gericht das Erfordernis des Geheimnisschutzes falsch einschätzt.

Gegen die Angleichung des § 172 GVG an § 171 b GVG wird eingewendet, es sei in der Praxis nahezu ausgeschlossen, dass das Gericht die Notwendigkeit des Geheimnisschutzes verkenne.[926] Darüber hinaus ergebe sich aus einem systematischen Vergleich beider Normen, dass der Gesetzgeber durch das Fehlen des Antragsrechts in § 172 GVG seinen Willen zum Ausdruck brachte, in diesem Bereich auf ein solches zu verzichten.[927] Dass das Geheimnis nicht vollkommen schutzlos gestellt werde, zeige sich anhand des § 171 b GVG, der bei Geheimnissen aus dem privaten Lebensbereich ein Antragsrecht vorsieht. Eine Anpassung des § 172 GVG scheide zudem unter dem Gesichtspunkt aus, dass § 171 b GVG mit dem privaten Geheimnis letztlich das allgemeine Persönlichkeitsrecht aus Art. 2 Abs. 1, Art. 1 Abs. 1 GG schütze, welches aufgrund des unmittelbaren Personenbezugs grundsätzlich höher zu gewichten sei als der Schutz bloßer Geschäftsgeheimnisse über Art. 12, 14 GG.[928] Diese Bedenken greifen indes nicht durch. Zunächst ist zu konstatieren, dass die bloß geringe Gefahr, das Gericht könne die Notwendigkeit des Ausschlusses verkennen, kein entscheidender Grund sein kann, § 172 GVG ein Antragsrecht vorzuenthalten. Denn auch im Rahmen des § 171 b GVG sollte es in der Praxis die Ausnahme bilden, dass das Gericht sein prinzipielles Ermessen aus Abs. 1 falsch ausübt. Warum aber dann bei § 171 b GVG

---

924 *Stadler*, Schutz des Unternehmensgeheimnisses, S. 160; *Ploch-Kumpf*, Schutz von Unternehmensgeheimnissen, S. 154.
925 *Stadler*, Schutz des Unternehmensgeheimnisses, S. 160; *Ploch-Kumpf*, Schutz von Unternehmensgeheimnissen, S. 154 de lege ferenda.
926 *Gottwald*, BB 1979, 1780; *Rudkowski*, Transparenzpflichten, S. 280.
927 *Rudkowski*, Transparenzpflichten, S. 280.
928 *Rudkowski*, Transparenzpflichten, S. 280.

anders als bei § 172 GVG eine zusätzliche Absicherung über das Antragsrecht, welches eine bindende Gerichtsentscheidung bewirkt, vonnöten ist, leuchtet nicht ein. Die theoretische Gefahr, dass das gerichtliche Ermessen falsch ausgeübt wird, ist bei Fragen der engeren Persönlichkeitssphäre nicht anders zu bewerten als bei wirtschaftlich relevanten Geheimnissen. Um klare Ergebnisse im Parteiinteresse zu erzielen, macht es daher Sinn, auch für den Bereich des § 172 GVG ein Antragsrecht zu fordern. Die Tatsache, dass der Gesetzgeber ein Antragsrecht weder bei Einführung der Norm noch innerhalb der Reformvorschläge in den folgenden Jahren angestrebt hat, lässt ebenfalls keinen anderen Schluss zu. Denn die Untätigkeit des Gesetzgebers bedeutet nicht automatisch, dass die jeweilige Regelung in der aktuell geltenden Fassung auch praxistauglich ist. Es ist keine Seltenheit, dass änderungsbedürftige Normen – sei es aufgrund ihres Wortlautes oder sonstiger Gegebenheiten – weiterhin im Gesetz bleiben[929], da der Gesetzgeber nur zögerlich auf Änderungen hinwirkt. Vielmehr hat die Beurteilung, ob eine Norm noch praxistauglich ist, auch anhand des rechtlichen und gesellschaftlichen Wandels zu erfolgen. Würde man aus der Untätigkeit des Gesetzgebers oder der Erstfassung einer Norm ableiten, dass eine Modifizierung oder Ergänzung der Norm per se nicht gewollt sei, so ergäbe sich daraus stets die Unmöglichkeit des rechtlichen Fortschritts. Das aber kann nicht das erklärte Ziel sein. Hinzu kommt auch, dass sich die Anwendung neuer Gesetze in der Praxis erst bewähren muss, bevor man sich ein Urteil darüber bilden kann, ob diese gelungen sind. Daher ist es sogar geboten, eine neu in Kraft getretene Regelung kritisch zu beobachten und sie gegebenenfalls zu ergänzen. Dass der Gesetzgeber einzelne Merkmale in derartigen Fällen dann (noch) nicht in den Gesetzestext implementiert hat, spricht aber dafür, dass er die Notwendigkeit zuvor selbst nicht abschätzen konnte. Daher sollte die Tatsache, dass der Gesetzgeber das Antragsrecht bisher nicht in § 172 GVG eingefügt hat, nicht überbewertet werden. Im Gegenteil ist vielmehr hervorzuheben, dass der Gesetzgeber den Geheimnisschutz, wenn auch nicht prozessual, zunehmend kontinuierlich fortentwickelt hat. Dies ist ein Indiz dafür, dass der Gesetzgeber den Geheimnisschutz ernst nimmt und das fehlende Antragsrecht im Bereich des § 172 GVG eher auf Zufälligkeiten zurückzuführen ist.[930] Die kla-

---

929 Berühmtestes Beispiel ist der Mordparagraph, der seit 1941 nahezu unverändert im Strafgesetzbuch existiert und dessen Wortlaut auf den Nazi-Juristen Roland Freisler zurückgeht. Exemplarisch zum Reformbedarf beispielsweise *Deckers/Fischer/König/Bernsmann*, NStZ 2014, 9.
930 *Götz*, Schutz von Betriebs- und Geschäftsgeheimnissen, S. 215.

re gesetzgeberische Ausgestaltung von § 171 b GVG und § 172 GVG in diesem Bereich verbietet jedoch eine Analogie zu § 171 b Abs. 3, 4 GVG, um auch § 172 GVG zu einem Antrags- bzw. Widerspruchsrecht zu verhelfen.[931]

Fehl geht weiterhin insbesondere die Annahme, bei § 171 b GVG sei das Antragsrecht aufgrund der höheren Wertigkeit des allgemeinen Persönlichkeitsrechts geboten, nicht aber bei § 172 GVG und seinem Bezug zu den Art. 12 und 14 GG für den Bereich der Geschäftsgeheimnisse. Das allgemeine Persönlichkeitsrecht ist zwar kein explizit in der Verfassung niedergeschriebenes Grundrecht, wurde aber durch die Rechtsprechung aus einem Zusammenspiel der Art. 2 Abs. 1, Art. 1 Abs. 1 GG entwickelt.[932] Nun könnte man auf die Idee kommen, das allgemeine Persönlichkeitsrecht höher zu bewerten, da es aufgrund der Ableitung aus den genannten Artikeln in der Verfassung vor den Art. 12, 14 GG steht. Eine solch simple Vorgehensweise verbietet sich indes. Die Position der einzelnen Grundrechte in der Verfassung ist – mit Ausnahme der Menschenwürde aus Art. 1 GG[933] – kein Indikator für die Wertigkeit des jeweiligen Grundrechts. Sämtliche Grundrechte, die in der Verfassung verbürgt sind, haben die gleiche Bedeutung und Wertigkeit, sodass es ein Konkurrenzverhältnis in Bezug auf eine etwaige Höherrangigkeit nicht geben kann.[934] Dafür spricht auch schon die Tatsache, dass es bei einer Kollision von Grundrechten stets zu einer Abwägungsentscheidung zwischen den betroffenen Grundrechten kommen muss. Das Grundrecht ist nicht abstrakt zu bewerten, vielmehr ist ein schonender Ausgleich der widerstreitenden Grundrechte vorzunehmen. Dafür müssen diese aber in ein Verhältnis zueinander gesetzt werden. Erst die Abwägung der Interessen führt in jedem gesonderten Fall dazu, dass sich eine Grundrechtsposition durchzusetzen vermag. Diese Abwägung startet für beide Grundrechte bei null, keine der re-

---

931 So aber *Götz*, Schutz von Betriebs- und Geschäftsgeheimnissen, S. 215.
932 Siehe dazu Maunz/Dürig/*Di Fabio*, Art. 2 GG Rn. 127 f.
933 *Hufen*, Staatsrecht II, § 4 Rn. 6.
934 *Sachs*, Verfassungsrecht II, Teil 1, 10., Rn. 44; *Hufen*, Staatsrecht II, § 4 Rn. 6; anders dagegen *Michael/Morlok*, Grundrechte, § 23 Rn. 624, die den vorbehaltlosen Grundrechten die höchste abstrakte Wertigkeit zuschreiben, sowie *Alexy*, Theorie der Grundrechte, S. 71 ff., der eine gewisse Rangordnung der Grundrechte durch die Unterscheidung zwischen Grundrechten als Regeln (strikte Normen) und als Prinzipien (Optimierungsgebote) erzeugt. Indes widerspricht eine solche Einteilung in unterschiedliche „Geltungsstufen" schon Art. 1 Abs. 3 GG; die Grundrechte gelten nicht nur als Prinzipien, sie gelten vielmehr direkt und unmittelbar als subjektive Rechte des Einzelnen, so auch *Hufen*, Staatsrecht II, § 4 Rn. 6.

levanten Verbürgungen erhält einen abstrakten Bonus aufgrund einer höheren Bedeutung.[935] Es ist daher nicht angezeigt, private Geheimnisse aufgrund des allgemeinen Persönlichkeitsrechts per se höher zu bewerten als Geschäftsgeheimnisse. Daran ändert auch der unmittelbare Personenbezug bei Art. 2 Abs. 1, Art. 1 Abs. 1 GG nichts. Zwar hat das allgemeine Persönlichkeitsrecht unzweifelhaft die Achtung und Entfaltung der Persönlichkeit zum Schutzziel und weist daher auf den ersten Blick einen höheren Personenbezug auf. Ein solcher existiert indes auch für Art. 12, 14 GG. Grundrechte knüpfen mit ihrem persönlichen Schutzbereich an eine Person an, sei es an eine natürliche oder eine juristische in Verbindung mit Art. 19 Abs. 3 GG. Träger des Grundrechts ist daher stets eine Person, sodass ein unmittelbarer Personenbezug existiert. Schließlich sind die Geschäftsgeheimnisse nicht freischwebend existent, sondern lassen sich konkret an eine Person binden. Im Regelfall wird dies in wirtschaftlichen Streitigkeiten eine juristische Person sein. Dieser muss aber dasselbe Schutzniveau zufallen wie einer natürlichen Person. Hinzu kommt, dass juristische Personen regelmäßig ein Interesse daran haben, gerade Geheimnisse aus dem wirtschaftlichen Bereich zu schützen. Auf den Schutz privater Geheimnisse aus dem privaten Lebensbereich kommt es in derartigen Streitigkeiten nicht an. Dann nützt aber auch das Antragsrecht aus § 171 b GVG wenig. Je nach Einzelfall kann daher einem Geschäftsgeheimnis die größere Bedeutung zufallen als einem rein privaten Geheimnis. Man denke beispielsweise an ein traditionsreiches Familienunternehmen, das seit vielen Jahren besteht und in eine Streitigkeit verwickelt ist. Diesem Unternehmen bzw. seinen Vertretern wird daran gelegen sein, ein Betriebs- bzw. Geschäftsgeheimnis genauso vehement zu schützen wie ein privates Geheimnis. Insbesondere in derartigen Fällen zeigt sich, dass auch der Bestand eines Unternehmens eine „persönliche" Bedeutung für die dahinterstehenden Verantwortlichen haben kann. Die Sicherung wirtschaftlicher Zusammenhänge ist hier genauso von Bedeutung wie der Schutz personaler Inhalte für das Recht der Persönlichkeit.[936] Dass in diesem Kontext freilich nicht von einer absolut geschützten Intimsphäre wie beim allgemei-

---

935 *Sachs*, Verfassungsrecht II, Teil 1, 10., Rn. 44; *Hufen*, Staatsrecht II, § 4 Rn. 6.
936 Dass der Zugang zu Geschäftsgeheimnissen und deren Verwertung einen erheblichen wirtschaftlichen Wert darstellen können, belegt schon die Richtlinie (EU) 2016/943 des Europäischen Parlaments und des Rates vom 8. Juni 2016 über den Schutz vertraulichen Know-hows und vertraulicher Geschäftsinformationen (Geschäftsgeheimnisse) vor rechtswidrigem Erwerb sowie rechtswidriger Nutzung und Offenlegung (ABl. L 157 vom 15. Juni 2016, S. 1).

nen Persönlichkeitsrecht gesprochen werden kann, leuchtet ein.[937] Nichtsdestotrotz ändert das nichts daran, wirtschaftliche Geheimnisse gleichermaßen zu schützen. Zu bedenken ist auch, dass § 171 b GVG den Bereich der Intim- und Privatsphäre hinreichend schützen soll. Jedenfalls letztere gilt indes nicht als absolut geschützt, sondern muss sich als Teilaspekt des allgemeinen Persönlichkeitsrechts im Falle einer Grundrechtskollision gegen das widerstreitende Grundrecht behaupten. Hier besteht folglich keine „Höherrangigkeit". Das Antragsrecht gilt aber unterschiedslos ohne Differenzierung danach, ob die Intim- oder Privatsphäre tangiert ist. Dann macht es Sinn, auch im Rahmen des § 172 GVG ein Antragsrecht einzuführen, da sich die hinter dem Geschäftsgeheimnis stehenden Grundrechte aus Art. 12 und 14 GG ebenfalls einem schonenden Ausgleich zu stellen haben.

Daher kann die Höherwertigkeit der Privatsphäre nicht mit dem unmittelbaren Personenbezug legitimiert werden. Auch in wirtschaftlichen Streitigkeiten muss das Unternehmen geschützt werden. Warum man aber dann ein Antragsrecht bei § 172 GVG ablehnt, obwohl der Schutz eines Geschäftsgeheimnisses für ein Unternehmen und dessen Existenz im Ergebnis genauso relevant werden kann wie der Schutz des Persönlichkeitsrechts für eine Einzelperson und deren Existenz in der Gesellschaft, ist nicht nachvollziehbar. Daher ist in beiden Fällen ein Antragsrecht zu befürworten. Das gilt nicht zuletzt auch deshalb, weil mit der Gefährdung von Menschenleben ein weiteres hohes Rechtsgut von § 172 GVG angesprochen wird, bei dem ein Antragsrecht ebenfalls Sinn ergibt.[938]

Ein solches Antragsrecht fehlt indes noch. Gerade in wirtschaftlichen Streitigkeiten, in denen die Konkurrenten trotz aller Streitigkeit ein Interesse am Ausschluss von Dritten haben, besteht ein gravierender Nachteil. Die Wahl eines Schiedsgerichts birgt nach aktuellem Stand den Vorteil, sich eines Ausschlusses der Öffentlichkeit gewiss zu sein. Um diesen Attraktivitätsvorteil der Schiedsgerichtsbarkeit zu relativieren, muss es den Parteien zugestanden werden, aktiv über die Gerichtsöffentlichkeit disponieren zu können. Die aktuell geltenden gesetzlichen Regelungen halten kein optimales Schutzniveau bereit, das den Interessen der Parteien insbesondere in wirtschaftlichen Streitigkeiten gerecht wird.

---

937 Vgl. BGHZ 80, 25, 32; *Ploch-Kumpf*, Schutz von Unternehmensgeheimnissen, S. 24.

938 *Götz*, Schutz von Betriebs- und Geschäftsgeheimnissen, S. 215.

IV. § 48 JGG

Um die Thematik über die gesetzlichen Ausschlussgründe der Gerichtsöffentlichkeit vollumfänglich zu behandeln, bedarf es auch eines kurzen Exkurses zur strafverfahrensrechtlich relevanten Norm des § 48 JGG. Die Vorschrift ordnet einen zwingenden Ausschluss der Öffentlichkeit in den Fällen an, in denen ein Jugendlicher im Sinne des § 1 Abs. 2 JGG vor den Jugendgerichten angeklagt wird, und kann auch nach einer Ermessensentscheidung des Richters über § 104 Abs. 2 JGG vor den Erwachsenengerichten zur Anwendung gelangen. Sie gilt dagegen nicht, wenn über die Tat eines Heranwachsenden gemäß § 1 Abs. 2 JGG vor den Jugendgerichten verhandelt wird.[939] Einen Öffentlichkeitsausschluss gewährt in diesen Fällen allenfalls § 109 Abs. 1 S. 4 JGG, der einen Ausschluss aber auf eine fakultative Basis gründet.

Anders zu beurteilen sind hingegen Fälle, in denen die Taten durch den Angeklagten teils als Jugendlicher, teils als Heranwachsender begangen wurden. Hier greift § 48 Abs. 1, 2 JGG nach überwiegender Ansicht ein.[940] Dasselbe gilt, wenn die Jugendstraftat vorläufig eingestellt wird und nur noch die Taten, die der Angeklagte als Heranwachsender begangen hat, abzuurteilen sind.[941]

Das Prinzip der Nichtöffentlichkeit existiert bereits seit 1923 (damals § 23 JGG) und wurde schon in einem Gesetzesentwurf aus dem Jahre 1912 angestrebt.[942] Wie auch § 172 Nr. 4 GVG bezweckt die Regelung des § 48 JGG zuvörderst, dem Jugendlichen einen besonderen Schutz zur Seite zu stellen. Die Hauptverhandlung samt Entscheidungsverkündung[943] ist aus jugendpädagogischer und entwicklungspsychologischer Perspektive zwingend nichtöffentlich abzuhalten, um die Schüchternheit und Hemmungen des Jugendlichen zu minimieren und die Rahmenbedingungen für eine

---

939 Eisenberg/*Eisenberg*, § 48 Rn. 2; Ostendorf/*Schady*, § 48 Rn. 2; Diemer/Schatz/Sonnen/*Schatz*, § 48 Rn. 4; *Streng*, in: FS Wolter, S. 1235, 1240.

940 BGHSt 23, 176, 178; Ostendorf/*Schady*, § 48 Rn. 3; Eisenberg/*Eisenberg*, § 48 Rn. 3; ablehnend *Streng*, in: FS Wolter, S. 1235, 1240 f.

941 BGHSt 44, 43 ff.; Diemer/Schatz/Sonnen/*Schatz*, § 48 Rn. 6; ablehnend *Streng*, in: FS Wolter, S. 1235, 1241 f.

942 Ostendorf/*Schady*, Grundlagen zu §§ 48-51, Rn. 2.

943 Ostendorf/*Schady*, § 48 Rn. 6; Diemer/Schatz/Sonnen/*Schatz*, § 48 Rn. 2, 10 f.; *Streng*, in: FS Wolter, S. 1235, 1237.

ungezwungene Aussprache zu garantieren.[944] Der Jugendliche soll weder in die Lage versetzt werden, im Zentrum des öffentlichen Interesses zu stehen[945], noch die potentielle Gefahr einer Stigmatisierung oder Bloßstellung durch die Öffentlichkeit zu spüren bekommen. Auch fördert der Ausschluss die Ermittlung der Wahrheit und die Feststellung der Persönlichkeit des Betroffenen, sodass die sittliche und geistige Reifeprüfung möglichst frei von äußeren Einflüssen erfolgen kann.[946] Der Persönlichkeitsschutz des Angeklagten bildet daher den Kerngedanken der Norm.[947]

Um diese Ziele nicht zu gefährden, geht die Bedeutung der Norm über die eigentliche Hauptverhandlung sogar noch hinaus. So ist es zum einen angezeigt, auch die Ladung zur Hauptverhandlung nichtöffentlich durchzuführen, zum anderen dürfen vor dem Verhandlungsraum keine Zettel angebracht werden, die Aufschluss über Namen oder Tat des Jugendlichen geben könnten.[948] Andernfalls würde der Schutz, den § 48 JGG bereithält, entwertet. Der zwingende Ausschlussgrund gilt dabei in allen Rechtszügen, wird aber relativiert, sofern neben dem Jugendlichen auch gegen Erwachsene oder Heranwachsende verhandelt wird.[949] Dann gilt nach Abs. 3 der Grundsatz der Öffentlichkeit fort und es besteht allein die Option, über Abs. 3 S. 2 die Öffentlichkeit fakultativ auszuschließen. Abs. 2 bleibt davon jedoch unberührt.[950]

§ 48 Abs. 2 JGG stellt klar, welchen Personen trotz des Ausschlusses der Öffentlichkeit ein Anwesenheitsrecht zufällt. Nicht aufgelistet sind die Zeugen, denen es somit grundsätzlich auch dann an einer Berechtigung des Zutritts mangelt, wenn sie im Übrigen die Rolle eines Anwesenheits-

---

944 Eisenberg/*Eisenberg*, § 48 Rn. 8; Ostendorf/*Schady*, Grundlagen zu §§ 48-51, Rn. 3; Diemer/Schatz/Sonnen/*Schatz*, § 48 Rn. 2; *Streng*, in: FS Wolter, S. 1235, 1237; *Greupner*, DRiZ 1985, 389, 390.

945 Schriftlicher Bericht des Ausschusses für Rechtswesen und Verfassungsrecht, BT-Drucksache 1/4437, S. 8; *Greupner*, DRiZ 1985, 389, 390.

946 Eisenberg/*Eisenberg*, § 48 Rn. 9; Diemer/Schatz/Sonnen/*Schatz*, § 48 Rn. 2; *Greupner*, DRiZ 1985, 389, 390; *Pelster*, MschrKrim 2006, 420, 427 mit kritischer Anmerkung.

947 Vgl. VGH Mannheim, DVBl 2014, 101, 105; Ostendorf/*Schady*, Grundlagen zu §§ 48-51, Rn. 3; Diemer/Schatz/Sonnen/*Schatz*, § 48 Rn. 2.

948 Eisenberg/*Eisenberg*, § 48 Rn. 11; Ostendorf/*Schady*, § 48 Rn. 6; Diemer/Schatz/Sonnen/*Schatz*, § 48 Rn. 12.

949 Eisenberg/*Eisenberg*, § 48 Rn. 4 und 6; Ostendorf/*Schady*, § 48 Rn. 4 und 6; *Pelster*, MschrKrim 2006, 420, 429 f. kritisiert hingegen, dass in den Fällen des Abs. 3 öffentlich verhandelt wird, da der erzieherische Gedanke der Norm hier besonders sensibel hervortrete.

950 Ostendorf/*Schady*, § 48 Rn. 4; Diemer/Schatz/Sonnen/*Schatz*, § 48 Rn. 8.

berechtigten erfüllen würden.[951] Zeugen können aber noch über S. 3 allgemein zur Verhandlung zugelassen werden. Auch Pressevertreter können durch die genannte Vorschrift im Einzelfall zur Verhandlung zugelassen werden.[952]

Im Verhältnis zu den allgemeinen Regelungen der §§ 169 ff. GVG geht die Vorschrift des § 48 JGG als lex specialis vor, vgl. § 2 Abs. 2 JGG, soweit es zu widersprüchlichen Ergebnissen kommen würde. Liegt indes ein Fall des § 48 Abs. 3 S. 1 JGG vor, gelten die allgemeinen Regeln des GVG uneingeschränkt.[953]

Verstößt das Gericht gegen § 48 Abs. 1 JGG, ergibt sich daraus kein absoluter Revisionsgrund nach § 338 Nr. 6 StPO. Es liegt ein Verstoß gegen die Nichtöffentlichkeit vor, nicht aber gegen das Gebot der Öffentlichkeit, sodass nur der Weg über § 337 StPO verbleibt.[954] Im Protokoll werden dabei die Nichtöffentlichkeit oder ein etwaiger Ausschluss von Anwesenheitsberechtigten aus Beweisgründen vermerkt.[955] Nur ausgeschlossene Personen im Sinne des Abs. 2 können gegen die Entscheidung mit der Beschwerde, § 304 StPO, vorgehen.[956]

V. Ausschluss nach Art. 6 Abs. 1 S. 2 EMRK

In Parallele zu den deutschen Regelungen aus §§ 170 ff. GVG hält auch die Vorschrift der EMRK über den Öffentlichkeitsgrundsatz in Art. 6 Abs. 1 S. 2 EMRK Ausschlussgründe bereit. Gemäß dem Wortlaut handelt es sich um fakultative Ausschlussgründe, die teilweise nicht so konkret ausgestaltet sind wie die Ausschlussgründe des GVG, sodass der Norm unter Um-

---

951 Eisenberg/*Eisenberg*, § 48 Rn. 15; Ostendorf/*Schady*, § 48 Rn. 13; Diemer/Schatz/Sonnen/*Schatz*, § 48 Rn. 20, 22 f.

952 Ostendorf/*Schady*, § 48 Rn. 16; Diemer/Schatz/Sonnen/*Schatz*, § 48 Rn. 26 ff.; *Greupner*, DRiZ 1985, 389, 390; ablehnend *Pelster*, MschrKrim 2006, 420, 428 unter Verweis darauf, dass die gesetzgeberische Intention dadurch überschritten werde.

953 Eisenberg/*Eisenberg*, § 48 Rn. 14; Ostendorf/*Schady*, § 48 Rn. 9; Diemer/Schatz/Sonnen/*Schatz*, § 48 Rn. 17.

954 BGHSt 23, 176, 178 ff. m.w.N.; *Greupner*, DRiZ 1985, 389, 391; vgl. auch *Streng*, in: FS Wolter, S. 1235, 1238.

955 Ostendorf/*Schady*, § 48 Rn. 20.

956 Ostendorf/*Schady*, § 48 Rn. 20; Diemer/Schatz/Sonnen/*Schatz*, § 48 Rn. 39 m.w.N.

ständen ein umfassenderer Anwendungsbereich zufällt.[957] Zu unterscheiden sind fünf Varianten, die einen Ausschluss legitimieren können.

Wie auch § 172 Nr. 1 GVG sieht die EMRK eine Ausschlussmöglichkeit in ihrer ersten Fallgruppe dann vor, wenn dies im Interesse der Sittlichkeit oder der öffentlichen Ordnung geboten erscheint oder wenn die nationale Sicherheit betroffen ist. Beide Begrifflichkeiten sind auch hier so zu verstehen, dass Feststellungen hinsichtlich des persönlichen Intimbereichs, die öffentlichen Moralvorstellungen zuwiderlaufen könnten, in Rede stehen müssen oder Störungen der Ordnung innerhalb bzw. außerhalb des Gerichtssaals zu befürchten sind.[958] Die nationale Sicherheit ist tangiert, wenn aufgrund der öffentlichen Verhandlung Informationen preisgegeben werden, die im nationalen Sicherheitsinteresse der Geheimhaltung unterliegen.[959] Für jede der drei Alternativen muss der Grundsatz der Verhältnismäßigkeit berücksichtigt werden.[960]

Die zweite Fallgruppe, auch sog. prozessbezogene Ausschlussgründe genannt[961], fokussiert sich auf den Jugendschutz sowie den Schutz des Privatlebens und ähnelt den §§ 170-171 b GVG. Auch hier liegt der primäre Gedanke darauf, die Wahrheitsfindung zu erleichtern und Persönlichkeitsrechte zu achten.[962]

Eine Art Generalklausel hält die letzte Variante des Art. 6 Abs. 1 S. 2 EMRK bereit. Sind Interessen der Rechtspflege durch die Öffentlichkeit negativ beeinflusst, hat das Gericht die Möglichkeit, die Öffentlichkeit im Falle besonderer Umstände im erforderlichen Umfang auszuschließen. Die Beschränkung auf den erforderlichen Umfang zeigt dabei schon, dass die Handhabung der Variante restriktiv zu erfolgen hat.[963]

Was das Verhältnis der Ausschlussvorschriften des GVG zu denen der EMRK angeht, gilt, dass § 172 GVG grundsätzlich als lex posterior Vorrang vor Art. 6 Abs. 1 S. 2 EMRK genießt.[964] Damit geht jedoch keine vollständi-

---

957 *Eslami*, Nichtöffentlichkeit des Schiedsverfahrens, S. 148.
958 Frowein/Peukert/*Peukert*, Art. 6 Rn. 198.
959 Frowein/Peukert/*Peukert*, Art. 6 Rn. 198.
960 Dörr/Grote/Marauhn/*Grabenwarter/Pabel*, Band I, Kapitel 14, Rn. 128.
961 Dörr/Grote/Marauhn/*Grabenwarter/Pabel*, Band I, Kapitel 14, Rn. 129.
962 *Eslami*, Nichtöffentlichkeit des Schiedsverfahrens, S. 100; Dörr/Grote/Marauhn/ *Grabenwarter/Pabel*, Band I, Kapitel 14, Rn. 129.
963 *Eslami*, Nichtöffentlichkeit des Schiedsverfahrens, S. 100; Frowein/Peukert/*Peukert*, Art. 6 Rn. 198; Dörr/Grote/Marauhn/*Grabenwarter/Pabel*, Band I, Kapitel 14, Rn. 130.
964 MüKo/*Zimmermann*, ZPO Band 3, § 169 GVG Rn. 10; *Wolf*, Gerichtsverfassungsrecht, § 25 S. 249.

ge Aufhebung des Anwendungsbereichs einher, sodass ein unmittelbarer Rückgriff auf den Katalog des Art. 6 Abs. 1 S. 2 EMRK als lex generalis zulässig bleibt.[965]

---

965 MüKo/*Zimmermann*, ZPO Band 3, § 169 GVG Rn. 10; *Wolf*, Gerichtsverfassungsrecht, § 25 S. 245 und 249 f.

Drittes Kapitel: Möglichkeiten und Ausgestaltung der Dispositionsbefugnis der Parteien über den Öffentlichkeitsgrundsatz

Im dritten Kapitel muss der Frage nachgegangen werden, in welcher Form die Dispositionsmöglichkeit der Parteien über die Öffentlichkeit durch das Gesetz realisiert werden kann. Dabei ist zunächst zu prüfen, inwieweit sich aus der aktuellen Gesetzeslage eine derartige Dispositionsbefugnis ableiten lässt. Sollte sich de lege lata keine Möglichkeit bieten, die parteiliche Disposition zu begründen, ist in einem weiteren Schritt an eine Dispositionsbefugnis de lege ferenda zu denken. Dann muss unter Beachtung der oben herausgearbeiteten Grundsätze eine praxistaugliche Regel gefunden werden.

Der erste Teil der Abhandlung fokussiert sich demnach zunächst auf die vorhandenen Regelungen des Gerichtsverfassungsrechts und die Frage, ob diese überhaupt noch Raum für eine Dispositionsmöglichkeit geben. Dazu müssen auch andere gesetzliche Regelungen gewürdigt werden, aus denen sich unter Umständen eine solche Disposition ableiten lässt. Erst wenn beide Arbeitsschritte negativ ausfallen, stellt sich überhaupt die Frage nach einer neuen gesetzlichen Regelung.

A. Möglichkeit der Dispositionsbefugnis de lege lata

Teilweise lassen sich Stimmen in der Literatur ausfindig machen, die eine parteiliche Dispositionsmöglichkeit über die Öffentlichkeit in Zivilsachen bereits nach dem geltenden Gerichtsverfassungsrecht befürworten und davon ausgehen, dass die Parteien de lege lata die Wahl haben, ob sie die Verhandlung vor Publikum abhalten wollen.[966] Verwiesen wird dabei zunächst auf die einfachgesetzliche Regelung des § 169 S. 1 GVG, die es erlaube, den Anwendungsbereich des Öffentlichkeitsgrundsatzes zu beschränken.[967] Wenngleich in diesem Kontext entgegen der hier vertretenen Ansicht davon ausgegangen wird, dass dem keine verfassungsrechtlichen Be-

---

966 *Ewer*, NJW 2010, 1323, 1324 f.
967 *Ewer*, NJW 2010, 1323, 1324.

denken entgegenstünden, da der Öffentlichkeitsgrundsatz keinen Verfassungsrang genieße[968], weicht der Ausgangspunkt nicht vom hier erzielten Ergebnis ab. Denn trotz der Zuerkennung des Verfassungsrangs bedarf es einer gesetzlichen Ausgestaltung des Grundsatzes, auch eine Beschränkung durch andere Güter von Verfassungsrang ist möglich. Weiterhin wird es den Parteien des Zivilprozesses in diesem Zusammenhang zuerkannt, den Öffentlichkeitsgrundsatz im Einzelfall einschränken zu können. Begründet wird dies vornehmlich damit, dass es im Bereich der Verwaltungs- und Finanzgerichtsbarkeit aufgrund der § 101 Abs. 2 VwGO bzw. § 90 Abs. 2 FGO anerkannt ist, dass die Parteien über die Öffentlichkeit disponieren können.[969] Denn beide Vorschriften erlauben einen Verzicht auf die mündliche Verhandlung, was einen Ausschluss der Öffentlichkeit zur Folge habe. Da der Zivilprozess mit § 128 Abs. 2 ZPO eine ähnliche Regelung kenne, müsse daraus ebenfalls die Dispositionsmöglichkeit in Zivilverfahren abgeleitet werden.[970]

Im Folgenden ist daher die These, die Vorschriften des Gerichtsverfassungsrechts seien dispositiv, kritisch zu würdigen. Dabei ist insbesondere darauf einzugehen, ob sich aus § 128 Abs. 2 ZPO der Schluss ziehen lässt, dass den Parteien eine Disposition über die Gerichtsöffentlichkeit eingeräumt wird.

I. Vorschriften des Gerichtsverfassungsrechts als zwingendes Verfahrensrecht

Betrachtet man die Judikatur über die streitige Frage der Dispositionsmöglichkeit de lege lata, so sticht zunächst die Entscheidung des *OLG Köln*[971] ins Auge. Im zu entscheidenden Fall wurde eine Kindschaftssache trotz gesetzlich angeordneter Nichtöffentlichkeit (§ 170 GVG) öffentlich verhandelt. In diesem Kontext stellte das Gericht fest, dass dieser Verfahrensfehler auch dann nicht unbeachtlich werde, sofern man einen Rügeverzicht gemäß § 295 Abs. 1 ZPO annähme. Denn das Gericht habe durch das Abhalten des Termins in öffentlicher Verhandlung eine Vorschrift verletzt, auf

---

968 *Ewer*, NJW 2010, 1323, 1324 f.
969 *Ewer*, NJW 2010, 1323, 1324; vgl. zu § 90 Abs. 2 FGO: BFH, DB 1990, 2407; vgl. zu § 101 Abs. 2 VwGO: BVerwG Entscheidung v. 30.11.2004 – 10 B 64/04, BeckRS 2004, 27614.
970 *Ewer*, NJW 2010, 1323, 1324; vgl. auch Wieczorek/Rössler/Schütze/*Rössler* ZPO Band 5, 2. Auflage (Altauflage), B III a.
971 OLG Köln, NJW-RR 1986, 560.

deren Beachtung nach Abs. 2 nicht wirksam verzichtet werden könne.[972] Aufgrund der mit der Öffentlichkeit verfolgten Ziele und deren hohem Wert – verdeutlicht auch an der Ausgestaltung als absoluter Revisionsgrund – ergebe sich die Einstufung als unverzichtbares Recht. Das OLG schließt mit der Annahme, dass „nach allem [...] zumindest bei der öffentlichen Verhandlung einer nichtöffentlichen Sache eine Vorschrift verletzt [wird], auf deren Befolgung die Parteien nicht wirksam verzichten können."[973] Denn die Nichtöffentlichkeit solle in diesen Fällen dem Schutz der Intimsphäre des Betroffenen dienen. Würde man hier eine Rüge des Betroffenen wegen fehlender Nichtöffentlichkeit erwarten, führte das schon zu einer Aufmerksamkeit, die dem Schutzziel der angeordneten Nichtöffentlichkeit zuwiderliefe.[974]

Nimmt man den Wortlaut dieser Aussage (*„zumindest"*) ernst, so beschränkt sie sich zunächst auf den Fall einer öffentlichen Verhandlung trotz gebotener Nichtöffentlichkeit. Über den umgekehrten Fall, nämlich die Frage der Verzichtsmöglichkeit nach § 295 ZPO bei einer nichtöffentlich abgehaltenen Verhandlung trotz gebotener Öffentlichkeit, sagt das OLG damit streng genommen nichts. Das verleitet zur Annahme, die zitierte Entscheidung könne die These der Unverzichtbarkeit des Öffentlichkeitsgrundsatzes im Sinne fehlender parteilicher Dispositionsmöglichkeit nicht stützen.[975] Indes ist zu beachten, dass das OLG den oben zitierten Satz selbst mit folgenden Worten einleitet: „Reichen allein schon diese Gründe aus, um in der Befolgung der Vorschriften über die Öffentlichkeit einer Verhandlung unverzichtbare Rechte zu sehen, so tritt in den Fällen vorliegender Art noch eine weitere Überlegung hinzu."[976] *Diese Gründe* im genannten Sinne meinen aber die zuvor aufgezählten allgemeinen Ziele, die mit der Öffentlichkeit der Gerichtsverhandlung verfolgt werden, sowie den damit verbundenen Wert der Institution. Dass daher beide oben aufgeworfenen Fälle unter § 295 Abs. 2 ZPO fallen, zeigt sich auch daran, dass das Gericht allgemein von „Vorschriften über die Öffentlichkeit" spricht, die als unverzichtbar gelten. Auch wird der absolute Revisionsgrund sowohl bei einem Verstoß gegen die Öffentlichkeit als auch die Nichtöffentlichkeit für einschlägig erachtet. Die darüber hinaus getroffene Erwägung, die sich allein auf den Fall der öffentlichen Verhandlung trotz gebotener

---

972 OLG Köln, NJW-RR 1986, 560.
973 OLG Köln, NJW-RR 1986, 560, 561.
974 OLG Köln, NJW-RR 1986, 560, 561.
975 Diese Annahme stellt *Ewer*, NJW 2010, 1323, 1325 auf.
976 OLG Köln, NJW-RR 1986, 560, 561.

Nichtöffentlichkeit bezieht, stellt demnach nur eine allgemeine weitere Hilfserwägung dar, um im konkreten Fall zusätzlich zu begründen, warum es sich bei der gebotenen Nichtöffentlichkeit um eine unverzichtbare Vorschrift gemäß § 295 Abs. 2 ZPO handelt. Es lässt sich somit feststellen, dass auch das *OLG Köln* von der allgemeinen Unverzichtbarkeit des Öffentlichkeitsgrundsatzes und somit mangelnder Dispositivität de lege lata ausgeht, da es sich bei den §§ 169 ff. GVG um Vorschriften im Sinne des § 295 Abs. 2 ZPO handelt.[977]

Damit lässt sich konstatieren, dass das geltende Recht nach bisheriger Analyse eine Disposition der Parteien über die Öffentlichkeit nicht vorsieht, obwohl der Zivilprozess wie eingangs gezeigt generell von der Dispositionsmaxime geleitet wird. Grund dafür ist die Tatsache, dass die Dispositionsmöglichkeit dann zurückweichen muss, wenn zwingendes Verfahrensrecht dies gebietet. Die angeordnete Gerichtsöffentlichkeit stellt aber grundsätzlich solch zwingendes Verfahrensrecht dar, da durch sie öffentliche Interessen verwirklicht werden, sodass es den Parteien verwehrt bleiben muss, über das Institut disponieren zu können.[978] Dafür spricht auch die differenzierte systematische Ausgestaltung der Ausnahmetatbestände aus §§ 170 ff. GVG. So sieht § 171 b Abs. 3, 4 GVG explizit ein Antrags- bzw. Widerspruchsrecht des Betroffenen vor, welche dazu führen, dass die Öffentlichkeit zwingend ausgeschlossen bzw. aufrechterhalten werden muss. Dem Wunsch der Partei ist auf den Antrag hin ausnahmslos Folge zu leisten. Diese detaillierten Ausnahmefälle haben somit die privaten Interessen der Betroffenen im Blick und regeln ausdrücklich eine Dispositionsbefugnis. Aus einem Umkehrschluss der genannten Norm ergibt sich daher, dass in den übrigen Fällen eine Dispositionsmöglichkeit der Parteien über die Öffentlichkeit nicht existiert, denn es hätte eines derartigen spezifischen Ausnahmetatbestandes inklusive parteilicher Antragsregelung nicht bedurft, wenn generell eine Dispositionsmöglichkeit bestünde.[979] Nun könnte man einwenden, dass sich aus den genannten Ausnahmeregelungen

---

977 Die Entscheidung ebenso interpretierend bzw. sich diesem Ergebnis anschließend: MüKo/*Zimmermann*, ZPO Band 3, § 169 GVG Rn. 28; Stein/Jonas/*Jacobs*, ZPO Band 10, § 169 Rn. 12; *Kissel/Mayer*, § 169 Rn. 58; *Eslami*, Nichtöffentlichkeit des Schiedsverfahrens, S. 117; siehe auch BGHZ 124, 204, 209: „*Öffentlichkeit als gerichtsverfassungsrechtlicher Grundsatz, auf dessen Einhaltung die Parteien nicht wirksam verzichten können.*".

978 *Arnold*, in: FS Simotta, S. 11, 21; *Wagner*, Prozeßverträge, S. 80.

979 *Arnold*, in: FS Simotta, S. 11, 21 f.; Stein/Jonas/*Jacobs*, ZPO Band 10, § 169 Rn. 12; MüKo/*Zimmermann*, ZPO Band 3, § 169 GVG Rn. 24; Wieczorek/Schütze/*Schreiber*, ZPO Band 13/1, § 169 GVG Rn. 29; *Eslami*, Nichtöffentlichkeit des

nicht ableiten lässt, der Gesetzgeber habe in anderen Fällen eine Verzichts-möglichkeit auf den Öffentlichkeitsgrundsatz per se ausschließen wollen.[980] Dennoch ist zu beachten, dass § 171 b GVG als Schutznorm der Privat- und Intimsphäre die einzige Norm im Regelungsverbund der Öffentlichkeitsvorschriften aus §§ 169 ff. GVG ist, die es in die Hände des Parteiverhaltens legt, wie mit der Gerichtsöffentlichkeit im Falle der Voraussetzungen der Norm zu verfahren ist. In allen anderen Ausnahmefällen sieht entweder schon das Gesetz den Ausschluss zwingend vor oder stellt diesen in das Ermessen des Gerichts, obwohl auch hier private Interessen der Parteien mitschwingen. Das zeigt sich schon am Geheimnisschutz aus § 172 GVG oder der Regelung des § 170 GVG, welche ebenfalls die Persönlichkeitssphäre schützen soll. Dennoch hat der Gesetzgeber hier darauf verzichtet, den Parteien explizit eine Dispositionsmöglichkeit zu gewähren. Das aber zeigt, dass der Gesetzgeber sehr wohl darauf bedacht war, unterschiedliche Regelungstechniken zu verwirklichen. Ansonsten wäre die Ausgestaltung des § 171 b Abs. 3, 4 GVG überflüssig gewesen und man hätte generell überlegen können, ob nicht sämtliche Ausnahmetatbestände der §§ 170 ff. GVG nachgiebiges Recht darstellen, weil sie insoweit auch persönliche Interessen in den Fokus rücken.[981] Da der Gesetzgeber aber einen Teilausschnitt des persönlichen Interesses mit § 171 b GVG anders geregelt hat und dort ausdrücklich eine parteiliche Disposition einräumt, verbietet es sich, in den anderen Fällen generell von einer Dispositions-möglichkeit über die Öffentlichkeit nach geltendem Recht auszugehen.

II. Berücksichtigung von § 128 Abs. 2 ZPO

Der zwingende Charakter des Prinzips der Öffentlichkeit und das Fehlen der Dispositionsmöglichkeit de lege lata werden auch nicht durch die Norm des § 128 Abs. 2 ZPO relativiert. Nach S. 1 kann das Gericht die Entscheidung ohne mündliche Verhandlung treffen, sofern die Parteien zustimmen. Damit steht zugleich fest, dass den Parteien hier die Disposition über die Mündlichkeit des Verfahrens zufällt. Ihnen steht es frei, auf den

---

Schiedsverfahrens, S. 117; *von Coelln*, Medienöffentlichkeit, S. 88; kritisch *Götz*, Schutz von Betriebs- und Geschäftsgeheimnissen, S. 209, der den Grund für die Unverzichtbarkeit auf die Öffentlichkeit allein damit begründet, diese diene auch Allgemeininteressen.

980 So *Ewer*, NJW 2010, 1323, 1325.
981 Diesen Gedanken verfolgt schon *Wagner*, Prozeßverträge, S. 80 f.

Grundsatz der Mündlichkeit zu verzichten und einem schriftlichen Verfahren zuzustimmen. Das aber hat zur Folge, dass auch die Gerichtsöffentlichkeit ausgeschaltet wird. Denn § 169 S. 1 GVG gilt nur im Rahmen der mündlichen Verhandlung. Durch § 128 Abs. 2 wird somit erreicht, dass die Parteien zugleich mit ihrer Entscheidung für das schriftliche Verfahren auch über die Öffentlichkeit disponieren können. Auf den ersten Blick scheint dieses Ergebnis tatsächlich in Widerspruch zum oben erarbeiteten zwingenden Charakter der Maxime zu stehen.

Dazu muss zunächst bedacht werden, dass die Parteien nicht vollends Herren über die Schriftlichkeit des Verfahrens und somit die Nichtöffentlichkeit werden. Denn die Norm sieht schon ausweislich ihres Wortlautes nur vor, dass das Gericht ohne mündliche Verhandlung entscheiden *kann*. Demnach wird keine Pflicht begründet. Zwar bedarf es der Zustimmung der Parteien, dem Gericht obliegt aber die endgültige Entscheidung über das weitere Vorgehen.[982] Schon das zeigt, dass von einer vollständigen Dispositionsmöglichkeit nicht gesprochen werden kann.

Auch ist festzuhalten, dass die Disposition über die Öffentlichkeit nicht das primäre Ziel der Norm ist. Vielmehr geht es darum, unter Effizienzgesichtspunkten ein schriftliches Verfahren zu ermöglichen, wenn dies angezeigt ist. Dass zugleich auch die Gerichtsöffentlichkeit abbedungen wird, stellt einen bloßen Rechtsreflex[983] zur Entscheidung für das schriftliche Verfahren dar, mithin ist daher auch von einer nur mittelbaren und eingeschränkten parteilichen Dispositionsbefugnis zu sprechen.[984] Denn wenn die Entscheidung zu Gunsten einer mündlichen Verhandlung ausfällt und das schriftliche Verfahren nicht gewünscht ist, verbleibt es bei einer mündlichen Verhandlung mit der zwingenden Natur des Öffentlichkeitsgrundsatzes.[985] Insoweit fehlt es den Parteien dann schon an der Möglichkeit, Einfluss auf die Gerichtsöffentlichkeit zu nehmen. Allein die zwingende Verbindung der mündlichen Verhandlung und des Öffentlichkeitsgrundsatzes gewährt eine mittelbare Disposition über § 128 Abs. 2 ZPO, eine iso-

---

982 *Arnold*, in: FS Simotta, S. 11, 22; *Eslami*, Nichtöffentlichkeit des Schiedsverfahrens, S. 117; Stein/Jonas/*Jacobs*, ZPO Band 10, § 169 Rn. 12; *von Coelln*, Medienöffentlichkeit, S. 89.

983 Wieczorek/Schütze/*Schreiber*, ZPO Band 13/1, § 169 GVG Rn. 29; Stein/Jonas/*Jacobs*, ZPO Band 10, § 169 Rn. 12; *von Coelln*, Medienöffentlichkeit, S. 89; *Götz*, Schutz von Betriebs- und Geschäftsgeheimnissen, S. 210.

984 *Arnold*, in: FS Simotta, S. 11, 22; *Eslami*, Nichtöffentlichkeit des Schiedsverfahrens, S. 117; MüKo/*Zimmermann*, ZPO Band 3, § 169 GVG Rn. 25.

985 *Arnold*, in: FS Simotta, S. 11, 22; Wieczorek/Schütze/*Schreiber*, ZPO Band 13/1, § 169 GVG Rn. 29; *Kissel/Mayer*, § 169 Rn. 58.

lierte Disposition allein über den Öffentlichkeitsgrundsatz sieht die Norm aber gerade nicht vor.[986] Daher ergibt sich aus der Norm auch keine Abweichung zum oben erzielten Ergebnis, welches von der zwingenden Natur der Öffentlichkeitsmaxime ausgeht.

III. Analogieschluss zu § 52 Abs. 2 FGO

Möglicherweise lässt sich jedoch eine andere Verfahrensordnung fruchtbar machen, aus der eine Dispositionsmöglichkeit über die Öffentlichkeit im Zivilprozess entspringen könnte. Fündig wird man in der Finanzgerichtsordnung. Grundsätzlich kommen die Vorschriften der FGO nur zur Anwendung, wenn ein Gerichtsverfahren vor den Finanzgerichten abgehalten wird. Straf- und Bußgeldverfahren außen vorgelassen, ist das insbesondere dann der Fall, wenn der Bereich der Abgabenangelegenheiten tangiert ist, sofern die Voraussetzungen aus § 33 FGO im Übrigen gewahrt sind.[987] Das Verfahrensrecht der Finanzgerichtsordnung sieht in § 52 Abs. 1 FGO zunächst vor, dass die einschlägigen Vorschriften des GVG über die Öffentlichkeit sinngemäß gelten. Demnach besteht auch hier im Falle einer mündlichen Verhandlung gemäß § 90 Abs. 1 S. 1 FGO samt Urteilsverkündung (§ 104 Abs. 1 FGO) die Gerichtsöffentlichkeit als Grundsatz. Daneben gelten auch die gesetzlichen Ausschlussgründe des GVG. §§ 171 b, 172 GVG spielen im finanzgerichtlichen Verfahren jedoch nur eine Nebenrolle.[988] Denn die FGO sieht in § 52 Abs. 2 eine Besonderheit vor. Dort heißt es, dass die Öffentlichkeit auch dann auszuschließen ist, wenn dies von einem Beteiligten beantragt wird. Insoweit spricht sich das finanzgerichtliche Verfahren eindeutig für eine parteiliche Dispositionsmöglichkeit über die Öffentlichkeit aus. Die angesprochene Regelung ist daher zunächst genauer zu untersuchen, bevor sich der Frage zu widmen ist, ob eine Anwendung auch im Zivilprozess ihre Berechtigung haben kann.

---

986 Vgl. *von Coelln*, Medienöffentlichkeit, S. 89.
987 Gräber/*Herbert*, § 33 FGO Rn. 1.
988 Gräber/*Stapperfend*, § 52 FGO Rn. 9.

1. Regelungsinhalte und Zwecke des § 52 Abs. 2 FGO

§ 52 Abs. 2 FGO verfolgt als primäres Ziel, das Steuergeheimnis zu schützen.[989] Daneben soll auch dem besonderen Schutz der Privatsphäre gedient werden.[990] Um dies verwirklichen zu können, ordnet die Norm einen zwingenden Öffentlichkeitsausschluss ohne Prüfung von Tatbestandsvoraussetzungen an[991], sofern dies von einem Beteiligten des Verfahrens, der nicht Finanzbehörde ist, beantragt wird. Dem Gericht kommt in derartigen Fällen demnach keinerlei Ermessen zu[992], wie es üblicherweise bei den anderen Ausschlussgründen des GVG der Fall ist.

Der Antrag als Prozesshandlung kann ohne Begründung vor oder während der mündlichen Verhandlung gestellt werden.[993] Dabei ist es möglich, den Antrag auch auf Teile der Öffentlichkeit zu beschränken.[994] Die Antragsberechtigten als Beteiligte des Verfahrens ergeben sich dabei aus § 57 Nr. 1, 3 FGO. Die als Beklagte fungierende Finanzbehörde, §§ 57 Nr. 2, 63 FGO, kann dagegen schon ausweislich des Wortlautes der Vorschrift keinen Antrag stellen. Der Grund dafür liegt in der Tatsache, dass die Öffentlichkeit im Finanzverfahren dazu dient, die Entscheidungsfindung und das Verhalten der Finanzverwaltung transparenter zu gestalten.[995] Zugleich ist damit aber auch klargestellt, dass die in § 57 FGO genannten Personen nicht als Teile der Öffentlichkeit anzusehen sind. Demzufolge können weder sie noch ihre Bevollmächtigten oder Beistände im Sinne des § 62 Abs. 1 FGO vom Verfahren ausgeschlossen werden.[996] Einmal ausgeschlossen, kommt es für den jeweiligen Verfahrensabschnitt in keinem Fall mehr zur Wiederherstellung der Öffentlichkeit. Weder besteht ein Antragsrecht seitens der Beteiligten, noch kann das Gericht von sich aus die Gerichtsöffentlichkeit wiederherstellen.[997]

---

989 BFH, Beschl. vom 03.04.2008 – I B 77/07, BeckRS 2008, 25013593; Gräber/*Stapperfend*, § 52 FGO Rn. 9; Kühn/von Wedelstädt/*Bartone*, § 52 FGO Rn. 6; *Jesse*, DB 2008, 1994.

990 *Binnewies/Wollweber*, NJW 2016, 283, 285; Hübschmann/Hepp/Spitaler/*Leipold*, § 52 FGO Rn. 24.

991 *Strauß*, DStR 1996, 908, 909.

992 *Jesse*, DB 2008, 1994, 1997; *Binnewies/Wollweber*, NJW 2016, 283, 285.

993 *Jesse*, DB 2008, 1994, 1997; Kühn/von Wedelstädt/*Bartone*, § 52 FGO Rn. 6; *Binnewies/Wollweber*, NJW 2016, 283, 285.

994 *Binnewies/Wollweber*, NJW 2016, 283, 286; *Strauß*, DStR 1996, 908, 910.

995 *Binnewies/Wollweber*, NJW 2016, 283, 285.

996 BFH, Beschl. vom 03.04.2008 – I B 77/07, BeckRS 2008, 25013593; Gräber/*Stapperfend*, § 52 FGO Rn. 9; *Jesse*, DB 2008, 1994, 1998.

997 *Jesse*, DB 2008, 1994, 1998; vgl. auch *Binnewies/Wollweber*, NJW 2016, 283, 285.

Kommt es über § 52 Abs. 2 FGO zum Ausschluss der Öffentlichkeit, ist zu bedenken, dass die spätere Urteilsverkündung in jedem Fall öffentlich zu erfolgen hat.[998] Stellt das Gericht die Öffentlichkeit zur Urteilsverkündung dennoch nicht wieder her, so begründet dies indes keinen Verfahrensfehler nach § 119 Nr. 5 FGO, da die Normen der §§ 52 FGO, 173 Abs. 1 GVG nicht unter die Vorschriften über die Öffentlichkeit im Sinne des § 119 Nr. 5 FGO fallen.[999] Das finanzgerichtliche Verfahren hält damit einen speziellen Ausschlusstatbestand in Bezug auf die Gerichtsöffentlichkeit bereit.

2. Übertragbarkeit auf das zivilgerichtliche Verfahren?

Es stellt sich daher die Frage, ob die für das finanzgerichtliche Verfahren geltende Norm des § 52 Abs. 2 FGO auch im Zivilverfahren Anwendung finden kann. Eine direkte Anwendung der Norm kommt dabei nicht in Betracht. Die Normen aus der FGO sind unmittelbar nur für Streitigkeiten vor den Finanzgerichten, nicht dagegen vor den ordentlichen Gerichten einschlägig. Eine Übertragbarkeit ließe sich daher allenfalls im Wege der Analogie erzielen. Voraussetzung dafür ist, dass die elementaren Bestandteile einer Analogie – vergleichbare Interessenlage und planwidrige Regelungslücke – gegeben sind. Nur wenn sich beides bejahen ließe, könnte sich die Dispositionsmöglichkeit über die Öffentlichkeit auch im Zivilverfahren über § 52 Abs. 2 FGO realisieren lassen.

a) Vergleichbarkeit der Interessenlage

Zunächst müssten sich die zu begutachtenden Konstellationen ähneln. § 52 Abs. 2 FGO soll das Steuergeheimnis und die Privatsphäre schützen. Mithin geht es um das Interesse des Einzelnen, persönlichkeitsbezogene Informationen nicht vor einem unbestimmten Kreis an Dritten preisgeben zu müssen. Dieses Interesse ist indes kein Phänomen des finanzgerichtlichen Verfahrens. Selbstredend stellen das Steuergeheimnis und somit wirtschaftliche und finanzielle Aspekte einen zentralen Beweggrund dar, um den Parteien hier die Möglichkeit zu eröffnen, Schutz vor Publikum zu ge-

---

998 Gräber/*Stapperfend*, § 52 FGO Rn. 10; *Jesse*, DB 2008, 1994, 1998.
999 BFHE 241, 1ff.; Gräber/*Stapperfend*, § 52 FGO Rn. 10; Kühn/von Wedelstädt/*Bartone*, § 52 FGO Rn. 6.

nießen. Aber auch Streitigkeiten vor den Zivilgerichten erfüllen dieses Kriterium.[1000] Wie oben bereits erläutert, fallen beispielsweise Erb- oder Darlehensstreitigkeiten aufgrund der restriktiven Handhabung des § 171 b GVG regelmäßig nicht unter den Ausschlussgrund. Beide Arten von Streitigkeiten zeichnen sich indes genauso durch wirtschaftliche bzw. finanzielle Aspekte aus, die die Betroffenen gerne für sich behalten würden. Regelmäßig ist das Bedürfnis in den zivilgerichtlichen Fällen sogar höher zu bewerten. Denn gerade bei Erbstreitigkeiten geht es nicht bloß um finanzielle Begebenheiten im Verhältnis zu einer Behörde, es schwingen bisweilen auch familieninterne Beziehungen mit. Dieser Bereich verdient aber eigentlich einen noch höheren Schutz, schließlich werden die Beteiligten kaum ein Interesse daran haben, dass das fremde Publikum Einblicke in die Familienverhältnisse mitsamt etwaiger Querelen erlangt. Das Familienleben verdient als Teil des Persönlichkeitsrechts daher ebenso Schutz. Gleichsam ist auch das berufliche Wirken des Einzelnen nicht minder schutzwürdig. Unzureichend durch § 172 GVG geschützt, können sich in Wirtschaftsstreitigkeiten Geheimnisse offenbaren, deren uneingeschränkte Kenntnisnahme auch in wirtschaftlicher bzw. finanzieller Hinsicht fatale Folgen haben kann. Insbesondere, um innovative Entwicklungen nicht vorschnell der Konkurrenz preisgeben zu müssen, sollte es den Beteiligten möglich sein, aktiv Einfluss auf die Gerichtsöffentlichkeit nehmen zu können. In all diesen Fällen geht es um eine rechtlich anerkannte Geheimsphäre. Daher lässt sich eine vergleichbare Interessenlage durchaus bejahen.[1001]

b) Planwidrigkeit der Regelungslücke

Schwieriger wird es, wenn man sich darum bemüht, die planwidrige Regelungslücke aufzudecken. Zumindest für den Bereich der Geschäfts- und Betriebsgeheimnisse wird ein Antragsrecht auf Analogiebasis des § 52 Abs. 2 FGO dabei teilweise befürwortet.[1002] Mit Blick auf die Systematik

---

1000 Vgl. *Köbl*, in: FS Schnorr von Carolsfeld, S. 235, 239 mit dem Hinweis, im finanzgerichtlichen Verfahren sei die Gefahr der Geheimnisverletzung nur graduell und der Häufigkeit nach höher als im Zivilprozess, nicht aber qualitativ verschieden.

1001 Vgl. *Götz*, Schutz von Betriebs- und Geschäftsgeheimnissen, S. 215 in Bezug auf ein Antragsrecht im Wege der Analogie speziell für den Schutz von Geschäfts- und Betriebsgeheimnissen.

1002 *Götz*, Schutz von Betriebs- und Geschäftsgeheimnissen, S. 215 f.

des GVG habe sich das Antragsrecht dabei an § 171 b Abs. 3 iVm. Abs. 1, 2 GVG derart zu orientieren, dass es an den Tatbestand der jeweiligen Norm angegliedert wird. Daraus ergebe sich als Folge, dass die Analogie erst auf Rechtsfolgenseite greife, nachdem das Gericht die notwendige Abwägung im Hinblick auf die Verletzung überwiegend schutzwürdiger Interessen vorgenommen habe.[1003] Dagegen seien auch keine stichhaltigen systematischen Erwägungen einzuwenden. Zwar verweise § 52 Abs. 1 FGO auf die Ausschlusstatbestände des GVG, sodass man sich die Frage stellen könne, inwieweit das in Abs. 2 originär begründete Antragsrecht noch von Bedeutung sei, wenn ein solches auch in anderen Fällen existiere. Da sich das dortige Antragsrecht tatbestandlich aber nicht spezifisch auf Geschäfts-, Betriebs- oder sonstige Sphären beziehe, sondern jeweils nur im Kontext des Steuergeheimnisses relevant wird, sei beiden Regelungen die Existenzberechtigung nicht abzusprechen.[1004] Zu einer vollständigen Beseitigung der Errungenschaft „Gerichtsöffentlichkeit" führe diese Lösung ebenfalls nicht. Zum einen seien wie oben beschrieben gewisse tatbestandliche Voraussetzungen zwingend notwendig, damit sich ein Antragsrecht realisieren könne, zum anderen werde die Freiheitssphäre des Bürgers durch diese Lösung gegen den ohnehin nicht absolut geltenden Öffentlichkeitsgrundsatz gestärkt.[1005]

Sicherlich ist es begrüßenswert, die Freiheitssphäre des Bürgers zu stärken. Das aber darf nur dann möglich sein, wenn sich aus dem Gesetz keinerlei Einwendungen ergeben. Aus systematischer Sicht mag man dabei zunächst tatsächlich noch davon ausgehen können, dass keine der Regelungen überflüssig wäre, da verschiedene Bereiche angesprochen werden. Dennoch sprechen gewichtige andere systematische Gründe gegen die Planwidrigkeit der Regelungslücke. Das Gerichtsverfassungsgesetz stellt quasi das zentrale Gesetz und den zentralen Bezugspunkt im Vergleich zu sämtlichen anderen Gerichtszweigen dar. Die speziellen Gesetze anderer Gerichtsbarkeiten orientieren sich am GVG und verweisen regelmäßig hierauf. Nur dann, wenn sich für die spezielle Gerichtsbarkeit etwas Abweichendes ergeben soll, führt der Gesetzgeber eigene Regelungen als Ausnahmen ein. Das arbeitsgerichtliche Verfahren kennt mit § 52 ArbGG eine eigene Regelung zur Gerichtsöffentlichkeit, verweist aber auch auf §§ 171 b, 169 S. 2, 173-175 GVG. Damit orientiert es sich am GVG, schließt aber beispielsweise den Ausschlusstatbestand des § 172 GVG aus und hält

---

1003 *Götz*, Schutz von Betriebs- und Geschäftsgeheimnissen, S. 216.
1004 *Götz*, Schutz von Betriebs- und Geschäftsgeheimnissen, S. 215.
1005 *Götz*, Schutz von Betriebs- und Geschäftsgeheimnissen, S. 216.

im speziellen § 52 ArbGG eine eigene Regelung bereit. § 61 Abs. 1 SGG verweist in Bezug auf die Öffentlichkeit der Verhandlung komplett auf die §§ 169, 171 b ff. GVG.[1006] Dasselbe gilt auch im Bereich der Verwaltungsgerichtsbarkeit mit § 55 VwGO. Man kann daher die Bestimmungen des GVG als die Grundlagen begreifen, auf die sich die anderen Gerichtszweige stützen. Nur für den Fall, dass die dortigen Regelungen den besonderen Situationen der anderen Gerichtsbarkeit nicht gerecht werden, hat der Gesetzgeber spezielle Ausnahmevorschriften entworfen. Das zeigt nicht nur § 55 Abs. 2 FGO, sondern auch § 52 ArbGG. Dann aber handelt es sich deutlich um Ausnahmevorschriften, denen die Analogiebasis entzogen ist.[1007] Dafür streitet auch, dass § 172 Nr. 2 das Steuergeheimnis ebenfalls explizit im Wortlaut aufzählt. Damit überdecken sich die schutzwürdigen Belange aus § 52 Abs. 2 FGO und § 172 Nr. 2 GVG teilweise. Aber nur im ersteren Fall hat der Gesetzgeber ein Antragsrecht implementiert, um im speziellen finanzgerichtlichen Verfahren gegenüber einer Behörde einen parteilichen Ausschluss bewirken zu können. Daher ist es nicht angezeigt, die Sondervorschriften als Analogiebasis zu nutzen, um den generelleren GVG-Anwendungsbereich zu erweitern. Der Gesetzgeber hätte das Antragsrecht vielmehr im allgemeinen Gerichtsverfassungsgesetz regeln müssen, wenn das Antragsrecht der Parteien über den Ausschluss der Öffentlichkeit generell möglich sein sollte.

Auch spricht ein anderer Grund gegen die Analogie aus § 52 Abs. 2 FGO. *Götz* führt die Norm als Analogiebasis an, um speziell für den Bereich der Geschäfts- und Betriebsgeheimnisse ein Antragsrecht zu statuieren. Zu beachten ist aber, dass auch eine andere Verfahrensordnung eine Antragsregelung bereithält. § 52 S. 2 ArbGG bestimmt, dass das Gericht die Öffentlichkeit u.a. auch dann ausschließen kann, „wenn eine Partei den Ausschluss der Öffentlichkeit beantragt, weil Betriebs-, Geschäfts- oder Erfindungsgeheimnisse zum Gegenstand der Verhandlung oder der Beweisaufnahme gemacht werden." Hier zeigt sich aber das Dilemma: Im Gegensatz zur Regelung aus der FGO stellt § 52 S. 2 ArbGG auf ein Ermessen des

---

1006 Zu beachten ist aber auch § 61 Abs. 1 S. 2 SGG in der Fassung vom 23.09.1975: „*Die Öffentlichkeit kann auch ausgeschlossen werden, wenn die Offenlegung der gesundheitlichen oder Familienverhältnisse für einen Beteiligten von erheblichem Nachteil sein könnte.*" Hier zeigt sich ebenfalls, dass es trotz des Verweises auf das GVG Sondersituationen auch im sozialgerichtlichen Verfahren geben kann, die eine derartige Ausnahmevorschrift speziell für dieses Verfahren erforderlich machen.

1007 Für dieses Ergebnis in Bezug auf § 52 Abs. 2 FGO: *Arnold*, in: FS Simotta, S. 11, 22; MüKo/*Zimmermann*, ZPO Band 3, § 169 GVG Rn. 26.

Gerichts ab. Auf Antrag hin *kann* das Gericht einen Öffentlichkeitsausschluss herbeiführen. Im arbeitsgerichtlichen Verfahren besteht also im Hinblick auf Betriebs- und Geschäftsgeheimnisse eine eigenständige, explizite Antragsregelung über den Ausschluss der Öffentlichkeit. Dann liegt es aber näher, sich Gedanken über die Analogiefähigkeit dieser Norm zu machen. Der Wortlaut der Norm eignet sich für das Vorhaben, auch Betriebs- und Geschäftsgeheimnisse auf Antrag von der Öffentlichkeit fernzuhalten, weitaus mehr als die unspezifischere Regelung aus § 52 Abs. 2 FGO. Das hätte aber zur misslichen Konsequenz, dass im Gegensatz zu § 171 b GVG keine Ausschlusspflicht bestünde. Dennoch zeigt dieser Vergleich, dass sich eine Analogie nicht auf § 52 Abs. 2 FGO stützen lassen kann, da es jedenfalls für die Auffassung von *Götz* grundsätzlich näherläge, sich an § 52 S. 2 ArbGG zu orientieren. Im Übrigen kann auch diese Norm als Analogiebasis für ein Antragsrecht der Parteien nicht herhalten, da es sich wie oben gezeigt um Sonderfälle anderer Gerichtszweige handelt, die der Gesetzgeber anders geregelt haben wollte als die GVG-Anwendungsfälle. Denn das Antragsrecht wurde, wenngleich sowohl § 172 GVG als auch § 52 S. 2 ArbGG explizit Betriebs- und Geschäftsgeheimnisse als schutzwürdig einstufen, nur für das arbeitsgerichtliche Verfahren vorgesehen. Das verbietet aber eine Analogie für sämtliche andere Fälle.

Die parteiliche Dispositionsbefugnis über die Öffentlichkeit lässt sich demnach de lege lata nicht auf eine Analogie zu anderen Gerichtsverfahrensvorschriften stützen, da es sich um Ausnahmevorschriften handelt, denen die Analogiebasis abzusprechen ist.

IV. Disposition über die Öffentlichkeit aufgrund von Art. 6 EMRK

Als letzter Ausweg bliebe der Weg über Art. 6 EMRK, um das Antragsrecht de lege lata zu begründen. Dass diese Vorgehensweise nicht per se abwegig ist, zeigt das bereits zitierte Urteil des EGMR[1008], welches die Möglichkeit des Verzichts auf die Gerichtsöffentlichkeit betont. Die Konvention erlaubt daher prinzipiell, dass sich Verfahren im Geheimen abspielen, sofern das der Wunsch der Parteien ist. Daher stellt sich die Frage, ob diese internationale Sichtweise auch auf das deutsche Zivilverfahren übertragbar ist mit der Folge, dass die Parteien hier ebenfalls einen Verzicht auf die Gerichtsöffentlichkeit erklären können.

1008 EGMR, NJW 1982, 2714, 2716.

Um eine Übertragbarkeit des Gedankens anzunehmen, muss ähnlich wie bei der Analogie eine hinreichende Vergleichbarkeit der beiden Situationen bestehen. Schaut man sich den Grund an, warum ein Verzicht auf Ebene des Art. 6 EMRK zulässig ist, dann kristallisiert sich heraus, dass der mit der EMRK verfolgte Individualrechtsschutz[1009] den entscheidenden Faktor hierfür darstellt. Es sollen grundlegende Menschenrechte geschützt werden, sodass die Konvention eindeutig von individuellen Gesichtspunkten geleitet wird. Ein derartiger individueller Einschlag lässt sich für die Normen des Gerichtsverfassungsgesetzes indes nicht feststellen. Denn die Öffentlichkeitsvorschriften dienen auch dazu, Allgemeininteressen zu wahren, und weisen daher „objektiv institutionelle Elemente" auf[1010], sodass sich eine vollumfängliche Dispositionsbefugnis nicht aus der Vorschrift der EMRK ziehen lässt.[1011]

V. Richtlinie (EU) 2016/943 und Umsetzung durch Regierungsentwurf

Hinzuweisen ist in diesem Zusammenhang auch auf die Richtlinie (EU) 2016/943 des Europäischen Parlaments und des Rates vom 8. Juni 2016 über den Schutz vertraulichen Know-hows und vertraulicher Geschäftsinformationen (Geschäftsgeheimnisse) vor rechtswidrigem Erwerb sowie rechtswidriger Nutzung und Offenlegung[1012], die die Mitgliedstaaten zum zivilrechtlichen Schutz von Geschäftsgeheimnissen verpflichtet. Die Richtlinie macht deutlich, dass der Zugang zu Geschäftsgeheimnissen und deren Verwertung einen erheblichen wirtschaftlichen Wert darstellen können.[1013] Daher ist es angebracht, diese Art von Geheimnissen angemessen zu schützen.

Die Richtlinie sieht in Art. 9 vor, dass die Mitgliedstaaten die Vertraulichkeit von Geschäftsgeheimnissen im Verlauf von Gerichtsverfahren zu wahren haben. Dabei fordert Unterabsatz 2 des Artikels die Mitgliedstaa-

---

1009   Siehe dazu auch EGMR, EuGRZ 1985, 229, 234.
1010   MüKo/*Zimmermann*, ZPO Band 3, § 169 GVG Rn. 27.
1011   *Eslami*, Nichtöffentlichkeit des Schiedsverfahrens, S. 117; Wieczorek/Schütze/ *Schreiber*, ZPO Band 13/1, § 169 GVG Rn. 29.
1012   ABl. L 157 vom 15. Juni 2016, S. 1.
1013   Siehe dazu den Regierungsentwurf zur Umsetzung der Richtlinie (EU) 2016/943 zum Schutz von Geschäftsgeheimnissen vor rechtswidrigem Erwerb sowie rechtswidriger Nutzung und Offenlegung: https://www.bmjv.de/Shared Docs/Gesetzgebungsverfahren/Dokumente/RegE_GeschGehG.pdf?__blob=pu blicationFile&v=1 (zuletzt abgerufen: 16. November 2018).

ten dazu auf, sicherzustellen, dass die „zuständigen Gerichte auf ordnungsgemäß begründeten Antrag einer Partei spezifische Maßnahmen treffen
können, die erforderlich sind, um die Vertraulichkeit eines Geschäftsgeheimnisses oder eines angeblichen Geschäftsgeheimnisses zu wahren, das
im Laufe eines Gerichtsverfahrens im Zusammenhang mit dem rechtswidrigen Erwerb oder der rechtswidrigen Nutzung oder Offenlegung eines
Geschäftsgeheimnisses genutzt oder auf das in diesem Rahmen Bezug genommen wird."[1014] Hieran wird deutlich, dass es einer Partei im Kontext
von Geschäftsgeheimnissen durch Antrag eröffnet wird, für die notwendige Vertraulichkeit zu sorgen.

Der deutsche Entwurf eines Gesetzes[1015] zur Umsetzung der Richtlinie
(EU) 2016/943 zum Schutz von Geschäftsgeheimnissen vor rechtswidrigem
Erwerb sowie rechtswidriger Nutzung und Offenlegung setzt diese Vorgaben vor allem in § 19 Abs. 2 Nr. 1 GeschGehG-E um: Danach kann die Öffentlichkeit auf Antrag von der mündlichen Verhandlung ausgeschlossen
werden, wenn das Gericht bereits Maßnahmen nach § 19 Abs. 1 S. 1
GeschGehG-E getroffen hat. Zu diesen Maßnahmen im Sinne von Abs. 1
gehört die Möglichkeit des Gerichts der Hauptsache, auf Antrag einer Partei zur Wahrung von Geschäftsgeheimnissen den Zugang zu Dokumenten
(Nr. 1) oder zur mündlichen Verhandlung (Nr. 2) ganz oder teilweise auf
eine bestimmte Anzahl von Personen zu beschränken. Einschränkend gilt
jedoch, dass für eine derartige Beschränkung das Geheimhaltungsinteresse
nach Abwägung aller Umstände das Interesse der Beteiligten auf rechtliches Gehör überwiegt. Anzumerken ist, dass die Regelung über den beschränkten Zugang zur mündlichen Verhandlung, § 19 Abs. 1 S. 1 Nr. 2
GeschGehG-E, nicht deckungsgleich ist mit § 172 Nr. 2 GVG. Zum einen
erfordert § 172 Nr. 2 GVG ein „wichtiges" Geschäftsgeheimnis, dessen öffentliche Erörterung überwiegende schutzwürdige Interessen verletzen
würde. Zum anderen steht der Ausschluss der Öffentlichkeit bei § 172
Nr. 2 GVG im Ermessen des Gerichts. Ein solches Ermessen kennt der Regierungsentwurf dagegen nur in § 19 Abs. 2 GeschGehG-E, wenn es zusätzlich um den Ausschluss der Öffentlichkeit als Ganzes geht. Im Übrigen hat
das Gericht zwingend eine Beschränkung anzuordnen. Zudem ist es § 172
Nr. 2 GVG fremd, eine bloße Begrenzung des Personenkreises zu ermögli-

---

1014 Siehe Art. 9 Unterabsatz 2 der Richtlinie (EU) 2016/943.
1015 Siehe Fn. 1013.

chen. Die Norm sieht nur einen vollständigen Ausschluss der Öffentlichkeit vor.[1016]

Der Regierungsentwurf kann zusammen mit der Richtlinie zwar keine generelle Dispositionsmöglichkeit der Parteien im Zivilprozess begründen – dazu handelt es sich schon um einen zu speziellen Themenbereich. Aus dem Regierungsentwurf lässt sich dennoch ableiten, dass die Idee, die Gerichtsöffentlichkeit auf Antrag einer Partei zu beschränken bzw. auszuschließen, sofern schutzwürdige Belange überwiegen, keine fremde ist. Auch zeigt der Entwurf, dass es je nach Situation Sinn machen kann, auf Rechtsfolgenseite ein gerichtliches Ermessen in Bezug auf den Ausschluss der Öffentlichkeit anzuordnen bzw. auszuschließen. Das ist für die weitere Untersuchung zu beachten.

VI. Gemeinsame Mindeststandards des Zivilprozessrechts in der EU

Um die Thematik der Gerichtsöffentlichkeit auf Basis aktueller Entwicklungen erschöpfend zu behandeln, ist ferner auf die Entschließung des Europäischen Parlaments vom 4. Juli 2017 mit Empfehlungen an die Kommission zu gemeinsamen Mindeststandards des Zivilprozessrechts in der Europäischen Union (2015/2084(INL))[1017] hinzuweisen. Die Entschließung zielt darauf ab, eine Richtlinie des Europäischen Parlaments und des Rates zu gemeinsamen Mindeststandards des Zivilprozessrechts in der EU zu erreichen. Gemäß den Grundsätzen und Zielen der Anlage zur Entschließung, Erwägungsgrund 4, ist eine solche Richtlinie notwendig, um „die Grundrechte und Grundfreiheiten der Unionsbürger zu schützen und einen Beitrag zur Modernisierung nationaler Verfahren, zur Sicherstellung gleicher Wettbewerbsbedingungen für Unternehmen und zu mehr Wirtschaftswachstum über effektive und effiziente Justizsysteme zu leisten." Gemeinsame Mindeststandards im Zivilprozess sind dabei laut Erwägungsgrund 5 notwendig, „um eine solide Grundlage für die Angleichung und die Verbesserung nationaler Gesetze zu bilden." Denn diese nationalen Gesetze „räumen den Mitgliedstaaten bei der Vorbereitung neuer Zivilpro-

---

1016 Siehe Regierungsentwurf zur Umsetzung der Richtlinie (EU) 2016/943 zum Schutz von Geschäftsgeheimnissen vor rechtswidrigem Erwerb sowie rechtswidriger Nutzung und Offenlegung, S. 37 f.

1017 Abrufbar unter: http://www.europarl.europa.eu/sides/getDoc.do?pubRef=-//EP//NONSGML+TA+P8-TA-2017-0282+0+DOC+PDF+V0//DE (zuletzt abgerufen: 16. November 2018).

zessvorschriften Flexibilität ein und sind Ausdruck eines allgemeinen Konsenses über die Grundsätze der Justizpraxis in Zivilsachen." Damit werde zugleich das Vertrauen in die Ziviljustiz aller Mitgliedstaaten gestärkt und ein Mindeststandard bei der Einleitung, Durchführung und dem Abschluss von Zivilverfahren vor den Gerichten der Mitgliedstaaten festgelegt.[1018]

Der Richtlinien-Vorschlag sieht in Art. 22 die Öffentlichkeit der Verhandlungen vor. Danach haben die Mitgliedstaaten sicherzustellen, dass die Verhandlungen öffentlich sind, es sei denn, das Gericht beschließt, sie im Interesse einer der Parteien oder sonstiger Betroffener oder im allgemeinen Interesse der Justiz oder der öffentlichen Ordnung für vertraulich zu erklären. Der Artikel äußert sich zwar nicht zu einer möglichen Parteidisposition über die Öffentlichkeit, sodass der Richtlinien-Vorschlag eine solche auch nicht allgemein für den Zivilprozess begründen kann. Im Gegenteil weist der Vorschlag nach seinem Wortlaut allein dem Gericht die Möglichkeit zu, Beschränkungen vornehmen zu können. Indes wird deutlich, dass die Öffentlichkeit der Verhandlung nach wie vor den Grundsatz darstellt und Ausnahmen hiervon rechtfertigungsbedürftig sind. Eine solche Ausnahme rechtfertigt sich, wenn ein Ausschluss aufgrund der Interessen der Parteien erforderlich wird. Somit zeigt sich auch hier, dass die Interessen der Parteien bei der Frage nach der Gerichtsöffentlichkeit eine wichtige Rolle spielen. Das ist für die weitere Untersuchung zu verwerten.

B. Möglichkeit der Dispositionsbefugnis de lege ferenda

Bietet das aktuell geltende Recht keinerlei Ansatz, um die Dispositionsbefugnis herzuleiten, verbleibt einzig der Versuch, diese de lege ferenda zu begründen. Dabei ist die Idee, sich mit der Dispositionsbefugnis de lege ferenda auseinanderzusetzen und für diese einzutreten, keine gänzlich neue. Schon mehrfach haben Autoren versucht, sich für diesen Weg stark zu machen, und verschiedene Ausgestaltungsmöglichkeiten präsentiert.[1019] Bevor man sich mit den detailreichen Fragen einer konkreten Regelung auseinandersetzen kann – dazu gehört auch die kritische Untersuchung der

---

1018 Siehe Grundsätze und Ziele, Erwägungsgrund 6, der Anlage zur Entschließung sowie Art. 1 des Richtlinien-Vorschlags.

1019 Für ein Antragsrecht de lege ferenda setzen sich u.a. ein: *Köbl*, in: FS Schnorr von Carolsfeld, S. 235, 248ff.; *Gottwald*, BB 1979, 1780, 1781; *Grunsky*, Grundlagen des Verfahrensrechts, S. 224 f.; *Simotta*, in: FS Matscher, S. 449, 462ff.

bereits existierenden Vorschläge – muss als Vorfrage geklärt werden, ob die Idee der parteilichen Dispositionsbefugnis im Zivilprozess de lege ferenda nicht derart mit den Funktionen der Gerichtsöffentlichkeit kollidiert, als dass der parteiliche Ausschluss von Zuhörern prinzipiell untersagt werden sollte. Im Blick zu behalten ist dabei auch das Schiedsgerichtswesen und die dort enthaltene Möglichkeit, durch die Schiedsvereinbarung regelmäßig eine Nichtöffentlichkeit herzustellen.

I. Vereinbarkeit mit den Funktionen der Gerichtsöffentlichkeit?

Das Öffentlichkeitsprinzip stellt das Spiegelbild der Allgemeinheit und der Objektivität des Rechts dar und hat wie eingangs gezeigt vertrauensstabilisierende Wirkung hinsichtlich der Handlungen der Dritten Gewalt. Dass es sich um eine Maxime von höchstem Wert handelt, hat die Einordnung als Verfassungsprinzip unterstrichen. Das Öffentlichkeitsprinzip hat aufgrund seiner Zwecke eine eindeutig allgemeinheitsbezogene Prägung und steht zuvörderst im Dienste der Rechtsgemeinschaft.

Legt man diese Funktionen der Gerichtsöffentlichkeit zu Grunde, liegt der Gedanke nahe, dass eine Disposition der Prozessbeteiligten über die Öffentlichkeit auch de lege ferenda nicht realisierbar sei. Denn wenn man es den Parteien überließe, ob Zuschauer zur Gerichtsverhandlung zugelassen werden sollen, dann hätte dies zur Konsequenz, dass Einzelinteressen stets höher gewichtet werden würden als die Interessen der Rechtsgemeinschaft.[1020]

An dieser Aussage ist sicher richtig, dass der Grundsatz der Öffentlichkeit von derart hohem Rang ist, als dass es sich verbietet, ihn in das Belieben der Prozessbeteiligten zu stellen. Denn richtigerweise kann es nicht die Aufgabe allein der Parteien sein, zu entscheiden, ob die Rechtsgemeinschaft die ihr zugedachte Kontrollfunktion wahrnehmen kann, um sich eine angemessene Vertrauens- und Informationsbasis über das Justizwirken zu verschaffen. Dann wären die Zwecke der Maxime tatsächlich entwertet. Indes greift der Gedanke, die Interessen des Einzelnen erführen eine höhere Gewichtung als die der Rechtsgemeinschaft und daher sei an eine Ausgestaltung der Dispositionsbefugnis de lege ferenda nicht zu denken, zu kurz. Denn bei dem Öffentlichkeitsprinzip handelt es sich trotz seiner Verfassungsverbürgung nicht um einen absoluten Wert, es ist einer Ausgestal-

---

1020 So *Arnold*, in: FS Simotta, S. 11, 23.

tung zugänglich.[1021] Schon die gesetzlich normierten Ausschlussgründe des GVG haben vor Augen geführt, dass es Fälle geben kann, in denen sich das Einzelinteresse im konkreten Fall durchzusetzen vermag. Das lässt sich schon aus dem Erfordernis der Interessenabwägung mit dem Öffentlichkeitsprinzip bzw. -interesse im Rahmen der §§ 171 b, 172 GVG schließen. Liegen die Voraussetzungen des § 171 b oder § 172 GVG vor, ist damit aber auch zugleich gesagt, dass es im konkret zu entscheidenden Fall persönliche Interessen sind, die sich im Zuge einer Abwägung gegen das Prinzip der Öffentlichkeit durchgesetzt haben. Die Bevorzugung von Einzelinteressen ist daher per se kein Grund dafür, sich gegen eine Dispositionsmöglichkeit der Parteien de lege ferenda auszusprechen. Das Gesetz kennt bereits eine solche Bevorzugung. Sie liegt in der Natur der kollidierenden Verfassungsgüter, die sich auch in den Ausschlustatbeständen wiederfinden. Das Gesagte unterstreicht indes, dass es nicht zu einer abstrakt-allgemeinen Bevorzugung des einen oder anderen Interesses kommen darf. Das ist bei der Ausgestaltung einer gesetzlichen Regelung zu berücksichtigen. Sofern man dies beherzigt, ist der Weg nach einer Lösung de lege ferenda aber auch nicht versperrt. Es kommt dann darauf an, beide scheinbar gegenläufigen Interessen angemessen zu gewichten und ihnen zu einer größtmöglichen Geltung zu verhelfen. Insbesondere muss darauf geachtet werden, dass der Öffentlichkeitsgrundsatz und seine Zwecke nicht komplett leerlaufen.

Damit sind an dieser Stelle bereits zwei denkbare Gesetzesmodelle zu verwerfen, die sich nicht mit dem soeben Erläuterten vereinbaren lassen. Zum einen lässt sich ein Gesetzesentwurf nicht mit dem Wert des Öffentlichkeitsgrundsatzes vereinbaren, der den Parteien ohne weitere Voraussetzungen die Möglichkeit einräumt, die Öffentlichkeit auf einen Antrag hin zwingend auszuschließen.[1022] Ein solches Antragsrecht ohne persönlichkeitsbezogene Voraussetzungen der zu verhandelnden Sache hätte zwar für sich, dass die Parteien das volle Bestimmungsrecht darüber hätten, welche Informationen sie Dritten verwehren wollen, und würde größtmögliche parteiliche Freiheit unter Ausschluss jeglicher Bevormundung nach sich ziehen.[1023] Eine solche Regelung – vergleichbar mit § 52 Abs. 2 FGO – würde das Prinzip der Öffentlichkeit jedoch entwerten. Es läge einzig und

---

1021 Siehe dazu nochmals *Götz*, Betriebs- und Geschäftsgeheimnisse, S. 216 f.

1022 Eine solche Regelung in Anlehnung an § 52 Abs. 2 FGO schlägt *Grunsky*, Grundlagen des Verfahrensrechts, S. 225 vor; ähnlich *Fasching*, Prozessrecht, 16. Kapitel, Rn. 682 für Österreich.

1023 *Grunsky*, Grundlagen des Verfahrensrechts, S. 225.

allein im Belieben der Parteien, für ein „geheimes Verfahren" zu sorgen. Damit könnten sie in zu großem Maße auf die Interessen der Rechtsgemeinschaft Einfluss nehmen und dem Einzelinteresse fiele von Beginn an eine abstrakte Höherwertigkeit zu. Zwar wäre eine solche Regelung nicht automatisch ein Rückfall in die Zeiten des Geheimverfahrens, da es durchaus auch Parteien geben kann, die an einer öffentlichen Verhandlung interessiert sind. Nichtsdestotrotz widerspräche eine solche Lösung schon dem hier postulierten Verfassungsrang des Öffentlichkeitsgrundsatzes. Dieser kann nur aufgrund anderer Güter von Verfassungsrang eingeschränkt werden. Um dies zu erreichen, muss aber eine Abwägungsentscheidung im Sinne praktischer Konkordanz durchgeführt werden. Daher ist es nicht möglich, eine voraussetzungslose Antragslösung im Gesetz zu implementieren.

Mit dem Verfassungsrang des Öffentlichkeitsgrundsatzes unvereinbar ist es zum anderen, eine Regelung einzuführen, die vom Grundsatz der Nichtöffentlichkeit ausgeht und auf (beiderseitigen) parteilichen Antrag hin erst die Gerichtsöffentlichkeit herstellt.[1024] Für diese Lösung müsste das GVG zunächst umfassend umstrukturiert werden. § 169 S. 1 GVG müsste die grundsätzliche Nichtöffentlichkeit anordnen und die Ausschlusstatbestände der folgenden Paragraphen wären überflüssig. Vielmehr ist dann zu klären, unter welchen Voraussetzungen den Parteien zum Schutze überwiegender Interessen keine Möglichkeit eingeräumt werden dürfte, die Öffentlichkeit herzustellen.[1025] Auch wäre die Frage zu beantworten, ob es Fälle geben kann, in denen das Gesetz eine zwingende Öffentlichkeit anordnen müsste. All diese Überlegungen zeigen indes nur, dass sich die Öffentlichkeit als Regel zu einer Ausnahme umkehren würde. Ein Verfassungsgut als Ausnahme zu titulieren, mutet aber befremdlich an. Hinzu kommt, dass auch diese Lösung den parteilichen Einzelinteressen schon auf abstrakter Ebene das höhere Gewicht beimessen würde, da im Grundsatz von der generellen Schutzwürdigkeit der Parteien des Prozesses ausgegangen wird. Es ist aber einzugestehen, dass nicht jeder Gegenstand eines Zivilprozesses zwingend einer Geheimhaltung bedarf.[1026] Insoweit würde man auch die Fälle, in denen es an einem schutzwürdigen Interesse der Parteien an Geheimhaltung mangelt, mit dem Schutz der Nichtöffentlichkeit belohnen. Das entwertet aber die Zwecke des Öffentlichkeits-

---

1024 Eine solche Regelung schlägt *Köbl*, in: FS Schnorr von Carolsfeld, S. 235, 249 vor.

1025 *Köbl*, in: FS Schnorr von Carolsfeld, S. 235, 249.

1026 Das erkennt *Köbl*, in: FS Schnorr von Carolsfeld, S. 235, 250 ebenfalls.

grundsatzes. Zwar ließe sich der Vorwurf der Geheimjustiz im Ansatz zumindest mit dem Argument entkräften, es läge an den Parteien und nicht an der Justiz, dass nichtöffentlich verhandelt werde, da schließlich jederzeit die parteiliche Möglichkeit existiere, Dritte zum Gerichtstermin zuzulassen.[1027] Die Kontrollfunktion und die Befriedigung des Informationsinteresses kämen indes zu kurz. Denn es kommt nicht auf dasselbe hinaus, ob Zuschauer bzw. Pressevertreter in persona am Verfahren teilnehmen und darüber berichten können oder ob sich die Informationen nur aus zweiter Hand von den Parteien oder Justizpressestellen gewinnen lassen.[1028] Zum einen ist es ohnehin fraglich, ob die Parteien höchstpersönlich außerhalb des Prozesses frohen Mutes über Ablauf und Ergebnis der Verhandlung berichten werden, wenn sie sich zuvor für den Schutz der Nichtöffentlichkeit entschieden und keinen Antrag auf Öffentlichkeitsherstellung gestellt haben. Zum anderen liegt es nahe, dass die Justizpressestellen als Filter nur die aus ihrer Sicht wichtigen Belange eines Zivilprozesses „heraussieben" werden.[1029] Aber schon diese Begrifflichkeit weist auf die Problematik hin: Hier und da droht die Gefahr, dass Informationen, die sich (nachträglich) als wichtig herausstellen, im Vorfeld nicht beachtet werden. Im Extremfall gleicht dies einer Zensur. Die Objektivität der Informationen über die Justiz ist dann nicht gewahrt.[1030] Bei grundsätzlich gegebener Öffentlichkeit kann der Einzelne dagegen selbst entscheiden, welche Informationen ihm als wichtig erscheinen, eine Bevormundung findet nicht statt. Nur so können aber eine effektive Kontrolle der Justiz und ein ungehinderter Informationsfluss auch gewährleistet werden. Denn der Bereich des Zivilverfahrens ist als Teilgebiet des Justizwirkens auch Teil des demokratischen Lebens und muss daher der Volksgemeinschaft zugänglich bleiben. Daran ändert auch die Annahme nichts, dass eine grundsätzliche Nichtöffentlichkeit durch die leicht zu handhabende Regelung mit einem geringeren Arbeitsaufwand und einer geringeren Gefahr von Verfahrensfehlern einherginge[1031], da die Gerichte kaum mehr das Damoklesschwert des absoluten Revisionsgrundes fürchten müssten. Schließlich wäre die Gefahr einer Verletzung der (Nicht-)Öffentlichkeit dann weitaus geringer, wenn die Parteien generell über ihr Bestehen zu entscheiden hätten und

---

1027 *Köbl*, in: FS Schnorr von Carolsfeld, S. 235, 249.
1028 Letzteres führt *Köbl*, in: FS Schnorr von Carolsfeld, S. 235, 249 an, um dem Informationsinteresse Rechnung zu tragen.
1029 *Köbl*, in: FS Schnorr von Carolsfeld, S. 235, 250 sieht darin zunächst einen positiven Effekt.
1030 Das sieht auch *Köbl*, in: FS Schnorr von Carolsfeld, S. 235, 250.
1031 So *Köbl*, in: FS Schnorr von Carolsfeld, S. 235, 249.

sich der Verantwortungsbereich des Gerichts deshalb minimieren würde, weil es dem Parteiwunsch zwingend Folge zu leisten hätte. Nichtsdestotrotz verbietet sich eine solche Regelung. Denn so erstrebenswert die Förderung von Prozessökonomie auch ist, sie darf nicht zu Lasten des Rechtsschutzes eines Beteiligten oder Dritten durchgesetzt werden. Es kann von den Gerichten erwartet werden, dass sie die Öffentlichkeitsvorschriften beachten und einer Verletzung vorbeugen. Nicht zuletzt dient die Ausgestaltung der Öffentlichkeitsvorschriften als absoluter Revisionsgrund gerade auch dazu, die Richter zu einer sorgsamen Arbeitsweise anzuhalten und den Beteiligten einen rechtsstaatlichen Prozess zu bieten. Diese Komponente, in gewisser Weise auch als Art richterliche (Selbst-)Kontrolle zu begreifen, würde aber entscheidend geschmälert werden, wenn man sich für die Lösung der Nichtöffentlichkeit entschiede.

II. Umkehrschluss zur Ausgestaltung des Schiedsgerichtswesens

Zu hinterfragen bleibt, ob ein Umkehrschluss zur nichtöffentlich ausgestalteten Schiedsgerichtsbarkeit das Streben nach einer Parteidisposition über die Öffentlichkeit de lege ferenda zusätzlich befeuern kann. Der Ansatzpunkt ist dabei naheliegend: Die Parteien haben die Freiheit, ihre Streitigkeiten mittels einer Schiedsabrede im Schiedsgerichtsverfahren auszutragen und somit die Nichtöffentlichkeit herbeizuführen. Daher könnte man auf die Idee kommen, ihnen auch im gerichtlichen Verfahren die Freiheit zu gewähren, über die Öffentlichkeit zu disponieren. Denn wenn sich die Parteien schon dafür entscheiden können, sich vollständig von der staatlichen Gerichtsbarkeit abzuwenden, sollte es als *argumentum a maiore ad minus* auch möglich sein, nur die Öffentlichkeit der Staatsgerichtsbarkeit zu suspendieren[1032] und im Übrigen die im konkreten Einzelfall bestehenden Vorteile der staatlichen Justiz zu nutzen.

Soweit ersichtlich, werden gegen diesen Gedankengang zunächst zwei Bedenken geäußert. Zum einen bestehe die schiedsgerichtliche Wahlfreiheit nicht uneingeschränkt, sondern unterliege mit der Voraussetzung einer wirksamen Schiedsabrede schon Grenzen, die die Parteidisponibilität beschränke. Zum anderen führe die staatliche Kontrolle im Rahmen von Aufhebungs- oder Vollstreckungsverfahren dazu, dass die Vertraulichkeit

---

1032 Diesen Gedanken wirft *Arnold*, in: FS Simotta, S. 11, 23 zunächst auf.

im Schiedsgerichtswesen ebenfalls entfalle.[1033] Daher greife das *argumentum a maiore ad minus* nicht durch.

Die Tatsache, dass die Abkehr von der staatlichen Gerichtsbarkeit und der Gang in die Nichtöffentlichkeit des Schiedsverfahrens eine wirksame Schiedsvereinbarung voraussetzt, heißt aber nicht, dass eine Disposition über die Öffentlichkeit vor den staatlichen Gerichten komplett ausscheidet. Sie zeigt allein, dass für den Gang in die Nichtöffentlichkeit wenige Standards eingehalten werden müssen und die Parteien einen äußeren Rahmen zu respektieren haben. Ist die Tür zur Schiedsgerichtsbarkeit aber erst einmal durchschritten, können die Parteien nach Belieben Vereinbarungen über die Öffentlichkeit treffen. Es lässt sich daher allenfalls das Argument fruchtbar machen, dass es auch vor den staatlichen Gerichten nicht voraussetzungslos möglich sein kann, über die Öffentlichkeit zu disponieren. Insoweit sollten ebenfalls gewisse Rahmenbedingungen festgelegt werden, an die sich die Parteien zu halten haben. Das schränkt ihre Dispositionsmöglichkeit dann ebenfalls ein und würde eine Ähnlichkeit zum Schiedsgerichtswesen bedeuten. Insoweit harmoniert diese Überlegung auch mit dem erzielten Ergebnis in Abschnitt I. Dort wurde schon erörtert, warum eine voraussetzungslose Parteidisposition über die Öffentlichkeit nicht wünschenswert ist. Diese These wird durch den hier gezogenen Vergleich zur Schiedsgerichtsbarkeit gestärkt.

Zwar besteht im Schiedsverfahren die Gefahr, dass es zur Aufhebung der grundsätzlichen Nichtöffentlichkeit kommen kann. Aber auch dies betrifft allein die konkrete Ausgestaltung des Verhältnisses von Öffentlichkeit und Nichtöffentlichkeit. Im Aufhebungs- und Vollstreckungsverfahren kommen die staatlichen Gerichte zum Einsatz. Vor diesen besteht nach aktuellem Stand noch die Öffentlichkeitsregelung aus § 169 S. 1 GVG ohne Parteidisposition. Käme man aber zu dem Ergebnis, dass eine solche Parteidisposition de lege ferenda erstrebenswert ist und führte man eine Neuregelung ein, könnte es auch im Aufhebungs- bzw. Vollstreckungsverfahren zu einer Dispositionsmöglichkeit über die Öffentlichkeit kommen. Dann stößt die Nichtöffentlichkeit auch nicht zwingend an ihre Grenzen.[1034] Insoweit liegt ein Zirkelschluss vor, wenn im Rahmen des Umkehrschlusses zum Schiedsgerichtswesen die Möglichkeit der Parteidisposition mit Hinweis auf das staatlich abzuhaltende Aufhebungs- oder Vollstreckungsverfahren verneint wird. Denn es geht hier gerade um die Frage, ob es auf staatlicher Ebene zu einer solchen Disposition kommen soll.

1033 *Arnold*, in: FS Simotta, S. 11, 23.
1034 So aber *Arnold*, in: FS Simotta, S. 11, 24.

Aus einem anderen Grund kann das oben erwähnte *argumentum a maiore ad minus* jedoch nicht vollends durchschlagen, da verschiedene Ebenen betroffen sind: Durch die wirksame Schiedsvereinbarung disponieren die Parteien über das Gerichtswesen als solches. Es besteht die Wahl zwischen der Staatsgerichtsbarkeit oder dem Schiedsgerichtswesen. Beide kann man sich metaphorisch als ein Dach vorstellen. Die Beteiligten können sich zur Klärung ihrer Rechtsstreitigkeit unter eines der beiden begeben. Diese beiden Dächer halten dann auf dem darunterliegenden „Stockwerk" verschiedene Aspekte des Verfahrensablaufs bzw. der Verfahrensgestaltung bereit. Unter anderem eröffnet die Schiedsgerichtsbarkeit auf ihrem Stockwerk die Möglichkeit, bei grundsätzlicher Nichtöffentlichkeit auch die Öffentlichkeit zu vereinbaren. Bei der Staatsgerichtsbarkeit besteht hingegen der Grundsatz der Gerichtsöffentlichkeit nach § 169 S. 1 GVG. Beide Varianten sind aber gleichsam eine Folge der Wahl des „Daches". Durch diese Wahl wird als Reflex zugleich grundsätzlich mitentschieden, wie das Verfahren und somit die hier relevante Frage der Öffentlichkeit ausgestaltet wird. Daher trifft die Aussage nicht zu, die Parteien könnten auch die Öffentlichkeit im staatlichen Verfahren abbedingen, wenn sie sich ohnehin auch für das nichtöffentliche Schiedsgerichtswesen entscheiden könnten. Denn im letzteren Fall ist die Auswahl des „Daches" betroffen, im ersten dagegen das darin integrierte „Stockwerk". Hieran wird deutlich, dass die Entscheidung über Schiedsgerichtsbarkeit vs. Staatsgerichtsbarkeit und Öffentlichkeit vs. Nichtöffentlichkeit unterschiedliche Ebenen betrifft. Letzteres ist vielmehr eine Folgefrage der ersten Entscheidung und kann nicht isoliert herausgefiltert werden.

Dennoch trägt der Vergleich mit dem Schiedsgerichtswesen auch sinnvolle Früchte. Zwar hilft er hier nicht weiter, um eine Dispositionsbefugnis der Parteien de lege ferenda zusätzlich zu stärken. Jedoch kann man sich durchaus bei der Frage des „Wie" der Ausgestaltung auch an den Grundsätzen aus der Schiedsgerichtsbarkeit orientieren. Das hat sich schon anhand der Grenzen gezeigt, die auch das Schiedsgerichtswesen in Bezug auf eine wirksame Schiedsabrede einfordert. Denn es sollte aufgrund der Koexistenz beider Gerichtsbarkeiten eine möglichst harmonische Ausgestaltung angestrebt werden. Oder um die Metapher erneut zu bemühen: Wenn beide Dächer annähernd gleiche Stockwerke bereithielten, um den Schutz für die Parteien zu realisieren, fiele die Wahl des Daches nicht mehr entscheidend ins Gewicht.

C. Konkrete Ausgestaltung eines Parlamentsgesetzes

Nachdem in der vorangestellten Abhandlung die Rahmenbedingungen einer gesetzlichen Regelung abgesteckt und die Grundzüge der zu beachtenden Interessen herausgestellt wurden, gilt es nun, einen konkreten Vorschlag für eine gesetzliche Neuregelung zur Dispositionsbefugnis der Parteien über die Öffentlichkeit zu machen. Um eine nachvollziehbare Lösung zu gewährleisten, müssen dafür zunächst die Anforderungen und Erwartungen, die eine solche Reglementierung erfüllen muss, beschrieben werden. Auf der Basis dieses Fundaments lässt sich dann ein detaillierter Gesetzestext entwerfen.

Die Idee, eine solche Norm in das Gesetz einzufügen, ist indes keine neue. Die Vergangenheit hat sowohl in den Kommissionsberichten als auch der Literatur mehrfach unterschiedliche Ausgestaltungsmöglichkeiten präsentiert. Eine umfassende Beurteilung dieser Vorschläge ist daher zwingend, bevor ein weiterer ins Feld geführt wird. Abschließend ist die Neuregelung in prägnanter Form zu erläutern.

I. Anforderungen an eine gesetzliche Neuregelung

Das Hauptziel der gesetzlichen Regelung muss es sein, die Interessen des Öffentlichkeitsprinzips und die widerstreitenden parteilichen Einzelinteressen möglichst zu einem schonenden Ausgleich zu bringen. Beide Werte müssen in der größtmöglichen Art und Weise zur Geltung kommen. Bedingt durch die Tatsache, dass es sich beim Öffentlichkeitsprinzip um einen Grundsatz von Verfassungsrang handelt, kann die gesetzliche Regelung nur solche parteilichen Interessen schützen, die selbst eine verfassungsmäßige Stellung aufweisen. Erst dadurch legitimiert sich auch eine Dispositionsmöglichkeit der Parteien. Denn ein Gut von Verfassungsrang kann der Gesetzgeber einfachgesetzlich nur dann einschränken, wenn dies verfassungsimmanente Schranken gebieten. Durch diese Voraussetzung ist insbesondere das allgemeine Persönlichkeitsrecht der Parteien angesprochen, aber auch das berufliche Wirken und der Geheimnisbereich der Parteien spielen hierbei eine entscheidende Rolle. Schon die Kommission hat in ihrem Bericht 1961 im Zuge der Reformüberlegungen zur Zivilgerichtsbarkeit die Idee der beiderseitigen Dispositionsbefugnis aufgegriffen, um dem neu entwickelten allgemeinen Persönlichkeitsrecht aus Art. 2 Abs. 1,

Art. 1 Abs. 1 GG Rechnung zu tragen.[1035] Freilich ist an dieser Stelle einzugestehen, dass sich das durch das allgemeine Persönlichkeitsrecht hervorgerufene Bestreben nach einer Dispositionsmöglichkeit heute dadurch relativiert, dass der Gesetzgeber mit § 171 b GVG einen gesetzlichen Ausschlussgrund entworfen hat. Dieser bezieht sich explizit auf die enge Persönlichkeitssphäre und soll dem genannten Grundrecht zur Durchsetzung verhelfen.[1036] Nichtsdestotrotz bleibt die Frage nach der Disposition noch aktuell, da die Untersuchung gezeigt hat, dass die gesetzlichen Ausschlussgründe nicht jedes Bedürfnis nach Nichtöffentlichkeit abzudecken vermögen. Insoweit besteht auch heute noch Anlass dazu, den parteilichen verfassungsmäßigen Interessen zu einer optimalen Geltung zu verhelfen. Dann geht es letztlich um eine Güter- und Interessenabwägung, welche die Reichweite des parteilichen Schutzinteresses bestimmt und sich mit der Öffentlichkeit des Gerichtsverfahrens messen lassen muss.[1037] Zugleich ist damit auch ausgesagt, dass der Parteiwille nicht uneingeschränkt den Ausschlag dafür geben kann, ob es zur öffentlichen Verhandlung kommt. Es sind stets die allgemeinen Interessen, die auch im Zivilprozess anzutreffen sind, zu würdigen.[1038] Ist dabei ein überwiegendes breites Öffentlichkeitsinteresse feststellbar, so muss garantiert sein, dass es den Parteien an einer Dispositionsbefugnis mangelt. Nur so können die Zwecke des Öffentlichkeitsgrundsatzes gewahrt werden. Zudem wird dadurch die Ausgestaltung der parteilichen Dispositionsbefugnis im Zivilprozess geachtet, die zwar generell als Grundregel existiert und verschiedene Ausprägungen in der ZPO gefunden hat, in Einzelfällen aber wie gezeigt aufgrund von gewichtigeren öffentlichen Interessen zu weichen hat. An diesen Maßstäben hat sich daher auch eine Regelung zur Disposition über die Öffentlichkeit zu orientieren. Daher bietet es sich an, die neue Regelung an den bisherigen gesetzlichen Ausnahmevorschriften zum Öffentlichkeitsprinzip zu orientieren. Ansatzpunkt müssen dabei diejenigen Vorschriften sein, die vom Grundsatz der Öffentlichkeit ausgehen und nur im Einzelfall einen gerichtlichen Ausschluss anordnen. Denn die Regelungen, die schon als Grundsatz die Nichtöffentlichkeit postulieren (§ 170 GVG, § 48 JGG), würden dem oben gefundenen Ergebnis zuwiderlaufen, dass die Nichtöffentlichkeit nicht als Normalfall eingeführt werden darf.

1035 *Bericht der Kommission 1961*, S. 180.
1036 Stein/Jonas/*Jacobs*, ZPO Band 10, § 171 b Rn. 1.
1037 Vgl. *Bericht der Kommission 1961*, S. 180.
1038 Vgl. *Bericht der Kommission 1961*, S. 181.

Daher richtet sich das Augenmerk hauptsächlich auf die §§ 171 b, 172 GVG. Diese gehen auch vom Grundsatz der Öffentlichkeit aus, führen aber gewichtige Belange an, die im Einzelfall dazu führen können, dass der Nichtöffentlichkeit der Vorrang einzuräumen ist. Dabei wird die Nichtöffentlichkeit aber nicht als einzig zwingende Folge sofort angeordnet, sobald einer der dort aufgeführten Belange mit der Öffentlichkeit kollidiert. Beide Vorschriften verlangen in der Regel, dass das Interesse an einer öffentlichen Erörterung nicht überwiegt. Das wird in § 171 b Abs. 1 S. 2 GVG explizit angeordnet und ist ebenfalls Element von § 172 Nr. 2 GVG. Sie machen somit eine Abwägungsentscheidung[1039] zum essentiellen Bestandteil der Normanwendung. Dieser tatbestandliche Aufbau insbesondere von § 171 b Abs. 1 GVG stellt klar heraus, dass in jeder Verhandlung einzelfallabhängig entschieden werden muss, ob die Öffentlichkeit Bestand haben soll oder nicht. Die Aufnahme der öffentlichen Interessen in den Wortlaut hebt dabei hervor, dass es Fälle gibt, in denen das private Interesse zurücktreten muss. Um das Verhältnis der aktuellen Vorschriften zur zukünftigen Norm möglichst harmonisch zu gestalten, sollte diese Vorgehensweise im Rahmen der Neuregelung beibehalten werden. Dafür spricht auch, dass § 171 b GVG selbst bei einem Antrag des Betroffenen auf Ausschluss der Öffentlichkeit gemäß Abs. 3 S. 1 verlangt, dass das öffentliche Interesse nicht überwiegt. Um die neue Vorschrift dahingehend nicht an geringere Voraussetzungen zu knüpfen, muss tatbestandlich ebenfalls an die genannte Abwägungsprozedur angeknüpft werden.

Nun könnte man einwenden, dass mit einer derartigen Neuregelung kaum etwas gewonnen wäre, wenn sie tatbestandlich mit den gesetzlichen Ausschlussgründen übereinstimmt. Indes greift eine solche Kritik zu kurz. Richtig daran ist, dass sich die relevanten Normen, die sich mit dem Ausschluss der Öffentlichkeit beschäftigen, dann an einer Abwägungsentscheidung messen lassen müssen. Insoweit würde sich das Ergebnis für den konkreten Einzelfall in der Tat nicht ändern, unabhängig davon, ob man einen gesetzlichen Ausschlussgrund oder die Norm über die Dispositionsbefugnis der Parteien anwendet. Die Abwägungsentscheidung ist jedoch nicht die einzige Stellschraube, die der Tatbestand bietet. Zum einen ist schon für § 171 b GVG anerkannt, dass der Begriff der „Umstände aus dem

---

1039 MüKo/*Zimmermann*, ZPO Band 3, § 171 b GVG Rn. 1 führt an, dass durch die Einführung der Norm der Ausschluss der Öffentlichkeit aufgrund von Umständen des persönlichen Lebensbereiches erleichtert wurde. Grund sei der neue Abwägungsmaßstab.

privaten Lebensbereich" in der Praxis restriktiv gehandhabt wird[1040] und nur das Betroffensein der engeren Intim- und Privatsphäre zu einem erfolgreichen Ausschluss führen kann. Ferner ist der Begriff des öffentlichen Interesses aus S. 2 vage gehalten und entzieht sich einer abstrakten Definition. Beide Aspekte lassen sich dazu nutzen, um für die Regelung der Dispositionsbefugnis einen eigenständigen Wert zu schaffen. Zum einen bietet es sich an, den privaten Lebensbereich bzw. die verfassungsmäßigen Güter, die einen Ausschluss im Sinne der Neuregelung herbeiführen können, weit zu verstehen und insbesondere in der Praxis jeden persönlichkeitsbezogenen Aspekt miteinzubeziehen. Die Gefahr, dass damit eine uferlose Ausdehnung des Parteischutzes erzielt wird – letztlich ist nämlich jeder Zivilrechtsstreit Ausfluss aus dem privaten Lebensbereich – relativiert sich zum einen dadurch, dass nach wie vor verfassungsmäßige Güter in Rede stehen müssen und eine Abwägung mit den öffentlichen Interessen zu erfolgen hat. Zum anderen erscheint es in diesem Kontext sinnvoll, dem Gericht Entscheidungskompetenzen zuzusprechen, damit der Öffentlichkeitsgedanke nicht entwertet wird. Insoweit wird der hier angedachte weitere Tatbestand dadurch kompensiert, dass als Regelungsmechanismen noch gerichtliche Überprüfungsmöglichkeiten in Betracht zu ziehen sind und der Ausschluss nicht automatisch erfolgt.

Selbstverständlich hätte eine solche gerichtliche Entscheidungskompetenz samt vorheriger Abwägungsprozedur wiederum den Nachteil, dass die Parteien den Öffentlichkeitsausschluss nicht hinreichend genau vorhersehen könnten. Denn wenn es dem Gericht gewährt wird, einschränkend einzuschreiten, dann stellt sich zwingend die Frage, warum sich die Parteien auf dieses Restrisiko einlassen sollten. Dann böte die Schiedsgerichtsbarkeit den sichereren Weg. Um dieses Risiko zu minimieren, erscheint es zunächst angebracht, das öffentliche Interesse zu präzisieren und katalogartig Fälle zu nennen, in denen das öffentliche Interesse zwingend den Vorrang genießt. Die Parteien könnten sich daran orientieren und hätten eine Leitlinie für den Erfolg des begehrten Antrags auf Ausschluss der Öffentlichkeit. In derartigen Fällen hätten es die Parteien zwar nicht in der Hand, den Ausschluss herbeizuführen, die gesetzlichen Ausschlussgründe könnten in Grenzfällen aber noch eingreifen, wenn deren engerer Tatbestand erfüllt ist. Zum anderen sollte sich die Neuregelung auch mit Voraussetzungen beschäftigen, die eine zwingende gerichtliche Entscheidung im

---

1040 MüKo/*Zimmermann*, ZPO Band 3, § 171 b GVG Rn. 9 verweist ebenfalls auf den zu Unrecht zu eng gezogenen Anwendungsbereich von § 171 b GVG in der Praxis.

Sinne eines Öffentlichkeitsausschlusses bewirken können. Gäbe es die Möglichkeit, das Gericht in bestimmten Fällen an den Parteiwillen zu binden, dann hätten die Betroffenen einen weiteren Indikator für den Erfolg ihres Begehrens. Dass eine solche Regelung nichts Neues darstellen würde, zeigt schon die Tatsache, dass die ZPO vom Parteiwillen getragen wird und dem Gericht vielfach die Entscheidungskompetenz über den Streitstoff entzogen werden kann.[1041]

1. Hinreichende Vorhersehbarkeit eines erfolgreichen Öffentlichkeitsausschlusses

Für die Parteien ist die oben geschilderte Fragestellung von herausragender Bedeutung. Eine Regelung über die Disposition ist nur dann praxistauglich, wenn sich die Parteien mit hinreichender Sicherheit darauf verlassen können, dass sie die Chancen des Öffentlichkeitsausschlusses richtig einschätzen und diesen dann anschließend auch realisieren können. Andernfalls bietet es sich gerade für Wirtschaftsstreitigkeiten an, direkt die Schiedsgerichtsbarkeit zu wählen. Es ist daher zum einen von Bedeutung, wie die Parteidisposition ausgestaltet werden sollte. Hier bietet sich neben der beiderseitigen Parteidisposition auch ein Antragsrecht auf Ausschluss der Öffentlichkeit von nur einer Partei an. Des Weiteren muss die Frage geklärt werden, wie viel Entscheidungsmacht dem Gericht selbst zufallen soll und wie stark es zur Wahrung des öffentlichen Interesses eingreifen darf.

a) Einseitige Dispositionsbefugnis oder Disposition von beiden Parteien?

Da es sich bei einem Zivilprozess regelmäßig um einen Streit zwischen mehreren Parteien handelt, muss die Frage geklärt werden, wem das Initiativrecht für einen Antrag auf Ausschluss der Öffentlichkeit zufallen soll. Diese Frage stellt sich auch vor dem Hintergrund, dass die ZPO sowohl Vorschriften kennt, die sich nur durch das Zusammenwirken beider Parteien verwirklichen lassen, als auch solche, die nur durch eine Partei genutzt

---

1041 Siehe dazu oben die Ausführungen zu den Dispositionsmöglichkeiten über prozessuale Regeln: 1. Kapitel, B.

werden können.[1042] Insoweit wären beide Regelungsmodelle nicht per se ausgeschlossen.

Das Ergebnis der Frage scheint auf den ersten Blick dann vorgezeichnet zu sein, wenn man sich einer systematischen Argumentationslinie bedient und sich die bereits vorhandenen Regelungen des Gerichtsverfassungsgesetzes bzw. der anderen Verfahrensordnungen ins Gedächtnis ruft. § 171 b Abs. 3 S. 1 GVG macht den zwingenden Ausschluss davon abhängig, dass die Person, deren Lebensbereich betroffen ist, den Antrag stellt. Ob die Gegenpartei mit dem Ausschluss einverstanden ist, hat keinerlei Relevanz. Geschützt wird diese allenfalls dadurch, dass dem begehrten Ausschluss ein überwiegendes öffentliches Interesse entgegenstehen kann, was das Gericht prüfen muss. Auch stellt § 170 Abs. 1 S. 2 GVG klar, dass die Öffentlichkeit nicht zugelassen werden kann, sofern dies dem Willen eines Beteiligten widerspricht. Hier geht es zwar streng genommen nicht um ein Antragsrecht. Die Vorschrift unterstreicht aber, dass schon der Wille einer Partei im Bereich der Öffentlichkeitsvorschriften zu beachten ist und sich der gegenläufige Wille der anderen Partei dann nicht mehr durchzusetzen vermag. Das beweist scheinbar auch § 52 Abs. 2 FGO, welcher ebenfalls einen Antrag eines Beteiligten genügen lässt. Daher müsste man folgerichtig davon ausgehen, dass eine Neuregelung zur Dispositionsbefugnis ebenfalls ein einseitiges Antragsrecht vorsehen muss. Auch der Entwurf eines Gesetzes zur Umsetzung der Richtlinie (EU) 2016/943 zum Schutz von Geschäftsgeheimnissen vor rechtswidrigem Erwerb sowie rechtswidriger Nutzung und Offenlegung[1043] sieht in § 19 Abs. 1 und 2 GeschGehG-E gerichtliche Beschränkungsmöglichkeiten der Öffentlichkeit auf Antrag einer Partei vor.

Indes muss zunächst eingestanden werden, dass sich aus der Regelung des § 52 Abs. 2 FGO ein solcher Schluss nicht ziehen lässt. Denn es handelt sich regelmäßig um ein finanzgerichtliches Verfahren mit der Folge, dass der Verfahrensgegner eine Finanzbehörde ist. Insoweit unterscheidet sich die Situation vom typischen Zivilprozess, in dem regelmäßig Privatpersonen auftreten. Die Legitimation des einseitigen Antragsrechts ergibt sich bei § 52 Abs. 2 FGO daraus, dass es der Finanzbehörde als Verfahrensgeg-

---

1042 Genannt für beiderseitige Mitwirkungshandlungen seien an dieser Stelle beispielhaft die Klageänderung und die Klagerücknahme nach Rechtshängigkeit bzw. Beginn der mündlichen Verhandlung und die beiderseitige Erledigungserklärung, auch wenn sich das Erfordernis bei ersterem Institut durch die Sachdienlichkeit der Änderung relativieren kann.

1043 Siehe Fn. 1013.

ner verwehrt bleiben soll, einen Öffentlichkeitsausschluss herbeizuführen, um den Vorwurf eines geheimen Verfahrens zu entkräften. Zugleich soll aber auch das Steuergeheimnis berücksichtigt werden. Wenn es der Behörde als Beklagter ohnehin verwehrt bleiben muss, im Sinne einer transparenten Verfahrensgestaltung einen Antrag zu stellen, kommt nur ein einseitiges Antragsrecht des Bürgers in Betracht. Zudem fehlt es der Behörde an einem persönlichen Lebensbereich, sodass auch aus diesem Grund eine Vergleichbarkeit ausscheidet.

Im Übrigen ließe sich der systematische Ansatz auch für eine Disposition durch übereinstimmenden Antrag beider Parteien fruchtbar machen. Schaut man sich die Möglichkeiten an, die den Parteien offenstehen, um alternativ die Nichtöffentlichkeit des Verfahrens zu erreichen, ergibt sich das folgende Bild: Der vielgelobte Vorteil der Nichtöffentlichkeit im Schiedsverfahren lässt sich nur dann erzielen, wenn zwischen den Parteien auch eine Schiedsvereinbarung zustande kommt. Das aber erfordert zwingend ein Zusammenwirken.[1044] Nur dann, wenn sich die Parteien kooperativ zeigen und sich einigen, können beide diesen Vorteil des Schiedsverfahrens genießen. Das aber spricht dafür, auch im staatlichen Bereich die Disposition von einem übereinstimmenden Parteiantrag abhängig zu machen. Des Weiteren ergibt sich die Nichtöffentlichkeit als Reflex auch dann, wenn ein schriftliches Verfahren zustande kommt. Nach § 128 Abs. 2 S. 1 ZPO ist für ein solches Verfahren aber die Zustimmung beider Parteien zwingend notwendig. Wenn die Parteien über besagte Norm nur gemeinschaftlich dazu gelangen können, die Nichtöffentlichkeit als Reflex herbeizuführen, erscheint es konsequent, auch die Norm, die explizit auf den Ausschluss der Öffentlichkeit via Antrag abzielt, vom beiderseitigen Willen abhängig zu machen.[1045] Denn wenn sich dieses Erfordernis schon für die bloße Nebenfolge eines schriftlichen Verfahrens ergibt, müsste es erst recht auch dann beachtet werden, wenn der Hauptzweck im Ausschluss der Öffentlichkeit liegt. Für einen übereinstimmenden Antrag streitet auch der folgende Gedanke: Entschiede man sich für ein Antragsrecht nur einer Partei, stellte sich als Folgeproblem zwingend die Frage, wie man den Antrag zum Schutz des Gegners überprüfen kann. Denn ein einseitiges Antragsrecht könnte nicht ungeprüft hingenommen werden, sodass ein neuer Streitpunkt – hier die Frage nach der Öffentlichkeit – in

---

1044 Vgl. Beck'sches Rechtsanwalts-Handbuch/*Kreindler/Harms/Rust*, § 7 Rn. 1.
1045 So schon *Bericht der Kommission 1961*, S. 180 f.; vgl. auch den *Bericht der Kommission 1975*, S. 156.

das Verfahren eingeführt werden würde und es zu unnötigen Prozessverzögerungen käme.[1046]

Die Dispositionsmöglichkeit von einem übereinstimmenden Parteiantrag abhängig zu machen, lässt sich auch nicht zwingend mit dem Argument entwerten, die „naturgemäß feindselige Haltung" der Parteien im Zivilprozess, regelmäßig der Lösungsweg ultima ratio einer Streitigkeit, führe dazu, dass der Ausschluss der Öffentlichkeit von Zufälligkeiten abhinge und die Regelung demzufolge praxisuntauglich sei.[1047] Dieser These folgend wäre der Persönlichkeits- bzw. Geheimnisschutz dann nur in den Situationen hinreichend gewahrt, in welchen die Scheu vor der Öffentlichkeit zwischen den Prozessparteien zufälligerweise gleichmäßig gegeben wäre.[1048] Eine solch pauschale Annahme kann sich indes nicht gegen eine Dispositionsmöglichkeit beider Parteien wenden. Gewiss wird ein Zivilprozess ins Leben gerufen, wenn Uneinigkeiten zwischen den Parteien über einen bestimmten Lebensgegenstand bestehen. Aus der Tatsache, dass sich die Parteien in einem Zivilprozess gegenüberstehen, lässt sich aber nicht zwingend eine feindselige Haltung der Parteien ableiten. Zwar wird jede Partei hoffen, den Prozess für sich entscheiden zu können. Oftmals ist die Inanspruchnahme staatlicher Hilfe aber auch erforderlich, um eine Streitigkeit endgültig zu beenden. Das heißt nicht automatisch, dass die Gegenpartei alles dafür tut, um es dem Prozessgegner möglichst schwer zu machen, und jeden Antrag zu vereiteln sucht. Denn besonders bei der Frage der Öffentlichkeit kann es trotz des konkreten Streitverhältnisses Situationen geben, in denen beide Parteien daran interessiert sind, einen reibungslosen Prozessverlauf zu wahren. Dann kann auch das Bedürfnis nach einem Ausschluss der Öffentlichkeit gleichgerichtet sein. Insbesondere in Fällen langjähriger Geschäftsbeziehungen, die auch nach dem konkreten Prozess Bestand haben sollen, wird eine feindselige Haltung nicht auszumachen sein. Auch können die Parteien ein Interesse am Ausschluss der Öffentlichkeit haben, wenn der öffentliche Prozess nachteilige Folgen für beide haben könnte. Dann ist es naturgemäß die Regel, dass jede Partei einen eigenen Schaden abwenden möchte, anstatt dem Gegner Hürden zu bauen. Letztlich fällt der Bereich der familieninternen Streitigkeiten ebenfalls unter diese Kategorie. Zwar mögen innerhalb der Familie immense

---

1046 *Bericht der Kommission 1961*, S. 181.
1047 *Köbl*, in: FS Schnorr von Carolsfeld, S. 235, 248 f.; *Simotta*, in: FS Matscher, S. 449, 462.
1048 *Köbl*, in: FS Schnorr von Carolsfeld, S. 235, 249; *Simotta*, in: FS Matscher, S. 449, 462.

Streitigkeiten zu klären sein. Besonders Erbschaftsstreitigkeiten sind hier als die typischen Beispiele zu nennen[1049], in denen die Betroffenen bis zum Äußersten gehen, um möglichst viel Vermögen für sich gewinnen zu können. Dem Familienmitglied wird nur selten großzügig etwas auf freiwilliger Basis gewährt, sodass die Situation insoweit tatsächlich feindselig anmutet. Nichtsdestotrotz werden die Parteien aber auch ein Interesse daran haben, dass die Öffentlichkeit von der Familienfehde keine Kenntnis erlangt und der Name des Verstorbenen und seiner Familie nicht an Ansehen verliert. Daher ist zumindest das Interesse an einem Öffentlichkeitsausschluss in derartigen Fällen trotz der feindseligen Haltung zueinander gleich und basiert nicht auf bloßer Zufälligkeit.

Oftmals wird die Zustimmung zum Antrag einer Partei auch schlicht aus der Erwägung heraus erfolgen, dass es von Vorteil sein kann, den Rechtsstreit nicht zu nahe an Dritte heranzutragen, ohne dass die zustimmende Partei selbst ein Interesse an der Geheimhaltung persönlicher Belange hat. Hier steht ein ruhiger und schneller Prozessablauf im Vordergrund. Insoweit kann ein Zivilprozess zu einem konstruktiven Rahmen beitragen, der die Plattform für die Streitlösung bietet und nicht zwingend ein Konkurrenz- und Missgunstdenken der Parteien im Verhältnis zueinander indiziert.

Ist die feindselige Haltung der Parteien demnach nicht stets festzustellen, kann sie auch nicht gegen eine Dispositionsmöglichkeit beider Parteien angeführt werden. Jedoch überzeugen auch die Vergleiche mit der Schiedsgerichtsbarkeit und dem schriftlichen Verfahren nicht vollends. Denn in beiden Varianten treffen die Parteien mit der Gerichtsbarkeit bzw. der speziellen Verfahrensart eine Entscheidung, die der konkreten Gerichtsverhandlung vorgelagert ist. Die Entscheidung für das Schiedsverfahren oder das schriftliche Verfahren kann schon zu Beginn einer Streitigkeit vereinbart werden, ohne dass es auf die konkrete Situation der Parteien im Prozess ankommt. Eine konkrete Gefahrensituation liegt für keine Partei vor, vielmehr ist das Risiko noch gleichmäßig verteilt. Darin liegt der entscheidende Unterschied im Vergleich zu den Situationen, in denen eine Dispositionsbefugnis über die Öffentlichkeit relevant ist. Denn eine solche kommt nach der hier vertretenen Auffassung nur dann in Betracht, wenn

---

1049 Das zeigt schon eine Studie der Postbank aus dem Jahr 2012, aus der sich ergibt, dass es in 17 % der bisherigen Erbschaftsfällen zu Streitigkeiten kommt und 26 % der potentiellen Erben mit einer Erbschaftsstreitigkeit rechnen: https://www.postbank.de/postbank/pr_presseinformation_2012_05_31.html (zuletzt abgerufen: 16. November 2018).

Güter von Verfassungsrang mit dem Öffentlichkeitsgedanken kollidieren und für einen Ausschluss des Publikums streiten. Das aber bedeutet, dass diese Verfassungsgüter durch die Möglichkeit der Öffentlichkeitswahrnehmung schon einer konkreten Gefahr ausgesetzt sind und die Persönlichkeits- und Geheimnissphäre einer Partei alsbald geschmälert wird. Hier ist eine konkrete Gefahr bereits gegeben, da durch den Verlauf der konkreten Verhandlung Tatsachen zu Tage getreten sind und erörtert werden müssen, die im Verhältnis zum Öffentlichkeitsgedanken möglicherweise einen vorrangigen Schutz verdienen. Bei der Wahl der Schiedsgerichtsbarkeit bzw. des schriftlichen Verfahrens hingegen geht es nicht in erster Linie darum, einer Partei aufgrund ihrer verfassungsmäßigen Interessen Schutz zu gewähren. Hauptanlass für eine solche Vereinbarung ist es vielmehr, das Verfahren auf eine abstrakte Art und Weise zu modifizieren. Für das Schiedsverfahren sind es die vielfältigen parteilichen Gestaltungsmöglichkeiten, für das schriftliche Verfahren die Vereinfachung und Beschleunigung des Prozesses[1050], die Anreiz für eine derartige Parteivereinbarung sind. Nicht aber stehen stets schutzwürdige konkrete Belange einer Partei in Rede.

Geht es aber um das konkrete Schutzbedürfnis einer Partei, so kann dieser Schutz nicht entscheidend davon abhängen, dass auch der Gegner einem solchen Schutz – hier dem Ausschluss der Öffentlichkeit – zustimmt.[1051] Das würde die verfassungsmäßigen Werte der betroffenen Partei aushöhlen. Stehen elementare Rechte im Fokus, die in der Verfassung verbürgt werden, so muss es dem Betroffenen stets alleine möglich sein, zu seinem Schutz Vorkehrungen zu treffen. Dann aber kann grundsätzlich nur die einseitige Parteidisposition in Betracht kommen, sofern solche Werte durch die Öffentlichkeit der Verhandlung beeinträchtigt werden. Nicht durchzuschlagen vermag in diesem Kontext auch die Erwägung, ein übereinstimmender Antrag der Parteien ermögliche es, dass die Anwälte der Parteien situativ handeln und nur ausnahmsweise auf einen Ausschluss hinwirken bzw. einen solchen empfehlen könnten.[1052] Jedenfalls für das amtsgerichtliche Verfahren, vor dem schon kein Anwaltszwang besteht, verlöre diese Behauptung an Substanz. Der Ausschluss der Öffentlichkeit sollte im Übrigen nicht zu einem taktischen Instrument verkommen, sondern den notwendigen Schutz für Fälle garantieren, in denen andere Werte durch die Öffentlichkeit geschmälert werden.

1050 BGHZ 17, 118, 120 f.; MüKo/*Fritsche*, ZPO Band 1, § 128 Rn. 27.
1051 Vgl. *Grunsky*, Grundlagen des Verfahrensrechts, § 24 III S. 225.
1052 So aber *Kilian*, AnwBl. 2016, 899, 900.

b) Gerichtliches Ermessen?

Erscheint die einseitige Dispositionsmöglichkeit unter dem Aspekt des Schutzes von verfassungsmäßigen Werten angezeigt, so muss noch der Einwand untersucht werden, es werde ein zusätzlicher Streitgegenstand in die Verhandlung eingeführt, der Verzögerungen bewirke und der Gegenpartei nicht ausreichend Schutz gewähre. Damit der Antrag der betroffenen Partei nicht voraussetzungslos zum Erfolg führt, besteht zum einen das Erfordernis einer Abwägungsentscheidung mit dem öffentlichen Interesse. Zusätzlich erscheint es unter diesem Aspekt angezeigt, auf der Rechtsfolgenseite ein gerichtliches Ermessen hinsichtlich des beantragten Öffentlichkeitsausschlusses anzuordnen. Zwar bleibt diese Regelungstechnik dann im Gegensatz zum Schiedsgerichtswesen zunächst hinter einem sicheren Ausschluss der Öffentlichkeit zurück. Die hier vorgeschlagene Ausgestaltung der Neuregelung unterschiede sich in diesem Punkt indes aber nicht von dem gesetzlichen Ausschlussgrund aus § 171 b GVG, der trotz seines Antragsrechts noch eine Abwägungsentscheidung erfordert. Der einzige Unterschied läge dann darin, dass bei der Regelung über die Dispositionsbefugnis kein zwingender Ausschluss durch das Gericht erfolgen müsste. Das ist auf den ersten Blick auch nicht weiter beunruhigend, da der Tatbestand des § 171 b GVG nach der hier vertretenen Auffassung enger zu fassen ist, als es bei einer Neuregelung über die Dispositionsbefugnis der Fall wäre. Das legitimiert im Grundsatz den zwingenden Ausschluss im erstgenannten Fall, da es dort um den engeren und intimsten Persönlichkeitsbereich geht. Wenn die Partei im Falle des § 171 b GVG keinen Antrag stellt, besteht gerichtliches Ermessen.[1053] Da aber bei § 171 b GVG regelmäßig die engste Persönlichkeitssphäre betroffen ist, muss das für die Neuregelung ebenfalls gelten, wenn man den Tatbestand weit verstehen will. Alles andere wäre mit den Schutzzwecken der Norm nicht vereinbar.

Damit der Prozess aber vor unnötigen Verzögerungen verschont bleibt, bietet es sich an, der Gegenpartei in der Neuregelung die Möglichkeit zu geben, sich dem Antrag der betroffenen Partei anzuschließen. Tut sie dies – oben wurden bereits beispielhaft Fälle für die Beweggründe eines Anschlusses an den Antrag genannt – sollte sich das gerichtliche Ermessen in eine Ausschlusspflicht umwandeln. Diese Regelungstechnik garantiert

---

1053 Das ergibt sich bereits aus dem Wortlaut von Abs. 1, der explizit davon spricht, dass die Öffentlichkeit ausgeschlossen werden „kann". Nur im Falle des Abs. 3 modifiziert sich Abs. 1 dahingehend, dass die Öffentlichkeit auszuschließen „ist". Die Regelung geht im Grundsatz daher auch von einem Ermessen aus.

der Gegenpartei, ebenfalls Einfluss auf das Prozedere des Öffentlichkeitsausschlusses zu nehmen, und führt dazu, dass die gerichtliche Entscheidung beschleunigt werden kann. Im Gegenzug sollte man, wie auch bei § 171 b GVG, die Unanfechtbarkeit der gerichtlichen Entscheidung anordnen. Ansonsten würde man tatsächlich der Prozessökonomie zuwiderlaufen und das Verfahren würde mit einem weiteren Streitpunkt belastet.

In Conclusio bietet es sich demnach an, ein sogenanntes *Kombinationsmodell* einzuführen. Grundsätzlich ist die einseitige Parteidisposition zu präferieren, dafür muss aber neben der Abwägungsentscheidung mit öffentlichen Interessen auch ein gerichtliches Ermessen auf der Rechtsfolgenseite in Kauf genommen werden. Schließt sich die Gegenpartei dem Antrag an, entsteht quasi eine beiderseitige Disposition, die es legitimiert, das Ermessen des Gerichts zu beseitigen. Denn dann ist auch der Wunsch der Parteien stärker und ähnelt mehr dem Schiedsverfahren und § 128 Abs. 2 ZPO, wenngleich die Situationen wie oben geschildert nur vage miteinander vergleichbar sind. Eines zusätzlichen Schutzes für eine der Parteien durch das Gericht bedarf es in solchen Fällen dann nämlich nicht mehr.

2. Kontrollmöglichkeiten durch das Gericht

Zusammenfassend besteht daher ein mehrstufiger Kontrollmechanismus, welcher der Gegenpartei den notwendigen Schutz vor einem übereilten Öffentlichkeitsausschluss gewährt. Unabhängig von der Frage, ob nur eine Partei den Ausschlussantrag stellt oder sich die andere Partei diesem Begehren anschließt, hat das Gericht die schutzwürdigen Belange mit dem öffentlichen Interesse abzuwägen. Ins Zentrum der endgültigen Entscheidung rückt damit der Begriff des öffentlichen Interesses, der es flexibel ermöglicht, jeden Einzelfall sachgerecht zu beurteilen. Weder der einseitige noch der beiderseitige Antrag auf Ausschluss der Öffentlichkeit können etwas an diesem Erfordernis auf Tatbestandsseite ändern. Dadurch wird garantiert, dass Allgemeininteressen nicht entwertet werden. Unterschiede ergeben sich je nach Antragsteller allein auf der Rechtsfolgenseite. Stellt nur die Partei den Ausschlussantrag, die in ihren verfassungsmäßigen Werten tangiert ist, so verbleibt dem Gericht ein Ermessen hinsichtlich des Öffentlichkeitsausschlusses. In dieser Konstellation besteht also ein zweistufiger Schutzmechanismus: Selbst, wenn ein öffentliches Interesse einem Ausschluss nicht entgegensteht, kann das Gericht nach freiem Ermessen entscheiden, ob ein Ausschluss im konkreten Fall sinnvoll erscheint.

Dieses zusätzlichen Schutzes bedarf die Gegenpartei indes nicht, wenn sie sich dem Antrag auf Ausschluss der Öffentlichkeit anschließt. Dann wollen beide Parteien, dass Dritte von der Verhandlung ferngehalten werden, sodass es dem Gericht verwehrt bleiben muss, über das öffentliche Interesse hinaus eigene Ermessenserwägungen anzustellen. Hier genügt der einstufige Filter auf Tatbestandsseite, das öffentliche Interesse zu achten.

Abschließend verbietet es sich, die gerichtliche Entscheidung über den Ausschluss der Öffentlichkeit separat einer parteilichen Anfechtung zugänglich zu machen. Eine nochmalige Prüfung durch das Gericht selbst oder durch eine andere Instanz scheidet daher aus, sofern allein der Ausschluss oder Nichtausschluss der Öffentlichkeit zum Anfechtungsgegenstand gemacht werden soll. Dafür spricht auch entscheidend, den Zivilprozess nicht unnötig zu verzögern und ihn durch eine erneute Entscheidung über die Öffentlichkeit mit einem neuen Streitpunkt wiederholt zu belasten.

II. Bisherige Vorschläge zur Ausgestaltung der Dispositionsbefugnis über die Öffentlichkeit

Nachdem die wesentlichen Grundzüge einer Neuregelung über die Dispositionsmöglichkeiten der Parteien im Hinblick auf die Gerichtsöffentlichkeit herausgearbeitet wurden, muss nun überprüft werden, inwieweit die bereits vorgeschlagenen Regelungsmodelle der vergangenen Jahre diesen Erfordernissen gerecht werden. Sollte sich eine Regelung finden, die das oben Gesagte bereits in sich aufgenommen hat, erübrigte sich ein erneuter Gesetzesvorschlag. Daher kommt es entscheidend darauf an, die Schwachpunkte der Vorschläge offenzulegen. Das schließt aber nicht zwingend aus, Teilerwägungen der alten Regelungsvorschläge zu würdigen, sofern sie einen Mehrwert für die Dispositionsbefugnis der Parteien bereithalten.

1. Ausgestaltung mittels Generalklausel

Aufgrund der Stellung des Öffentlichkeitsgrundsatzes als Verfassungsrechtssatz wurde bereits oben ein mögliches Denkmodell abgelehnt, welches den Ausschluss der Öffentlichkeit voraussetzungslos an den Willen einer oder beider Parteien knüpft. Demzufolge kann eine Regelung mit folgendem Wortlaut keine Option für die zukünftige Dispositionsmöglichkeit der Parteien sein: *„Die Öffentlichkeit ist auf Antrag einer Partei auszu-*

schließen, sofern für den Ausschluss ein Bedürfnis besteht." Einer solchen Regelung mangelt es zum einen daran, die öffentlichen Interessen in den Tatbestand explizit miteinzubeziehen, zum anderen fehlt es auch an der beschriebenen hinreichenden Vorhersehbarkeit des Antragserfolgs. Denn wann ein Bedürfnis tatsächlich besteht, lässt sich in keinerlei Art und Weise prognostizieren. Hinzu kommt, dass der Tatbestand in einem solchen Fall ins Uferlose ausgedehnt würde. Denn mit der auf ein Bedürfnis abstellenden Formulierung wäre nicht klargestellt, dass allein widerstreitende Interessen der Parteien, die ebenfalls Verfassungsrang genießen, als öffentlichkeitseinschränkende Werte in Betracht kommen.

Ein ähnliches Gesetzesmodell lässt sich den Erwägungen des Gesetzgebers der österreichischen ZPO entnehmen.[1054] Aus den Materialien der relevanten Vorschriften zu den §§ 171 ff. ZPO-Österreich wird deutlich, dass die Öffentlichkeit immer dann verzichtbar sei, wo sie ihre angedachten Zwecke nicht zu erfüllen vermag. Das lässt den Schluss zu, einen Ausschluss der Öffentlichkeit auf Antrag immer dann zuzulassen, wenn sich die Zwecke des Öffentlichkeitsgrundsatzes nicht realisieren lassen. Wörtlich heißt es in den Materialien: „Durch die Kontrolle, der sie die Verhandlungen und das gesamte prozessuale Vorbringen aussetzt, will die Öffentlichkeit die Sachverhaltsermittlung nach Kräften befördern. Daraus ergibt sich der Ausschluß für jene Fälle von selbst, in welchen sie statt zur Beförderung der Verhandlung zu deren Störung beitragen, die Sachverhaltsermittlung nicht leichter machen, sondern erschweren würde. Hier entbehrt die Öffentlichkeit ihrer inneren Rechtfertigung."[1055]

Entscheidend stellt der Gedanke somit darauf ob, ob die Zwecke des Öffentlichkeitsgrundsatzes im Verfahren tatsächlich zur Geltung kommen. Immer dann, wenn eine Störung der Sachverhaltsermittlung droht, fehle es demnach an einer Legitimation für die Gerichtsöffentlichkeit. Unter Zugrundelegung dieser Prämisse wäre eine generalklauselartige Regelung vorstellbar, die immer dann ein Antragsrecht der Parteien auf Ausschluss der Öffentlichkeit vorsieht, wenn eine Störung durch die Gerichtsöffentlichkeit droht und die Sachverhaltsaufklärung darunter leidet.

Eine derartige Regelung weist indes auch unter Bezugnahme auf die erarbeiteten Voraussetzungen einer Neuregelung mehrere Schwächen auf. Zunächst ist die Störung der Sachverhaltsaufklärung kein taugliches Kriterium, um ohne Abgrenzungsschwierigkeiten bestimmen zu können, wann

1054 Siehe die Materialien zu §§ 171ff. ZPO: Mat I 257, zitiert nach *Simotta*, in: FS Matscher, S. 449, 461.
1055 Mat I 257, zitiert nach *Simotta*, in: FS Matscher, S. 449, 461.

ein Ausschluss auf Antrag zulässig sein soll. Denn um eine solche Störung prognostizieren zu können, muss ein Vergleich der Verhandlung und der Offenlegungsbereitschaft der Betroffenen bei bestehender Öffentlichkeit mit dem hypothetischen Verhalten bei ausgeschlossener Öffentlichkeit erfolgen. Dass sich die Sachverhaltsaufklärung aber bei fehlender Öffentlichkeit automatisch vereinfacht, ist eine bloße Vermutung. Denn vielfach liegt die mangelnde Aufklärungbereitschaft nicht nur an der Präsenz von Zuschauern, sondern auch im Naturell der Betroffenen.[1056] Ein zögerliches Aussagen kann nicht sofort einen Ausschluss der Öffentlichkeit zur Folge haben. Man würde de facto die Nichtöffentlichkeit als Regel festsetzen, wenn man auf Verdacht einen Ausschluss durchsetzte in der Hoffnung, mehr Informationen zu erlangen.[1057] Es müssten also Anhaltspunkte ermittelt werden, aus denen sich ein relevanter Mehrwert für die Sachverhaltsaufklärung ergibt. Daran aber zeigt sich das größte Problem der Regelung: Ab wann ist die hinnehmbare Schwelle der Beeinträchtigung überschritten und bis wann kann trotz des Einflusses der Öffentlichkeit in zumutbarem Maße von einer ordnungsgemäßen Sachverhaltsaufklärung gesprochen werden? Hier verschwimmen die Grenzen bereits und eindeutige Ergebnisse lassen sich nicht erzielen. Zwar wäre eine Abwägungsentscheidung anhand der potentiellen Sachverhaltsaufklärung denkbar. Diese ist aber nur einer von mehreren Zwecken des Öffentlichkeitsgrundsatzes. Auch Informationsinteressen und Kenntniserweiterung spielen eine Rolle. Daher würde man den Öffentlichkeitsgrundsatz zu einseitig auf eine Funktion beschränken, wenn es entscheidend nur auf die Beeinträchtigung der Sachverhaltsaufklärung ankäme. Hier bietet der Begriff der öffentlichen Interessen eine bessere Alternative, um alle relevanten Allgemeininteressen in einem Abwägungsprozess zu berücksichtigen. Dieses Element fehlt der österreichischen Erwägung. Hinzu kommt, dass der Gedanke aus den ös-

---

1056 *Arnold*, in: FS Simotta, S. 11, 17 verweist hinsichtlich der Einflussnahmemöglichkeiten der Öffentlichkeit auf Persönlichkeit und Charakter des Betroffenen.

1057 Vgl. *Kissel/Mayer*, § 172 Rn. 26: Trotz der Gefahren der Gerichtsöffentlichkeit für die Wahrheitserforschung und somit die Sachverhaltsaufklärung genügt für einen Ausschluss nach § 172 GVG die Erwartung nicht, dass der Betroffene bei einem nichtöffentlichen Verfahren geneigter sein werde, wahrheitsgemäße Angaben zu machen, oder die Medienberichterstatter ansonsten eine Erschwerung der Wahrheitsfindung herbeiführen. Das aber zeigt, dass es nicht auf eine bloße Vermutung der besseren Wahrheitsfindung ankommen kann, sodass ein dahingehendes Antragsrecht, gestützt auf die bessere Wahrheitsfindung, systemfremd wäre.

terreichischen Materialien letztlich darauf basiert, dass nur eine Störung der Verhandlung auch zu einem Ausschluss führen kann. Das aber ist nicht zwingend. Denn selbst, wenn die Öffentlichkeit kein erkennbares Störpotential zeigt, ist ein Ausschluss angezeigt, wenn verfassungsmäßige Werte der Parteien höher zu gewichten sind. Es kommt demnach nicht primär auf den störungsfreien Einfluss der Öffentlichkeit als Negativvoraussetzung an, sondern positiv darauf, ob persönlichkeitsbezogene Werte im konkreten Fall den Vorrang genießen. Das aber ist wiederum eine Frage des Abwägungsprozesses und lässt sich nicht per se an der Offenlegungsbereitschaft messen.

Insgesamt fehlt dem Vorschlag somit der hinreichende Bezug zu umfassenden öffentlichen Interessen und der Frage, wann diese derart überwiegen, dass trotz der möglichen Gefahren der Gerichtsöffentlichkeit der Vorzug zu gewähren ist.

2. Vorschlag Simottas für die österreichische ZPO

Konkreter fällt hingegen der Vorschlag von *Simotta* aus[1058], welcher sich insbesondere dadurch auszeichnet, dass er nicht nur die Sachverhaltsaufklärung zum zentralen Element des öffentlichen Interesses erhebt, sondern allgemeiner von schutzwürdigen Belangen spricht. Demnach sei die „Öffentlichkeit [...] von Amts wegen oder auf Antrag immer dann auszuschließen, wenn Umstände aus dem persönlichen Lebensbereich oder dem Geheimnisbereich, insbesondere der Parteien oder eines Zeugen, zu erörtern sind und ein überwiegend schutzwürdiges Interesse vorliegt."[1059] Dabei sieht der Vorschlag vor, dass bereits der Antrag einer Partei für den angestrebten Ausschluss genüge. Das ist im Ergebnis zu begrüßen. Nicht aber die feindselige Haltung der Parteien zueinander macht diese einseitige Ausgestaltung der Disposition vonnöten[1060], sondern vielmehr die Tatsache, dass der Schutz von verfassungsmäßigen Werten einer Partei nicht von der Zustimmung der Gegenpartei abhängig sein kann. Im Übrigen ist jedenfalls für die deutsche Neuregelung kein Bedürfnis ersichtlich, eine Prüfung von Amts wegen aufzunehmen. Denn bereits die Voraussetzungen der gesetzlichen Ausschlussgründe müssen vom Gericht amtswegig geprüft

---

1058 *Simotta*, in: FS Matscher, S. 449, 462.
1059 *Simotta*, in: FS Matscher, S. 449, 462.
1060 So aber die Begründung von *Simotta*, in: FS Matscher, S. 449, 462.

werden.[1061] Das ist auch sinnvoll, da es aufgrund des engen Anwendungsbereiches der §§ 171 b, 172 GVG allein um den Schutz der innersten Persönlichkeitswerte oder gewichtiger Allgemeininteressen geht. Geht man hier aber davon aus, dass eine Neuregelung über die Dispositionsmöglichkeit auf Tatbestandsseite weit zu fassen ist, dann sollte man die Prüfung des Ausschlusses nicht von Amts wegen statuieren, da es ansonsten zu einer nicht notwendigen Ausdehnung derselben käme. Hier bieten die §§ 171 b, 172 GVG ausreichend Schutz für die Fälle, in denen die betroffene Partei nach der Neuregelung keinen Antrag stellt.

Lobenswert ist die Aufnahme sowohl des persönlichen Lebensbereiches als auch des Geheimnisbereiches. Unter letzteren fallen laut *Simotta* insbesondere auch Berufs- und Geschäftsgeheimnisse.[1062] Das ist zu begrüßen, um aus deutscher Sicht die Schwächen des § 172 GVG zu beheben, dem es am Antragsrecht fehlt. Es ist an dieser Stelle jedoch angezeigt, nicht nur den persönlichen, sondern auch den beruflichen Lebensbereich explizit in den Tatbestand aufzunehmen. Das erspart die Auslegung des Begriffs „Geheimnisbereichs" und stellt klar, dass das berufliche Wirken dem persönlichen Lebensbereich gleichgestellt wird. Dafür streitet nicht zuletzt auch die Tatsache, dass es zwischen Art. 2 Abs. 1, 1 Abs. 1 GG und Art. 12, 14 GG keinerlei Rangverhältnis gibt und beide Grundrechte zu einer verfassungsmäßigen Einschränkung des Öffentlichkeitsprinzips beitragen können. Dann aber ist es nur folgerichtig, beide Werte gleichrangig im Tatbestand zu nennen. Insoweit weist der österreichische Vorschlag kleinere Mängel auf.

Das Erfordernis des „überwiegend schutzwürdigen Interesses" impliziert, dass es zu einer Abwägungsentscheidung kommen muss. Das beschreibt auch *Simotta*, indem sie eine Abwägung zwischen den individuellen Schutzinteressen der Verfahrensbeteiligten und den Informationsbelangen der Allgemeinheit und der Medienfreiheit fordert.[1063] Auch hier überzeugt die Regelung im Ansatz. Dennoch sollte sich das Abwägungserfordernis bereits aus dem Tatbestand ergeben. Stellt man wie *Simotta* auf das Überwiegen schutzwürdiger Interessen ab, so wird nicht hinreichend deutlich, welche Position mit dem persönlichen Lebensbereich bzw. dem Geheimnisbereich abzuwägen ist. Zweimal wird somit auf die Perspektive der betroffenen Partei abgestellt, indem es zunächst auf den persönlichen Le-

---

1061 Bzgl. der Voraussetzungen aus § 171 b Abs. 1 S. 1 GVG: Stein/Jonas/*Jacobs*, § 171 b GVG Rn. 7; bzgl. § 172 Nr. 2 GVG: *Kissel/Mayer*, § 172 Rn. 38.
1062 *Simotta*, in: FS Matscher, S. 449, 462 in Fn. 89.
1063 *Simotta*, in: FS Matscher, S. 449, 462 in Fn. 90.

bensbereich oder den Geheimnisbereich ankommt und anschließend auf dessen Überwiegen. Deshalb erscheint es naheliegender, negativ das Fehlen überwiegender öffentlicher Interessen einzufordern. Denn selbst wenn schutzwürdige Belange in Rede stehen, kann das öffentliche Interesse einem Ausschluss entgegenstehen. Es kommt damit für einen Öffentlichkeitsausschluss nicht nur auf die Ausprägung des schutzwürdigen Interesses an, sondern auf das Fehlen von öffentlichen Belangen. Das sollte im Tatbestand deutlich werden. Zugleich hat diese Ausgestaltung den Vorteil, dass man das öffentliche Interesse durch Fallvarianten präzisieren kann. Eine Präzisierung des überwiegend schutzwürdigen Interesses fiele dagegen schwerer.

Um den Schutz der gegnerischen Partei zu wahren, müsste zudem geklärt werden, ob dem Gericht ein Ermessen an die Hand gegeben wird. Der Wortlaut legt ein solches nicht nahe, da die Öffentlichkeit unter den genannten Voraussetzungen auszuschließen *ist*. Dann aber müsste sich die Regelung zumindest mit der Frage der Anfechtbarkeit der Ausschlussentscheidung auseinandersetzen. Auch insoweit überzeugt der Vorschlag daher nicht.

3. Orientierung an der Sphärentheorie des Bundesverfassungsgerichts

Ausgehend von der Tatsache, dass nicht sämtliche Gegebenheiten aus allen Lebensbereichen, die zu einem Zivilprozess führen können, gleich schützenswert sind[1064], bietet sich in Hinblick auf eine Neuregelung über den Öffentlichkeitsausschluss ein weiteres Modell an. Demnach könnte die Grenzziehung zwischen Öffentlichkeit und Nichtöffentlichkeit mit Hilfe einer Orientierung an der sogenannten *Sphärentheorie* des Bundesverfassungsgerichts erfolgen.[1065] Diese Theorie, richterrechtlich entwickelt für das allgemeine Persönlichkeitsrecht, besagt, dass verschiedene Bereiche der menschlichen Persönlichkeit mit unterschiedlicher Eingriffsresistenz zu unterscheiden sind.[1066] Der Kernbereich privater Lebensgestaltung als Intimsphäre ist absolut unantastbar und ein Eingriff in diesen ist nicht zu

---

1064 *Köbl*, in: FS Schnorr von Carolsfeld, S. 235, 250.
1065 Dieser Gedankengang findet sich bei *Köbl*, in: FS Schnorr von Carolsfeld, S. 235, 250, den sie in der Folge aber selbst als praxisuntauglich einstuft.
1066 *Wölfl*, NVwZ 2002, 49; *Fechner*, Grenzen des Persönlichkeitsschutzes, S. 32.

rechtfertigen.[1067] Hierzu gehört die innere Gedanken- und Gefühlswelt des Einzelnen inklusive der äußeren Erscheinungsformen.[1068] Der Intimsphäre nachgelagert ist die sogenannte Privatsphäre, die sich durch ihren Sozialbezug von ersterer unterscheidet und in die unter strengen Voraussetzungen ein Eingriff erlaubt ist.[1069] Regelmäßig ist der familiäre und häusliche Bereich angesprochen, der sich öffentlichen Einblicken grundsätzlich entzieht.[1070] Als letzte Sphäre fungiert die sog. Öffentlichkeitssphäre, bei der Eingriffe geringen Rechtfertigungsanforderungen unterliegen. Grund dafür ist die Tatsache, dass die betroffenen Belange ohnehin kaum von der Umwelt abgeschirmt werden können.[1071]

Bezogen auf die Möglichkeiten eines Öffentlichkeitsausschlusses bedeutet dies, dass der jeweilige Belang, den die betroffene Partei als gefährdet ansieht, zunächst in eine der genannten Sphären eingeordnet werden müsste. In Abhängigkeit von dieser Einordnung bestimmt sich dann die Schutzwürdigkeit des Belanges. Je näher die Öffentlichkeitssphäre rückt, desto eher wäre dann von einem Ausschluss der Gerichtsöffentlichkeit abzusehen, da keine Notwendigkeit vorläge, die Umwelt von der Verhandlung abzuschirmen. Denn je klarer sich der Belang in der Öffentlichkeitssphäre bewegt, desto eher geht es auch um Konstellationen, in denen sich ein Allgemeininteresse entwickeln kann. In dieser Sphäre ist der Betroffene automatisch als Teil der sozialen Gemeinschaft anzusehen, sodass insbesondere sein berufliches und politisches Wirken regelmäßig in diese Sphäre fällt.[1072]

Eine solche Vorgehensweise birgt aber mehrere Probleme. Zunächst ist die präzise Einordnung in eine der drei Sphären oftmals nur schwer möglich. Zum einen herrscht Unklarheit darüber, wie genau die einzelnen Bereiche voneinander abzugrenzen sind.[1073] Zum anderen wird man nicht in jedem Fall genau vorsehen können, was in der Verhandlung zur Spra-

---

1067 BVerfGE 27, 344, 351; 34, 238, 245; *Wölfl*, NVwZ 2002, 49, 50; Maunz/Dürig/*Di Fabio*, Art. 2 Rn. 158.
1068 *Fechner*, Grenzen des Persönlichkeitsschutzes, S. 34.
1069 BVerfGE 34, 238, 248; *Wölfl*, NVwZ 2002, 49, 50; Maunz/Dürig/*Di Fabio*, Art. 2 Rn. 159.
1070 *Fechner*, Grenzen des Persönlichkeitsschutzes, S. 33.
1071 BVerfGE 34, 238, 247; *Wölfl*, NVwZ 2002, 49, 50; Maunz/Dürig/*Di Fabio*, Art. 2 Rn. 160; vgl. *Fechner*, Grenzen des Persönlichkeitsschutzes, S. 33: Das Wirkungsfeld gehöre hier nicht dem Einzelnen.
1072 *Fechner*, Grenzen des Persönlichkeitsschutzes, S. 33.
1073 *Köbl*, in: FS Schnorr von Carolsfeld, S. 235, 250; *Fechner*, Grenzen des Persönlichkeitsschutzes, S. 35; *Kunig*, JURA 1993, 595, 602.

che kommt, sodass sich eine umständliche und genaue Einordnung oftmals in Hinblick auf eine zügige Verfahrensdauer nicht lohnt.[1074] Darüber hinaus hätte die Anwendung einer Sphärentheorie zur Folge, dass die Persönlichkeitssphäre einen weitaus intensiveren Schutz genösse als das berufliche Wirken des Einzelnen. Denn ein solches würde regelmäßig in der Öffentlichkeitssphäre anzusiedeln sein mit der Folge, dass es nur unter erschwerten Bedingungen zu einem Öffentlichkeitsausschluss kommen könnte. Zugleich wird damit auch impliziert, dass der private und familiäre Bereich per se ein höheres Schutzniveau verdient als das Wirken im öffentlichen Umfeld. Es wurde aber bereits herausgearbeitet, dass sich eine abstrakte Bewertung der betroffenen Bereiche verbietet und es entscheidend auf die Abwägung mit dem öffentlichen Interesse ankommt. Ziel einer Neuregelung ist es in Hinblick auf den unzureichenden Schutz aus § 172 GVG, auch Geschäfts- bzw. Betriebsgeheimnisse besser und mit dem gleichen Niveau wie rein persönlichkeitsbezogene Interessen zu schützen. Ansonsten würde man den Tatbestand erneut zu eng halten und es wäre im Vergleich zu den bisherigen gesetzlichen Ausschlussgründen wenig gewonnen. Dieses wünschenswerte Schutzniveau aber kann die Sphärentheorie nicht realisieren, da sie die Themenfelder isoliert schon abstrakt nach ihrer Schutzwürdigkeit bewertet. Indes sind die in Rede stehenden Sphären notwendigerweise relativ, d.h. individuell verschieden zu verstehen[1075], um jeden Einzelfall sachgerecht beurteilen zu können. Zwar könnte man auf die Idee kommen, persönlichkeitsbezogene und berufsbezogene Belange vollends voneinander zu trennen und für das berufliche Wirken separat ein dreistufiges Sphärenmodell zu entwickeln. Dann wäre zu entscheiden, welche berufsbezogenen bzw. öffentlichkeitsbezogenen Belange als „intim" gelten, welche nur als „privat" und welche als „öffentlich". Hier zeigt sich indes erneut das eigentliche Dilemma der Theorie: Eine derart diffizile Unterteilung ist vorab kaum möglich, die Grenzen verschwimmen. Das hat insbesondere zur Konsequenz, dass atypische Konstellationen nicht sachgerecht mit Hilfe der Sphärentheorie aufgelöst werden können. Vielmehr droht die Gefahr, durch die starre Einordnung verschiedener Belange ein unzureichendes Schutzniveau herzustellen.

Dem entspricht es, dass auch das Bundesverfassungsgericht selbst keine strikte Befolgung seiner Sphärentheorie durchhält. Insbesondere die Tatsache, dass das Gericht die Sexualität nicht stets der Intimsphäre zuordne-

---

1074 *Köbl*, in: FS Schnorr von Carolsfeld, S. 235, 250.
1075 *Fechner*, Grenzen des Persönlichkeitsschutzes, S. 35; *Kamlah*, DÖV 1970, 361, 362.

te[1076], stieß auf Kritik. Anstatt sich auf die oben beschriebene fixierte Kategorisierung zu verlassen, modifiziert es die Sphärentheorie stattdessen zunehmend.[1077] Jüngere Entscheidungen des Gerichts[1078] belegen dies, in denen nicht mehr ausdrücklich auf die Sphären eingegangen wird, sondern nur noch gefragt wird, ob der unantastbare Kernbereich des allgemeinen Persönlichkeitsrechts betroffen ist. Ist das nicht der Fall und nur der Randbereich betroffen, findet eine Abwägung zwischen den widerstreitenden Grundrechten statt. Damit läuft die Prüfung, ob ein Eingriff in das Persönlichkeitsrecht zulässig ist, letztlich auf die Anwendung des bekannten Verhältnismäßigkeitsgrundsatzes hinaus. Dann aber ist es überflüssig, von verschiedenen Sphären zu sprechen, wenn es ohnehin im Einzelfall zu einer Modifikation der Theorie kommen muss. Die Sphärentheorie kann daher allenfalls eine Leitlinie darstellen, nicht aber einen verbindlichen Anspruch auf Befolgung begründen. Dazu fehlt es ihr an einem hinreichend klaren Abgrenzungsmechanismus. Dass es letztlich doch auf die Abwägung ankommt, belegt nicht zuletzt auch die Tatsache, dass das Bundesverfassungsgericht die Intimsphäre bisher nahezu nie als betroffen ansah.[1079]

Nach alldem kann es nicht überzeugen, den Ausschluss der Öffentlichkeit davon abhängig zu machen, in welcher Sphäre der geltend gemachte Belang anzusiedeln ist. Daher sollte die Sphärentheorie auch nicht herangezogen werden, um die Schutzwürdigkeit der parteilichen Interessen im Verhältnis zu den Öffentlichkeitsinteressen zu bestimmen.

4. Vorschlag der Kommission 1961

Im Zuge der angedachten Reform der Zivilgerichtsbarkeit hat sich die Kommission im Jahre 1961 in ihrem Bericht auch zu den Möglichkeiten eines erweiterten Ausschlusses der Öffentlichkeit geäußert. Konkret schlug die Kommission zum Schutz des allgemeinen Persönlichkeitsrechts folgende Neuregelung vor: „In bürgerlichen Rechtsstreitigkeiten ist die Öffentlichkeit auszuschließen, wenn die Parteien dies übereinstimmend beantra-

---

1076 Siehe beispielsweise BVerfG, NJW 2009, 3357, 3359.
1077 *Fechner*, Grenzen des Persönlichkeitsschutzes, S. 35; *von Arnauld*, ZUM 1996, 286, 292; vgl. auch Maunz/Dürig/*Di Fabio*, Art. 2 Rn. 161.
1078 Exemplarisch BVerfG, NJW 2005, 3271ff.; NJW 2006, 2836, 2837.
1079 *Siehr*, Recht am öffentlichen Raum, S. 449 in Fn. 160 m.w.N. auch zu einer Ausnahme.

gen; das Gericht soll den Antrag zurückweisen, wenn das öffentliche Interesse die öffentliche Verhandlung erfordert."[1080]

Der Kommissionsvorschlag eignet sich besonders aufgrund seines zweiten Teils, um als Vorbild für eine Neuregelung zu fungieren. Dass er nicht unverändert übernommen werden kann, liegt an der Ausgestaltung des Antragsrechts. Wie oben bereits geschildert, erfordert der Schutz von verfassungsmäßigen Werten ein einseitiges Antragsrecht, ohne dass es auf die Zustimmung des Prozessgegners ankommen kann. Daher ist die beiderseitige Dispositionsmöglichkeit keine Option und kann auch nicht mit § 128 Abs. 2 ZPO begründet werden.[1081] Richtig ist an der Ausgestaltung indes, dass es sich bei einem beiderseitigen Antrag anbietet, kein gerichtliches Ermessen zuzulassen. Wollen beide Parteien übereinstimmend einen Ausschluss erreichen und steht das öffentliche Interesse nicht entgegen, ist kein Grund ersichtlich, zusätzlich als Korrektiv noch eine Ermessensentscheidung als Schutzmechanismus einzubauen. Eines solchen bedarf es nur dann, wenn der Antrag allein von einer Partei gestellt wird. Für solche Fälle fehlt es der Kommissionsregelung noch an der notwendigen Tiefe, um einen optimalen Schutz beider Prozessbeteiligten zu garantieren. Hervorzuheben ist aber die Erkenntnis des zweiten Teils der Regelung, dass das öffentliche Interesse einem Antrag entgegenstehen kann. Hier greift die Kommissionsidee das Erfordernis einer Abwägungsentscheidung auf und sorgt dafür, dass in jedem Einzelfall eine Gegenüberstellung der Allgemeininteressen mit dem Parteiinteresse zu erfolgen hat. Erst nachdem eine Gewichtung der widerstreitenden Interessen erfolgt ist, kann eine finale Entscheidung über den Öffentlichkeitsausschluss getroffen werden. Wann das öffentliche Interesse dagegen eine öffentliche Verhandlung *erfordert*, definiert der Vorschlag nicht. Das ist konsequent, da sich die vielfältigen Lebenssachverhalte samt der damit einhergehenden öffentlichen Interessen im Vorfeld schwerlich abstrakt bestimmen lassen. Um eine flexible Regelung zu schaffen, muss eine Formulierung gewählt werden, die jeden Einzelfall gesondert entscheiden kann. Daher bietet es sich nicht an, einen abschließenden Katalog sämtlicher Gründe zu erstellen, die dem Antrag zum Erfolg verhelfen können. Ein solcher müsste äußerst umfangreich ge-

---

1080 *Bericht der Kommission 1961*, S. 181.
1081 So noch der *Bericht der Kommission 1961*, S. 181. Die Vergleichbarkeit mit der Situation des § 128 Abs. 2 ZPO hinkt indes, siehe dazu die obigen Ausführungen.

staltet werden und beinhaltete nicht einfach abzugrenzende Tatbestände.[1082]

Das schließt aber wiederum nicht aus, den Parteien einen Leitfaden an die Hand zu geben, aus dem sich bereits typische Fälle ergeben, in denen der Antrag auf Ausschluss der Öffentlichkeit zurückgewiesen werden muss. In einem gesonderten Absatz wären diese Fälle dann ohne abschließenden Charakter aufzunehmen. Eine derartige Regelung würde es der Partei erleichtern, die Erfolgsaussichten ihres Antrages besser abschätzen zu können. Die Aufnahme von grundlegenden Konstellationen, in denen ein Ausschluss verwehrt bleiben muss, hat den Vorteil, frühzeitig Gewissheit über den Gang des Antrags zu haben und für vorausschauende Parteien die Option offenzuhalten, den noch sichereren Weg der Schiedsgerichtsbarkeit zu beschreiten. Insoweit ist der Kommissionsvorschlag konsequent fortzudenken.

Der Kommissionsvorschlag hat für das Überwiegen öffentlicher Interessen ausweislich seiner Erläuterungen – ohne dies in der konkreten Regelung explizit niederzuschreiben – Fälle im Blick, in denen Personen des öffentlichen Lebens beteiligt sind oder in denen es um Gründerprozesse sowie handelsrechtliche Streitigkeiten geht, in denen Interessen behandelt werden, die für die breite Öffentlichkeit von Relevanz sind.[1083] Der Vorschlag differenziert demnach zwei Konstellationen. Zum einen soll die Öffentlichkeit schon dann bestehen bleiben, wenn es sich um eine Person des öffentlichen Lebens handelt. Insoweit wird das öffentliche Interesse durch einen Personenbezug legitimiert. Entscheidend soll sein, wer Partei des Prozesses ist. Zum anderen wird dem öffentlichen Interesse dann der Vorzug gewährt, wenn die zu behandelnde Thematik einen großen Öffentlichkeitsbezug hat. Anknüpfungspunkt für die Beibehaltung der Gerichtsöffentlichkeit sind hier in erster Linie nicht die am Verfahren beteiligten Personen, sondern der Öffentlichkeitsbezug des Streitstoffs.

Dieser Ansatzpunkt überzeugt nicht vollends. Probleme wirft die These auf, die Beteiligung einer Person des öffentlichen Lebens erfordere stets die Gerichtsöffentlichkeit. Die Forderung, bei Personen des öffentlichen Lebens ein Gerichtspublikum zuzulassen, basiert zunächst auf einer plausiblen Grundannahme: Personen des öffentlichen Lebens wird ein geringerer „Indiskretionsschutz" zuteil als Privatpersonen.[1084] Der schwächere Persönlichkeitsrechtsschutz – insbesondere im Rahmen von Berichterstattun-

---

1082 Vgl. *Bericht der Kommission 1961*, S. 181.
1083 *Bericht der Kommission 1961*, S. 181.
1084 So *Köbl*, in: FS Schnorr von Carolsfeld, S. 235, 251.

gen – resultiert bei dieser Personengruppe regelmäßig aus der Tatsache, dass ein höheres Informationsinteresse besteht als am Leben von Durchschnittsbürgern.[1085] Personen, die in der Öffentlichkeit stehen, geben der Allgemeinheit eine Orientierungshilfe bei der eigenen Lebensführung und erfüllen eine Leitbild- bzw. Kontrastfunktion.[1086] Daher genügt es schon für die Begründung eines allgemeinen Interesses, wenn das Alltagsleben der prominenten Persönlichkeit in Rede steht, da eine solche Berichterstattung zur Meinungsbildung in der Bevölkerung beitragen kann.[1087] Dem entspricht es, dass sich auch der EGMR für eine größere Beschränkungsmöglichkeit der Privatsphäre von Personen des öffentlichen Lebens ausgesprochen hat als bei Personen, die sich bisher noch nicht in der Öffentlichkeit gezeigt haben.[1088] Indes sei eine Grenze dann erreicht, wenn die Berichterstattung allein darauf abzielt, das Sensationsbedürfnis der Öffentlichkeit zu stillen. In solchen Fällen müssten auch Prominente keine weitergehende Einschränkung der Persönlichkeitssphäre hinnehmen.[1089] Denn allein der Status als prominente Person, sog. absolute Person der Zeitgeschichte, rechtfertige es dann nicht, weitergehende Beeinträchtigungen der Persönlichkeitsrechte zuzulassen.[1090]

Anhand der genannten Gerichtsentscheidungen offenbart sich zugleich die Schwierigkeit, die eine Bezugnahme auf Personen des öffentlichen Interesses mit sich brächte. Zum einen wird eine Abgrenzung erneut nicht leicht durchzuführen sein.[1091] Denn der Begriff der „Person des öffentlichen Interesses" entbehrt als unbestimmter Rechtsbegriff einer allgemeingültigen Definition. Das zeigt schon die Kasuistik im Bereich des KunstUrhG. Gemäß § 23 Abs. 1 Nr. 1 KunstUrhG dürfen Bildnisse aus dem Bereich der Zeitgeschichte ohne die grundsätzlich erforderliche Einwilligung nach § 22 KunstUrhG verbreitet und zur Schau gestellt werden. Der Bereich der Zeitgeschichte wird aber durch die gegenläufigen Interessen des Betroffenen begrenzt, sodass stets eine Interessenabwägung nach Maßgabe des abgestuften Schutzkonzeptes erforderlich ist: Persönlichkeitsrecht sowie Presserechte und Informationsinteressen stehen sich gegenüber und

---

1085 *Brost*, ZUM-RD 2017, 433, 434.
1086 BGHZ 180, 114, 119 = NJW 2009, 1499, 1500.
1087 BGHZ 180, 114, 119 = NJW 2009, 1499, 1500.
1088 EGMR, NJW 2014, 1645, 1647.
1089 EGMR, ZUM 2004, 651, 662; *Brost*, ZUM-RD 2017, 433, 434.
1090 EGMR, ZUM 2004, 651, 662; *Brost*, ZUM-RD 2017, 433, 434.
1091 Vgl. Wandtke/Bullinger/*Fricke*, § 23 KunstUrhG Rn. 9, wonach nicht alle Prominente als Person des öffentlichen Lebens gelten können.

müssen nach dem Verhältnismäßigkeitsprinzip ausgeglichen werden.[1092] Für diese Abwägung spielt aber nicht entscheidend die Person des öffentlichen Interesses eine Rolle, sondern der Gegenstand der Berichterstattung.[1093] Hier ist es von Relevanz, ob es um sachgerechte Berichterstattung oder die Befriedigung reiner Sensationslust geht. Es muss also stets auf den konkreten Sachverhalt Bezug genommen werden, denn allein anhand der Person des Prozesses lässt sich nicht bestimmen, ob lediglich das Sensationsbedürfnis der Öffentlichkeit oder das Informationsinteresse befriedigt werden soll. Das spricht schon dafür, auch bei der Frage der Gerichtsöffentlichkeit nach dem öffentlichen Interesse des Streitstoffes zu entscheiden und den Fokus nicht auf die Personen des Prozesses zu legen. Unterstützt wird diese Überlegung dadurch, dass der Begriff der „absoluten Person der Zeitgeschichte" im Kontext des KunstUrhG aufgegeben wurde und es daher für die Beurteilung, ob einer Person das notwendige öffentliche Interesse zufällt, maßgeblich auf den Gegenstand der Berichterstattung ankommt.[1094] Das ist im Übrigen auch im Sinne der Prozessökonomie angezeigt. Würde man den Begriff der „Person des öffentlichen Interesses" als das entscheidende Kriterium wählen, so drohte im Extremfall ein Streit über die Frage, ob die notwendige Prominenz- bzw. Öffentlichkeitsstufe eines Verfahrensbeteiligten bereits erreicht ist oder nicht. Im Zweifel hätte das Gericht die Letztentscheidung hierüber zu treffen. Da sich ein eindeutiges Ergebnis nicht stets herauskristallisieren wird, verbleibt es in Grenzfällen letztlich bei einer Ermessensausübung. Die Kategorie der „Person des öffentlichen Interesses" muss aber nicht gesondert als antragsausschließende Fallgruppe in die Neuregelung aufgenommen werden, wenn ohnehin wertende Gesichtspunkte den Ausschlag geben. Hier genügt es, den Fall über die allgemeine Regel des öffentlichen Interesses zu lösen. Dass es den Gerichten nicht leicht fällt, die Prominenz verschiedener Personen zu werten, zeigt sich auch an der unterschiedlichen Behandlung von Politikern und Unterhaltungskünstlern. Die parlamentarische Demokratie erfordere es demnach, dass bei Politikern im Einzelfall Umstände des privaten Lebens vom Informationsinteresse der Öffentlichkeit umfasst sein können, insbesondere auch die Frage nach Liebesbeziehungen.[1095] Dagegen sei bei Personen aus der Unterhaltungsbranche kein derartiges Informationsinteresse gegeben, da der Aspekt der demokratischen Transparenz

---

1092 Wandtke/Bullinger/*Fricke*, § 23 KunstUrhG Rn. 6.
1093 Wandtke/Bullinger/*Fricke*, § 23 KunstUrhG Rn. 6.
1094 Wandtke/Bullinger/*Fricke*, § 23 KunstUrhG Rn. 7 f.
1095 BGH, NJW 2012, 763, 765.

und Kontrolle in diesem Sektor regelmäßig keine Bedeutung erlange.[1096] Unterhaltungskünstler müssten es daher auch nicht hinnehmen, dass über ihre Liebesbeziehungen unterrichtet wird, hier überwiege das allgemeine Persönlichkeitsrecht.[1097] Eine derartige Abgrenzung ist aber zu hinterfragen. Warum sollte es der Lokalpolitiker eher dulden müssen, dass seine Liebesbeziehungen offengelegt werden, als der bundesweit bekannte Unterhaltungskünstler, der einen weitaus höheren Wiedererkennungswert in der Gesellschaft hat? Auch hier verschwimmen die Grenzen zu stark, als dass sich eine Regelung mit Bezug zu Personen des öffentlichen Lebens anböte.

Des Weiteren erscheint es unsachgemäß, die Publizierung privater Angelegenheiten von prominenten Persönlichkeiten allein aufgrund des Umstandes zu ermöglichen, weil sie ein staatliches Gerichtsverfahren in Anspruch nehmen wollen oder müssen.[1098] Das geltende Recht unterscheidet prinzipiell nicht nach dem Rang einer Person, sondern soll jedem Betroffenen die gleichen Rechte und das gleiche Schutzniveau gewähren. Insoweit macht es auch einen Unterschied, ob es jemand nur dulden muss, dass vermehrt und intensiver über sein Privatleben berichtet wird, oder ob er es zulassen muss, dass Dritte als Augenzeugen direkt an der Offenlegung seines Privatlebens teilhaben können.[1099]

Daher muss sich eine Person des öffentlichen Lebens allein aufgrund ihrer Stellung keinen öffentlichen Zivilprozess aufnötigen lassen.[1100] Vielmehr ist es entscheidend, ob der Streitstoff öffentliche Interessen zu befriedigen vermag. Daran hat sich eine katalogartige Ausgestaltung zu orientieren. Bei dem Entwurf von Fallkonstellationen, in denen die Öffentlichkeit bestehen bleiben soll, muss daher der in Rede stehende Streitstoff der zentrale Anknüpfungspunkt sein.

III. Eigener Gesetzesvorschlag für die Zivilgerichtsbarkeit

Da sich keiner der untersuchten Vorschläge in seiner Gänze dazu eignet, die Anforderungen an eine Neuregelung hinsichtlich der Disposition über die Öffentlichkeit zu erfüllen, muss sich die Arbeit abschließend mit

---

1096 BGH, NJW-RR 2017, 1516, 1518.
1097 BGH, NJW-RR 2017, 1516, 1518 f.
1098 *Köbl*, in: FS Schnorr von Carolsfeld, S. 235, 252.
1099 *Köbl*, in: FS Schnorr von Carolsfeld, S. 235, 252.
1100 So auch *Köbl*, in: FS Schnorr von Carolsfeld, S. 235, 252.

einem eigenen konkreten Gesetzesvorschlag auseinandersetzen. Dazu wird der Gesetzeswortlaut in einem ersten Schritt vorgestellt, bevor sich die Erklärung über die einzelnen Gesetzesteile anschließt.

1. Gesetzeswortlaut

§ 169 a GVG [Disposition über die Öffentlichkeit]

Abs. 1 [1]*In bürgerlichen Rechtsstreitigkeiten kann auf Antrag einer Partei die Öffentlichkeit ausgeschlossen werden, wenn verfassungsrechtlich verbürgte Interessen dieser Partei, insbesondere Umstände aus dem persönlichen oder beruflichen Lebensbereich oder dem Geheimnisbereich, zur Sprache kommen, deren öffentliche Erörterung schutzwürdige Interessen verletzen würde.* [2]*Dies gilt nicht, soweit das Interesse an der öffentlichen Erörterung dieser Umstände überwiegt.*

Abs. 2 *Das Interesse an der öffentlichen Erörterung überwiegt insbesondere und der Antrag ist vom Gericht zurückzuweisen, wenn*
1. die Möglichkeit besteht, dass auch Dritte einen vergleichbaren Anspruch gegen eine der Prozessparteien geltend machen können oder ein eigenes rechtliches Interesse am Ausgang des Prozesses haben;
2. Streitigkeiten über Ansprüche aus Mietverhältnissen über Wohnraum oder Streitigkeiten zwischen einem Verbraucher und einem Unternehmer verhandelt werden, sofern der Ausschluss nicht auch im Interesse des Mieters oder Verbrauchers erfolgt. [2]*Dies gilt nicht, soweit es sich um Wohnraum der in § 549 Abs. 2 Nr. 1 bis 3 des Bürgerlichen Gesetzbuchs bestimmten Art handelt;*
3. Verbandsklagen oder Musterverfahren verhandelt werden;
4. vor dem Gericht des letzten Rechtszuges mündlich verhandelt wird.

Abs. 3 [1]*Schließt sich die gegnerische Partei dem Antrag an oder stellen beide Parteien einen entsprechenden Antrag, so hat das Gericht die Öffentlichkeit unter den Voraussetzungen des Abs. 1 auszuschließen.* [2]*Abs. 2 bleibt unberührt.*

Abs. 4 [1]*Die Entscheidungen nach den Abs. 1 bis 3 sind unanfechtbar.* [2]*Der Antrag einer Partei kann nicht zurückgenommen werden.*

Abs. 5 *§ 173 GVG bleibt unberührt.*

2. Erläuterungen zum Gesetzesvorschlag

Im Folgenden ist die Neuregelung mitsamt ihrer verschiedenen Absätze zu erläutern. Dabei geht es nicht nur um die isolierte Darstellung der einzelnen Regelungsaspekte. Vielmehr soll auch ein Bezug zum aktuell geltenden Recht geschaffen werden. Nur so wird garantiert, dass sich der Vorschlag nahtlos in das Gesamtgefüge einpasst und keinen Fremdkörper im System bildet. Der Schwerpunkt des erläuternden Teils liegt dabei insgesamt auf den Ausschlusstatbeständen des Abs. 2. Da sich das geltende Recht des Öffentlichkeitsausschlusses bisher nicht mit spezifischen Fallgestaltungen auseinandergesetzt hat, in denen das öffentliche Interesse überwiegt, bedarf es an dieser Stelle eines erhöhten Begründungsaufwands.

a) Aufbau und Standort der Regelung

Bevor der konkrete Regelungsinhalt der Norm vorgestellt wird, ist in Kürze der Aufbau der Regelung zu erklären. Die Neuregelung umfasst fünf Absätze. Der zentrale Gedanke findet sich dabei in Abs. 1 wieder: Die Parteidisposition über die Öffentlichkeit ist fortan auf Antrag einer Partei prinzipiell gewährleistet, wenn verfassungsrechtlich verbürgte Interessen in Rede stehen. S. 2 relativiert diese Möglichkeit insoweit, als dass das Interesse an einer öffentlichen Erörterung nicht überwiegen darf. Der zentrale Gedanke – Beachtung des öffentlichen Interesses auf der einen Seite und Parteiinteressen auf der anderen Seite – wird demnach bereits von Abs. 1 der Regelung umfasst. In einem eigenen Abs. 2 folgen dann exemplarisch die Fälle, in denen das öffentliche Interesse stets überwiegt, ohne dass das Gericht weitere Erwägungen anstellen muss. Abs. 2 fungiert demnach als eine Art Ausschlussregelung für die von Abs. 1 grundsätzlich vorgesehene Möglichkeit des Antrags auf Ausschluss der Öffentlichkeit. Abs. 3 beschäftigt sich im Anschluss mit der Frage, wie ein beiderseitiger Parteiantrag zu handhaben ist. Da in solchen Fällen regelmäßig keine gegenläufigen Interessen der beteiligten Parteien im Hinblick auf die Gerichtsöffentlichkeit gegeben sind, rechtfertigt eine solche Konstellation eine Abkehr vom Grundsatz des Abs. 1. Der Öffentlichkeitsausschluss ist dann auf Rechtsfolgenseite unter vereinfachten Bedingungen zu erreichen. Um diese klarstellende Wirkung zu verdeutlichen, ist es angezeigt, einen eigenen Absatz in die Neuregelung einzufügen, der sich vom einseitigen Parteiantrag des Abs. 1 nochmals abhebt. Abs. 4 hat sodann die Phase der gerichtlichen Entscheidung im Blick. Der Absatz klärt, dass die getroffene Entscheidung über den Ausschluss der Öffentlichkeit unanfechtbar ist und die Parteien an ihren Antrag gebunden sind. Abs. 5 erklärt § 173 GVG für anwendbar.

Hinsichtlich der Frage, wo die Neuregelung verortet werden sollte, bietet sich zunächst das Gerichtsverfassungsgesetz an. An dieser Stelle ist in Erinnerung zu rufen, dass die Regelung aufgrund der Stellung im GVG dann wegen § 2 EGGVG unmittelbar für die ordentliche Gerichtsbarkeit und somit in Zivil- und Strafverfahren gelten müsste.[1101] Indes beschränkt sich der Gesetzesvorschlag allein auf die Zivilgerichtsbarkeit. Die Stellung im GVG ist dennoch unschädlich. Das zeigt sich schon an den weiteren Ausschlusstatbeständen, die dort vorgesehen sind. § 171 b Abs. 2 GVG beinhaltet beispielsweise eine Regelung, die nur für das Strafverfahren Bedeutung hat. Dasselbe gilt für § 171 a GVG. Es ist daher nicht unüblich, Regelungen in das GVG einzufügen, die nur für einen Teilbereich der ordentlichen Gerichtsbarkeit Relevanz haben. Insoweit genügt es, den Wortlaut der Norm entsprechend auf das jeweilige Gerichtsverfahren, hier das Zivilverfahren, zu beschränken. Regelt man die Frage der Dispositionsmöglichkeit im GVG, erhält man sich zudem die Möglichkeit, auch noch in anderen Verfahrensarten auf die Neuregelung zurückzugreifen. Sämtliche speziellen Verfahrensordnungen orientieren sich an den Regelungen des GVG und greifen die dortigen Mechanismen regelmäßig auf.[1102] Sie bilden das Grundgerüst für die speziellen Verfahren, die selbst nur in einigen Sonderkonstellationen eigene Regelungen treffen. Wenn sich der Gesetzgeber daher für eine Verortung im GVG entscheidet, regelt er die Thematik in der am allgemeinsten gehaltenen Verfahrensordnung und kann durch einen Verweis in den anderen Verfahrensordnungen ebenfalls die Dispositionsmöglichkeit einführen, soweit dies sinnvoll und mit der jeweiligen Verfahrensart vereinbar ist.

Des Weiteren weist die Neuregelung einen engen Bezug zur Grundaussage des § 169 S. 1 GVG auf. Der dort geregelte Grundsatz der allgemeinen Gerichtsöffentlichkeit erfährt durch die hier vorgeschlagene Neuregelung eine Durchbrechung. Denn sofern der Antrag der Partei(en) vor Gericht erfolgreich ist, kommt es zum Ausschluss der Öffentlichkeit mit der Folge der Nichtöffentlichkeit. Vor diesem Antrag besteht der Grundsatz der Öffentlichkeit fort. Auf der Rechtsfolgenseite zeigt sich zugleich die Parallele zu den gesetzlichen Ausschlussgründen, die überwiegend ebenfalls vom Grundsatz der Öffentlichkeit ausgehen[1103] und dann im Einzelfall aufgrund gewichtiger schutzwürdiger Belange der Nichtöffentlichkeit den Vorrang einräumen. Die Neuregelung ist daher in diesem Kontext einzuordnen und sollte in den Bereich der §§ 169 ff. GVG eingefügt werden. Es bietet sich an, den Vorschlag als neuen § 169 a GVG im Gesetz festzuschrei-

---

1101 Siehe 1. Kapitel, II, 2.
1102 Siehe beispielsweise die subsidiäre Geltung des GVG im sozialgerichtlichen Verfahren: § 202 SGG; im finanzgerichtlichen Verfahren: § 155 FGO; im verwaltungsgerichtlichen Verfahren: § 173 VwGO.
1103 So jedenfalls die §§ 171 b und 172 GVG.

ben. Denn das parteiliche Antragsrecht auf Ausschluss der Öffentlichkeit ist auf Tatbestandsseite erheblich weiter zu verstehen als die in der Praxis eng gehandhabten gesetzlichen Ausschlussgründe. Daher sollte die Regelung über die Dispositionsbefugnis vor die gesetzlich normierten Ausschlussgründe gestellt werden. Dafür spricht auch eine systematische Erwägung: Selbst, wenn die Parteien über den neuen § 169 a GVG keinen Ausschluss der Öffentlichkeit erreichen, bleiben die gesetzlichen Ausschlussgründe dennoch als weitere Ausschlussmöglichkeit bestehen. Die Stellung vor den gesetzlichen Ausschlussgründen betont zudem, dass die Herrschaft über das Verfahren im Zivilprozess grundsätzlich bei den Parteien liegt. Daher sollte ein allgemeines aktives Antragsrecht vor die gesetzlich vorgesehenen Ausnahmen gesetzt werden.

Zwar lassen sich durchaus auch umgekehrte Modelle in der ZPO finden. So ist der Richterausschluss kraft Gesetzes in § 41 ZPO vor der Möglichkeit geregelt, einen Richter auf Gesuch hin abzulehnen, §§ 42, 44 ZPO. Das Ablehnungsgesuch, vergleichbar mit dem hier in Rede stehenden Antragsrecht, ordnet sich in systematischer Hinsicht also dem gesetzlichen Ausschlussgrund unter. Dennoch verbleibt ein bedeutender Unterschied: Im Rahmen des § 41 ZPO handelt es sich um einen abschließenden, erschöpfenden Katalog.[1104] In den genannten Fällen ist der Richter ohne Ermessen oder weitere Voraussetzungen kraft Gesetzes ausgeschlossen.[1105] Die gesetzlichen Ausschlussgründe aus §§ 171 b und 172 GVG lassen dem Gericht aber in ihrer Grundkonstellation noch Ermessen und erfordern im Einzelfall eine Abwägung mit dem öffentlichen Interesse, sodass der Ausschluss insoweit nicht schon vorgezeichnet ist. Beim Richterausschluss ist das Ergebnis dagegen schon determiniert, sodass es sich anbietet, diese Regelung vor das parteiliche Ablehnungsgesuch zu ziehen. Da es jedoch sowohl bei § 169 a GVG als auch bei den gesetzlichen Ausschlussgründen, bedingt durch die Ausgestaltung des Tatbestandes, im Vorfeld keine absolute Sicherheit hinsichtlich der zu erzielenden Rechtsfolge gibt, sollte man hier die Norm über das Antragsrecht vorziehen.

1104 BGH, NJW 1960, 1762, 1763; MüKo/*Stackmann*, ZPO Band 1, § 41 Rn. 15; Musielak/Voit/*Heinrich*, § 41 Rn. 3.
1105 MüKo/*Stackmann*, ZPO Band 1, § 41 Rn. 30.

b) Erläuterungen zu Abs. 1

Der Gesetzestext beginnt mit der Einschränkung, dass eine Dispositions-möglichkeit über die Öffentlichkeit nur im Zivilprozess erlaubt ist. Damit scheidet mit dem strafgerichtlichen Verfahren eine Säule der ordentlichen Gerichtsbarkeit schon aufgrund des eindeutigen Wortlautes aus dem Anwendungsbereich der Norm aus. Das ist auch insoweit keine Besonderheit, als dass sich der Zivil- und Strafprozess in einem wesentlichen Punkt unterscheiden: Der Strafprozess wird nicht von der Dispositionsmaxime, sondern von der Offizialmaxime geprägt, sodass die Strafverfolgung in den Händen des Staates liegt und es sich nicht wie im Zivilprozess um einen Parteienprozess handelt.[1106] Ein Einschreiten geschieht gerade ohne den Willen des Verletzten[1107], sodass ihm die Möglichkeit fehlt, das Verfahren mitzusteuern. Es mangelt daher an der Dispositionsmöglichkeit als solcher. Schließlich handelt es sich hier im Gegensatz zu den rein privatrechtlichen Streitigkeiten des Zivilprozesses letztlich um Verfahren, die das Gemeinschaftsinteresse noch weitaus intensiver betreffen. Dann muss der Angeklagte aber auch ein öffentlich ausgestaltetes Verfahren grundsätzlich in Kauf nehmen.

Grundvoraussetzung für den Ausschluss der Öffentlichkeit ist gemäß Abs. 1 zunächst ein Antrag der Partei, die Schutz vor der Gerichtsöffentlichkeit begehrt. Die Antragsbefugnis fällt nur der Person zu, die zu erwarten hat, dass einer der in Abs. 1 genannten Lebensbereiche im laufenden Prozess thematisiert wird. Da das Antragsrecht als solches nicht neu ist, sondern sich an § 171 b Abs. 3 S. 1 GVG anlehnt, bestehen keine Bedenken, hinsichtlich des Antrags dieselben Voraussetzungen gelten zu lassen. Demnach handelt es sich auch im Rahmen des § 169 a GVG um eine höchstpersönliche Erklärung, die in jeder Phase der Verhandlung erfolgen kann und eine ex-nunc-Wirkung entfaltet.[1108] Auch die Antragstellung außerhalb der Verhandlung sollte zum Schutz des Betroffenen zulässig sein.[1109] Der Gegner wird dadurch nicht in unzulässiger Art und Weise benachteiligt, schließlich kann das Gericht den Antrag in der öffentlichen Sitzung mitteilen und Gelegenheit zur Stellungnahme geben.[1110] Der Antrag allein be-

---

1106 MüKo/*Kudlich*, StPO Band 1, Einleitung, Rn. 136.

1107 MüKo/*Kudlich*, StPO Band 1, Einleitung, Rn. 136.

1108 Stein/Jonas/*Jacobs*, ZPO Band 10, § 171 b GVG Rn. 9 mit Verweis auf Rn. 6.

1109 *Kissel/Mayer*, § 171 b Rn. 14.

1110 Siehe dazu für den Strafprozess: BGH, Beschluss vom 22.10.2013 – 4 StR 389/13; BeckRS 2013, 20950.

rechtigt das Gericht nicht zu einem Öffentlichkeitsausschluss, solange die weiteren Voraussetzungen des Abs. 1 nicht vorliegen und geprüft wurden. Entscheidend ist am Ende, dass alle Beteiligten den Wunsch nach einem Ausschluss als solchen klar erkennen können.[1111] Für diese weite Antragsmöglichkeit spricht schon der Wortlaut der Norm, der keine Beschränkung des Antragsrechts auf die Hauptverhandlung vorsieht.[1112] Dass der Gesetzgeber eine solche Beschränkung prinzipiell in den Gesetzestext einfügen könnte, hat die alte Fassung des § 171 b GVG gezeigt, die zumindest eine Beschränkung des Widerspruchsrechts auf die Hauptverhandlung im damaligen Abs. 1 S. 2 vorsah.[1113] Dies wurde durch die Änderungsgesetze beseitigt, sodass fortan davon auszugehen ist, dass sämtliche Anträge bzw. Widersprüche nicht auf die Hauptverhandlung zu beschränken sind. Dennoch ist im Interesse der Rechtsklarheit ein eindeutiger Antrag zu fordern. Sollte sich die Erklärung des Betroffenen nicht schon eindeutig als Antrag auf Ausschluss der Öffentlichkeit deuten lassen, bleibt es dem Gericht unbenommen, nach § 139 Abs. 1 ZPO auf das Antragsrecht hinzuweisen.[1114] Für den Antrag ist weder eine bestimmte Form oder eine gesonderte Begründung noch Postulationsfähigkeit notwendig.[1115] Ansonsten würde man die Hürden für den Schutz vor der Öffentlichkeit im Falle verfassungsmäßig zu schützender Werte unnötigerweise erhöhen.

Damit der Antrag auch tatsächlich zum Erfolg führen und der Öffentlichkeitsgrundsatz als Verfassungsrechtssatz in legitimer Art und Weise eingeschränkt werden kann, muss sich der Antrag auf die Befürchtung stützen, dass in der Verhandlung *verfassungsmäßig verbürgte Interessen* einer Partei zur Sprache kommen. Die von einer Partei geltend gemachten Interessen müssen auf der Verfassungsrangstufe anzusiedeln sein, da sich andernfalls eine Einschränkung des Verfassungswertes der Gerichtsöffentlichkeit nicht rechtfertigen ließe. Nur wenn beide widerstreitenden Interessen Verfassungsrang haben, kann es in einem weiteren Schritt zum schonenden Ausgleich beider Werte kommen. Dabei ist die Formulierung mit dem Begriff *verfassungsmäßig verbürgte Interessen* zunächst bewusst weit gezogen, um herauszustellen, dass der Tatbestand des neuen § 169 a GVG weit zu

---

1111 Siehe dazu für den Strafprozess: BGH, Beschluss vom 22.10.2013 – 4 StR 389/13, BeckRS 2013, 20950.

1112 Siehe dazu für den Strafprozess: BGH, Beschluss vom 22.10.2013 – 4 StR 389/13; BeckRS 2013, 20950.

1113 § 171 b GVG in der Fassung vor dem 01.09.2013.

1114 Vgl. MüKo/*Zimmermann*, ZPO Band 3, § 171 b GVG Rn. 16.

1115 In Parallele zu § 171 b GVG: Wieczorek/Schütze/*Schreiber*, ZPO Band 13/1, § 171 b GVG Rn. 12.

verstehen ist. Demnach sollen nach Möglichkeit zunächst alle verfassungsmäßigen Interessen einer Partei als potentielle Gründe in Frage kommen, um sie dem Öffentlichkeitsgrundsatz gegenüberzustellen, sofern die öffentliche Erörterung dieser Interessen die Partei benachteiligen würde. Das hat den Vorteil, dass der betroffenen Partei auf der ersten Stufe ein umfassender Schutz zuteil wird und die Parteiinteressen im Zivilprozess besonders betont werden. Die Gefahr einer uferlosen Ausdehnung und vorschnellen Anwendbarkeit des § 169 a GVG mit einer Entwertung des Öffentlichkeitsgrundsatzes droht indes nicht, da S. 2 stets eine Abwägung mit dem öffentlichen Interesse verlangt. Daher wird zwar auf der ersten Stufe – *der Benennung des schutzwürdigen Parteiinteresses* – eine großzügige und weite Anwendung des Begriffs befürwortet. Auf der zweiten Stufe – *hier die Frage nach dem Überwiegen öffentlicher Interessen in S. 2* – erfolgt aber eine Feinjustierung, durch welche all die Parteiinteressen aus dem Anwendungsbereich der Norm genommen werden, die sich im konkreten Fall aufgrund des öffentlichen Interesses nicht gegen den Öffentlichkeitsgrundsatz durchzusetzen vermögen. Ein derartiges Modell ist auch sinnvoll, da es abstrakt von der hohen Wertigkeit des Parteiinteresses ausgeht und durch S. 2 sicherstellt, dass im jeweils konkret zu verhandelnden Fall eine Situation vorliegen kann, in welcher dem öffentlichen Interesse der Vorzug zu gewähren ist. Der allgemein gehaltene Begriff des verfassungsmäßig verbürgten Interesses garantiert darüber hinaus auch, dass die Regelung flexibel anwendbar bleibt und für die Zukunft so formuliert ist, dass neuartige Tendenzen im Rahmen des Parteiinteresses Berücksichtigung finden können. Die Benennung des persönlichen und beruflichen Lebensbereiches sowie des Geheimnisbereiches im Nachsatz des Abs. 1 S. 1 wird in der Regel zwar die typischen Konstellationen des Parteiinteresses erfassen. Mit der Formulierung „insbesondere" kann jedoch sichergestellt werden, dass kein Parteiinteresse im Vorfeld schon aus dem Anwendungsbereich des § 169 a GVG fällt. Damit unterscheidet sich § 169 a GVG in seinem Anknüpfungspunkt nicht wesentlich von § 171 b oder § 172 GVG. Er fasst lediglich die Bezugspunkte des persönlichen Lebensbereiches sowie des Berufs- und Geschäftsgeheimnisses in einer Norm zusammen und garantiert ein Antragsrecht für beide Varianten. Allein das Verständnis der Begrifflichkeiten soll bei § 169 a GVG in der Praxis großzügiger gehandhabt werden.[1116] Die zusätzliche Nennung des Geheimnisbereiches soll dabei Fälle abdecken, die sich

---

1116 Zu beachten ist an dieser Stelle auch die Ausführung von Stein/Jonas/*Jacobs*, ZPO Band 10, § 171 b GVG Rn. 3, der im Gegensatz zur überwiegenden Auffassung auch für § 171 b GVG ein weites Verständnis des persönlichen Lebens-

weder dem persönlichen noch dem beruflichen Wirken eindeutig zuordnen lassen.

Ob es sich um *schutzwürdige* parteiliche Interessen handelt, ist wie auch bei § 171 b GVG anhand eines objektiven Maßstabs zu ermitteln.[1117] Dabei sollte ebenfalls berücksichtigt werden, wie der Betroffene selbst mit den in Rede stehenden Informationen im Vorfeld umgegangen ist. Je extensiver er sich im öffentlichen Raum mit der Verbreitung der Information beschäftigt und je weniger er selbst auf die Geheimhaltung wert gelegt hat, desto geringer sollte auch die Schutzbedürftigkeit zu bewerten sein.[1118] Ausreichend ist für den Tatbestand des § 169 a GVG, dass mit einer Erörterung der schutzwürdigen Belange mit großer Wahrscheinlichkeit zu rechnen ist.[1119] Es müssen daher einerseits Anhaltspunkte vorliegen, die die Erörterung in der Verhandlung befürchten lassen. Rein abstrakte schutzwürdige Interessen sind andererseits nicht ausreichend, damit sich das Gericht mit einem Öffentlichkeitsausschluss nach § 169 a GVG beschäftigen muss. Insoweit bedarf es konkreter Anhaltspunkte im Rahmen der Verhandlung, die eine Erörterung der Belange erwarten lassen. Dass die Belange schon angesprochen wurden, bevor es zu einem Ausschluss kommt, ist nicht erforderlich.[1120]

Hinsichtlich des Abs. 1 S. 2 kann auf die Ausführungen zum wortlautidentischen § 171 b Abs. 1 S. 2 GVG verwiesen werden. Beide Regelungen zeichnen sich an dieser Stelle durch die zentrale Abwägung des öffentlichen Interesses mit dem Parteiinteresse aus. Indes ist der Gleichklang beider Normen für einen Fall aufzuheben: Bei § 171 b GVG ist anerkannt, dass auch dann ein Ausschluss der Öffentlichkeit gerechtfertigt ist, wenn sich im Rahmen der Abwägung eine Gleichgewichtigkeit des Für und Wider zwischen dem öffentlichen und parteilichen Interesse ergibt.[1121] § 171 b GVG gibt dem Persönlichkeitsrecht in derartigen Fällen also den Vorzug. Bei § 169 a GVG sollte man dagegen für die gleichgelagerte Konstellation anders entscheiden. Sofern sich das öffentliche und das parteili-

---

bereiches präferiert und eine Einschränkung über die Abwägung mit dem öffentlichen Interesse erfolgen lassen will. Dieser Mechanismus liegt hier dem neuen § 169 a GVG zu Grunde.

1117 Stein/Jonas/*Jacobs*, ZPO Band 10, § 171 b GVG Rn. 4; *Kissel/Mayer*, § 171 b Rn. 5.
1118 Vgl. Stein/Jonas/*Jacobs*, ZPO Band 10, § 171 b GVG Rn. 4.
1119 Vgl. zu § 171 b GVG: BGHSt 30, 212, 215 = NJW 1982, 59; MüKo/*Zimmermann*, ZPO Band 3, § 171 b GVG Rn. 10.
1120 Vgl. *Eslami*, Nichtöffentlichkeit des Schiedsverfahrens, S. 122.
1121 *Kissel/Mayer*, § 171 b Rn. 11 m.w.N.

che Schutzinteresse die Waage halten, ist dem Öffentlichkeitsgrundsatz der Vorrang einzuräumen und ein Ausschluss zu vermeiden. Grund für diese abweichende Behandlung ist die Tatsache, dass es sich im Gegensatz zu § 171 b GVG nicht um den engsten Persönlichkeitskreis handelt, der geschützt werden soll. Vielmehr umfasst § 169 a GVG mit seinem weit verstandenen Tatbestand einen weitaus größeren parteilichen Schutzbereich. Deshalb sollte man dem öffentlichen Interesse dann den Vorzug geben, wenn das parteiliche Interesse nicht zu überwiegen vermag. Das bedeutet auch keinen unzumutbaren Nachteil für die betroffene Partei. Denn wenn es sich um Umstände handelt, die zugleich auch die Anwendung des § 171 b GVG rechtfertigen, dann kommt es bei Gleichgewichtigkeit letztlich noch zum Ausschluss des Publikums. Der gesetzliche Ausschlussgrund genügt hier, um die Extremfälle sachgerecht zu lösen.

Der Begriff des öffentlichen Interesses als unbestimmter Rechtsbegriff garantiert im Übrigen ebenfalls, dass alle denkbaren Fälle, die einen Öffentlichkeitsbezug offenbaren können, in den Anwendungsbereich der Abwägungsentscheidung aufgenommen werden. Das ist insoweit entscheidend, als der folgende Abs. 2 nicht sämtliche denkbaren Fälle im Vorfeld benennen kann, in denen das öffentliche Interesse überwiegt. Insoweit hat der Begriff auch eine Auffangfunktion. Er sichert ab, dass öffentlichen Belangen auch bei Nichtnennung im Gesetzestext ausreichend Rechnung getragen werden kann.

Schlussendlich hat das Gericht bei Vorliegen der Voraussetzungen des Abs. 1 ein Ermessen dahingehend, ob es die Öffentlichkeit ausschließt oder nicht. Es ergibt sich keinerlei Abweichung zur Rechtsfolgenseite des § 171 b Abs. 1 bzw. § 172 GVG.

c) Erläuterungen zu Abs. 2

Abs. 2 der Neuregelung umfasst vier Fälle, in denen das Interesse an einer öffentlichen Erörterung überwiegt. Liegt einer der dort genannten Fälle vor, so hat das Gericht den Antrag auf Ausschluss der Öffentlichkeit zwingend abzuweisen. Es steht dann fest, dass sich das parteiliche Interesse gegenüber dem öffentlichen Belang, der durch die jeweilige Nummer gesondert geschützt wird, nicht durchzusetzen vermag. Diese Auflistung von Konstellationen, in denen der Parteiantrag in jedem Fall erfolglos bleiben muss, hat den Vorteil, dass sich der Betroffene auf die mangelnde Dispositionsmöglichkeit im Vorfeld einstellen kann. Er hat eine Orientierungshilfe für Sachverhalte, in denen die Gerichtsöffentlichkeit grundsätzlich gewahrt bleiben muss.[1122] Das eröffnet ihm unter Umständen die Option, direkt den Weg in die Schiedsgerichtsbarkeit einzuschlagen, wenn schon eindeutig absehbar ist, dass es sich um eine der festgeschriebenen Konstellationen des § 169 a Abs. 2 GVG handelt.

Die Legitimation, aufgrund derer eine öffentliche Verhandlung in den aufgezählten Fällen zwingend geboten ist, unterscheidet sich für die jeweilige Nummer. Daher wird darauf gesondert im jeweiligen Abschnitt eingegangen. Im weitesten Sinne haben alle vier Fälle gemeinsam, dass der zu behandelnde Streitstoff eine größere Öffentlichkeitswirkung entfaltet als übliche Zivilprozesse. Nichtsdestotrotz bleibt an dieser Stelle festzuhalten, dass es sich bei Abs. 2 keinesfalls um einen abschließenden Katalog handelt. Abs. 2 soll allein die Fälle erfassen, in denen die Öffentlichkeit typischerweise ein Interesse daran hat, den Prozess mitzuverfolgen. Damit aber auch andere Fallgestaltungen und zukünftige Entwicklungen im Einzelfall die Gerichtsöffentlichkeit trotz eines Antrags auf Ausschluss rechtfertigen können, bietet Abs. 1 den erforderlichen Auffangmechanismus. Denn selbst wenn keiner der in Abs. 2 genannten Fälle greift, verbleibt es bei der gerichtlichen Pflicht, eine Abwägung mit den öffentlichen Interessen durchzuführen, Abs. 1 S. 2. Dieser Abwägungsprozess garantiert, dass jeder Einzelfall hinreichend genau geprüft werden kann. Insoweit erleichtert § 169 a Abs. 2 GVG dem Gericht die Prüfung des öffentlichen Interesses und die Abwägungsentscheidung, wie sie im Normalfall von Abs. 1 vorausgesetzt wird.

aa) Ansprüche von Dritten, § 169 a Abs. 2 Nr. 1 GVG

Das Informationsinteresse der Öffentlichkeit steigt naturgemäß dann an, wenn neben den Parteien auch andere Einzelpersonen oder Personengruppen an Verlauf und Ausgang des Rechtsstreits interessiert sind, der zwischen den Parteien des Zivilprozesses anhängig ist.[1123] Das ist insbesondere dann zu bejahen, wenn sich diese Drittpersonen in einer vergleichbaren Situation wie eine der Parteien befinden. Oftmals beschränken sich beispielsweise Haftungsfragen nicht auf ein bloßes Zwei-Personen-Verhältnis. Typischerweise können mehrere Personen durch dasselbe Ereignis einen Schaden erlitten haben, wie es im Rahmen von Verkehrsunfällen, der Pro-

---

1122 Die gesetzlichen Ausschlussgründe können freilich noch ein anderes Ergebnis herbeiführen.
1123 *Köbl*, in: FS Schnorr von Carolsfeld, S. 235, 253.

duzenten- oder Produkthaftung regelmäßig vorkommt.[1124] Auch das Einstehenmüssen mehrerer Personen für einen Erfolg ist nichts Ungewöhnliches und oft im Bereich von Regressansprüchen zu beobachten.[1125] In solchen Fällen werden die ebenfalls betroffenen Personen ein großes Interesse daran haben, die Behandlung des gleichgelagerten Sachverhalts im Prozess zwischen den Parteien mitverfolgen zu können, denn für gewöhnlich werden sich dieselben Rechts- und Tatsachenfragen auch in einem potentiell eigenen Rechtsstreit stellen. Der bereits anhängige Prozess dient den übrigen Betroffenen als eine Art Vorlage für die Einschätzung der eigenen Prozesschancen. Würde man in solchen Konstellationen davon absehen, die Gerichtsöffentlichkeit aufrechtzuerhalten, hätte dies zur Folge, dass der Rechtsschutz für die Drittpersonen weniger effektiv ausgestaltet wäre. Denn dann könnten sie schlechter absehen, ob eine eigene Klage sinnvoll ist, und sähen möglicherweise ganz von Rechtsschutzgesuchen ab. Der Begriff des Anspruchs ist dabei prozessual aufzufassen und demnach gemäß dem herrschenden zweigliedrigen Streitgegenstandsbegriff[1126] durch den gestellten Antrag und den dafür zugrunde gelegten Lebenssachverhalt definiert. Besteht also die Möglichkeit, dass ein Dritter aus demselben Ereignis ein vergleichbares Begehren wie eine der Parteien geltend machen kann, ist die Gerichtsöffentlichkeit aufrechtzuerhalten. Der Wortlaut der neuen Vorschrift legt dabei nahe, dass der Anspruch erst noch geltend gemacht werden könnte, eine Klage somit noch nicht anhängig ist. Sollte die Konstellation auftreten, dass zwei Prozesse bereits anhängig sind, bei denen die Ansprüche einen Zusammenhang vorweisen, ist wie folgt zu entscheiden: Sofern die Möglichkeit besteht, dass die Voraussetzungen des § 147 ZPO vorliegen, ist die Gerichtsöffentlichkeit ebenfalls zwingend beizubehalten. Entscheidend ist dafür letztlich das Vorliegen eines rechtlichen Zusammenhangs der Ansprüche, die in den jeweiligen Prozessen in Rede stehen. Der Begriff wird dabei weit verstanden und ist zu bejahen, sofern die Ansprüche aus einem einheitlichen innerlich zusammengehörigen Lebenssachverhalt resultieren.[1127] Denn in dieser Situation haben die jeweiligen Parteien durchaus auch ein Interesse an der Verfolgung des jeweils anderen Prozesses, sofern sie an diesem selbst nicht beteiligt sind. Das Gericht ist

---

1124 *Köbl*, in: FS Schnorr von Carolsfeld, S. 235, 253; *Stadler*, Bündelung von Interessen im Zivilprozess, S. 1 f.

1125 *Köbl*, in: FS Schnorr von Carolsfeld, S. 235, 253.

1126 Siehe hierzu im Detail: MüKo/*Becker-Eberhard*, ZPO Band 1, Vorbemerkungen zu § 253, Rn. 32ff.

1127 Musielak/Voit/*Stadler*, § 147 Rn. 2 mit Verweis auf § 33 Rn. 2; Zöller/*Greger*, ZPO, § 147 Rn. 3 mit Verweis auf § 33.

im Rahmen des § 147 ZPO ausweislich des Wortlautes nicht zu einer Verbindung gezwungen. Sofern es also im Rahmen seines Ermessens hiervon absieht, sollte dennoch die Gerichtsöffentlichkeit gewahrt werden, um den Parallelprozess und dessen Entwicklung jederzeit mitverfolgen zu können. Dafür spricht auch, dass es im Falle einer Verbindung zu einem einheitlichen Prozess kommt, an dem sämtliche Verfahrensbeteiligte der vormals eigenständigen Prozesse teilnehmen können. Sie zählen dann ebenfalls nicht mehr zur Öffentlichkeit und können dem Verfahren beiwohnen, sodass bei unterlassener Verbindung aufgrund des gesteigerten Interesses ebenfalls eine Öffentlichkeit für diesen Personenkreis garantiert werden sollte. Denn letztlich hat sich die Möglichkeit der Geltendmachung eines vergleichbaren Anspruches hier bereits realisiert. Wenn das Verfahren vom Dritten schon angestrengt wurde, spricht nichts dagegen, ihm Einblicke in den Parallelprozess zu garantieren. Zwar greift dann das Argument der Entscheidungsfindung für oder gegen einen eigenen Prozess nicht mehr, dennoch kann er durchaus prozesstaktische Maßnahmen aus dem anderen Prozess übernehmen und im eigenen Verfahren nutzen. Denn ob der Anspruch besteht, ist nach wie vor nur möglich und noch nicht gerichtlich festgestellt.

Des Weiteren ist die generelle Gerichtsöffentlichkeit in derartigen Fällen auch aus einem anderen Grund sachgerecht. Für die außenstehenden Drittbetroffenen ist es keinesfalls zwingend, direkt einen eigenen Prozess anzustrengen. Die ZPO sieht in ihren §§ 64 ff. die Möglichkeit vor, als Streithelfer einer Partei in den Prozess einzutreten. Wird von dieser Option Gebrauch gemacht, so gelten die Eintretenden nicht mehr als Öffentlichkeit, sondern als Prozessbeteiligte. Das zeigt schon § 171 b Abs. 1 GVG, der einen Ausschluss der Öffentlichkeit zum Schutze eines Prozessbeteiligten zulässt. Unter den Begriff des Prozessbeteiligten fallen aber auch sämtliche Drittbeteiligte im Sinne der §§ 64 ff. ZPO.[1128] Damit steht zugleich fest, dass Drittbeteiligte nicht zum Kreis der Gerichtsöffentlichkeit zählen. Kommt es zum Ausschluss, sind sie dennoch befugt, am Verfahren teilzunehmen. Um ihnen diese Möglichkeit nicht unnötig abzuschneiden und erschwerte Voraussetzungen für diesen Beitritt zu schaffen, sollte aber auch der Zeitraum vor einem potentiellen Beitritt vor einem Teilnahmeausschluss geschützt sein. Dazu ist es erforderlich, die Gerichtsöffentlichkeit in weitem Umfang zu gewährleisten, was eine Dispositionsmöglichkeit der Parteien über die Öffentlichkeit in solchen Konstellationen ausschließt.

1128 MüKo/*Zimmermann*, ZPO Band 3, § 171 b GVG Rn. 6; Wieczorek/Schütze/ *Schreiber*, ZPO Band 13/1, § 171 b GVG Rn. 3.

Denn der potentielle Drittbeteiligte hat durch die garantierte Öffentlichkeit die Chance, der Verhandlung beizuwohnen, und kann abwägen, ob ein Beitritt für ihn sinnvoll erscheint oder nicht. Die Legitimation für diesen Ausschlusstatbestand ergibt sich dabei letztlich aus der Figur der Drittbeteiligung selbst. Für eine solche ist es erforderlich, dass ein sogenannter Interventionsgrund festgestellt werden kann. Im Rahmen des § 64 ZPO muss der Dritte eine Sache oder ein Recht ganz oder teilweise für sich in Anspruch nehmen und somit eine Rechtsposition geltend machen, die durch den Erstprozess rechtlich beeinträchtigt wird.[1129] Damit der Dritte hier umfassend Einsicht in den Verlauf des Erstprozesses nehmen und seine Entscheidung bezüglich einer Hauptintervention vorbereiten kann, ist die generelle Gerichtsöffentlichkeit zu befürworten. Dasselbe gilt für die Nebenintervention, § 66 ZPO. Auch diese Drittbeteiligungsmöglichkeit verlangt einen Interventionsgrund in Form des (eigenen) rechtlichen Interesses am Obsiegen einer Partei. Allgemein ist vom Vorliegen dieser Voraussetzung auszugehen, wenn die Entscheidung des Erstprozesses durch ihren Inhalt oder die Vollstreckung unmittelbar oder mittelbar auch auf die privat- bzw. öffentlich-rechtlichen Rechtsverhältnisse des Dritten Einfluss nehmen kann.[1130] Hier haben sich Fallgruppen herausgebildet, in denen das rechtliche Interesse zu bejahen ist: Rechtskrafterstreckung, Gestaltungswirkungen, Vollstreckbarkeit und Tatbestandswirkung, Vorgreiflichkeit, akzessorische Haftung, Regressfälle sowie Prozessstandschaft.[1131] Der Dritte kann sich durch den Beitritt auf der Seite der Partei, die obsiegen soll, letztlich selbst schadlos halten. Denn wenn diese Partei tatsächlich obsiegt, bedarf es regelmäßig keines eigenen prozessualen Vorgehens mehr gegen die besagte Drittperson. Zugleich ist zu bedenken, dass die Wirkung der Nebenintervention gemäß § 68 ZPO auch den Nachteil mit sich bringt, dass der Nebenintervenient in gewissen Grenzen einer Bindung an das gegen die Hauptpartei ergangene Urteil unterliegt.[1132] Nach überwiegender Auffassung greift die Interventionswirkung nur zuungunsten des Nebenintervenienten.[1133] Dagegen stellt sich gegenüber der Gegenpartei

---

1129 MüKo/*Schultes*, ZPO Band 1, § 64 Rn. 6; Stein/Jonas/*Jacoby*, ZPO Band 1, § 64 Rn. 13.
1130 BGH, NJW 2016, 1018, 1019; NJW 2016, 1020; MüKo/*Schultes*, ZPO Band 1, § 66 Rn. 7; Stein/Jonas/*Jacoby*, ZPO Band 1, § 66 Rn. 19.
1131 MüKo/*Schultes*, ZPO Band 1, § 66 Rn. 10ff.; BeckOK-ZPO/*Dressler*, § 66 Rn. 9ff.; Musielak/Voit/*Weth*, § 66 Rn. 7ff.
1132 MüKo/*Schultes*, ZPO Band 1, § 68 Rn. 1; Stein/Jonas/*Jacoby*, ZPO Band 1, § 68 Rn. 1.
1133 MüKo/*Schultes*, ZPO Band 1, § 68 Rn. 9ff. m.w.N. auch zur Gegenauffassung.

keine Interventionswirkung ein[1134], sodass hier ein Vorgehen unter Umständen noch möglich bleibt. Je nach der gegebenen Konstellation sind daher die Vor- und Nachteile einer Nebenintervention vom Dritten gut zu bedenken, bevor er sich für einen Beitritt entscheidet. Das gilt gleichermaßen für die in der Praxis häufigeren Fälle der Streitverkündung, § 72 ZPO. Selbst wenn sich der Streitverkündungsempfänger weigert, dem Prozess beizutreten, stellt sich über § 74 Abs. 3 ZPO die Wirkung des § 68 ZPO ein. Dies legitimiert aber schon die Annahme, das öffentliche Interesse müsse in derartigen Fällen überwiegen. Denn andernfalls kann der Dritte sich nicht umfassend über Verlauf und Stand des Prozesses informieren. Die Gerichtsöffentlichkeit erlaubt ihm hier einen umfassenden Einblick und kann seine Entscheidungsfindung zusätzlich absichern. Gleichzeitig wird garantiert, dass er sich stets darüber informieren kann, wie sich seine Entscheidung, dem Prozess nicht beizutreten, weiter auswirken wird. Gestützt wird diese These auch durch den Telos des Instituts der Drittbeteiligung. Denn die Interventionswirkung ist Ausdruck des Gedankens, dass sich der Prozess zwischen unterstützter Partei und Gegner ebenfalls für die Beziehung von unterstützter Partei und Streithelfer als Rechtsschutzgewährung darstellt.[1135] Somit verwirklicht die Interventionswirkung sowohl private als auch öffentliche Interessen[1136], sodass auch aus diesem Grund die Gerichtsöffentlichkeit als Betonung für das öffentliche Interesse bestehen bleiben muss. Beide Fallvarianten der Drittbeteiligung sollen daher durch § 169 a Abs. 2 Nr. 1 HS 2 GVG erfasst werden.

Trotz der anzuerkennenden Informationsinteressen wird bisweilen vorgebracht, man verschaffe den Drittbetroffenen, die einen bereits anhängigen vergleichbaren Prozess als Einschätzungshilfe ihrer eigenen prozessualen Chancen nutzen wollen, mehr eine „theoretische Abrundung ihres Informationsschutzes denn eine praktisch wertvolle Informationsquelle."[1137] Stattdessen sei es vorzuziehen, den besagten Dritten eine Akteneinsicht zu gewähren, die das Informationsinteresse zuverlässiger und weniger aufwendig befriedigen könne.[1138] Obwohl das deutsche Recht die Akteneinsicht Unbeteiligter ohne Zustimmung der Parteien in § 299 Abs. 2 ZPO an ein

---

1134 BGHZ 92. 275, 277; 3, 385, 387; Stein/Jonas/*Jacoby*, ZPO Band 1, § 68 Rn. 23; MüKo/*Schultes*, ZPO Band 1, § 68 Rn. 8.

1135 Stein/Jonas/*Jacoby*, ZPO Band 1, § 68 Rn. 2.

1136 Stein/Jonas/*Jacoby*, ZPO Band 1, § 68 Rn. 2.

1137 So *Köbl*, in: FS Schnorr von Carolsfeld, S. 235, 253.

1138 *Köbl*, in: FS Schnorr von Carolsfeld, S. 235, 253; grundsätzlich zum Akteneinsichtsrecht und dem damit verbundenen rechtlichen Interesse nach § 299 Abs. 2 ZPO: *Zuck*, NJW 2010, 2913.

rechtliches Interesse knüpfe, liege ein solches jedenfalls in Fällen vor, in denen das Rechtsverhältnis des Dritten im Verhältnis zu den Parteien so ausgestaltet ist, dass sie nach den §§ 59 ff. ZPO als Streithelfer oder Streitgenossen einer Partei am Prozess partizipieren könnten.[1139] Diese Schlussfolgerung ist im Ergebnis zunächst nicht abzustreiten. Das rechtliche Interesse gilt im Rahmen des § 299 Abs. 2 ZPO dann als erfüllt, wenn Rechte des Antragstellers durch den Akteninhalt auch nur mittelbar berührt sein könnten, was positiv zu bescheiden ist, sofern sich deutliche Anhaltspunkte für einen eigenen Anspruch des Antragstellers ergeben.[1140] Schließlich wird ein solches Interesse auch dann akzeptiert, wenn der Rechtsschutzsuchende Einsicht in eine gerichtliche Entscheidung verlangt, die auf einem ähnlichen Sachverhalt beruht wie die eigene Angelegenheit.[1141] Daraus ist zu folgern, dass sich ein rechtliches Interesse auf Akteneinsicht in den Fällen des § 169 a Abs. 2 Nr. 1 GVG tatsächlich begründen ließe.

Damit ist aber keineswegs auch festgestellt, dass die Akteneinsicht das probatere Mittel darstellt und man daher auf die Gerichtsöffentlichkeit verzichten könnte. Vorteilhaft an der Akteneinsicht ist mit Sicherheit, dass der Betroffene die notwendigen Informationen direkt in der Hand hält und das Wesentliche nachlesen kann. Je mehr Verhandlungstermine anstanden, desto eher wird sich aus der Akteneinsicht eine Zeitersparnis ergeben. Der Betroffene muss dann nicht jede Verhandlung besuchen, sondern kann sich das Ergebnis quasi mundgerecht und komprimiert servieren lassen. Jedoch muss bedacht werden, dass ein rechtliches Interesse auch glaubhaft gemacht werden muss, sofern keine Zustimmung der Parteien vorliegt.[1142] Insoweit sind auch formelle Voraussetzungen einzuhalten, die das Prozedere verlängern können. Das Gericht hat nach pflichtgemäßem Ermessen eine Entscheidung im Anschluss an die Abwägung der gegenläufigen Interessen zu fällen. Insoweit ist auch hier eine Zeitspanne für die Prüfung einzukalkulieren. Zwar ist einzugestehen, dass sich aus dem Einsichtsrecht bisweilen mehr Informationen über die Verhandlung gewinnen lassen als bei direkter Teilnahme als Zuschauer an der mündlichen Verhandlung. Grund hierfür ist § 137 Abs. 3 ZPO, der die Bezugnahme auf Akten in der mündlichen Verhandlung erlaubt, weshalb sich daher in Ver-

---

1139 *Köbl*, in: FS Schnorr von Carolsfeld, S. 235, 253.
1140 BGH, ZIP 2006, 1154; OLG Hamm, NJW 1989, 533; MüKo/*Prütting*, ZPO Band 1, § 299 Rn. 21.
1141 OLG München, OLGZ 1984, 477, 479ff.
1142 MüKo/*Prütting*, ZPO Band 1, § 299 Rn. 21 und 27.

handlungen Situationen ergeben können, in denen weniger Informationen eröffnet werden als durch Einsichtnahme in den Akteninhalt.[1143]

Nichtsdestotrotz hat die Teilnahme an der mündlichen Verhandlung den Vorteil, dass der Dritte den Prozess aktiv mitverfolgen und somit auch Erläuterungen und Nachfragen aufnehmen kann, die durch die bloße Akteneinsicht nicht gegeben sind. Insoweit verringert sich die Gefahr missverständlicher Interpretationen, da sich durch den prozessualen Diskurs regelmäßig ein geringeres Fehlverständnis einstellen wird. Zudem ist zu bedenken, dass die persönliche Teilnahme gerade dann von Bedeutung sein kann, wenn Partei- oder Zeugenaussagen zu würdigen sind. Das bloße Auftreten mitsamt Gestik und Mimik bildet in solchen Fällen auch einen Anhaltspunkt für die Glaubwürdigkeit und allgemeine Einschätzung der Situation.[1144] Dem Akteneinsichtsrecht fehlt das lebendige Element. Die schriftlichen Akteninhalte stehen in diesem Punkt zurück und erzählen das Geschehene weitestgehend neutral nach. Es bedarf dann einer erhöhten Vorstellungskraft, um das Ereignis nachvollziehen zu können. Die Teilnahme am mündlichen Verfahren ist daher dann vorteilhaft, wenn diffizile oder widersprüchliche Aussagen aufeinanderprallen und es entscheidend auf das Auftreten der Parteien ankommt. Deshalb ist es auch nicht angezeigt, die Möglichkeit der Teilnahme an der mündlichen Verhandlung an ähnliche Voraussetzungen zu knüpfen wie das Akteneinsichtsrecht nach § 299 Abs. 2 ZPO.[1145] Insoweit sollte man auf das chinesische Sprichwort vertrauen: *„Es ist besser, etwas einmal selbst zu sehen, als hundertmal erzählt zu bekommen."*

Im Übrigen lässt § 169 a Abs. 2 Nr. 1 ZPO die *Möglichkeit* genügen, dass ein eigener Anspruch existiert oder eigene rechtliche Interessen betroffen sind. Selbstredend genügt es für die Nr. 1 nicht, dass allein eine abstrakte Möglichkeit eines Anspruchs besteht. Wäre dem so, so würde man die Vorschrift über die Dispositionsmöglichkeit der Parteien entwerten, da man nie sicher sein könnte, ob nicht doch noch ein Dritter einen vergleichbaren Anspruch geltend macht. Insbesondere in typisch gelagerten Fällen der

---

1143 Musielak/Voit/*Huber*, § 299 Rn. 3 a; Zöller/*Greger*, ZPO, § 299 Rn. 6 b.

1144 Vgl. *Hoeren*, NJW 2017, 3339, 3340 in Bezug auf die Medienvertreter und die Notwendigkeit, diese nicht auf einen Medienraum im Sinne des § 169 Abs. 1 S. 3 GVG zu verweisen, da Gestik, Mimik und unausgesprochene Worte ebenso wichtig für die Gerichtsberichterstattung seien wie das gesprochene Wort. Nichts anderes kann indes auch für Dritte gelten, die nicht Medienvertreter sind. Medienvertreter sind genauso wie sonstige Dritte als Teil der Gerichtsöffentlichkeit zu klassifizieren.

1145 So aber im Ergebnis *Köbl*, in: FS Schnorr von Carolsfeld, S. 235, 253 f.

Produkthaftung ist nie auszuschließen, dass neben der Partei auch andere von den Vorfällen betroffen sind. Auf der anderen Seite muss sich der Anspruch des Dritten auch nicht derart konkretisiert haben, dass eine gerichtliche Geltendmachung unmittelbar bevorsteht oder sogar die Anhängigkeit der Klage zu fordern wäre. Die Anforderungen, die Abs. 2 zum Schutze der Gerichtsöffentlichkeit aufstellt, würde man ansonsten überspannen. Daher bietet es sich an, die Möglichkeit dann zu bejahen, wenn ein Anspruch konkret absehbar ist und mit großer Wahrscheinlichkeit vorliegt. Darauf, ob der Anspruchsinhaber schon den Willen oder die Initiative gezeigt hat, diesen Anspruch prozessual durchzusetzen, kommt es hingegen nicht an. Das Gericht hat von Amts wegen zu prüfen, ob die genannten Voraussetzungen vorliegen. Es wäre untunlich und in der Praxis äußerst schwierig, der anderen Partei die Pflicht aufzubürden, die Umstände vorzutragen, die im Sinne des Abs. 2 eine Aufrechterhaltung der Gerichtsöffentlichkeit verlangen. Im Übrigen entspricht die amtswegige Prüfung auch dem Gedanken, dass öffentliche (Allgemein-)interessen gewahrt werden sollen. Dann aber kann es nicht allein in den Aufgabenkreis einer Partei fallen, die Voraussetzungen des Abs. 2 darzulegen. Denn die Gerichtsöffentlichkeit besteht nicht nur im Sinne der gegnerischen Partei, sondern stets auch im Interesse der Allgemeinheit. In Zweifelsfällen sollte die Norm daher auch großzügig verstanden und die Öffentlichkeit zunächst beibehalten werden. Das ist aus zweierlei Sicht unbedenklich: Zum einen ist es der Partei unbenommen, im weiteren Verlauf einen neuen Antrag auf Ausschluss der Öffentlichkeit zu stellen. Zum anderen fangen die gesetzlichen Ausschlussgründe erneut die Fälle auf, in denen es trotz des gegebenen öffentlichen Interesses zu einem Ausschluss kommen muss. Umgekehrt muss die Öffentlichkeit bei erfolgtem Ausschluss dann wiederhergestellt werden, wenn sich nachträglich herausstellt, dass die Möglichkeit eines Anspruchs bzw. rechtlichen Interesses eines Dritten doch vorliegt. Das entspricht den aktuellen Gesetzen über den Ausschluss der Öffentlichkeit, die allesamt einen solchen nur bis zur Notwendigkeit vorsehen und die Öffentlichkeit wiederherstellen, sobald die Voraussetzungen des Ausschlussgrundes nicht mehr gegeben sind.

bb) Mietstreitigkeiten über Wohnraum/Verbraucherstreitigkeiten, § 169 a Abs. 2 Nr. 2 GVG

Nr. 2 fokussiert sich weniger auf Dritte, auf die sich der Zivilprozess auswirken kann und die daher ein Interesse an der Verfolgung des Prozesses haben, als vielmehr auf die Parteien selbst. Im Blick hat die Vorschrift eine Parteikonstellation, in welcher eine Partei regelmäßig als die schwächere erscheint. Die Norm fungiert daher als klassische Schutzvorschrift zugunsten des Schwächeren. Diese Idee ist keinesfalls neu, sondern findet sich mehrfach in den Gesetzen der heutigen Zeit wieder. Dabei konzentriert sich der Schutz wiederholt auf die Bereiche des Wohnraummietverhältnisses und das Gebiet des Verbraucherrechts. Bereits die Analyse der allgemeinen Disposition im Zivilprozess hat dies unterstrichen. So wird die Dispositionsmaxime im Bereich des § 308 a ZPO durchbrochen, um den Sozialschutz des Mieters zu realisieren und ihm in Härtefällen eine verlängerte Wohnfrist einzuräumen.[1146] Auch die Vorschriften der Schiedsgerichtsbarkeit sehen einen speziellen Mieterschutz vor. § 1030 Abs. 2 ZPO verbietet Schiedsvereinbarungen über den Bestand von Wohnraummietverhältnissen im Inland. Die Bestimmung zielt darauf ab, zum Schutz des sozial schwächeren Mieters ein Ausweichen vor der staatlichen Gerichtsbarkeit zu unterbinden.[1147] Hier zeigt sich die Annahme, dass der staatliche Prozess mit seinen klaren und unabdingbaren Verfahrensregeln für den Wohnraummieter regelmäßig den besseren Weg darstellt, um seine Rechte zu verwirklichen. In der Schiedsgerichtsbarkeit, die grundsätzlich eine freie Ausgestaltung des Verfahrens gewährt, droht dagegen die Benachteiligung desselben, wenn er sich unüberlegt Gestaltungsalternativen aufzwingen lässt und nicht durch den Richter geschützt wird.[1148] Zu diesen zwingenden Verfahrensregeln des staatlichen Prozesses zählt im Grundsatz auch die Öffentlichkeit der Verhandlung.

Ähnliche Schutzmechanismen lassen sich auch für die Verbraucher ausfindig machen. Im deutschen Recht lässt sich dabei generell eine Tendenz beobachten, die indisponiblen Regelungen für Verbraucher auszuweiten.[1149] Auch die Schiedsgerichtsbarkeit knüpft an die Schiedsvereinbarung mit einem Verbraucher durch das besondere Schriftformerfordernis strengere Anforderungen.[1150] Sinn und Zweck ist auch hier der Verbraucherschutz, mithin der Schutz des Schwächeren.[1151] Dieselbe Erwägung steht hinter der Gerichtsstandsnovelle im Rahmen der Gerichtsstandsver-

---

1146 Siehe 1. Kapitel, B, I, 2, d.
1147 Thomas/Putzo/*Reichold*, § 1030 Rn. 4; MüKo/*Münch*, ZPO Band 3, § 1030 Rn. 3.
1148 *Coester-Waltjen*, in: Liber Amicorum Siehr, S. 598, 602.
1149 *Coester-Waltjen*, in: Liber Amicorum Siehr, S. 598.
1150 Siehe 1. Kapitel, B, IV, 1, c.
1151 Thomas/Putzo/*Reichold*, § 1031 Rn. 8; MüKo/*Münch*, ZPO Band 3, § 1031 Rn. 45.

einbarungen. Hier war die Schutzbedürftigkeit des sozial Schwächeren Intention der Neuerung.[1152] Ein Abweichen vom gesetzlichen Gerichtsstand zu dessen Nachteil sollte fortan nicht mehr in Betracht kommen, was das neue Regelungssystem der §§ 38 ff. ZPO, das ein prinzipielles Prorogationsverbot mit Ausnahmen vorsieht[1153], beweist. Dadurch, dass der Gesetzgeber den Verbraucher und Wohnraummieter mehrfach explizit schützt, um ihn vor Nachteilen zu bewahren, ist auch im Bereich des § 169 a GVG eine gesonderte Regelung angezeigt.

Bevor die genaueren Voraussetzungen der Schutzvorschrift vorgestellt werden, ist auf einen weiteren Aspekt hinzuweisen, der eine Ausnahme von der Dispositionsmöglichkeit des Abs. 1 legitimiert. Es wurde bereits herausgearbeitet, dass die Kontrolle des Gerichtsprozesses durch die Öffentlichkeit im gesellschaftlichen Interesse liegt. Im Rahmen der Verbraucher- und Wohnraummietstreitigkeiten besteht aufgrund des typischen Machtgefälles zwischen dem sozial Stärkeren und Schwächeren die erhöhte Wahrscheinlichkeit, dass zweifelhafte Geschäftspraktiken oder das vehemente Abstreiten von Fehlern bzw. Ersatzpflichten seitens des Stärkeren stattfinden. Zu einer Änderung dieses benachteiligenden Verhaltens kann es aber auf Dauer nur dann kommen, wenn die Präzedenz des konkret zu verhandelnden Prozesses durch die Gerichtsöffentlichkeit über den konkreten Fall hinaus erstreckt wird.[1154] Erst dann wird die Bereitschaft bestehen, Geschäftsgebaren oder Strategien wirklich zu ändern.[1155] Verbrauchereigenschaft und Wohnraummiete sind keine seltenen Spezialfälle, sondern prägen das alltägliche Geschehen. Jede Person kann potentiell die Rolle des Verbrauchers oder Mieters[1156] einnehmen. Zu denken ist beispielsweise an Massengeschäfte des täglichen Lebens, in denen Unternehmen eine große Zahl an Verbrauchern durch sog. „Streuschäden" benachteiligen, sei es durch unberechtigte Gebühren bzw. Forderungen oder

---

1152 *Seegers*, Das neue Recht der Gerichtsstandsvereinbarung, S. 1; *Löwe*, NJW 1974, 473, 474; MüKo/*Patzina*, ZPO Band 1, § 38 Rn. 1; *Boccafoschi*, Zuständigkeits- und Gerichtsstandsvereinbarungen, S. 5.
1153 *Huber*, JuS 2012, 974; *Löwe*, NJW 1974, 473, 474; *Keller*, JURA 2008, 523, 524.
1154 *Fries*, Verbraucherrechtsdurchsetzung, S. 96; *Prütting*, JZ 1985, 261, 271.
1155 *Prütting*, JZ 1985, 261, 271.
1156 Hinzuweisen ist in diesem Kontext insbesondere auf die Angaben des europäischen Statistikamtes Eurostat aus dem Jahr 2014/2015, nach denen 47,5 % der Deutschen zur Miete wohnen, was weit über dem EU-Schnitt liegt (29,9 %): http://ec.europa.eu/eurostat/documents/2995521/7086104/3-23112015-AP-DE.p df/b0d93d73-4285-47f5-a1f8-643eb3c12f90 (zuletzt abgerufen: 16. November 2018).

durch den Vertrieb von nutzlosen Schlankheitspräparaten.[1157] Die Betroffenen scheuen sich aufgrund des verhältnismäßig geringen Schadens davor, den kostenintensiven und zeitaufwendigen Weg des Prozesses zu wählen.[1158] Derartige Verfahren betreffen die Allgemeinheit in besonderem Maße, da sich nahezu jeder potentiell mit den Gefahren des sozial Schwächeren konfrontiert sieht. Das aber rechtfertigt die Ausnahme, in solchen Fallkonstellationen eine allgemeine Gerichtsöffentlichkeit beizubehalten. Nur so kann garantiert werden, dass unlautere Machenschaften des sozial Stärkeren unterbunden werden und die Allgemeinheit sich jederzeit über die in der Gesellschaft wichtigen Probleme für Verbraucher und Mieter informieren kann.[1159] Dann können auch Rechtsvorschriften, die dem Verbraucher- oder Mieterschutz dienen, wirklich konsequent durchgesetzt werden.[1160] Das erfordert aber grundsätzliche Öffentlichkeit.

Dieser Ausgestaltung kann nicht entgegengehalten werden, dass Verbraucher als „Einmal- bzw. Seltenprozessierer" gelten, die auch außerhalb einer eigenen Rechtsstreitigkeit nur selten an anderen Gerichtsprozessen partizipieren.[1161] Denn wie auch im Rahmen des § 169 S. 1 GVG kommt es nicht auf das tatsächliche Erscheinen von Verbrauchern bzw. Mietern an, die den laufenden Prozess für ihre potentiell eigene Betroffenheit nutzen. Vielmehr soll durch die Gerichtsöffentlichkeit erneut die Möglichkeit der Teilnahme betont werden, die mit der jederzeitigen Chance einhergeht, parallel gelagerte Fälle zu verfolgen. Dass von dem Angebot nicht überdurchschnittlich oft Gebrauch gemacht wird, ist unerheblich. Die Öffentlichkeit soll hier auch präventiv dazu beitragen, unlautere Verhaltensweisen zu eliminieren und das Informationsinteresse zu realisieren.

1157 *Kutschaty/Freudenberg/Gerhardt*, ZRP 2017, 27; *Stadler*, Bündelung von Interessen im Zivilprozess, S. 8.

1158 *Kutschaty/Freudenberg/Gerhardt*, ZRP 2017, 27, 28; *Grunewald/Peifer*, Verbraucherschutz, Kapitel K, Rn. 287; *Fries*, Verbraucherrechtsdurchsetzung, S. 170.

1159 Vgl. *Coester-Waltjen*, in: Liber Amicorum Siehr, S. 598, 602: Auch Beteiligte ähnlich gelagerter Fälle profitieren von der staatsgerichtlichen Öffentlichkeit.

1160 *Prütting*, JZ 1985, 261, 271.

1161 Diesen Aspekt erwähnt *Fries*, Verbraucherrechtsdurchsetzung, S. 32 unter Hinweis auf eine Studie, nach welcher 71 % der Befragten in zehn Jahren vor der Befragung weder als Partei noch als Zeuge oder Zuschauer an einem Gerichtsprozess beteiligt waren.

(1) Besondere Voraussetzungen der Mietstreitigkeiten über Wohnraum

Der Ausnahmetatbestand greift zunächst nur bei Wohnraummietverhältnissen. Demnach ist die Geschäftsraummiete nicht vom Anwendungsbereich umfasst. Das ist insoweit verständlich, als dass die Wohnung als räumlicher Lebensmittelpunkt eines Menschen fungiert und eine besondere Bedeutung im Leben des Einzelnen hat. Nicht umsonst legt auch das BGB der Wohnraummiete durch die §§ 549 ff. einen besonderen Mieterschutz[1162] zugrunde.

Im Falle eines Mischmietverhältnisses kommt es wie auch sonst darauf an, welche Nutzung im konkreten Fall überwiegt.[1163] Dass auch dann Wohnraummiete anzunehmen ist, wenn ein Überwiegen der gewerblichen Nutzung nicht feststellbar ist, verdeutlicht nochmals die generelle Schutzbedürftigkeit des Mieters und die Bemühungen, die soziale Komponente des Mietrechts in derartigen Fällen zu betonen.[1164]

Zu beurteilen ist weiterhin die Frage, was unter *Streitigkeiten über Ansprüche aus Mietverhältnissen über Wohnraum* zu verstehen ist. Orientiert man sich an den oben bereits genannten Normen des § 308 a und § 1030 Abs. 2 ZPO, müsste sich die Anwendbarkeit auf Räumungsstreitigkeiten bzw. Streitigkeiten über den Bestand des Mietverhältnisses beschränken. Dann wären Streitigkeiten umfasst, die sich auf das Entstehen, Bestehen oder Fortbestehen des Mietvertrages konzentrieren, inklusive der vertraglichen oder gesetzlichen Ansprüche auf Räumung und Herausgabe als Vorfrage.[1165] Nicht erfasst werden dagegen alle Rechtsstreitigkeiten, die den Bestand des Mietverhältnisses unberührt lassen oder sich aus der unstreitigen Beendigung desselben ergeben, sodass beispielsweise Schadensersatzansprüche oder Ansprüche auf Zustimmung zu einem Mieterhöhungsverlangen ausscheiden müssten.[1166]

Indes beschränkt sich der Wortlaut des § 169 a Abs. 2 Nr. 2 GVG bewusst nicht auf den Bestand des Mietverhältnisses, sondern orientiert sich an der Norm des § 29 a ZPO. Dieser will sämtliche Ansprüche aus dem Mietverhältnis an einem Gerichtsstand konzentrieren, sodass auch Fragen des

---

1162 MüKo/*Bieber*, BGB Band 4, § 549 Rn. 10; Staudinger/*Artz*, Buch 2, § 549 Rn. 1.
1163 Mustergültig insoweit BGHZ 202, 39 = NJW 2014, 2864.
1164 BGHZ 202, 39, 55 = NJW 2014, 2864, 2868 sowie explizit im Leitsatz.
1165 Musielak/Voit/*Voit*, § 1030 Rn. 5; Stein/Jonas/*Schlosser*, ZPO Band 10, § 1030 Rn. 21.
1166 Musielak/Voit/*Voit*, § 1030 Rn. 5; Stein/Jonas/*Schlosser*, ZPO Band 10, § 1030 Rn. 22 f.; *Lachmann*, Handbuch Schiedsgerichtspraxis, Kapitel 5, Rn. 300.

Schadensersatzes oder der Mietzinshöhe erfasst werden.[1167] Ein solch weites Verständnis ist auch für § 169 a Abs. 2 Nr. 2 GVG angezeigt. Denn die Nummer verfolgt mittelbar als Sinn und Zweck zum einen, anderen potentiellen Mietern die typischen Streitigkeiten eines Mietverhältnisses vor Augen zu führen und ihnen die jederzeitige Möglichkeit einzuräumen, einen vergleichbaren Prozess zu verfolgen. Zum anderen sollen die Vermieter angehalten werden, ihre Geschäftspraktiken und Verhaltensweisen auf Dauer anzupassen. Dazu gehört auch, dass der Prozess von einer Öffentlichkeit potentiell verfolgt werden kann und sich der Mieter nicht in die Position des Schwächeren drängen lassen muss, dessen Ausnutzung unbemerkt bleibt. Daher ist es folgerichtig, der Öffentlichkeit sämtliche Mietstreitigkeiten über Wohnraum nicht vorzuenthalten.

Ausgenommen bleibt gemäß S. 2 Wohnraum der in § 549 Abs. 2 Nr. 1 bis 3 des Bürgerlichen Gesetzbuchs bestimmten Art. Das ist nachvollziehbar, da die Wohnung in den genannten Konstellationen schon nicht den besonders geschützten Lebensmittelpunkt des Mieters darstellt bzw. die Privatsphäre des Vermieters infolge des engen Zusammenwohnens ebenfalls zu schützen ist.[1168] Der Sozialschutz des Mieters ist in den genannten Fällen vom Gesetzgeber typischerweise außer Kraft gesetzt.[1169] Das muss auch bei der Neuregelung konsequent durchgehalten werden. Dafür spricht auch, dass die aufgeführten Mietkonstellationen regelmäßig eine Ausnahmeerscheinung darstellen und die Allgemeinheit nicht derart stark tangieren.

(2) Besondere Voraussetzungen der Verbraucherstreitigkeiten

Kerngedanke der besonderen Vorschrift ist, dass mit einem Verbraucher und einem Unternehmer zwei Personen am Rechtsstreit beteiligt sind, bei denen die geschäftliche Erfahrung und Konfliktbewältigung regelmäßig unterschiedlich stark ausgeprägt sind. Der Unternehmer ist geübt darin, geschäftliche Probleme zu lösen, und wird auch in Bezug auf drohende Rechtsstreitigkeiten die höheren Erfahrungswerte aufweisen können, da er durch eine regelmäßige Tätigkeit am Markt potentiell öfter mit Problemen konfrontiert wird.[1170] Der Verbraucher betritt dagegen Neuland und hat

---

1167 MüKo/*Patzina*, ZPO Band 1, § 29 a Rn. 22 und 27.
1168 MüKo/*Bieber*, BGB Band 4, § 549 Rn. 11.
1169 Vgl. MüKo/*Münch*, ZPO Band 3, § 1030 Rn. 30.
1170 *Fries*, Verbraucherrechtsdurchsetzung, S. 34.

keine hinreichende Erfahrung, mit solchen Konflikten umzugehen; hinzu tritt seine typische Scheu vor Konflikten.[1171] Der gewöhnliche Verbraucher kann die rechtliche Lage nur schwer bewerten, er hat keine gesicherte Kenntnis über die möglichen Konfliktlösungswege und auch das verhandlungssichere Auftreten fällt ihm schwer.[1172] Das unterschiedliche Erfahrungsniveau erfordert es daher, den Verbraucher als schwächere Partei zu schützen. Damit ist zugleich gesagt, dass Streitigkeiten nur zwischen Verbrauchern oder nur zwischen Unternehmern nicht von der Norm erfasst werden. Hier fehlt es schon an der typischen Schutzbedürftigkeit nur einer Partei, da sich in der Regel gleichstarke Parteien gegenüberstehen. Hinsichtlich der Definition des Verbrauchers und Unternehmers ist auf die §§ 13, 14 BGB und die dort anerkannten Grundsätze zurückzugreifen. Im Übrigen sollen durch die Norm alle Streitigkeiten ohne inhaltliche Beschränkung umfasst werden. Denn die Norm hat keinen spezifischen Fall vor Augen, sondern soll die allgemein unterlegene Position des Verbrauchers in jeglicher Hinsicht ausgleichen.

(3) Öffentlichkeitsausschluss bei Zustimmung des Mieters/Verbrauchers

Der letzte Halbsatz des ersten Satzes von § 169 a Abs. 2 Nr. 2 GVG sieht vor, dass ein Ausschluss dann möglich bleibt, sofern dieser auch im Interesse des Mieters bzw. Verbrauchers erfolgt. Damit steht zunächst fest, dass das Gericht bei einem Antrag auf Ausschluss der Öffentlichkeit, der vom Mieter oder Verbraucher gestellt wird, die Öffentlichkeit weiterhin ausschließen kann. Zwar wird durch diese Möglichkeit das Ziel, potentiellen Drittbetroffenen Einblicke in typische Streitverhältnisse zu gewähren, aufgegeben. Entscheidet sich der „sozial Schwächere" aber bewusst für einen Antrag, hat dieser Belang in Hinblick auf die verfassungsmäßig zu schützenden Werte zunächst zurückzustehen. Das Gericht prüft dann, ob die Voraussetzungen des Abs. 1 vorliegen. Auch greift der Gedanke des Schutzes vor zweifelhaften Geschäftspraktiken nicht durch. Stellt der Schwächere einen Antrag, wird es ihm um den Schutz vor der Öffentlichkeit bzw. seiner verfassungsmäßig garantierten Werte gehen. Auch § 169 Abs. 2 Nr. 2 GVG dient dem Schutz des sozial Schwächeren. Dieser Schutz wird durch den Antrag lediglich ersetzt durch einen anders gelagerten Schutz, in beiden Konstellationen liegt aber nach wie vor das Interesse des Mieters bzw.

1171 *Fries*, Verbraucherrechtsdurchsetzung, S. 30.
1172 *Fries*, Verbraucherrechtsdurchsetzung, S. 30.

Verbrauchers im Fokus der Norm. Daher legitimiert dies die Rückausnahme.

Anders zu beurteilen ist die Situation, wenn der Antrag vom „sozial Stärkeren" gestellt wurde. Damit der Verbraucher bzw. Mieter nicht vorschnell einem Ausschluss zustimmt und damit zugleich auch das Ermessen des Gerichts aufhebt (vgl. Abs. 3), bedarf es in jedem Falle einer ausdrücklichen Zustimmungserklärung. Zustimmung allein durch konkludente Verhaltensweisen oder bloßes Einlassen würde hier den Schutz des Mieters bzw. Verbrauchers entwerten und ihn vorschnell benachteiligen. Das bloße Einlassen führte darüber hinaus zu der unbefriedigenden Situation, dass ein möglicherweise unbedachtes Verhalten der am Prozess beteiligten schwächeren Person darüber entschiede, ob das öffentliche Interesse an der Verfolgung der Verhandlung durchgesetzt wird oder nicht. Aufgrund des hohen Wertes der Gerichtsöffentlichkeit darf der Ausschluss aber nicht von einem nur zufälligen Verhalten der Partei abhängen. Es muss eine ausdrückliche Erklärung vorliegen. Insoweit fällt dem Gericht die Aufgabe zu, auf die Folgen der Zustimmung gesondert hinzuweisen. Denn die ausdrückliche Zustimmung eröffnet in diesem Falle überhaupt erst die detaillierte Antragsprüfung. Ohne sie steht bereits fest, dass öffentliche Interessen nach Abs. 2 überwiegen. Die explizite Zustimmung des sozial Schwächeren ermöglicht somit erst, dass ein Öffentlichkeitsausschluss in Betracht zu ziehen ist, da dann nicht automatisch davon auszugehen ist, dass öffentliche Interessen im Sinne von Abs. 2 dominieren. Ist die hier statuierte Hinweispflicht gewahrt, kann der Mieter bzw. Verbraucher frei darüber entscheiden, ob ihm ebenfalls am Ausschluss der Öffentlichkeit gelegen ist. Das kann bei Beziehungen zur Gegenpartei der Fall sein, die auch in Zukunft aufrechterhalten werden und in denen der Streit nicht an die Öffentlichkeit gelangen soll, um den Ruf nicht nachhaltig zu beschädigen.[1173] Der Sozialschutz kann hier vom Mieter bzw. Verbraucher selbst abgemildert werden, da ihm damit keine Rechtsnachteile entstehen. Ein ordnungsgemäßes rechtsstaatliches Verfahren ist weiterhin garantiert. Das BGB kennt das Erfordernis einer solchen ausdrücklichen Zustimmung bei der Konstellation Verbraucher-Unternehmer auch an anderer Stelle: § 356 Abs. 4 BGB ordnet das Erlöschen des Widerrufsrechts an, wenn der Verbraucher ausdrücklich und freiwillig[1174] erklärt hat, er sei mit dem Beginn

---

1173 Vgl. *Fries*, Verbraucherrechtsdurchsetzung, S. 43, der aber darauf hinweist, dass das Interesse, an der Vertragsbeziehung festzuhalten, auch zum Verzicht auf die Geltendmachung der Rechte führen kann.

1174 MüKo/*Fritsche*, BGB Band 2, § 356 Rn. 40 f.

der zu erbringenden Dienstleistung des Unternehmers einverstanden und habe Kenntnis von den Folgen der Zustimmung. Dazu genügt es nicht, dass der Verbraucher die Leistung lediglich hinnimmt, vielmehr sind an das Vorliegen der Zustimmung strenge Maßstäbe anzulegen, um Missbrauchsfälle auszuschließen.[1175] Dieser Vergleich zeigt, dass es nicht unüblich ist, den Verbraucher durch ein ausdrückliches Zustimmungserfordernis samt Belehrung über die Folgen zu schützen.

Zwar handelt es sich bei der genannten Norm um eine materiell-rechtliche Regelung. Im Prozess gehen der schützenswerten Partei dagegen vielfach Rechte verloren, auch wenn keine ausdrückliche Erklärung gegeben ist. Das gilt beispielsweise für § 39 ZPO, der für Verbraucher uneingeschränkt anzuwenden ist[1176] und der als Folge der rügelosen Einlassung zur Hauptsache die Zuständigkeit eines an sich unzuständigen Gerichts begründet.[1177] Das Schiedsverfahren sieht in § 1031 Abs. 6 ZPO ebenfalls vor, dass die Nichteinhaltung der Formvorschrift in Verbraucherkonstellationen im Sinne von Abs. 5 als geheilt gilt, sofern sich dieser rügelos auf die Verhandlung zur Hauptsache einlässt. Daher könnte man auch bei § 169 a Abs. 2 Nr. 2 an eine solche Regelung denken, sodass eine nicht ausdrückliche Erklärung des sozial Schwächeren und das bloße Einlassen auf den Antrag ebenfalls als Zustimmung gelten müsste.

Erst durch eine Zustimmung des Schwächeren wird die Möglichkeit eines Öffentlichkeitsausschlusses bei § 169 a Abs. 2 Nr. 2 GVG aber überhaupt erst eröffnet. Die stärkere Partei ist zwingend auf die Zustimmung angewiesen. Dann aber muss diese eine ausdrückliche sein.

Im Übrigen kann kein Öffentlichkeitsausschluss erfolgen, wenn der Mieter bzw. Verbraucher seine Zustimmung verweigert. Ihm selbst bleibt die Antragstellung bei gegebenen Voraussetzungen aber weiterhin eröffnet.

cc) Verbandsklagen/Musterverfahren, § 169 a Abs. 2 Nr. 3 GVG

Im Zentrum der Nr. 3 steht der Gedanke des kollektiven Rechtsschutzes. Bereits im Rahmen des § 169 a Abs. 2 Nr. 2 GVG wurde aufgeworfen, dass sich die Berechtigung für die Beibehaltung der Gerichtsöffentlichkeit auch daraus ergibt, dass eine Vielzahl anderer Verbraucher und Mieter in eine

---

1175 MüKo/*Fritsche*, BGB Band 2, § 356 Rn. 37.
1176 *Zeiss/Schreiber*, Zivilprozessrecht, § 16 Rn. 103.
1177 Ausführlich zur Regelung des § 39 ZPO noch unter den Erläuterungen zu Abs. 3.

vergleichbare Lage geraten kann und deshalb ein Interesse an der Verfolgung des Prozesses haben wird. An diesen Grundgedanken knüpft Nr. 3 an. Im Fokus steht dabei zunächst die Möglichkeit einer Verbandsklage als kollektives Rechtsschutzinstrument. Generell nehmen hier Verbände, Interessenvereinigungen oder berufsständische Einrichtungen die Rolle des Klägers ein.[1178] Der wohl bedeutendste Kläger ist in diesem Kontext die Verbraucherzentrale, die sich für den Schutz von Verbraucherrechten einsetzt. Dieses Instrument realisiert sich vor allem durch die §§ 1-4 UKlaG und die §§ 8 Abs. 1, 3, 3 Abs. 1 UWG, die ihren Fokus auf Rechtsverstöße im Verbraucherrecht legen und präventiven Verbraucherschutz bereitstellen wollen.[1179] Während § 1 UKlaG an die Verwendung von AGB anknüpft, soll § 2 UKlaG Verstöße gegen verbraucherschützende Normen sanktionieren. § 8 UWG ergänzt die Vorschriften insoweit.[1180] Die Aktualität des kollektiven Rechtsschutzinstruments lässt sich dabei auch anhand des neuen Verbandsklagerechts bei Datenschutzverstößen ablesen. So hat der Gesetzgeber am 23. Februar 2016 das „Gesetz zur Verbesserung der zivilrechtlichen Durchsetzung von verbraucherschützenden Vorschriften des Datenschutzrechts" verkündet, das fortan Datenschutzvorschriften in den Katalog der Verbraucherschutzgesetze implementiert. Künftig steht es den in § 3 UKlaG aufgezählten Stellen offen, Unterlassungs- bzw. Beseitigungsansprüche auch auf Regelungen über die Erhebung, Nutzung oder Verarbeitung von personenbezogenen Daten eines Verbrauchers zu stützen, vgl. § 2 Abs. 2 Nr. 11 UKlaG.

Ziel einer Verbandsklage ist es in diesem Zusammenhang, privaten Verbraucherorganisationen zur Durchsetzung von Verbraucherinteressen prozessuale Befugnisse einzuräumen, um Verstöße gegen verbraucherschützende Normen zu unterbinden und mittelbar zugleich eine Verhaltensänderung des Anbieters zu erreichen.[1181] Typischerweise ist eine Vielzahl von Verbrauchern von Verhaltensweisen von Anbietern in ähnlicher Art und Weise betroffen, sodass es wünschenswert ist, die im Zentrum der Streitigkeit stehende Rechtsfrage einheitlich zu entscheiden. Insbesondere die Verwendung Allgemeiner Geschäftsbedingungen, deren Charakteristikum gerade die Einbeziehung gegenüber einer Vielzahl von Verbrauchern ist, verdeutlicht dies.[1182] In einem Individualprozess kann ein derartiges Klausel-

---

1178 *Fries*, Verbraucherrechtsdurchsetzung, S. 178.
1179 *Klocke*, Rechtsschutz, S. 18.
1180 *Klocke*, Rechtsschutz, S. 111.
1181 *Kemper*, Verbraucherschutzinstrumente, S. 464.
1182 *Kemper*, Verbraucherschutzinstrumente, S. 464 f.

werk nie abstrakt in seiner Gänze überprüft werden, da sich die gerichtliche Prüfung auf die Einzelfragen beschränkt, die für die konkrete Streiterledigung relevant sind.[1183] Auch hängt der Verbraucherschutz zunächst allein von der Bereitschaft des betroffenen Individuums zur Durchsetzung seiner Rechte ab.[1184] Selbst wenn der Individualprozess erfolgreich beendet wird, steht man vor einem Folgeproblem: Andere Verbraucher profitieren nicht vom Prozessergebnis, da es dem Urteil an einer Breitenwirkung fehlt und sich die Rechtskraftwirkung auf die unmittelbar Beteiligten beschränkt.[1185] Daher ist es notwendig, mit der Verbandsklage eine Klageart bereitzustellen, die Rechtsfragen auch abstrakt einer Lösung zuführen kann. Das bestimmte Verhalten oder das Klauselwerk können dann nicht nur unmittelbar Gegenstand einer gerichtlichen Kontrolle werden, vgl. §§ 1, 3 UKlaG, zugleich werden auch die Defizite des Individualprozesses überwunden bzw. korrigiert.[1186] § 1 UWG hat dabei ebenfalls sowohl den Schutz der Mitbewerber als auch der Verbraucher im Blick und soll helfen, die Interessen der Allgemeinheit an einem lauteren Wettbewerb zu wahren.[1187] Zusammenfassend stellt die Verbandsklage daher einen Mechanismus dar, um Missstände aus dem Individualrechtsverhältnis zu beseitigen und die Missbrauchsabwehr auf kollektiver Ebene zu stärken.[1188]

Damit ist zugleich festgestellt, dass die genannte Konstellation auch von einem öffentlichen Interesse dominiert wird, zu dessen Gunsten eine Abkehr von der allgemeinen Dispositionsmöglichkeit über die Gerichtsöffentlichkeit akzeptiert werden kann. Denn der Zweck der Verbandsklage zielt auf die Verbesserung des Rechtsverkehrs und die Wahrung der rechtmäßigen Wettbewerbsbedingungen ab. Das Klageziel, das der Verband verfolgt, dient der Verhaltenssteuerung von Unternehmen und soll den geschehenen Rechtsbruch zugunsten der Allgemeinheit ausgleichen und zukünftige Rechtsbrüche vermeiden.[1189] Erst eine garantierte Öffentlichkeit verhilft dem Verbraucher aber dazu, seine eigene Rechtsposition besser zu überblicken und jederzeit verfolgen zu können, zudem werden die Gren-

---

1183 *Kemper*, Verbraucherschutzinstrumente, S. 465.
1184 *Grunewald/Peifer*, Verbraucherschutz, Kapitel K, Rn. 287.
1185 *Klocke*, Rechtsschutz, S. 19.
1186 *Kemper*, Verbraucherschutzinstrumente, S. 465; *Klocke*, Rechtsschutz, S. 18; vgl. auch BGH, NJW 1981, 1511, 1512: § 1 UKlaG soll auch verhindern, dass der unerfahrene Verbraucher davon absieht, seine Rechte geltend zu machen.
1187 *Grunewald/Peifer*, Verbraucherschutz, Kapitel K, Rn. 287; *Klocke*, Rechtsschutz, S. 101.
1188 *Klocke*, Rechtsschutz, S. 19; BGH, NJW 2009, 3371, 3373.
1189 *Fries*, Verbraucherrechtsdurchsetzung, S. 181.

zen des Handelns für den Verwender bzw. Unternehmer deutlich.[1190] Damit der Verbraucher die potentielle Möglichkeit hat, sich über etwaige unlautere Methoden zu informieren, müssen die Türen zu den Verhandlungen im Grundsatz offenstehen. Dem entspricht es, dass die klagenden Verbände letztlich zugleich auch Gruppeninteressen ihrer Mitglieder wahrnehmen. Dann muss es jedem Mitglied der Gruppe auch offenstehen, den laufenden Prozess verfolgen zu können. Schließlich geht es um Rechtsfragen, die potentiell jedes Mitglied der Gruppe betreffen können oder bereits betroffen haben. Dieser Gedanke spiegelt sich im Ansatz auch in der Norm des § 11 UKlaG wider, welche die Breitenwirkung der gerichtlichen Entscheidung beschreibt. Kommt es zu einer Verurteilung des Verwenders von AGB im Sinne von § 1 UKlaG, so ist die betroffene Klausel als unwirksam zu klassifizieren, sofern sich der betroffene Vertragsteil auf die Wirkung des Urteils beruft. Damit erstreckt sich die Wirkung des Urteils zumindest auf alle Vertragspartner des Verwenders.[1191] Da sich diese aber aktiv auf die Wirkung berufen müssen, erscheint es auch unter diesem Blickwinkel angebracht, eine Gerichtsöffentlichkeit zuzulassen. Andere Vertragspartner können dann stets den aktuellen Stand der Auseinandersetzung prüfen.

Ist dies sichergestellt, können sich die typischen Ängste des Verbrauchers vor einer Konfliktsituation mit einem Unternehmer relativieren. Denn durch die Öffentlichkeit kann jedermann seine Rechtskenntnis erweitern und sieht zugleich, dass sich eine prozessuale Auseinandersetzung lohnt. Die Hemmschwelle vor einem gerichtlichen Vorgehen seitens des Verbrauchers kann dadurch abgesenkt werden.

Neben den Verbandsklagen bilden Gruppenverfahren bzw. -klagen, oft auch als Sammelklagen bezeichnet, das zweite Instrument kollektiven Rechtsschutzes.[1192] Daran knüpft die zweite Alternative des § 169 a Abs. 2 Nr. 3 GVG an. Generell kann unterschieden werden zwischen Gruppenverfahren, die am Ende nur Verfahrensbeteiligte binden, und solchen, die sich auch auf Externe erstrecken lassen. Zudem existieren mit dem *opt-in-* und *opt-out*-Verfahren zwei unterschiedlich ausgestaltete Grundmodelle.[1193] In Deutschland besteht die Möglichkeit von Gruppenverfahren nur begrenzt.

1190 *Klocke*, Rechtsschutz, S. 20.
1191 *Klocke*, Rechtsschutz, S. 100.
1192 *Fries*, Verbraucherrechtsdurchsetzung, S. 173.
1193 *Opt-in:* Anspruchsinhaber muss eigene Initiative ergreifen, um am Prozess teilhaben zu können; *opt-out:* Verfahren umfasst alle in Betracht kommenden Anspruchsinhaber, solange diese einer Verfahrensbeteiligung nicht aktiv widersprechen.

Im Bereich des Kapitalanlagerechts hat sich der Gesetzgeber 2005 für ein *opt-in*-Verfahren entschieden und ein solches im Kapitalanleger-Musterverfahrensgesetz eingefügt.[1194] Damit erschöpft sich die Anwendbarkeit eines Musterverfahrens derzeit auf dem Bereich des Kapitalmarktrechts, wo durch den gewährten kollektiven Rechtsschutz eine Bündelung von Schadensersatzansprüchen erreicht werden kann.[1195] Ziel dieses kollektiven Rechtsschutzinstruments ist es auch hier, den sogenannten Streuschäden wirksam zu begegnen. Der einzelne Geschädigte hat aus kapitalmarktrechtlicher Sicht einen vergleichsweise geringen Schaden, sodass sich ein klassischer Zivilprozess aus Kosten- und Zeitgründen kaum lohnt.[1196] Würde in derartigen Fällen jeder Geschädigte separat klagen, bestünde darüber hinaus die Gefahr, dass die Leistungsfähigkeit des Schädigers schon vor Befriedigung aller Ersatzansprüche erschöpft ist.[1197] Derartige Schwierigkeiten sollen mit dem Kapitalanlegermusterverfahren wirksam eingedämmt werden. Zugleich ist eine Stärkung der zivil- und kapitalmarktrechtlichen Informations- und Prospekthaftung angestrebt.[1198]

Im Zentrum eines solchen Verfahrens steht daher ein sogenannter Musterprozess. Durch diesen sollen mittels einer Zwischenfeststellung Tatsachen- und Rechtsfragen geklärt werden, die sich in einer Vielzahl gleichartiger Verfahren ergeben, sodass eine einheitliche und verbindliche Entscheidung für alle Verfahren garantiert ist[1199], vgl. § 22 KapMuG. Nicht umsonst wird in diesem Kontext auch von einer „schnelleren, ökonomischeren und gerechteren Auflösung von Konflikten im Kapitalmarktbereich" gesprochen, durch die die Rechtsdurchsetzung des Einzelnen optimiert wird.[1200] Um ein Musterverfahren in Gang zu setzen[1201], muss der Kläger oder Beklagte einen Musterfeststellungsantrag beim Ausgangsgericht stellen, vgl. § 1 Abs. 1 S. 1 KapMuG. Dieser wird im Klageregister veröffentlicht, das Verfahren wird unterbrochen. Erst wenn beim Prozessge-

---

1194 *Fries*, Verbraucherrechtsdurchsetzung, S. 175.

1195 *Leser*, Bindungswirkung des Musterentscheids, S. 21.

1196 *Leser*, Bindungswirkung des Musterentscheids, S. 26; *Reuschle*, NZG 2004, 590; *Plaßmeier*, NZG 2005, 609.

1197 *Leser*, Bindungswirkung des Musterentscheids, S. 27 f.

1198 *Reuschle*, NZG 2004, 590.

1199 *Leser*, Bindungswirkung des Musterentscheids, S. 22; *Fries*, Verbraucherrechtsdurchsetzung, S. 175; *Reuschle*, NZG 2004, 590, 591; *Plaßmeier*, NZG 2005, 609, 610.

1200 *Leser*, Bindungswirkung des Musterentscheids, S. 47.

1201 Ausführlich zum Ablauf des gesamten Verfahrens: *Leser*, Bindungswirkung des Musterentscheids, S. 54ff.

richt oder einem anderen erstinstanzlichen Gericht neun weitere gleichgerichtete Anträge dieser Art erfolgt sind, hat eine Entscheidung des Oberlandesgerichts zu ergehen.[1202] Das für die Musterfragen zuständige Oberlandesgericht hat nach Vorlagebeschluss des Ausgangsgerichts gemäß § 9 Abs. 2 KapMuG einen Musterkläger zu wählen. Sämtliche andere Kläger dürfen dem Verfahren nach Abs. 3 nur noch als Beigeladene, die rechtlich die vergleichbare Stellung eines einfachen Nebenintervenienten gemäß § 67 ZPO einnehmen[1203], beiwohnen. Sämtliche Ausgangsverfahren und noch anhängig werdende Verfahren werden ausgesetzt, § 8 Abs. 1 S. 1 KapMuG. Nach Durchführung des Musterverfahrens vor dem Oberlandesgericht und Erhalt des rechtskräftigen Musterentscheids werden die Ausgangsverfahren fortgesetzt und in diesen über die Schadensersatzansprüche entschieden.[1204] Andere Anspruchsinhaber, die sich gegen eine Partizipation am Prozess entschieden haben, kommen dagegen nicht in den Genuss der Bindungswirkung des Musterentscheids über § 22 KapMuG, sie können aber ihre Forderungen gemäß § 10 Abs. 2, 3 KapMuG anmelden.

Die Beibehaltung der Gerichtsöffentlichkeit für den Bereich der Musterverfahren hat sich zunächst auf die Verhandlung vor dem Oberlandesgericht zu beziehen. Dass das Verfahren dort prinzipiell öffentlich ausgestaltet ist, zeigt § 16 Abs. 1 S. 1 KapMuG. Das Oberlandesgericht hat den Musterentscheid in mündlicher Verhandlung zu erlassen, sodass auch von einer gerichtlichen Öffentlichkeit auszugehen ist. Diese muss einer Disposition entzogen bleiben. Denn mit dem Musterentscheid werden grundlegende Tatsachen- und Rechtsfragen geklärt, die sich nicht auf einen klassischen Zwei-Parteien-Prozess beschränken, sondern eine Breitenwirkung für eine Vielzahl gleichgelagerter Fälle entfalten. Die Entscheidung des Oberlandesgerichts beeinflusst minimal 10 Prozesse, da es neun weiterer Anträge bedarf, damit das Ausgangsgericht überhaupt einen Vorlagebeschluss erlässt. Das öffentliche Interesse ist daher weitaus größer als bei nur einem Prozess, zumal es sich bei der Verhandlung vor dem Oberlandesgericht um einen Musterprozess handelt, der als Vorlage für weitere gleichgelagerte Fälle fungiert. Zwar werden die Kläger der ausgesetzten übrigen Prozesse als Beigeladene ohnehin ein Zutrittsrecht haben, da sie durch ihre rechtliche Stellung nicht unter den Begriff der Öffentlichkeit fallen. Das heißt

---

1202 *Leser*, Bindungswirkung des Musterentscheids, S. 62.
1203 *Reuschle*, NZG 2004, 590, 593; *Plaßmeier*, NZG 2005, 609, 612; *Leser*, Bindungswirkung des Musterentscheids, S. 64.
1204 *Leser*, Bindungswirkung des Musterentscheids, S. 51; *Reuschle*, NZG 2004, 590, 593.

aber nicht, dass darüber hinaus kein Interesse an der Verfolgung des Prozesses bestünde. Nicht nur diejenigen, die sich bereits aktiv für einen Prozess und eine Beteiligung am Musterverfahren entschieden haben, wollen den Ausgang der Verhandlung mitverfolgen können. Auch unentschlossene Dritte, die sich in einer vergleichbaren Situation befinden, den gerichtlichen Weg aber noch nicht eingeschlagen haben, wollen informiert bleiben. Das wird auch dadurch bestätigt, dass die nicht am Prozess teilnehmenden Anspruchsinhaber ihre Forderungen zwar anmelden können, nicht aber von der Bindungswirkung profitieren. In einer solchen Situation verbleibt dennoch ein Interesse, sich durch das Zutrittsrecht über den Gang der Verhandlung dauerhaft und persönlich auf dem Laufenden zu halten. Denn die eigene Forderung ist dann zumindest auch Teil des Geschehens. Da das Verfahren nach dem KapMuG auch darauf ausgelegt ist, Streuschäden zu bekämpfen, sollte die Öffentlichkeit einer Disposition entzogen bleiben, damit sich jeder Betroffene vor Augen führen kann, dass ein prozessuales Vorgehen durchaus erfolgsversprechend enden kann.

Um einen umfassenden Informationsfluss zu gewähren und die einzelnen Schritte des Musterverfahrens nicht unterschiedlich zu behandeln, ist die Öffentlichkeit auch in den Verhandlungen vor den Ausgangsgerichten zu wahren. Das betrifft nicht nur den Zeitraum bis zur Aussetzung bzw. Unterbrechung aufgrund des Vorlagebeschlusses, sondern auch die Zeit nach dem Erlass des Musterentscheids durch das Oberlandesgericht. Denn die Ausgangsgerichte haben im Anschluss an die Entscheidung des Oberlandesgerichts noch über die Ansprüche zu entscheiden. Es wäre daher sinnwidrig, die Öffentlichkeit in der entscheidenden Phase der Verhandlung auszuschließen. Das Oberlandesgericht bereitet den Weg zu einer einheitlichen Entscheidung aller Ausgangsgerichte vor. Beendet wird der Prozess aber durch das Ausgangsgericht selbst. Um die Konsequenzen der Entscheidung des Oberlandesgerichts nachvollziehen und letztlich das Entscheidende – hier die rechtskräftig werdende Endentscheidung – miterleben zu können, verbietet sich auch in diesem Bereich eine Disposition. Dasselbe gilt für alle Verfahren vor den Ausgangsgerichten, die potentiell in den Anwendungsbereich des KapMuG fallen können, bei denen ein Vorlagebeschluss aber bisher noch nicht ergangen ist. Zwar ist nicht stets vorhersehbar, ob es zu einem Musterverfahren kommen wird, da es insoweit einer größeren Zahl an Musterfeststellungsanträgen bedarf. Die Prozesse sind aber letztlich Teil des Musterverfahrens, was sich auch daraus ergibt, dass einer der Prozesse als Musterprozess vom Oberlandesgericht ausgewählt wird. Es ist daher nicht angezeigt, die Disposition erst vor dem Oberlandesgericht auszuschließen. Dritte müssen die Möglichkeit haben, den Prozess schon davor zu kennen. Dann wissen sie zugleich auch, welche Tatsachen- bzw. Rechtsfragen zu klären sind, und erkennen die relevante Hauptfrage des Prozesses. Dagegen spricht auch nicht, dass sich dann entgegen der prinzipiellen Befürwortung einer allgemeinen Dispositionsbefugnis de facto wieder eine weitreichende Öffentlichkeit ergibt. Denn das KapMuG ist in seinem sachlichen Anwendungsbereich schon eng gehalten und betrifft einen speziellen Rechtsbereich, sodass vom hier vertretenen Ausschluss der Dispositionsmöglichkeit vergleichsweise wenig Verfahren betroffen sein werden. Nicht zuletzt rechtfertigt sich die Gerichtsöffentlichkeit auch aus dem gesamtwirtschaftlichen Kontext heraus. Der Einzelne hat zwar mit einem Streuschaden regelmäßig geringe wirtschaftliche Einbußen erlitten. Betrachtet man aber das gesamte Konstrukt des Musterprozesses, so ergibt sich ein immenser wirtschaftlicher Schaden durch Addition der Streuschäden bei einer Vielzahl an Betroffenen. Aufgrund dieser gesamtwirtschaftlichen Bedeutung der Sache ist es daher angezeigt, die Öffentlichkeit zu erhalten.

Zu unterstreichen ist abschließend die allgemein gehaltene Formulierung des § 169 a Abs. 2 Nr. 3 GVG. Der Wortlaut spricht lediglich von Musterverfahren, konkretisiert diesen Begriff aber nicht weiter durch Bezugnahme auf das KapMuG. Insoweit handelt es sich um eine zukunftsorientierte Formulierung, um etwaige Gesetzesvorhaben zu umfassen, die ebenfalls einen Musterprozess anstreben. Anlass dazu bietet nicht zuletzt das Gesetz zur Einführung einer zivilprozessualen Musterfeststellungsklage vom 12. Juli 2018.[1205] Ziel dieses Gesetzes ist es ausweislich des § 606 Abs. 1 ZPO, die Feststellung des Vorliegens oder Nichtvorliegens von Voraussetzungen für das Bestehen oder Nichtbestehen eines Anspruchs oder Rechtsverhältnisses zwischen Verbrauchern und Unternehmern zu ermöglichen. Die Musterfeststellungsklage soll dabei nach § 606 Abs. 2 Nr. 2 ZPO nur zulässig sein, wenn glaubhaft gemacht wird, dass von den Feststellungszielen nach Abs. 1 die Ansprüche oder Rechtsverhältnisse von einer Mindestzahl an Verbrauchern abhängen. Im Gegensatz zum KapMuG hat die Erhebung der Musterklage jedoch von den aus dem Bereich der Verbandsklage bekannten „qualifizierten Einrichtungen" zu erfolgen, vgl. § 606 Abs. 1 ZPO. Damit kann ein derartiges Verfahren nicht auf Initiative eines Betroffenen eingeleitet werden, obwohl dies im kapitalmarktrechtlichen Kontext möglich ist.[1206] Um diese neuen Musterfeststellungsklagen ebenfalls in den Anwendungsbereich der Norm einzuschlie-

---

1205 BGBl. 2018 I, Nr. 26, S. 1151ff.
1206 *Halfmeier*, ZRP 2017, 201.

ßen, ohne eine Neuformulierung vornehmen zu müssen, bietet sich eine neutral gehaltene Formulierung an. Dann entstünde zwar eine weitreichendere Öffentlichkeit, die einer parteilichen Disposition entzogen wäre. Denn eine Musterfeststellungsklage im Verbraucherbereich wird regelmäßig öfter zur Anwendung gelangen als ein Musterverfahren im speziellen Anwendungsbereich des KapMuG. Das große öffentliche Interesse und die Verbraucherstellung gebieten es in solchen Fällen aber, eine Dispositionsbefugnis zu versagen.

dd) Gericht des letzten Rechtszuges, § 169 a Abs. 2 Nr. 4 GVG

Die abschließende Nr. 4 der Vorschrift hat die Tätigkeit des Gerichts des letzten Rechtszuges im Blick und legitimiert sich aus der Bedeutung des Instanzenzuges und der Aufgabe der Revision heraus. Einzugestehen ist zunächst, dass Verfahren mit mündlicher Verhandlung vor dem Bundesgerichtshof in Zivilsachen nicht zwingend sind. Mündlich verhandelt wird, wenn der Bundesgerichtshof auf die Nichtzulassungsbeschwerde nach § 544 Abs. 1 S. 1 ZPO hin die Revision zulässt. Dasselbe gilt, wenn er die Sprungrevision eröffnet. Lässt das Berufungsgericht die Revision zu, ist zwar ebenfalls eine mündliche Verhandlung vorgesehen, vgl. § 553 Abs. 1 ZPO. Der Bundesgerichtshof kann eine Revision aber durch Beschluss als unzulässig verwerfen oder eine zugelassene Revision unter den Voraussetzungen des § 552 a ZPO durch einstimmigen Beschluss zurückweisen. Dann findet auch keine mündliche Verhandlung statt. Die übrigen Verfahren werden schriftlich abgehalten. Dennoch legitimiert sich die Gerichtsöffentlichkeit in den Fällen, in denen der Bundesgerichtshof mündlich verhandelt, aus der Bedeutung der Revision heraus. Findet vor dem Gericht des letzten Rechtszuges eine mündliche Verhandlung statt, hat diese auch zwingend öffentlich zu erfolgen – denn andernfalls würde man die Aufgaben der Revision, wie im Folgenden dargestellt, entwerten.

Voraussetzung für die Statthaftigkeit der Revision ist ihre Zulassung gemäß § 543 Abs. 1 ZPO. Abs. 2 der Vorschrift bestimmt, wann eine derartige Zulassung zu erfolgen hat. Sofern die Sache grundsätzliche Bedeutung aufweist (Nr. 1) oder die Fortbildung des Rechts bzw. die Einheitlichkeit der Rechtsprechung in Rede steht (Nr. 2), muss es zum Tätigwerden des Revisionsgerichts kommen. Die genannten Zulassungsgründe orientieren sich an dem öffentlichen Interesse einer Entscheidung und verdeutlichen die Leitbildfunktion des Bundesgerichtshofs in allen Bereichen, in denen das allgemeine Interesse eine Entscheidung des Revisionsgerichts verlangt.[1207] Insbesondere geht es auch darum, die Revision für Angelegenheiten zu ermöglichen, in denen das Vertrauen in die Rechtsprechung als Ganzes erschüttert wurde.[1208]

Konkretisiert wird dieser Gedanke im Anwendungsbereich des § 543 Abs. 2 Nr. 1 ZPO dadurch, dass für die *grundsätzliche Bedeutung* eine klärungsbedürftige und -fähige Rechtsfrage in Rede stehen muss, die über einen bloßen Einzelfall hinaus auch in einer unbestimmten Anzahl an weiteren Fällen bedeutsam ist und daher das abstrakte Interesse der Allgemeinheit an einheitlicher Rechtsentwicklung und -handhabung tangiert.[1209] Die Klärungsbedürftigkeit besteht insbesondere dann, wenn Umfang oder Bedeutung einer Rechtsnorm ungeklärt sind oder über das Verhältnis verschiedener Normen Streit besteht.[1210] Denn dann fällt der Entscheidung des Revisionsgerichts zugleich Leitbildcharakter zu[1211], wodurch der Bevölkerung eine klare Orientierung an der gegebenen Rechtslage ermöglicht wird. Typischerweise sind davon Entscheidungen im Wettbewerbs- oder Urheberrecht betroffen; aber auch Musterprozesse oder Verfahren, in denen es um die Auslegung von wiederkehrenden Vertragsbestimmungen oder AGB geht, fallen hierunter.[1212]

Anhand dieser Ausführungen lassen sich bereits die Gründe für die Ausnahmevorschrift des § 169 a Abs. 2 Nr. 4 GVG erahnen: Erneut ist das öffentliche Interesse der Allgemeinheit in besonderem Maße ausgeprägt. Denn es geht letztlich nicht nur um einen individualisierten Fall, der vor dem Revisionsgericht verhandelt wird. Die Entscheidung hat regelmäßig Auswirkungen auf eine Vielzahl gleichgelagerter Fälle und soll verbindlich klären, wie die Rechtsfrage zu lösen ist. Ziel ist es, für die relevante Rechtsfrage ein Gefühl der Rechtssicherheit zu erzeugen. Dem widerspräche es aber, wenn die Klärung der Frage hinter verschlossenen Türen stattfände. Denn Zweck des Öffentlichkeitsgrundsatzes ist es auch, das Informationsinteresse und die Rechtskenntniserweiterung der Allgemeinheit zu stärken. Würde man nun aber zu dem Schluss kommen, dass die Tätigkeit des

---

1207 MüKo/*Krüger*, ZPO Band 2, § 543 Rn. 3; Stein/Jonas/*Jacobs*, ZPO Band 2, § 543 Rn. 3; Musielak/Voit/*Ball*, § 543 Rn. 4.

1208 MüKo/*Krüger*, ZPO Band 2, § 543 Rn. 3.

1209 Siehe BT-Drucksache 14/4722, S. 104; BGHZ 154, 288, 291; Stein/Jonas/*Jacobs*, ZPO Band 2, § 543 Rn. 5; MüKo/*Krüger*, ZPO Band 2, § 543 Rn. 6.

1210 MüKo/*Krüger*, ZPO Band 2, § 543 Rn. 7.

1211 MüKo/*Krüger*, ZPO Band 2, § 543 Rn. 8; Stein/Jonas/*Jacobs*, ZPO Band 2, § 543 Rn. 8.

1212 Siehe BT-Drucksache 14/4722, S. 104; MüKo/*Krüger*, ZPO Band 2, § 543 Rn. 8; Stein/Jonas/*Jacobs*, ZPO Band 2, § 543 Rn. 8; Musielak/Voit/*Ball*, § 543 Rn. 6.

Revisionsgerichts auf Parteiantrag ohne Gerichtsöffentlichkeit zu erfolgen habe, würde man beide Zwecke gerade für den Bereich aushöhlen, in dem das Informations- und Kenntnisinteresse Dritter stark ausgeprägt ist. Denn die Entscheidung soll eine Orientierungshilfe bieten und der Allgemeinheit vor Augen führen, wie die Rechtsfrage zu handhaben ist. Folglich muss alles dafür getan werden, um dieses Anliegen in größtmöglichem Maße zu realisieren. Das gebietet aber, die unbeschränkte Gerichtsöffentlichkeit zu wahren, sofern mündlich verhandelt wird, damit jeder Interessierte die Tragweite der Entscheidung höchstpersönlich verfolgen kann. Hinzu kommt, dass die Tätigkeit des Revisionsgerichts auch dafür gedacht ist, vertrauensstabilisierend in Hinblick auf das geltende Recht zu wirken. Vertrauen stellt sich aber naturgemäß nur dann ein, wenn keine Barrieren errichtet werden, die das Vertrauen schmälern. Nichtöffentlichkeit nährt indes den Verdacht der Geheimjustiz und weckt Misstrauen. Soll das Revisionsgericht aber in besonderem Maße Vertrauen generieren, müssen die Türen zum Gerichtssaal offen bleiben. Nur dann ist gewährleistet, dass es nichts zu verbergen gibt und sich jeder über das geltende Recht und die damit verbundenen strittigen Rechtsfragen informieren kann, die auf die Allgemeinheit ausstrahlen.

Ähnliche Erwägungen lassen sich ebenfalls für § 543 Abs. 2 Nr. 2 ZPO aufstellen. Die *Fortbildung des Rechts* korrespondiert im Wesentlichen mit der Nr. 1. Erneut geht es darum, Leitsätze zur Auslegung von Gesetzen zu bestimmen oder Gesetzeslücken zu schließen.[1213] Das Erfordernis besteht vor allem dann, wenn ein verallgemeinerungsfähiger Lebenssachverhalt zum Zwecke seiner rechtlichen Beurteilung noch einer richtungsweisenden Orientierungshilfe bedarf, was insbesondere für Rechtsgebiete der Fall ist, die einem dynamischen Entwicklungsprozess unterliegen.[1214] Die Orientierungshilfe nützt aber nur dann etwas, wenn sie ohne Schwierigkeiten wahrgenommen werden kann. Von einer Fortbildung des Rechts kann hier nur gesprochen werden, wenn sich die Betroffen jederzeit nach Belieben über die Entwicklung informieren können. Gerade in den Bereichen, die einem schnellen Rechtswandel unterliegen, muss gesichert sein, dass die Interessierten ungehindert auf die Veränderungen aufmerksam werden. Durch die Fortbildung des Rechts können hier ganze Rechtsbereiche betroffen sein, die über einen Fall hinaus dauerhafte Bedeutung erlangen.

1213 Siehe BT-Drucksache 14/4722, S. 104; MüKo/*Krüger*, ZPO Band 2, § 543 Rn. 11; Musielak/Voit/*Ball*, § 543 Rn. 7.

1214 MüKo/*Krüger*, ZPO Band 2, § 543 Rn. 11; Stein/Jonas/*Jacobs*, ZPO Band 2, § 543 Rn. 9; Musielak/Voit/*Ball*, § 543 Rn. 7.

Daher besteht ein erhöhtes öffentliches Interesse an der jeweils vor dem Revisionsgericht stattfindenden mündlichen Verhandlung, sodass es sich verbietet, den Parteien die Disposition über die Öffentlichkeit an die Hand zu geben. Dadurch würden sie ansonsten die Rechtsfortbildung und deren Wirkung unzulässigerweise einschränken. Schließlich verliert der konkrete Individualprozess der Parteien in derartigen Fällen an Bedeutung, wohingegen das abstrakte Allgemeininteresse an der Rechtsentwicklung und -handhabung steigt. Daher haben sich die Parteien zum Wohle der Allgemeinheit mit ihren Interessen unterzuordnen.

Die zweite Variante der Nr. 2, die *Sicherung einer einheitlichen Rechtsprechung*, greift ein, wenn mit Blick auf den Gesamtkontext schwer erträgliche Unterschiede in der Rechtsprechung entstehen oder fortbestehen.[1215] Neben den Fällen der Divergenz fallen auch verfahrensrechtliche oder materiell-rechtliche Fehler unter diesen Zulassungsgrund, sofern diese Fehler über den Individualfall hinaus auch auf allgemeine Interessen einwirken.[1216] Dazu muss es sich um Fehler von erheblichem Gewicht handeln, die das Vertrauen in die Dritte Gewalt[1217] erschüttern könnten. Insbesondere wenn die Gefahr droht, dass sich der Fehler wiederholt oder nachgeahmt wird, ist es Aufgabe des Revisionsgerichts, klarstellend tätig zu werden.[1218] Im Vordergrund dieses Zulassungsgrundes steht somit das Aufrechterhalten des Vertrauens in eine funktionierende Rechtsprechungstätigkeit. Der Öffentlichkeitsgrundsatz verfolgt gerade diese notwendige Vertrauensbildung in der Bevölkerung, indem er die jederzeitige Zutrittsmöglichkeit gewährt. Auch hier würde man den Telos des § 543 Abs. 2 Nr. 2 ZPO entwerten, wenn man sich auf den Standpunkt stellte, eine Disposition über die Öffentlichkeit sei zuzulassen. Fehler im materiell-rechtlichen oder verfahrensrechtlichen Bereich müssen vor den Augen der Öffentlichkeit behandelt und aufgelöst werden. Denn derartigen Fehlern fällt eine symptomatische Bedeutung zu, die sich über den Einzelfall hinaus auch auf die Allgemeininteressen erstreckt.[1219] Nur durch die Öffentlichkeit wird dann sichergestellt, dass niemand ein Interesse daran hat, Unzuläng-

---

1215 Stein/Jonas/*Jacobs*, ZPO Band 2, § 543 Rn. 10; MüKo/*Krüger*, ZPO Band 2, § 543 Rn. 12; Musielak/Voit/*Ball*, § 543 Rn. 8 a.

1216 Stein/Jonas/*Jacobs*, ZPO Band 2, § 543 Rn. 10 f.; MüKo/*Krüger*, ZPO Band 2, § 543 Rn. 12.

1217 Siehe BT-Drucksache 14/4722, S. 104; MüKo/*Krüger*, ZPO Band 2, § 543 Rn. 12.

1218 Stein/Jonas/*Jacobs*, ZPO Band 2, § 543 Rn. 11; MüKo/*Krüger*, ZPO Band 2, § 543 Rn. 17 f.; Musielak/Voit/*Ball*, § 543 Rn. 8 b.

1219 BGHZ 152, 182, 187; Stein/Jonas/*Jacobs*, ZPO Band 2, § 543 Rn. 17.

lichkeiten der Dritten Gewalt bei der Rechtsanwendung zu verbergen. Anders ist Vertrauen nicht herzustellen.

d) Erläuterungen zu Abs. 3

Abs. 3 soll der Situation Rechnung tragen, in der beide Prozessparteien einen Ausschluss der Öffentlichkeit präferieren. Die voranstehenden Untersuchungen haben gezeigt, dass selbst bei Zugrundelegung einer feindseligen Haltung der Parteien zueinander durchaus ein gleichgerichtetes Interesse an der Nichtöffentlichkeit bestehen kann. Hervorzuheben sind in diesem Kontext typische Familienstreitigkeiten, die nicht von § 170 GVG umfasst werden, sowie langjährige Geschäftsbeziehungen, die auch nach dem Prozess weiterlaufen sollen. Nicht zuletzt kann es durchaus auch vorkommen, dass beide Seiten mit fragwürdigen Mitteln und Methoden operiert haben. Dann ist das Interesse an einer nichtöffentlichen Verhandlung deshalb zu bejahen, weil andernfalls der gute Ruf in der Gesellschaft geschmälert werden würde. Insbesondere für Gewerbetreibende und Unternehmer kann dies verheerende Auswirkungen haben, da diese Personengruppe für ihre Tätigkeit am Markt auch auf positive Kundenresonanz angewiesen ist. Schon der Verdacht mangelbehafteter Produkte oder unzulänglicher Serviceleistungen kann dazu führen, dass sich der Kunde umorientiert. Insoweit dürfte es den Anbietern nur recht sein, die Öffentlichkeit auszuschließen.

Abs. 3 eröffnet der anderen Partei die Möglichkeit, sich dem Antrag des Gegners auf Ausschluss der Öffentlichkeit anzuschließen. Entscheidet sich die Partei dafür, dem Antrag zu folgen, kommt es zu einer Modifikation der Rechtsfolgen aus Abs. 1. Das gerichtliche Ermessen entfällt und das Gericht hat die Öffentlichkeit zwingend auszuschließen. Die einschränkende gerichtliche Überprüfbarkeit ist in diesem Zusammenhang berechtigt, da es eines zusätzlichen Schutzes für den Gegner nicht mehr bedarf. Sinn und Zweck des gerichtlichen Ermessens ist es, die Interessen der gegnerischen Partei ausreichend zu würdigen und nicht vorschnell einen Öffentlichkeitsausschluss herbeizuführen. Auch unter Berücksichtigung der Gesamtsituation soll das Gericht im Anwendungsbereich des Abs. 1 entscheiden, ob die Öffentlichkeit trotz der drohenden Beeinträchtigung von verfassungsmäßigen Werten aufrechterhalten werden soll. Schließt sich der Gegner indes dem Antrag an, muss das Gericht seine schutzwürdigen Interessen nicht mehr gesondert überprüfen. Die Parteiherrschaft des Zivilprozesses erlaubt es hier, dem Wunsch der sich anschließenden Partei Folge zu leisten. Damit wird auch nicht vorschnell ein Öffentlichkeitsausschluss erreicht. Denn Abs. 3 bestimmt explizit, dass die übrigen Voraussetzungen des Abs. 1 weiterhin vorliegen müssen. Daher kann der Antrag nur Erfolg haben, wenn verfassungsmäßige Werte betroffen sind und das Interesse an einer öffentlichen Erörterung der Sache nicht überwiegt. Zu berücksichtigen ist dabei nach wie vor der Katalog aus Abs. 2. Dieser Mechanismus garantiert zum einen, dass die Öffentlichkeit nur unter denselben strengen Voraussetzungen des Abs. 1 ausgeschlossen werden kann und die Norm den Parteien nicht die Möglichkeit gibt, den Verfassungswert der Öffentlichkeit durch geschicktes Zusammenwirken auszuhöhlen. Zum anderen verhilft Abs. 3 den Parteien dazu, eine sicherere Einschätzung über die Erfolgschancen des Öffentlichkeitsausschlusses zu erhalten. Denn sofern die Tatbestandsvoraussetzungen des § 169 a Abs. 1 GVG vorliegen, ist garantiert, dass das Gericht ausschließen muss. Insoweit besteht eine Annäherung an das schiedsgerichtliche Verfahren, in dem der Ausschluss auch sicher vorhersehbar ist.

Zu fragen bleibt, wie der Anschluss an den Antrag zu erfolgen hat. Die Erklärung richtet sich grundsätzlich an das Gericht als Erklärungsempfänger und hat im Anschluss an den Antrag des Gegners im Sinne des Abs. 1 zu erfolgen. Der Gegner hat sich zu entscheiden, ob er dem Antrag folgen möchte. Nur so wird sichergestellt, dass die Rechtsfolgen des Abs. 1 klar und deutlich feststehen. Regelmäßig wird der Anschluss im Rahmen der mündlichen Verhandlung erfolgen. Für den seltenen Fall, dass der Ausschluss außerhalb der mündlichen Verhandlung beantragt wurde, kann der Anschluss ebenfalls durch Schriftsatz verwirklicht werden. Das Gericht hat mitzuteilen, dass ein Antrag auf Öffentlichkeitsausschluss gestellt wurde. Klärungsbedürftig ist an dieser Stelle, ob die Erklärung ausdrücklich zu erfolgen hat. Dies wurde im Rahmen des Abs. 2 Nr. 2 für die Konstellationen bejaht, in denen der Ausschluss auch im Interesse des Mieters bzw. Verbrauchers erfolgt und der Antrag vom sozial Stärkeren ausging.[1220] Zum Schutze der regelmäßig schwächeren Partei ist es dort angezeigt, eine ausdrückliche Erklärung zu verlangen, um den sozial Schwächeren vor den Folgen des vorschnellen Öffentlichkeitsausschlusses zu schützen und die Allgemeininteressen nicht gänzlich vom zufälligen Verhalten der Prozesspartei abhängig zu machen. Denn es geht auch darum, die Ausnahme des Abs. 2 aktiv umzukehren. Dann muss auch die sozial schwächere Partei aktiv zustimmen. Indes ist damit nicht gesagt, dass für die übrigen Konstellationen, in denen eine Partei keine schutzwürdigere Rolle als ihr

---

1220 Siehe 3. Kapitel, C, III, c, bb, (3).

Gegner einnimmt, auch eine ausdrückliche Erklärung notwendig ist. Schaut man sich die prozessrechtlichen Institute der ZPO nochmals an, stößt man auf die Möglichkeit der rügelosen Verhandlung, § 39 ZPO. Danach wird ein eigentlich unzuständiges Gericht des ersten Rechtszuges zuständig, sofern der Beklagte mündlich zur Hauptsache verhandelt, ohne die Unzuständigkeit zu rügen. Sinn und Zweck der Vorschrift ist es zum einen zu vermeiden, dass der Beklagte im laufenden Verfahren nach seinem Gutdünken noch die Zuständigkeit eines anderen Gerichts herstellt, indem er nachträglich die Unzuständigkeit rügt.[1221] Gefördert wird dadurch zum anderen auch die Prozessbeschleunigung[1222], da sichergestellt wird, dass das Verfahren ohne Unterbrechungen und Rügen fortgesetzt werden kann. Vergleicht man die beiden Situationen, ist die Gefahr, dass der Prozessgegner im laufenden Verfahren durch sein Verhalten noch eine abweichende Entscheidung in Hinblick auf die Gerichtsöffentlichkeit herbeiführen könnte, nicht existent. Denn selbst wenn man davon ausginge, sein rügeloses Einlassen sei nicht als Anschluss an den Antrag zu werten, entscheidet das Gericht gemäß § 169 a Abs. 1 GVG über den Ausschluss der Öffentlichkeit, dann auf Rechtsfolgenseite mit zusätzlichem Ermessen. Ist diese Entscheidung getroffen worden, kann der Prozessgegner im weiteren Verlauf der Verhandlung mit seinem Verhalten nichts mehr daran ändern. Denn nach der Entscheidung gibt es auch keinen Antrag auf Ausschluss der Öffentlichkeit mehr, an den er sich anschließen könnte. Der Antrag ist durch die gerichtliche Entscheidung quasi verbraucht worden. Sollten die Voraussetzungen vorliegen, kommt nur ein eigener Antrag in Betracht.

Der Gesichtspunkt der Prozessbeschleunigung tritt aber auch im Fragenkreis des Öffentlichkeitsausschlusses auf. Denn ohne die Zustimmung des Gegners ist das Gericht gezwungen, auf Rechtsfolgenseite noch sein Ermessen walten zu lassen und zu prüfen, inwieweit ein Öffentlichkeitsausschluss trotz der gegebenen Voraussetzungen sinnvoll erscheint. Das nimmt notwendigerweise mehr Zeit in Anspruch. Daher ist es zu befürworten, für Abs. 3 auch dann von einem Anschließen des Prozessgegners auszugehen, wenn sich dieser nicht explizit für den gestellten Antrag ausgesprochen hat. Sollte er sich – gegebenenfalls auf explizites Nachfragen des Gerichts – nicht befürwortend oder ablehnend zum Antrag äußern, ist von einer Zustimmung auszugehen. Letztmöglicher Zeitpunkt für die Äußerung muss dabei der Zeitpunkt sein, in dem das Gericht die tatbestandlichen Voraussetzungen des Abs. 1 abschließend geprüft hat und zum Er-

---

1221 MüKo/*Patzina*, ZPO Band 1, § 39 Rn. 1; Musielak/Voit/*Heinrich*, § 39 Rn. 1.
1222 MüKo/*Patzina*, ZPO Band 1, § 39 Rn. 1.

gebnis gekommen ist, dass das öffentliche Interesse einem Ausschluss nicht entgegensteht. Dann fehlt es nur noch an der Ausübung des Ermessens auf Rechtsfolgenseite, welches entscheidend vom Verhalten des Prozessgegners abhängt. Bis zu diesem Prüfungsschritt ist daher seine Zustimmung oder Ablehnung explizit möglich. Liegt keine Erklärung vor, ist von einem Anschluss an den Antrag auszugehen, um die Prozessökonomie zu fördern. Der Prozessgegner lässt sich dann auf den gestellten Antrag und die mögliche Konsequenz des Öffentlichkeitsausschlusses ein. Insoweit ähnelt die Konstellation § 39 ZPO. Der Unterschied zu § 169 a Abs. 2 Nr. 2 GVG besteht darin, dass das Gesetz nicht das Überwiegen von öffentlichen Interessen anordnet, wenn kein Verbraucher oder Mieter beteiligt ist. Daher wäre der Antrag auf Ausschluss der Öffentlichkeit auch ohne Zustimmung des Gegners vom Gericht zu prüfen, sodass man hier ein Einlassen als Zustimmung werten kann, um auf Rechtsfolgenseite prozessökonomische Ergebnisse zu erzielen. Bei den Konstellationen des Abs. 2 Nr. 2 ist dies nicht der Fall, da die Zustimmung des sozial Schwächeren die detaillierte gerichtliche Prüfung nach Abs. 1 erst eröffnet und dann dafür sorgt, dass nicht mehr automatisch von überwiegenden öffentlichen Interessen auszugehen ist. Das rechtfertigt dort das Erfordernis einer ausdrücklichen Zustimmung.

Zu beachten ist, dass es einer ausdrücklichen Hinweispflicht wie bei § 39 S. 2 ZPO nicht bedarf. Denn diese diente ursprünglich dazu, die Partei zu schützen, die vor dem Amtsgericht ohne anwaltliche Vertretung prozessiert, und soll den Beklagten in heutiger Zeit zwingen, sich bezüglich seiner Rechte, die sich infolge der gerichtlichen Unzuständigkeit ergeben, zu äußern.[1223] Geht es um den Öffentlichkeitsausschluss, macht es aber keinen Unterschied, ob der Prozess vor dem Amtsgericht oder Landgericht erfolgt. Die Konsequenzen bleiben dieselben. Rechte büßt die gegnerische Partei durch einen Ausschluss der Öffentlichkeit nicht ein, ein rechtsstaatliches Verfahren samt der damit verbundenen Garantien bleibt gewahrt. Denn selbst wenn sich der Gegner des Antragstellers gegen den Antrag ausspricht, kann das Gericht dennoch einen Ausschluss herbeiführen. Dann aber muss keine Hinweispflicht statuiert werden, wenn die Zustimmung des Gegners den Prüfprozess zwar erleichtern, nicht aber vollständig aussetzen kann. Unbenommen bleibt es dem Gericht natürlich, über das allgemeine Frage- bzw. Hinweisrecht auf die Möglichkeiten und Konsequenzen der Entscheidung aufmerksam zu machen.

1223 MüKo/*Deppenkemper*, ZPO Band 2, § 504 Rn. 1.

e) Erläuterungen zu Abs. 4

Unumgänglich ist die Anordnung der Unanfechtbarkeit der gerichtlichen Entscheidung. Die Regelung orientiert sich damit an den Bestimmungen der §§ 171 b, 172 GVG. Im Rahmen der gesetzlichen Ausschlussgründe ist anerkannt, dass die selbständige Anfechtung der Entscheidung über den Ausschluss bzw. Nichtausschluss der Öffentlichkeit nicht möglich ist.[1224] Das ist auch im Rahmen der Regelung über die Dispositionsmöglichkeit der Parteien folgerichtig, da man das Verfahren ansonsten um einen zusätzlichen Streitpunkt erweitern würde. Wäre die gerichtliche Entscheidung anfechtbar, würde der Prozess mehr Zeit in Anspruch nehmen und aus prozessökonomischer Sicht wäre wenig gewonnen. Zwar wäre eine Anfechtbarkeit nur außerhalb der Fälle des Abs. 3 relevant, wenn sich die Gegenpartei einem Anschluss verweigert. Indes sieht die Norm durch ihre Tatbestandsvoraussetzungen und das gerichtliche Ermessen genügend Schutzfilter vor, die eine umfassende Prüfung der Entscheidungsfindung garantieren. Es ist daher nicht notwendig, die gerichtliche Entscheidung einer selbständigen Anfechtbarkeit zu unterwerfen.

Unterschiede ergeben sich allein bei der Frage, ob über das Rechtsmittelverfahren gegen die Entscheidung in der Hauptsache eine Nachprüfbarkeit erreicht werden kann. Das ist bei § 171 b GVG nicht der Fall, wohingegen § 172 GVG eine derartige Kontrolle in Grenzen zulässt.[1225] § 169 a Abs. 4 GVG zieht dabei die Ausgestaltung des § 171 b GVG vor. Das bedeutet, dass es weder die Berufung noch die Revision ermöglichen, die Entscheidung der Vorinstanz hinsichtlich der Gerichtsöffentlichkeit zu überprüfen. Denn es gelten wieder die §§ 512, 557 Abs. 2 ZPO und § 169 a Abs. 4 GVG ordnet als Vorschrift für die Zivilgerichtsbarkeit die Unanfechtbarkeit gerade an. Hintergrund dieser strengen Regelung ist die Intention, die Gerichte von einer zögerlichen Anwendung der Norm abzuhalten. Allein die potentielle Gefahr, über die Rechtsmittel eine Aufhebung ihrer Entscheidung fürchten zu müssen, könnte dann dazu führen, dass § 169 a GVG in der Praxis nur selten angewandt wird. Dieses Szenario hat Abs. 4 im Blick und soll es nach Möglichkeit verhindern. Insoweit verhilft die Unanfechtbarkeit auch zu mehr Praxistauglichkeit.

Nichtsdestotrotz ist der Betroffene durch diese Regelung nicht komplett rechtsschutzlos gestellt. Denn selbst unanfechtbare Beschlüsse sind bei

---

1224 *Kissel/Mayer*, § 171 b Rn. 17 mit Verweis auf § 172 Rn. 13.
1225 Siehe dazu oben: 2. Kapitel, C, II, b, cc bzw. 2. Kapitel, C, III, c.

Grundrechtsverstößen anfechtbar.[1226] Wie auch im Rahmen des § 171 b GVG verbleibt es daher bei der Möglichkeit, Verfassungsbeschwerde zu erheben.[1227]

Ergänzend hebt Abs. 4 hervor, dass der Antrag der Partei auf Ausschluss der Öffentlichkeit nicht zurückgenommen werden kann. Grundsätzlich erscheint eine solche Anordnung zunächst verwunderlich, könnte man die mangelnde Rücknahmefähigkeit des Antrags auch durch allgemeine prozessrechtliche Grundsätze lösen. Denn bei dem Antrag auf Ausschluss handelt es sich um eine Prozesshandlung. Ziel ist es, eine gerichtliche Entscheidung herbeizuführen, sodass die Prozesshandlung nur mittelbar durch die daraufhin ergehende Gerichtsentscheidung auf den Prozess einwirkt, es handelt sich mithin um eine Erwirkungshandlung.[1228] Erwirkungshandlungen sind grundsätzlich solange einseitig widerruflich, bis eine Prozesssituation eintritt, die im Interesse des Prozessgegners nicht mehr ohne dessen Einwilligung aufgehoben werden darf.[1229] Gemessen an diesen Grundsätzen müsste der Antrag auf Ausschluss der Öffentlichkeit bis zu dem Zeitpunkt immer rücknahmefähig sein, in dem das Gericht eine Entscheidung fällt. Denn der Ausschluss dient vor allem dem Schutz verfassungsmäßiger Werte und somit dem Antragsteller. Der Gegner erlangt aber allein durch den Antrag auf Ausschluss keine gesicherte Rechtsposition. Erst wenn das Gericht entschieden hat, muss sich der Gegner darauf verlassen können, dass der Ausschluss bzw. Nichtausschluss definitiv ist. Abs. 4 möchte nun aber verhindern, dass der Antragsteller den Antrag zurücknimmt, während sich das Gericht in der Prüfungsphase befindet. Könnte der Antrag jederzeit zurückgenommen werden, hätte sich das Gericht unnötigerweise mit den mehrstufigen Voraussetzungen des Abs. 1 befasst. Aus prozessökonomischen Gründen muss es dem Antragsteller daher verwehrt bleiben, einen einmal gestellten Antrag zurückzunehmen, damit sich die gerichtliche Tätigkeit und Entscheidungsfindung nicht verzögert. Damit muss ein Antrag auch zwingend eine gerichtliche Entscheidung nach sich ziehen. Ansonsten drohte im Extremfall die Gefahr, dass missbräuchlich Anträge gestellt und der Widerruf derselben erklärt werden würde, um das Prozessgeschehen zu verschleppen. Nicht zuletzt ergibt sich die mangelnde Rücknahmefähigkeit des Antrags auch aus dem Aspekt des

---

1226 MüKo/*Zimmermann*, ZPO Band 3, § 171 b GVG Rn. 20 m.w.N.

1227 MüKo/*Zimmermann*, ZPO Band 3, § 171 b GVG Rn. 20; Stein/Jonas/*Jacobs*, ZPO Band 10, § 171 b GVG Rn. 11; *Kissel/Mayer*, § 171 b Rn. 19.

1228 Vgl. Musielak/Voit/*Musielak*, Einleitung, Rn. 61.

1229 Musielak/Voit/*Musielak*, Einleitung, Rn. 63.

öffentlichen Interesses. Die Prüfung und Entscheidung des Gerichts über den Öffentlichkeitsausschluss betrifft nicht nur die Parteien des Prozesses unmittelbar, sondern auch interessierte Dritte, die an der besagten Verhandlung teilnehmen wollen. Durch ständige Antrags- und Rücknahmemöglichkeiten würde sich auch bei diesen Unsicherheit dahingehend einstellen, ob die Verhandlung frei zugänglich bleibt oder nicht. Dadurch, dass der Antrag somit auch auf die öffentlichen Interessen von Außenstehenden einwirkt und den Kreis des klassischen Zwei-Parteien-Prozesses überschreitet, muss der Antragsteller in Kauf nehmen, die alleinige Herrschaft über den Antrag in die Hände des Gerichts zu überantworten. Nur so wird gewährleistet, dass eine verbindliche Entscheidung über den Verfassungsgrundsatz der Öffentlichkeit getroffen werden kann. Einzugestehen ist letztlich auch, dass die Partei durch die Entscheidung für oder gegen die Öffentlichkeit keine rechtlichen Einbußen erleidet. Nachteile im Verfahren drohen ihr durch die gerichtliche Entscheidung zumindest nicht. Sie hat sich allenfalls der kritischen Blicke der Gesellschaft zu erwehren. Das generelle Fehlen von unmittelbaren rechtlichen Nachteilen rechtfertigt es, die Rücknahme auszuschließen und die Herrschaftsmacht über den Antrag nur noch dem Gericht zuzuschreiben.

f) Erläuterungen zu Abs. 5

Abs. 5 hat klarstellende Funktion und soll gewährleisten, dass § 173 GVG trotz der Dispositionsmöglichkeiten der Parteien über die Öffentlichkeit weiter gilt. Danach ist die Öffentlichkeit für die Verkündung des Urteils, gleichbedeutend mit der Verlesung der Urteilsformel, zwingend beizubehalten und kann auch in keiner Weise ausgeschlossen werden.[1230] Auch die Entscheidungsgründe sind grundsätzlich öffentlich mitzuteilen. Die Gerichtsöffentlichkeit tritt für diesen Abschnitt dabei kraft Gesetzes ein, auch wenn das Verfahren zuvor nichtöffentlich abgehalten wurde.[1231] § 173 Abs. 2 GVG sieht nach aktueller Gesetzeslage aber die Möglichkeit vor, in den Fällen der §§ 171 b und 172 GVG für die Verkündung der Urteilsgründe oder eines Teils davon die Öffentlichkeit auszuschließen. Damit ein

---

1230 Stein/Jonas/*Jacobs*, ZPO Band 10, § 173 GVG Rn. 1 f.; *Kissel/Mayer*, § 173 Rn. 1; eine Ausnahme gilt nur bei den Verfahren der Jugendgerichtsbarkeit, § 48 JGG.

1231 Stein/Jonas/*Jacobs*, ZPO Band 10, § 173 GVG Rn. 4; *Kissel/Mayer*, § 173 Rn. 3; MüKo/*Zimmermann*, ZPO Band 3, § 173 GVG Rn. 8.

Gleichklang mit den gesetzlichen Ausschlussgründen erreicht wird, muss Abs. 2 um die Vorschrift des § 169 a GVG erweitert werden. Kommt es über die Neuregelung daher zu einem Ausschluss der Öffentlichkeit, dann muss es dem Gericht auch offenstehen, die Öffentlichkeit über § 173 Abs. 2 GVG für die Verkündung der Urteilsgründe auszuschließen. Denn nur so kann gewährleistet werden, dass der Schutz der Privat-, Berufs- oder Geheimnissphäre, den § 169 a GVG realisieren möchte, nicht umgangen wird. Würde man die Öffentlichkeit bei der Verkündung der Urteilsgründe zwingend aufrechterhalten, würde man gleichsam durch die Hintertür die Begebenheiten erfahren, die durch § 169 a GVG der Öffentlichkeit verborgen bleiben sollten. § 173 Abs. 2 GVG ist daher um die Neuregelung zu ergänzen. Hinzuweisen ist jedoch auch auf die Tatsache, dass die Urteilsgründe im Zivilprozess in der Praxis nur äußerst selten mitgeteilt werden, vgl. § 311 Abs. 3 ZPO.[1232]

1232 MüKo/*Zimmermann*, ZPO Band 3, § 173 GVG Rn. 4.

Zusammenfassende Thesen

1. Der Öffentlichkeitsgrundsatz als die große Errungenschaft der aufklärerischen Bewegung hat auch in heutiger Zeit nicht an Bedeutung verloren. In Folge seines Bedeutungswandels über die Jahrzehnte fungiert er fortan weniger als Institut gegen eine Geheimjustiz oder zur Sicherstellung richterlicher Unabhängigkeit. Vielmehr realisiert sich eine Kontrollfunktion der Allgemeinheit gegenüber der Dritten Gewalt. Darüber hinaus stärkt er auch das Vertrauen der Allgemeinheit in eine ordnungsgemäße und funktionierende Rechtsprechung. Zugleich erreicht der Öffentlichkeitsgrundsatz eine Rechtskenntniserweiterung bei am Prozess nicht beteiligten Dritten und befriedigt ihr Informationsinteresse.

2. Die Bedeutung des Öffentlichkeitsgrundsatzes wird nicht durch die Tatsache geschmälert, dass im Zivilprozess regelmäßig kaum Zuschauer anwesend sind. Insoweit genügt die Möglichkeit der Teilnahme an einem laufenden Prozess, damit sich die angesprochenen Zwecke des Grundsatzes verwirklichen können. Ein subjektives Recht auf Teilnahme an einem Prozess als Zuschauer besteht indes nicht. Einzugestehen ist, dass der körperlich im Prozess präsente Zuschauer zunehmend eine Ausnahmeerscheinung darstellt. Insoweit ist der medialen Berichterstattung eine große Bedeutung zuzuschreiben. Die Berichterstattung als solche fällt zwar nicht unter den Begriff der Öffentlichkeit. Nichtsdestotrotz genießen die Berichterstatter als Pressevertreter dieselben Möglichkeiten aus § 169 S. 1 GVG wie der Durchschnittszuschauer. Die mediale Berichterstattung nährt daher das Informationsinteresse der Allgemeinheit in besonderem Maße und kann dazu beitragen, einen gesellschaftlichen Diskurs über die Arbeit der Dritten Gewalt anzuregen.

3. Der Öffentlichkeitsgrundsatz findet zwar keine ausdrückliche Niederschrift in der deutschen Verfassung. Dennoch ist eine Anbindung an das Rechtsstaats- und Demokratieprinzip möglich. Beide Prinzipien genießen eine verfassungsrechtliche Stellung. Es ist daher nur konsequent, den Öffentlichkeitsgrundsatz als Teilaspekt beider Prinzipien ebenfalls in den Verfassungsrang zu erheben. Folge davon ist, dass es dem Gesetzgeber verwehrt bleibt, den Öffentlichkeitsgrundsatz voraussetzungslos einfachgesetzlich zu beschränken oder gar abzuschaffen.

Damit ist indes kein absoluter Verlust von Handlungsmöglichkeiten durch den Gesetzgeber im Bereich des Öffentlichkeitsgrundsatzes verbunden. Vielmehr kommt eine Ausgestaltung desselben dann in Betracht, wenn andere Güter von Verfassungsrang eine Einschränkung erfordern. Die Erhebung in den Verfassungsrang unterstreicht hier die Bedeutung des Öffentlichkeitsprinzips als fundamentalen Grundsatz mit historischer Bedeutung.

4. Die Tragweite des Öffentlichkeitsgrundsatzes spiegelt sich ferner in den internationalen Regelwerken wider. Ausnahmslos wird der Öffentlichkeitsgrundsatz als tragendes Prinzip eines rechtsstaatlichen Verfahrens aufgegriffen. Auch insoweit ist es angezeigt, die Verfassungsstellung des Grundsatzes zu proklamieren.

5. Eine prinzipielle Dispositionsmöglichkeit der Parteien über die Öffentlichkeit im Zivilprozess stellt aus zivilprozessualer Sicht keine Ausnahmeerscheinung dar. Das geltende Recht kennt eine Reihe von Instituten, die eine Dispositionsmöglichkeit über prozessuale Regelungen im Allgemeinen verwirklichen. Dem entspricht es, dass der Zivilprozess vom Grundsatz der Parteiherrschaft geprägt wird. Grenzenlos ist eine solche Dispositionsmöglichkeit indes in keinem Fall gewährt. Sie findet dann ihre Grenze, wenn öffentliche Interessen vorhanden sind, die es notwendig erscheinen lassen, die Parteidisposition über prozessuale Regeln einzuschränken.

6. Die Notwendigkeit, die Dispositionsmöglichkeit der Parteien über die Öffentlichkeit im Zivilprozess zu befürworten, ergibt sich bereits daraus, dass mit der allgemeinen Gerichtsöffentlichkeit auch Gefahren verbunden sein können. Ein erhöhtes Zuschaueraufkommen kann dazu führen, dass die Offenlegungsbereitschaft der Parteien im Prozess gemindert ist. Der Prozessbeteiligte sieht sich vor die Wahl gestellt, entweder vollumfassend zur Sachverhaltsaufklärung beizutragen oder aus Angst vor Verurteilungen durch die Öffentlichkeit teilweise zu schweigen. Nicht zuletzt kann sich die Zuschauerpräsenz auch auf das (Aussage-)Verhalten des Einzelnen auswirken. Unter Beobachtung droht die Gefahr, sich anders zu verhalten. Durch das Hemmnis, sämtliche für die Verhandlung wichtigen Informationen bereitzustellen, droht dann eine Minderung der rechtsstaatlichen Verfahrensgarantien.

7. Der Öffentlichkeitsgrundsatz tritt damit zugleich in ein Spannungsverhältnis mit dem allgemeinen Persönlichkeitsrecht der Parteien. Auf Seiten der Parteien kann ein legitimes Interesse bestehen, Geheimnisse zu bewahren und sie nicht in der Verhandlung einer unbestimmten Anzahl an Zuschauern preisgeben zu müssen, um Bloßstellungseffekte

zu vermeiden. Typische Anwendungsfälle vor allem im Zivilprozess sind der Bereich der Produkthaftung oder medizinische bzw. gesundheitliche Fragen. Aufgabe ist es daher, das Spannungsverhältnis zwischen dem Öffentlichkeitsgrundsatz und dem allgemeinen Persönlichkeitsrecht zu einem schonenden Ausgleich zu bringen. Dabei darf keiner der beiden Werte schon abstrakt als höherrangig bewertet werden. Entscheidend ist der Ausgleich im jeweils konkret zu entscheidenden Einzelfall.

8. Der Gedanke, den Öffentlichkeitsgrundsatz im gerichtlichen Verfahren zur Disposition der Parteien zu stellen, ist weiterhin die Folge des schiedsgerichtlichen Verfahrens. Die Verfahren vor den Schiedsgerichten sind vom Grundsatz der Nichtöffentlichkeit geprägt. Darin wird vor allem im unternehmerischen Bereich ein entscheidender Vorteil im Vergleich zur Staatsgerichtsbarkeit gesehen mit der Folge, dass vermehrt Schiedsvereinbarungen getroffen werden. Im Übrigen unterscheiden sich beide Gerichtsbarkeiten unter Attraktivitätsgesichtspunkten nicht wesentlich. Hier kommt es auf den konkreten Fall an, ob die Schiedsgerichtsbarkeit oder die Staatsgerichtsbarkeit die vorteilhaftere Wahl ist. Die eigentlichen Vorteile der Schiedsgerichtsbarkeit beschränken sich daher auf die generelle Nichtöffentlichkeit der Verhandlung sowie die umfassende Möglichkeit der Parteien, das Verfahren autonom zu gestalten. Um diese Unterschiede einzuebnen und die staatlichen Gerichte attraktiver werden zu lassen, ist es geboten, auch dort die Möglichkeit der Nichtöffentlichkeit auf Parteiwunsch zu gewähren.

9. Im Übrigen stehen Schiedsgerichtsbarkeit und staatliche Gerichte nicht in einem reinen Konkurrenzverhältnis. Schiedsgerichte sind vor allem in Spezialbereichen interessant, in denen ein hohes Maß an Fachkunde gefordert wird. Die staatlichen Gerichte können durch die Möglichkeit, das Verfahren nichtöffentlich auszugestalten, daher auch eine Lücke schließen, damit die Wahl der Parteien für eine der beiden Gerichtsbarkeiten einfacher fällt. Von einer „Entweder-oder-Entscheidung" kann daher nicht gesprochen werden.

10. Die bisherigen gesetzlichen Ausnahmen, die das Gerichtsverfassungsrecht für die grundsätzliche Gerichtsöffentlichkeit in §§ 170 ff. bereithält, genügen nicht, um dem parteilichen Bedürfnis nach Nichtöffentlichkeit vollumfänglich Rechnung zu tragen.

11. § 171 b GVG schützt zwar das allgemeine Persönlichkeitsrecht der Parteien in besonderem Maße und hält in Abs. 3 ein Antragsrecht auf Ausschluss der Öffentlichkeit bereit, das zu einem zwingenden

Ausschluss von Zuschauern führen kann. Nichtsdestotrotz wird das tatbestandliche Erfordernis der „Umstände aus dem privaten Lebensbereich" in der Praxis nach aktuellem Stand zu eng gezogen. Erb-, Darlehens- oder Mietstreitigkeiten werden beispielsweise regelmäßig nicht vom Anwendungsbereich umfasst, obwohl auch in diesen Fällen ein legitimes Interesse der Parteien bestehen kann, unter Ausschluss der Zuschauer zu verhandeln. Insoweit ist der Schutz des § 171 b GVG unvollständig.

12. Auch § 172 GVG gewährt keinen solchen umfassenden Schutz. Die Norm schützt zwar u.a. mit dem Betriebs- und Geschäftsgeheimnis ein Feld, in dem die Parteien ein besonderes Interesse daran haben können, die Öffentlichkeit auszuschließen. Indes steht der Ausschluss hier vollumfänglich im gerichtlichen Ermessen. Ein Antragsrecht wie bei § 171 b Abs. 3 GVG fehlt. Diese unterschiedliche Behandlung ist nicht zu legitimieren. Es wäre daher zu begrüßen, auch für § 172 GVG ein Antragsrecht mit der Folge eines zwingenden Öffentlichkeitsausschlusses einzuführen. Da es insoweit an einem solchen Antragsrecht mangelt, besteht ein Bedürfnis für eine zusätzliche parteiliche Dispositionsmöglichkeit über die Öffentlichkeit. Nur so können die Interessen der Parteien an Geheimhaltung auch im geschäftlichen Bereich hinreichend gewahrt werden.

13. Es ist nicht möglich, eine solche Dispositionsbefugnis der Parteien über die Öffentlichkeit *de lege lata* zu begründen. Die allgemeine Gerichtsöffentlichkeit stellt zwingendes Verfahrensrecht dar, auf das die Parteien nicht wirksam verzichten können. Grund sind die öffentlichen Interessen, die der Grundsatz verwirklichen soll. § 128 Abs. 2 ZPO hilft als Begründungsansatz nicht weiter, da sich die Nichtöffentlichkeit hier als bloßer Reflex zur Entscheidung für ein schriftliches Verfahren einstellt. Auch kann eine Analogie zu § 52 Abs. 2 FGO die Dispositionsmöglichkeit nicht begründen. Die Norm regelt den Spezialfall eines finanzgerichtlichen Verfahrens und kann nicht auf den Zivilprozess übertragen werden. Auch wenn sich eine vergleichbare Interessenlage begründen lässt, fehlt es an einer planwidrigen Regelungslücke. Hätte der Gesetzgeber die Disposition über die Öffentlichkeit auch für die ordentliche Gerichtsbarkeit gewollt, so hätte er die Regelung im Gerichtsverfassungsgesetz niederschreiben müssen. Art. 6 EMRK kann die Dispositionsmöglichkeit *de lege lata* ebenfalls nicht begründen, da die EMRK individualschützenden Charakter hat und sich insoweit von den Vorschriften des Gerichtsverfassungsgesetzes unterscheidet.

14. Eine Ausgestaltung der Disposition über die Öffentlichkeit bleibt jedoch *de lege ferenda* möglich. Die vielfältigen gesetzlichen Ausschlusstatbestände des GVG in den §§ 170 ff. zeigen, dass die Funktionen der Gerichtsöffentlichkeit im Einzelfall zurückstehen müssen. Dann können im Einzelfall auch die Individualinteressen einer Partei höher zu gewichten sein als das allgemeine öffentliche Interesse an öffentlichen Verhandlungen. Entscheidend dafür ist stets der konkrete Prozess.

15. Auszuscheiden haben als Folge konsequenterweise Neuregelungen, die den Ausschluss der Öffentlichkeit voraussetzungslos in das Belieben der Parteien stellen oder die generelle Nichtöffentlichkeit einführen. Zum einen würde dadurch der Rang des Öffentlichkeitsgrundsatzes als Verfassungsgut entwertet. Zum anderen käme den Parteiinteressen schon abstrakt das höhere Gewicht zu. Entscheidend muss aber sein, dass der Öffentlichkeitsgrundsatz und seine Zwecke sowie die Interessen der Parteien in jedem Einzelfall gegenübergestellt und bewertet werden. Daher muss an der Gerichtsöffentlichkeit als Grundsatz festgehalten werden.

16. Eine gesetzliche Neuregelung muss zunächst so ausgestaltet werden, dass eine Disposition über die Öffentlichkeit nur dann möglich ist, wenn für eine Partei die Gefahr droht, dass andere Güter von Verfassungsrang durch die Gerichtsöffentlichkeit entwertet werden. Denn der Öffentlichkeitsgrundsatz kann als Verfassungsgrundsatz nur von verfassungsimmanenten Schranken begrenzt werden. Der Antrag auf Ausschluss der Öffentlichkeit kann von einer Partei gestellt werden. Sie ist grundsätzlich nicht davon abhängig, dass sich der Gegner diesem Antrag anschließt. Nur so kann der Schutz ihrer verfassungsmäßigen Werte umfassend garantiert werden. Das Gericht hat infolge des Antrags festzustellen, ob die Beeinträchtigung der verfassungsmäßigen Werte den Ausschluss der Öffentlichkeit rechtfertigen kann. Das ist nur dann zu bejahen, wenn das allgemeine Interesse an einer öffentlichen Erörterung des Streitstoffes nicht überwiegt. Ist dies nicht der Fall und sind die tatbestandlichen Voraussetzungen demnach erfüllt, verbleibt auf Rechtsfolgenseite ein gerichtliches Ermessen hinsichtlich des Ausschlusses. Das Zugestehen des Ermessens auf Rechtsfolgenseite soll einen zusätzlichen Schutz für den Prozessgegner begründen, um ihn vor einem vorschnellen Ausschluss zu schützen.

17. Um den Parteien die Möglichkeit zu gewähren, den Öffentlichkeitsausschluss möglichst genau prognostizieren zu können und damit eine Vergleichbarkeit zum Schiedsgerichtswesen herzustellen, muss das

neue Gesetz eine Reihe von Konstellationen benennen, in denen das öffentliche Interesse an einer öffentlichen Verhandlung von vornherein überwiegt. In diesen Fällen ist der Antrag der Partei ohne nähere Prüfung abzuweisen. Regelmäßig geht es dabei um Konstellationen, in denen der Öffentlichkeitsbezug des Streitstoffes in besonderem Maße ausgeprägt ist oder naturgemäß keine Verhandlungsparität zwischen den Parteien besteht.

18. Ferner muss es der gegnerischen Partei freigestellt werden, sich dem Antrag auf Öffentlichkeitsausschluss anzuschließen. Trotz ihrer Rolle als Kläger und Beklagter können beide ein Interesse daran haben, ohne Zuschauer zu verhandeln. Das trifft insbesondere auf interne Familien- oder Erbstreitigkeiten zu, die nicht bereits unter die gesetzlichen Ausschlussgründe fallen. Wenn beide Parteien dieses Interesse verfolgen, muss die Rechtsfolgenseite der Neuregelung derart modifiziert werden, dass das Gericht den Ausschluss zwingend herbeiführen muss. Denn dann muss der Gegner nicht zusätzlich geschützt werden und auch die Prozessökonomie streitet für eine schnellere Prüfung des Antrags. Auf Tatbestandsseite verbleibt es indes bei dem Erfordernis, dass das Interesse an einer öffentlichen Erörterung nicht überwiegen darf. Nur so kann der Bedeutung des Öffentlichkeitsgrundsatzes Rechnung getragen werden.

19. Um in der Praxis eine nur zögerliche Anwendung der Norm zu vermeiden und den Prozess nicht mit einer zusätzlichen Streitfrage über den Ausschluss der Öffentlichkeit zu belasten, ist die gerichtliche Entscheidung über den Antrag nicht anfechtbar. Es verbleibt aber bei der Möglichkeit, bei Verletzung des rechtlichen Gehörs Verfassungsbeschwerde zu erheben. Das genügt der Wahrung des effektiven Rechtsschutzes.

20. Unverändert öffentlich erfolgt die Verkündung des Urteils sowie seiner Entscheidungsgründe im Sinne des § 173 GVG. Um die Neuregelung an das System der gesetzlichen Ausschlussgründe anzupassen, sollte dem Gericht die Möglichkeit verbleiben, für die Mitteilung der Entscheidungsgründe die Öffentlichkeit auszuschließen, vgl. § 173 Abs. 2 GVG. Insoweit bedarf es einer Ergänzung dieser Regelung um die hier entworfene Neuregelung des § 169 a GVG.

Literaturverzeichnis

Ahrens, Martin, Prozessreform und einheitlicher Zivilprozess – Einhundert Jahre legislative Reform des deutschen Zivilverfahrensrechts vom Ausgang des 18. Jahrhunderts bis zur Verabschiedung der Reichszivilprozessordnung, Tübingen 2007, zitiert als: *Ahrens,* Prozessreform

Alber, Peter-Paul, Die Geschichte der Öffentlichkeit im deutschen Strafverfahren, Berlin 1974, zitiert als: *Alber,* Geschichte der Öffentlichkeit

Alexy, Robert, Theorie der Grundrechte, 1. Auflage (Nachdruck), Frankfurt am Main 2006, zitiert als: *Alexy,* Theorie der Grundrechte

Alwart, Heiner, Personale Öffentlichkeit (§ 169 GVG), in: JZ 1990, S. 883-896

Arnauld, Andreas von, Strukturelle Fragen des allgemeinen Persönlichkeitsrechts, in: ZUM 1996, S. 286-292

Arnold, Stefan, Zum Grundsatz der Öffentlichkeit im Zivilverfahren, in: Geimer, Reinhold/Schütze, Rolf A./Garber, Thomas (Hrsg.), Europäische und internationale Dimension des Rechts – Festschrift für Daphne-Ariane Simotta, Wien 2012, S. 11-27, zitiert als: *Arnold,* in: FS Simotta, S.

Bamberger, Christian, Medienöffentlichkeit im Lichte der Rundfunkfreiheit, in: ZUM 2001, S. 373-378

Bathe, Heinrich Theodor, Verhandlungsmaxime und Verfahrensbeschleunigung bei der Vorbereitung der mündlichen Verhandlung, Berlin 1977, zitiert als: *Bathe,* Verhandlungsmaxime und Verfahrensbeschleunigung

Baumbach, Adolf (Begr.)/Lauterbach, Wolfgang/Albers, Jan/Hartmann, Peter, Zivilprozessordnung, 76. Auflage, München 2018, zitiert als: *Baumbach/Lauterbach/ Albers/Hartmann*

Baumgärtel, Gottfried, Neue Tendenzen der Prozeßhandlungslehre, in: ZZP 87 (1974), S. 121-137

Bäumler, Helmut, Das subjektiv-öffentliche Recht auf Teilnahme an Gerichtsverhandlungen, in: JR 1978, S. 317-321

Baur, Fritz, Laienrichter – Heute?, in: Rechtswissenschaftliche Abteilung der Rechts- und Wirtschaftswissenschaftlichen Fakultät der Universität Tübingen (Hrsg.), Tübinger Festschrift für Eduard Kern, Tübingen 1968, S. 49-64, zitiert als: *Baur,* in: FS Kern, S.

Bausback, Winfried, 50 Jahre Allgemeine Erklärung der Menschenrechte – Politisches Dokument mit rechtsgestaltender Wirkung?, in: BayVerwBl. 1999, S. 705-711

Beccaria, Caesar, Über Verbrechen und Strafen, übersetzt von Julius Glaser, Wien 1851, zitiert als: *Beccaria,* Verbrechen und Strafen

Bechte, Diana, Einführung in das Schiedsverfahrensrecht, in: ZJS 2011, S. 307-314

Becker-Eberhard, Ekkehard, Grundlagen und Grenzen des Verhandlungsgrundsatzes, in: Yildrim, M. Kamil (Hrsg.), Zivilprozessrecht im Lichte der Maximen, Istanbul 2001, S. 15-35, zitiert als: *Becker-Eberhard,* in: Zivilprozessrecht im Lichte der Maximen, S.

Beckhaus, Gerrit M., Die Bewältigung von Informationsdefiziten bei der Sachverhaltsaufklärung – Die Enforcement-Richtlinie als Ausgangspunkt für die Einführung einer allgemeinen Informationsleistungspflicht in das deutsche Zivilrecht, Tübingen 2010, zitiert als: *Beckhaus,* Bewältigung von Informationsdefiziten

Berger, Klaus Peter, Herausforderungen für die (deutsche) Schiedsgerichtsbarkeit, in: SchiedsVZ 2009, S. 289-299

Bernhardt, Wolfgang, Wahrheitspflicht und Geständnis im Zivilprozeß, in: JZ 1963, S. 245-247

Bettermann, Karl August, Hundert Jahre Zivilprozessordnung – Das Schicksal einer liberalen Kodifikation, in: ZZP 91 (1978), S. 365-397

Binnewies, Burkhard/Wollweber, Markus, Die mündliche Verhandlung – Lästige Pflicht oder lustvolle Kür? Praxisrelevante Fragestellungen am Beispiel des Verfahrens vor dem Finanzgericht, in: NJW 2016, S. 283-289

Blomeyer, Arwed, Zivilprozeßrecht, Erkenntnisverfahren, 2. Auflage, Berlin 1985, zitiert als: *Blomeyer,* Zivilprozeßrecht

Boccafoschi, Maria Emanuela, Zuständigkeits- und Gerichtsstandsvereinbarungen im deutschen und italienischen Recht, Frankfurt am Main 2003, zitiert als: *Boccafoschi,* Zuständigkeits- und Gerichtsstandsvereinbarungen

Bockelmann, Paul, Öffentlichkeit und Strafrechtspflege, in: NJW 1960, S. 217-221

Boor, Hans Otto de, Die Auflockerung des Zivilprozesses – Ein Beitrag zur Prozeßreform, Tübingen 1939, zitiert als: *de Boor,* Auflockerung des Zivilprozesses

Brehm, Wolfgang, Die Bindung des Richters an den Parteivortrag und Grenzen freier Verhandlungswürdigung, Tübingen 1982, zitiert als: *Brehm,* Bindung des Richters

Brosius-Gersdorf, Frauke, Dritte Gewalt im Wandel: Veränderte Anforderungen an Legitimität und Effektivität?, in: Veröffentlichungen der Vereinigung deutscher Staatsrechtslehrer, Band 74, Berlin 2015, S. 169-205, zitiert als: *Brosius-Gersdorf,* VVDStRL 74 (2015)

Brost, Lucas, Erweiterter Schutz der Privatsphäre bei Prominenten – Anmerkung zu BGH ZUM-RD 2017, 429, in: ZUM-RD 2017, S. 433-436

Bruns, Rudolf, Zivilprozessrecht, 2. Auflage, München 1979, zitiert als: *Bruns,* Zivilprozessrecht

Bundesministerium der Justiz, Bericht der Kommission für Gerichtsverfassungsrecht und Rechtspflegerecht, Bonn 1975, zitiert als: *Bericht der Kommission 1975*

Bundesministerium der Justiz, Bericht der Kommission zur Vorbereitung einer Reform der Zivilgerichtsbarkeit, Bonn 1961, zitiert als: *Bericht der Kommission 1961*

Calliess, Christian (Hrsg.)/Ruffert, Matthias (Hrsg.), EUV/AEUV – Das Verfassungsrecht der Europäischen Union mit Europäischer Grundrechtecharta, Kommentar, 5. Auflage, München 2016, zitiert als: Callies/Ruffert/*Bearbeiter*

Coelln, Christian von, Zur Medienöffentlichkeit der Dritten Gewalt – Rechtliche Aspekte des Zugangs der Medien zur Rechtsprechung im Verfassungsstaat des Grundgesetzes, Tübingen 2005, zitiert als: *von Coelln,* Medienöffentlichkeit

ders., Der Zutritt von Journalisten zu öffentlichen Gerichtsverhandlungen, in: DÖV 2006, S. 804-811

Coester-Waltjen, Dagmar, Besonderheiten im Abstammungsverfahren, in: JURA 2009, S. 427-431

dies., Die rügelose Einlassung im Zivilverfahrensrecht, in: JURA 2010, S. 821-824

dies., Einige Überlegungen zu Schiedsgerichtsvereinbarungen und ihrer Wirksamkeit, in: Boele-Woelki, Katharina (Hrsg.), Convergence and Divergence in Private International Law – Liber Amicorum Kurt Siehr, Zürich 2010, S. 595-618, zitiert als: *Coester-Waltjen,* in: Liber Amicorum Siehr, S.

Dahs, Hans, Der Anwalt im Strafprozeß, in: AnwBl. 1959, S. 171-189

Damrau, Jürgen, Die Entwicklung einzelner Prozessmaximen seit der Reichszivilprozessordnung von 1877, Paderborn 1975, zitiert als: *Damrau,* Entwicklung einzelner Prozessmaximen

Deckers, Rüdiger/Fischer, Thomas/König, Stefan/Bernsmann, Klaus, Zur Reform der Tötungsdelikte Mord und Totschlag – Überblick und eigener Vorschlag, in: NStZ 2014, S. 9-17

Diakonis, Antonios, Grundfragen der Beweiserhebung von Amts wegen im Zivilprozess – Zugleich ein Beitrag zur Auslegung der §§ 142ff. und 448 ZPO, Tübingen 2014, zitiert als: *Diakonis,* Grundfragen der Beweiserhebung

Diedrich, Frank, Grundlagen der Schiedsgerichtsbarkeit, in: JuS 1998, S. 158-166

Diemer, Herbert/Schatz, Holger/Sonnen, Bernd-Rüdeger, Jugendgerichtsgesetz – Mit Jugendstrafvollzugsgesetzen, 7. Auflage, Heidelberg 2015, zitiert als: Diemer/Schatz/Sonnen/*Bearbeiter*

Dölling, Birger, Die Voraussetzungen der Beweiserhebung im Zivilprozess, in: NJW 2013, S. 3121-3127

Dörr, Oliver (Hrsg.)/Grote, Rainer (Hrsg.)/Marauhn, Thilo (Hrsg.), EMRK/GG – Konkordanzkommentar zum europäischen und deutschen Grundrechtsschutz, Band I, Kapitel 1-19, 2. Auflage, Tübingen 2013, zitiert als: Dörr/Grote/Marauhn/*Bearbeiter*

Duve, Christian/Sattler, Maximilian, Der Kampf ums Recht im Jahr 2030 – Die Zukunft privatrechtlicher Rechtsverfolgung – und was sie für Anwälte bedeutet, in: AnwBl. 2012, S. 2-12

Duve, Christian/Keller, Moritz, Privatisierung der Justiz – Bleibt die Rechtsfortbildung auf der Strecke? Ein Beitrag zur Auflösung des Spannungsverhältnisses von Privatautonomie und Rechtsfortbildung in der Schiedsgerichtsbarkeit, in: SchiedsVZ 2005, S. 169-178

Eisenberg, Ulrich, Jugendgerichtsgesetz, 20. Auflage, München 2018, zitiert als: Eisenberg/*Bearbeiter*

Enders, Christoph, Die Beschränkung der Gerichtsöffentlichkeit durch § 169 S. 2 GVG – verfassungswidrig?, in: NJW 1996, S. 2712-2714

Eslami, Nassim, Die Nichtöffentlichkeit des Schiedsverfahrens, Tübingen 2016, zitiert als: *Eslami,* Nichtöffentlichkeit des Schiedsverfahrens

Ewer, Wolfgang, Das Öffentlichkeitsprinzip – ein Hindernis für die Zulassung von Englisch als konsensual-optionaler Gerichtssprache?, in: NJW 2010, S. 1323-1326

Fasching, Hans Walter, Lehrbuch des österreichischen Zivilprozeßrechts – Lehr- und Handbuch für Studium und Praxis, 2. Auflage, Wien 1990, zitiert als: *Fasching,* Zivilprozessrecht

Fechner, Nina, Wahrung der Intimität? Grenzen des Persönlichkeitsschutzes für Prominente, Frankfurt am Main 2010, zitiert als: *Fechner,* Grenzen des Persönlichkeitsschutzes

Fenger, Hermann, Die Öffentlichkeit in Arzthaftpflichtverfahren, in: NJW 2000, S. 851-853

Feuerbach, Anselm Ritter von, Betrachtungen über die Öffentlichkeit und Mündlichkeit der Gerechtigkeitspflege, Band 1, Gießen 1821, zitiert als: *Feuerbach,* Betrachtungen über die Öffentlichkeit, Band 1

Fögen, Marie Theres, Der Kampf um Gerichtsöffentlichkeit, Berlin 1974, zitiert als: *Fögen,* Gerichtsöffentlichkeit

Franke, Dietmar, Ordnungswidrigkeitenverfahren und Öffentlichkeitsprinzip, in: ZRP 1977, S. 143-144

Franzki, Harald, Die Öffentlichkeit der Gerichtsverhandlung – Was sie bezweckt, und wie sie missbraucht wird, in: DRiZ 1979, S. 82-84

Fries, Martin, Verbraucherrechtsdurchsetzung, Tübingen 2016, zitiert als: *Fries,* Verbraucherrechtsdurchsetzung

Frowein, Jochen Abr./Peukert, Wolfgang, Europäische Menschenrechtskonvention, EMRK-Kommentar, 3. Auflage, Kehl am Rhein 2009, zitiert als: Frowein/ Peukert/*Bearbeiter*

Gaier, Reinhard, Konkurrenz oder Komplementarität? Das Verhältnis zwischen staatlicher Justiz und Schiedsgerichtsbarkeit (Interview), in: JM 2017, S. 392-394

Gaul, Hans Friedhelm, Zur Frage nach dem Zweck des Zivilprozesses, in: AcP 1968, S. 27-62

Gehrlein, Markus, Warum kaum Parteibeweis im Zivilprozeß?, in: ZZP 110 (1997), S. 451-475

Geib, Otto, Rechtsschutzbegehren und Anspruchsbetätigung im deutschen Zivilprozess, München 1909, zitiert als: *Geib,* Rechtsschutzbegehren

Geiben, Jörg, Die Privatsphäre und Vertraulichkeit im Schiedsverfahren, Köln 2001, zitiert als: *Geiben,* Privatsphäre und Vertraulichkeit

Geiger, Rudolf (Hrsg.)/Khan, Daniel-Erasmus (Hrsg.)/Kotzur, Markus (Hrsg.), EUV – AEUV, Vertrag über die Europäische Union – Vertrag über die Arbeitsweise der Europäischen Union, Kommentar, 6. Auflage, München 2017, zitiert als: Geiger/ Khan/Kotzur/*Bearbeiter*

Geiger, Willi, Die Unabhängigkeit des Richters, in: DRiZ 1979, S. 81-82

Gierhake, Katrin, Zur Begründung des Öffentlichkeitsgrundsatzes im Strafverfahren, in: JZ 2013, S. 1030-1038

Gomille, Christian, Informationsproblem und Wahrheitspflicht – Ein Aufklärungsmodell für den Zivilprozess, Tübingen 2016, zitiert als: *Gomille,* Informationsproblem und Wahrheitspflicht

Gottwald, Peter, Die Bewältigung privater Konflikte im gerichtlichen Verfahren, in: ZZP 95 (1982), S. 245-264

ders., Zur Wahrung von Geschäftsgeheimnissen im Zivilprozeß, in: BB 1979, S. 1780-1787

Götz, Andreas, Der Schutz von Betriebs- und Geschäftsgeheimnissen im Zivilverfahren, Tübingen 2014, zitiert als: *Götz,* Schutz von Betriebs- und Geschäftsgeheimnissen

Gräber, Fritz (Begr.), Finanzgerichtsordnung mit Nebengesetzen, Kommentar, 8. Auflage, München 2015, zitiert als: Gräber/*Bearbeiter*

Graf, Jürgen-Peter (Hrsg.), Beck'scher Online-Kommentar StPO mit RiStBV und MiStra, 30. Edition, Stand: 01.06.2018, München 2018, zitiert als: BeckOK-StPO/*Bearbeiter*

Greupner, Manfred, Das Nichtöffentlichkeitsgebot des § 48 Abs. 1 JGG unter besonderer Berücksichtigung der Zulassung von Schulklassen zum Jugendstrafverfahren, in: DRiZ 1985, S. 389-391

Grunewald, Barbara/Peifer, Karl-Nikolaus, Verbraucherschutz im Zivilrecht, Berlin 2010, zitiert als: *Grunewald/Peifer,* Verbraucherschutz

Grunsky, Wolfgang, Dispositionsgrundsatz und Verfahrensbeteiligung im europäischen Vergleich, in: Grunsky, Wolfgang (Hrsg.), Wege zu einem europäischen Zivilprozessrecht – Tübinger Symposium zum 80. Geburtstag von Fritz Baur, S. 25-34, Tübingen 1992, zitiert als: *Grunsky,* in: Symposium Baur, S.

ders., Grundlagen des Verfahrensrechts, 2. Auflage, Bielefeld 1974, zitiert als: *Grunsky,* Grundlagen des Verfahrensrechts

Grunsky, Wolfgang/Jacoby, Florian, Zivilprozessrecht, 16. Auflage, München 2018, zitiert als: *Grunsky/Jacoby,* Zivilprozessrecht

Hahn, Bernhard, Der sogenannte Verhandlungsgrundsatz im Zivilprozess, in: JA 1991, S. 319-327

ders., Kooperationsmaxime im Zivilprozeß? Grenzverschiebungen in der Verantwortung von Parteien und Gericht bei der Tatsachenbeschaffung und Sachverhaltserforschung im neuen Zivilprozeßrecht, Köln 1983, zitiert als: *Hahn,* Kooperationsmaxime

Hahn, Carl (Hrsg.), Die gesammten Materialien zu dem Gerichtsverfassungsgesetz und dem Einführungsgesetz zu demselben vom 27. Januar 1877 – Auf Veranlassung des kaiserlichen Reichsjustizamts, Erste Abtheilung, Berlin 1879, zitiert als: *Hahn,* Materialien zu dem Gerichtsverfassungsgesetz I

Hahn, Carl/Mugdan, Benno, Die gesamten Materialien zu den Reichs-Justizgesetzen – Auf Veranlassung des kaiserlichen Reichs-Justizamts herausgegeben, Band 2: Materialien zur Zivilprozessordnung, Abteilung 1, 2. Auflage, herausgegeben von Eduard Stegemann, Neudruck von 1881, Berlin 1983, zitiert als: *Hahn/Mugdan,* Materialien zu den Reichs-Justizgesetzen

Halfmeier, Axel, Musterfeststellungsklage: Nicht gut, aber besser als nichts, in: ZRP 2017, S. 201-204

Hamann, Hartmut/Lennarz, Thomas, Schiedsverfahren oder staatliche Gerichtsverfahren – Was ist besser?, in: JA 2012, S. 801-808

Hannich, Rolf (Hrsg.), Karlsruher Kommentar zur Strafprozessordnung mit GVG, EGGVG und EMRK, 7. Auflage, München 2013, zitiert als: KaKo/*Bearbeiter*

Harbst, Ragnar, Korruption und andere ordre public-Verstöße als Einwände im Schiedsverfahren – Inwieweit sind staatliche Gerichte an Sachverhaltsfeststellungen des Schiedsgerichts gebunden?, in: SchiedsVZ 2007, S. 22-30

Harke, Jan Dirk, Römisches Recht, 2. Auflage, München 2016, zitiert als: *Harke,* Römisches Recht

Hassold, Gerhard, Die Voraussetzungen der besonderen Streitgenossenschaft – Eine Studie über die konkurrierende Prozeßführung mehrerer materiell Beteiligter, Berlin 1970, zitiert als: *Hassold,* Voraussetzungen der besonderen Streitgenossenschaft

Hegel, Georg Wilhelm Friedrich, Grundlinien der Philosophie des Rechts – Oder Naturrecht und Staatswissenschaft im Grundrisse, mit Hegels eigenhändigen Notizen in seinem Handexemplar und den mündlichen Zusätzen, herausgegeben und eingeleitet von Helmut Reichelt, Frankfurt am Main 1972, zitiert als: *Hegel,* Grundlinien der Philosophie des Rechts

Heinze, Meinhard, Parteiherrschaft versus Richtermacht im Zivilprozess, in: Nakamura, Hideo (Hrsg.), Festschrift für Kostas E. Beys dem Rechtsdenker in attischer Dialektik, Zum 70. Geburtstag am 25. November 2003, Erster Band, Athen 2003, S. 515- 543, zitiert als: *Heinze,* in: FS Beys, S.

Hellwig, Hans-Jürgen, Zur Systematik des zivilprozeßrechtlichen Vertrages, Bonn 1968, zitiert als: *Hellwig,* Systematik des zivilprozeßrechtlichen Vertrages

Henckel, Wolfram, Prozessrecht und materielles Recht, Göttingen 1970, zitiert als: *Henckel,* Prozessrecht

Herbst, Leonore, Öffentlichkeit der Hauptverhandlung, Arztgeheimnis und Schutz der Menschenwürde, in: NJW 1969, S. 546-548

Heussen, Benno (Hrsg.)/Hamm, Christoph (Hrsg.), Beck'sches Rechtsanwalts-Handbuch, 11. Auflage, München 2016, zitiert als: Beck'sches Rechtsanwalts-Handbuch/*Bearbeiter*

Hillermeier, Karl, Zum Öffentlichkeitsgrundsatz im Strafverfahren, in: DRiZ 1982, S. 281-285

Hippel, Fritz von, Wahrheitspflicht und Aufklärungspflicht der Parteien im Zivilprozess – Beiträge zum natürlichen Aufbau des Prozeßrechts und zur Erforschung der Rechtstheorie des 19. Jahrhunderts, Frankfurt am Main 1939, zitiert als: *von Hippel,* Wahrheitspflicht

Hirsch, Günter, Schiedsgerichte – Ein Offenbarungseid für die staatlichen Gerichte?, in: SchiedsVZ 2003, S. 49-52

Hoeren, Thomas, Medienöffentlichkeit im Gericht – die Änderungen des GVG, in: NJW 2017, S. 3339-3341

Holder, Daniel, Vertraulichkeit im Schiedsverfahren nach deutschem Recht – Unter Berücksichtigung der Rechtslage in England, Australien, Schweden und Neuseeland, Frankfurt am Main 2009, zitiert als: *Holder*, Vertraulichkeit im Schiedsverfahren

Holzhauer, Heinz, Gerichtsöffentlichkeit im Scheidungsrecht? „Es gibt keine berechtigte Neugier beim Streit um's Geld!", in: ZRP 2001, S. 87-90

Huber, Michael, Grundwissen – Zivilprozessrecht: Prorogation, in: JuS 2012, S. 974-975

Hübschmann, Walter (Begr.)/Hepp, Ernst (Begr.)/Spitaler, Armin (Begr.), Abgabenordnung, Finanzgerichtsordnung, Kommentar, Ordner XII: §§ 43-68 FGO, Loseblattwerk mit 249. Aktualisierung, Gesamtstand: September 2018, Köln 2017, zitiert als: Hübschmann/Hepp/Spitaler/*Bearbeiter*

Hufen, Friedhelm, Staatsrecht II – Grundrechte, 7. Auflage, München 2018, zitiert als: *Hufen*, Staatsrecht II

Jarass, Hans D., Charta der Grundrechte der Europäischen Union – Unter Einbeziehung der vom EuGH entwickelten Grundrechte, der Grundrechtsregelungen der Verträge und der EMRK, Kommentar, 3. Auflage, München 2016, zitiert als: Jarass/*Bearbeiter*

Jarass, Hans D./Pieroth, Bodo, Grundgesetz für die Bundesrepublik Deutschland, Kommentar, 15. Auflage, München 2018, zitiert als: Jarass/Pieroth/*Bearbeiter*

Jauernig, Othmar, Materielles Recht und Prozeßrecht, in: JuS 1971, S. 329-334

Jauernig, Othmar/Hess, Burkhard, Zivilprozessrecht, 30. Auflage, München 2011, zitiert als: *Jauernig/Hess*, Zivilprozessrecht

Jesse, Lenhard, Der Grundsatz der Öffentlichkeit und deren Ausschluss im Steuerprozess, in: DB 2008, S. 1994-2001

Jung, Heike, Öffentlichkeit – Niedergang eines Verfahrensgrundsatzes?, in: Hirsch, Hans Joachim (Hrsg.), Gedächtnisschrift für Hilde Kaufmann, Berlin 1986, S. 891-912, zitiert als: *Jung*, in: GS H. Kaufmann

Kahlert, Heiner, Vertraulichkeit im Schiedsverfahren – Eine Untersuchung nach deutschem Recht mit internationalen Bezügen, Tübingen 2015, zitiert als: *Kahlert*, Vertraulichkeit im Schiedsverfahren

Kamlah, Ruprecht, Datenüberwachung und Bundesverfassungsgericht, in: DÖV 1970, S. 361-364

Kamptz, Karl Albert von (Hrsg.), Jahrbücher für die preußische Gesetzgebung, Rechtswissenschaft und Rechtsverwaltung – Im Auftrage des königlichen Justiz-Ministeriums, Zwölfter Band – Dreiundzwanzigstes und vierundzwanzigstes Heft, Berlin 1818, zitiert als: *Kamptz*, Jahrbücher für die preußische Gesetzgebung

Kant, Immanuel, Zum ewigen Frieden – Ein philosophischer Entwurf, Königsberg 1795, zitiert als: *Kant*, Zum ewigen Frieden

Katholnigg, Oskar, §§ 171 b, 172 Nr. 1 GVG – Zum Ausschluß der Öffentlichkeit wegen Gefährdung der Sittlichkeit. Abgrenzung von § 172 Nr. 1 GVG zu § 171 b GVG, Urteil des BGH v. 19.3.1992 – 4 StR 73/92 (BGHSt. 38, 248), in: JR 1993, S. 297-299

Keller, Christoph, Die Gerichtsstandsvereinbarung gem. §§ 38 ff. ZPO – Zugleich ein Beitrag über die Prorogationsbefugnis des Insolvenzverwalters, in: JURA 2008, S. 523-529

Kemper, Rainer, Verbraucherschutzinstrumente, Baden-Baden 1994, zitiert als: *Kemper*, Verbraucherschutzinstrumente

Kern, Christoph A., Der gesetzliche Richter – Verfassungsprinzip oder Ermessensfrage? Teil 1, in: ZZP 130 (2017), S. 91-120

ders., Der gesetzliche Richter – Verfassungsprinzip oder Ermessensfrage? Teil 2, in: ZZP 130 (2017), S. 137-179

Kern, Eduard, Gerichtsverfassungsrecht, 4. Auflage, München 1965, zitiert als: *Kern*, Gerichtsverfassungsrecht

ders., Geschichte des Gerichtsverfassungsrechts, München 1954, zitiert als: *Kern*, Geschichte des Gerichtsverfassungsrechts

Kilian, Matthias, Ausschluss der Öffentlichkeit in Zivilverfahren? Verhaltene Reaktion der Anwaltschaft auf Reformidee des Deutschen Juristentags, in: AnwBl. 2016, S. 899-900

Kissel, Otto Rudolf (Begr.)/Mayer, Herbert, Gerichtsverfassungsgesetz, Kommentar, 9. Auflage, München 2018, zitiert als: *Kissel/Mayer*

Kißler, Leo, Die Öffentlichkeitsfunktion des Deutschen Bundestages, Theorie – Empirie – Reform, Berlin 1976, zitiert als: *Kißler*, Öffentlichkeitsfunktion

Klein, Franz, Zeit- und Geistesströmungen im Prozesse – Vortrag, gehalten in der Gehe-Stiftung zu Dresden am 9. November 1901, Dresden 1901, zitiert als: *Klein*, Zeit- und Geistesströmungen im Prozesse

Klein, Stefanie, Die Grundsätze der Öffentlichkeit und Mündlichkeit im Zivilprozess im Spannungsfeld zum Recht auf informationelle Selbstbestimmung, Köln 1995, zitiert als: *Klein*, Grundsätze der Öffentlichkeit und Mündlichkeit

Kleinknecht, Theodor, Schutz der Persönlichkeit des Angeklagten durch Ausschluss der Öffentlichkeit in der Hauptverhandlung, in: Hamm, Rainer (Hrsg.), Festschrift für Erich Schmidt-Leichner zum 65. Geburtstag, München 1977, S. 111-119, zitiert als: *Kleinknecht*, in: FS Schmidt-Leichner, S.

Klocke, Daniel Matthias, Rechtsschutz in kollektiven Strukturen – Die Verbandsklage im Verbraucher- und Arbeitsrecht, Tübingen 2016, zitiert als: *Klocke*, Rechtsschutz

Knauer, Christoph (Hrsg.)/Kudlich, Hans (Hrsg.)/Schneider, Hartmut (Hrsg.), Münchener Kommentar zur Strafprozessordnung, Band 1: §§ 1-150 StPO, München 2014, zitiert als: MüKo/*Bearbeiter*, StPO Band

Köbl, Ursula, Die Öffentlichkeit des Zivilprozesses – eine unzeitgemäße Form?, in: Hubmann, Heinrich/Hübner, Heinz (Hrsg.), Festschrift für Ludwig Schnorr von Carolsfeld zum 70. Geburtstag, Köln 1973, S. 235-254, zitiert als: *Köbl*, in: FS Schnorr von Carolsfeld, S.

Kohler, Klaus, Die moderne Praxis des Schiedsgerichtswesens in der Wirtschaft, Berlin 1966, zitiert als: *Kohler*, Moderne Praxis des Schiedsgerichtswesens

Kohlhaas, Max, Die mangelnde Durchsetzbarkeit des § 169 S. 2 GVG, in: NJW 1970, S. 600

Kreicker, Helmut, Medienübertragungen von Gerichtsverhandlungen im Lichte der EMRK – Zur Vereinbarkeit der geplanten Änderungen des § 169 GVG mit europäischen Grundrechten, in: ZIS 2017, S. 85-105

Krüger, Wolfgang (Hrsg.)/Rauscher, Thomas (Hrsg.), Münchener Kommentar zur Zivilprozessordnung mit Gerichtsverfassungsgesetz und Nebengesetzen, Band 1: §§ 1–354, 5. Auflage, München 2016, zitiert als: MüKo/*Bearbeiter*, ZPO Band

dies., Münchener Kommentar zur Zivilprozessordnung mit Gerichtsverfassungsgesetz und Nebengesetzen, Band 2: §§ 355–945 b, 5. Auflage, München 2016, zitiert als: MüKo/*Bearbeiter*, ZPO Band

dies., Münchener Kommentar zur Zivilprozessordnung mit Gerichtsverfassungsgesetz und Nebengesetzen, Band 3: §§ 946-1117, EGZPO, GVG, EGGVG, UKlaG, Internationales und Europäisches Zivilprozessrecht, 5. Auflage, München 2017, zitiert als: MüKo/*Bearbeiter*, ZPO Band

Kübler, Friedrich, Amt und Stellung des Richters in der Gesellschaft von morgen, in: DRiZ 1969, S. 379-385

Kuhlmann, Goetz-Joachim, Der verschlossene Zuhörerraum, in: NJW 1974, S. 1231-1232

Kühn, Rolf (Hrsg.)/Wedelstädt, Alexander von (Hrsg.), Abgabenordnung und Finanzgerichtsordnung, Kommentar, 21. Auflage, Stuttgart 2015, zitiert als: Kühn/von Wedelstädt/*Bearbeiter*

Kunig, Philip, Der Grundsatz informationeller Selbstbestimmung, in: JURA 1993, S. 595-604

Kupisch, Berthold, Rezension zu Walter Selb Formeln mit unbestimmter intentio iuris, Studien zum Formelaufbau I, in: SZ (RA) 1976, S. 434-457

Kutschaty, Thomas/Freudenberg, Tobias/Gerhardt, Rudolf, Wir brauchen eine verbraucherrechtliche Musterfeststellungsklage, in: ZRP 2017, S. 27-29

Lachmann, Jens-Peter, Zehn Jahre Rechtsprechung zum 10. Buch der ZPO, in: SchiedsVZ 2009, S. 9-22

ders., Handbuch für die Schiedsgerichtspraxis, 3. Auflage, Köln 2008, zitiert als: *Lachmann,* Handbuch Schiedsgerichtspraxis

ders., Unternehmensgeheimnisse im Zivilrechtsstreit, dargestellt am Beispiel des EDV-Prozesses, in: NJW 1987, S. 2206-2210

Lames, Peter, Rechtsfortbildung als Prozeßzweck – Zur Dogmatik des Zivilverfahrensrechts, Tübingen 1993, zitiert als: *Lames,* Rechtsfortbildung als Prozeßzweck

Landsberg, Ernst, Die Gutachten der Rheinischen Immediat-Justiz-Kommission und der Kampf um die rheinische Rechts- und Gerichtsverfassung 1814-1819, Nachdruck der Ausgabe Bonn 1914, Düsseldorf 2000, zitiert als: *Landsberg,* Gutachten der Rheinischen Immediat-Justiz-Kommission

Lange, Oliver, Erledigungserklärung und Erledigungsfeststellungsantrag, in: NJW 2001, S. 2150-2152

Laumen, Hans-Willi, Das Rechtsgespräch im Zivilprozeß, Köln 1984, zitiert als: *Laumen,* Rechtsgespräch im Zivilprozeß

Lautmann, Rüdiger, Soziologie vor den Toren der Jurisprudenz – Zur Kooperation der beiden Disziplinen, Stuttgart 1971, zitiert als: *Lautmann*, Soziologie vor den Toren der Jurisprudenz

Leisinger, Christian M., Vertraulichkeit in internationalen Schiedsverfahren, Baden-Baden 2012, zitiert als: *Leisinger*, Vertraulichkeit

Leser, Christoph, Die Bindungswirkung des Musterentscheids nach dem Kapitalanlegermusterverfahrensgesetz, Baden-Baden 2014, zitiert als: *Leser*, Bindungswirkung des Musterentscheids

Leue, Friedrich Gottfried, Der mündliche öffentliche Anklage-Prozeß und der geheime schriftliche Untersuchungs-Prozeß in Deutschland – Historisch und kritisch, Aachen 1840, zitiert als: *Leue*, Der mündliche öffentliche Anklage-Prozeß

Lionnet, Klaus/Lionnet, Annette, Handbuch der internationalen und nationalen Schiedsgerichtsbarkeit – Systematische Darstellung der privaten Handelsschiedsgerichtsbarkeit für die Praxis der Parteien einschließlich CD-ROM mit einschlägigen Normen und Regelwerken, 3. Auflage, Stuttgart 2005, zitiert als: *Lionnet/Lionnet*, Handbuch Schiedsgerichtsbarkeit

Loubal, Sascha-Frank/Hofmann, Jürgen, Erweiterung der Medienöffentlichkeit in Gerichtssälen: (k)eine gute Idee?, in: MMR 2016, S. 669-673

Löwe, Ewald/Rosenberg, Werner, StPO Online – Online-Kommentar, 11 Bände, zitiert als: Löwe/Rosenberg/*Bearbeiter*, Band, Auflage

Löwe, Walter, Einschränkung von Gerichtsstandsvereinbarungen, in: ZRP 1970, S. 97-100

ders., Das neue Recht der Gerichtsstandsvereinbarung, in: NJW 1974, S. 473-478

Luhmann, Niklas, Legitimation durch Verfahren, Darmstadt 1978, zitiert als: *Luhmann*, Legitimation durch Verfahren

Lüke, Gerhard, Grundsätze des Verwaltungsprozesses, in: JuS 1961, S. 41-48

Lüke, Wolfgang, Zivilprozessrecht – Erkenntnisverfahren, Zwangsvollstreckung, Europäisches Zivilverfahrensrecht, 10. Auflage, München 2011, zitiert als: *Lüke*, Zivilprozessrecht

Maas, Heiko, Welt im Wandel – Wie das Recht antwortet – Von der Zukunft der Konfliktbeilegung und der Rettung des Syndikusanwalts, Interview mit dem Bundesminister der Justiz und für Verbraucherschutz Heiko Maas, in: AnwBl. 2015, S. 64-69

Maass, Hans-Heinrich, Information und Geheimnis im Zivilrecht – Eine rechtshistorische und rechtsvergleichende Kritik der privaten und der gewerblichen Geheimsphäre, Stuttgart 1970, zitiert als: *Maass*, Information und Geheimnis im Zivilrecht

Marcic, René, Die Öffentlichkeit als Prinzip der Demokratie, in: Ehmke, Horst (Hrsg.), Festschrift für Adolf Arndt zum 65. Geburtstag, Frankfurt am Main 1969, S. 267-292, zitiert als: *Marcic*, in: FS Arndt, S.

Markgraf, Jochen, Die Schiedsgerichtsbarkeit – Eine echte Alternative zur staatlichen Gerichtsbarkeit?, in: JuS 2013, S. 1090-1093

Marl, Johannes, Der Begriff der Öffentlichkeit im Urheberrecht – Eine aus den Regelungszwecken hergeleitete, soziologisch untermauerte Untersuchung eines urheberrechtlichen Schlüsselbegriffs im Kontext der demokratischen Informationsgesellschaft, Tübingen 2017, zitiert als: *Marl*, Öffentlichkeit im Urheberrecht

Maunz, Theodor (Begr.)/Dürig, Günter (Begr.), Grundgesetz, Kommentar, Band I: Texte, Art. 1-5, 84. Lieferung, Gesamtstand: August 2018, zitiert als: Maunz/Dürig/*Bearbeiter*

dies., Grundgesetz, Kommentar, Band II: Art. 6-15, 84. Lieferung, Gesamtstand: August 2018, zitiert als: Maunz/Dürig/*Bearbeiter*

dies., Grundgesetz, Kommentar, Band VI: Art. 86-106 b, 84. Lieferung, Gesamtstand: August 2018, zitiert als: Maunz/Dürig/*Bearbeiter*

Maurer, Georg Ludwig, Geschichte des altgermanischen und namentlich altbairischen Gerichtsverfahrens, dessen Vortheile, Nachtheile und Untergang in Deutschland überhaupt und in Baiern insbesondere, Heidelberg 1824, zitiert als: *Maurer*, Geschichte des Gerichtsverfahrens

Mayen, Thomas, Sind ZPO und GVG noch zeitgemäß? Rechtsanwälte gehören auf den Deutschen Juristentag – nicht nur 2014 in Hannover, in: AnwBl. 2013, S. 268

Mettenheim, Christoph von, Der Grundsatz der Prozeßökonomie im Zivilprozeß, Berlin 1970, zitiert als: *von Mettenheim*, Grundsatz der Prozeßökonomie

Meyer-Goßner, Lutz/Schmitt, Bertram, Beck'sche Kurzkommentare Band 6: Strafprozessordnung, Gerichtsverfassungsgesetz, Nebengesetze und ergänzende Bestimmungen, 60. Auflage, München 2017, zitiert als: Meyer-Goßner/Schmitt/*Bearbeiter*

Meyer-Ladewig, Jens (Hrsg.)/Nettesheim, Martin (Hrsg.)/Raumer, Stefan von (Hrsg.), EMRK – Europäische Menschenrechtskonvention, Handkommentar, 4. Auflage, Baden-Baden 2017, zitiert als: Meyer-Ladewig/Nettesheim/von Raumer/*Bearbeiter*

Meyer, Jürgen (Hrsg.), Charta der Grundrechte der Europäischen Union, 4. Auflage, Baden-Baden 2014, zitiert als: Meyer/*Bearbeiter*

Meyer, Peter, Wandel des Prozessrechtsverständnisses – vom „liberalen" zum „sozialen" Zivilprozess?, in: JR 2004, S. 1-6

Mitsopoulos, Georg, Gedanken zu einigen wichtigen Problemen der Zivilprozeßrechtslehre, in: ZZP 91 (1978), S. 113-127

Michael, Lothar/Morlok, Martin, Grundrechte, 6. Auflage, Baden-Baden 2017, zitiert als: *Michael/Morlok*, Grundrechte

Mittermaier, Carl Joseph Anton, Die Mündlichkeit, das Anklageprinzip, die Öffentlichkeit und das Geschworengericht in ihrer Durchführung in den verschiedenen Gesetzgebungen dargestellt und nach den Forderungen des Rechts und der Zweckmäßigkeit mit Rücksicht auf die Erfahrungen der verschiedenen Länder, Stuttgart 1845, zitiert als: *Mittermaier*, Die Mündlichkeit, das Anklageprinzip, die Öffentlichkeit und das Geschworengericht

ders., Handbuch des peinlichen Processes – Mit beständiger vergleichender Darstellung des gemeinen deutschen Rechts, und der Bestimmungen der französischen, österreichischen, preussischen und baierischen Criminalgesetzgebung, Erster Band – Erste Abtheilung, Heidelberg 1810, zitiert als: *Mittermaier*, Handbuch des peinlichen Processes

Möller, Christian, Die Verfahrensgrundsätze des Zivilverfahrens, in: JA 2010, S. 47-52

Montesquieu, Charles Louis de Secondat de, Esprit des lois par Montesquieu avec les notes de l'auteur et un choix des observations de Dupin, Crevier, Voltaire, Mably, LaHarpe, Servan etc., Paris 1844, zitiert als: *Montesquieu*, Esprit des lois

Morf, Arnold, Das Prinzip der Öffentlichkeit in der Schweizerischen Zivilrechtspflege, Dietikon 1951, zitiert als: *Morf*, Öffentlichkeit in der Schweizerischen Zivilrechtspflege

Müller, Eckhart, Sanktionen in juristischer und soziologischer Sicht, in: JZ 1977, S. 381-386

Musielak, Hans-Joachim (Hrsg.)/Voit, Wolfgang (Hrsg.), Zivilprozessordnung mit Gerichtsverfassungsgesetz, Kommentar, 15. Auflage, München 2018, zitiert als: Musielak/Voit/*Bearbeiter*

dies., Grundkurs ZPO – Eine Darstellung zur Vermittlung von Grundlagenwissen im Zivilprozessrecht (Erkenntnisverfahren und Zwangsvollstreckung) mit Fällen und Fragen zur Lern- und Verständniskontrolle sowie mit Übungsklausuren, 13. Auflage, München 2016, zitiert als: *Musielak/Voit*, Grundkurs ZPO

Niese, Werner, Doppelfunktionelle Prozeßhandlungen – Ein Beitrag zur allgemeinen Prozeßrechtslehre, Göttingen 1950, zitiert als: *Niese*, Doppelfunktionelle Prozeßhandlungen

Olzen, Dirk, Die Wahrheitspflicht der Parteien im Zivilprozeß, in: ZZP 98 (1985), S. 403-426

Ostendorf, Heribert (Hrsg.), Jugendgerichtsgesetz, 10. Auflage, Baden-Baden 2016, zitiert als: Ostendorf/*Bearbeiter*

Ott, Emil, Geschichte und Grundlehren des österreichischen Rechtsfürsorgeverfahrens (Freiwillige Gerichtsbarkeit) – In den Hauptzügen mit besonderer Berücksichtigung der Justizreformgesetze, Wien 1906, zitiert als: *Ott*, Grundlehren des österreichischen Rechtsfürsorgeverfahrens

Pantazopoulos, Athanassios P., Der Öffentlichkeitsgrundsatz im Zivilprozess, in: ZZPInt 13 (2008), S. 319-350

Pawlowski, Hans-Martin, Aufgabe des Zivilprozesses, in: ZZP 80 (1967), S. 345-391

Pelster, Dirk Marc, Die nichtöffentliche Verhandlung in der Jugendgerichtsbarkeit – Recht- und Zweckmäßigkeit einer verfahrensrechtlichen Exzeption, in: MschrKrim 2006, S. 420-435

Pernice, Ina Maria, Öffentlichkeit und Medienöffentlichkeit – Die Fernsehberichterstattung über öffentliche staatliche Sitzungen am Beispiel von Bundestag und Bundesrat, Gerichten und Gemeinderäten, Berlin 2000, zitiert als: *Pernice*, Öffentlichkeit und Medienöffentlichkeit

Pfeiffer, Gerd, Richter in heutiger Zeit, in: DRiZ 1979, S. 229-233

Pfeiffer, Gero, Die kaufmännische Prorogation, in: JA 2005, S. 369-371

Pfeiffer, Thomas (Hrsg.), Handbuch der Handelsgeschäfte, Köln 1999, zitiert als: Pfeiffer/*Bearbeiter*, Handbuch der Handelsgeschäfte

Ploch-Kumpf, Ute, Der Schutz von Unternehmensgeheimnissen im Zivilprozeß unter besonderer Berücksichtigung ihrer Bedeutung in der Gesamtrechtsordnung, Frankfurt am Main 1996, zitiert als: *Ploch-Kumpf*, Schutz von Unternehmensgeheimnissen

Preuschen, Georg Ernst Ludwig von, Abhandlung über die Öffentlichkeit des gerichtlichen Verfahrens – Zuerst erschienen im Jahr 1774, nunmehr neu herausgegeben mit einigen Bemerkungen, Heidelberg 1818, zitiert als: *von Preuschen*, Abhandlung über die Öffentlichkeit

Prütting, Hanns, Schlichten statt Richten?, in: JZ 1985, S. 261-271

ders., Der Zivilprozess im Jahre 2030: Ein Prozess ohne Zukunft? Faktoren in der Zukunftsdebatte: Anwälte, Richter und die ZPO, in: AnwBl. 2013, S. 401-405

Raeschke-Kessler, Hilmar, Die Rechtsmittelreform im Zivilprozess von 2001 – ein Fortschritt?, in: AnwBl. 2004, S. 321-328

ders., Schiedsgerichtsbarkeit gegen ordentliche Gerichtsbarkeit: Wie die Ziviljustiz stärken? Der Zivilprozess als kulturelle Errungenschaft sollte die Wirklichkeit in den Blick nehmen, in: AnwBl. 2015, S. 822-826

Raeschke-Kessler, Hilmar/Berger, Klaus Peter, Recht und Praxis des Schiedsverfahrens, 3. Auflage, Köln 1999, zitiert als: *Raeschke-Kessler/Berger*, Recht und Praxis des Schiedsverfahrens

Ranft, Otfried, Verfahrensöffentlichkeit und Medienöffentlichkeit im Strafprozess, in: JURA 1995, S. 573-581

Reimer, Philipp, Verfahrenstheorie – Ein Versuch zur Kartierung der Beschreibungsangebote für rechtliche Verfahrensordnungen, Tübingen 2015, zitiert als: *Reimer*, Verfahrenstheorie

Reul, Jürgen, Effizienz im Schiedsverfahren, in: Eidenmüller, Horst (Hrsg.) – Alternative Streitbeilegung – Neue Entwicklungen und Strategien zur frühzeitigen Konfliktbewältigung – Beiträge der Konferenz zum zehnjährigen Bestehen des Centrums für Verhandlungen und Mediation (CVM) an der Ludwig-Maximilians-Universität München, München 2011, zitiert als: *Reul*, Effizienz im Schiedsverfahren

Rieß, Peter/Hilger. Hans, Das neue Strafverfahrensrecht – Opferschutzgesetz und Strafverfahrensänderungsgesetz 1987 –, in: NStZ 1987, S. 204-209

Rinsche, Franz-Josef, Strafjustiz und öffentlicher Pranger, in: ZRP 1987, S. 384-386

Risse, Jörg/Oehm, Max, Vertraulichkeit und Nicht-Öffentlichkeit in Schiedsverfahren – Rechtsvergleichende und verfassungsrechtliche Überlegungen, in: ZVglRWiss 114 (2015) S. 407-430

Ritz, Philipp, Die Geheimhaltung im Schiedsverfahren nach schweizerischem Recht, Tübingen 2007, zitiert als: *Ritz*, Geheimhaltung im Schiedsverfahren

Rosenberg, Leo, Die Beweislast – Auf der Grundlage des Bürgerlichen Gesetzbuchs und der Zivilprozessordnung, 5. Auflage, München 1965, zitiert als: *Rosenberg*, Beweislast

Rosenberg, Leo/Schwab, Karl Heinz/Gottwald, Peter, Zivilprozessrecht, 17. Auflage, München 2010, zitiert als: *Rosenberg/Schwab/Gottwald,* Zivilprozessrecht

Roth, Herbert, Die Zukunft der Ziviljustiz, in: ZZP 129 (2016), S. 3-24

Rudkowski, Lena, Transparenzpflichten zur Kontrolle von Finanzdienstleistungsunternehmen – Unter besonderer Berücksichtigung des Schutzes von Geschäftsgeheimnissen, Tübingen 2016, zitiert als: *Rudkowski,* Transparenzpflichten

Sachs, Michael, Verfassungsrecht II – Grundrechte, 3. Auflage, Berlin 2017, zitiert als: *Sachs,* Verfassungsrecht II

Säcker, Franz Jürgen (Hrsg.)/Rixecker, Roland (Hrsg.)/Oetker, Hartmut (Hrsg.)/Limperg, Bettina (Hrsg.), Münchener Kommentar zum Bürgerlichen Gesetzbuch, Band 2: Schuldrecht – Allgemeiner Teil, 7. Auflage, München 2016, zitiert als: MüKo/*Bearbeiter,* BGB Band

dies., Münchener Kommentar zum Bürgerlichen Gesetzbuch, Band 4: Schuldrecht – Besonderer Teil II, 7. Auflage, München 2016, zitiert als: MüKo/*Bearbeiter,* BGB Band

Sackmann, Julia Carolin, Transparenz im völkerrechtlichen Investitionsschiedsverfahren – Gewährleistungen der ICSID-Konvention, der UNCITRAL-Schiedsregeln sowie völker- und unionsrechtliche Maßgaben, Baden-Baden 2012, zitiert als: *Sackmann,* Transparenz im völkerrechtlichen Investitionsschiedsverfahren

Saenger, Ingo (Hrsg.), Zivilprozessordnung – Familienverfahren, Gerichtsverfassung, Europäisches Verfahrensrecht, Handkommentar, 7. Auflage, Baden-Baden 2017, zitiert als: Saenger/*Bearbeiter*

Sandt, Gottfried von (Hrsg.)/Bach, Carl Adolf zum (Hrsg.), Niederrheinisches Archiv für Gesetzgebung, Rechtswissenschaft und Rechtspflege, Dritter Band, Köln 1818, zitiert als: NiederrhArch. Band 3 (1818), No.

Sax, Walter, Das unrichtige Sachurteil als Zentralproblem der allgemeinen Prozeßrechtslehre – Ein Beitrag zur allgemeinprozessualen Methodik, in: ZZP 67 (1954), S. 21-54

Schack, Haimo, Waffengleichheit im Zivilprozess, in: ZZP 129 (2016), S. 393-416

Schaeben, Leopold, Öffentlichkeit und Sitzungspolizei unter Berücksichtigung des Grundrechts der Freiheit der Berichterstattung, Köln 1952, zitiert als: *Schaeben,* Öffentlichkeit und Sitzungspolizei

Schellhammer, Kurt, Zivilprozess Gesetz – Praxis – Fälle, 15. Auflage, Heidelberg 2016, zitiert als: *Schellhammer,* Zivilprozess

Schiedermair, Gerhard, Vereinbarungen im Zivilprozeß, Bonn 1935, zitiert als: *Schiedermair,* Vereinbarungen im Zivilprozeß

Schilken, Eberhard, Zivilprozessrecht, 7. Auflage, München 2014, zitiert als: *Schilken,* Zivilprozessrecht

ders., Zur Zulässigkeit von Zuständigkeitsvereinbarungen bei Beteiligung von Nichtkaufleuten (§§ 38 Abs. 3, 40 ZPO), in: Heinrich, Christian (Hrsg.), Festschrift für Hans-Joachim Musielak zum 70. Geburtstag, München 2004, S. 435-455, zitiert als: *Schilken,* in: FS Musielak, S.

ders., Gerichtsverfassungsrecht, 4. Auflage, Köln 2007, zitiert als: *Schilken,* Gerichtsverfassungsrecht

Schlosser, Peter, Einverständliches Parteihandeln im Zivilprozeß, Tübingen 1968, zitiert als: *Schlosser,* Einverständliches Parteihandeln im Zivilprozeß

Schmidt-Diemitz, Rolf, Internationale Schiedsgerichtsbarkeit – eine empirische Untersuchung, in: DB 1999, S. 369-372

Schmidt, Eberhard, Justiz und Publizistik, Tübingen 1968, zitiert als: *Schmidt,* Justiz und Publizistik

ders., Gutachten zum 36. DJT, Bedarf das Betriebsgeheimnis eines verstärkten Schutzes? Verhandlungen des 36. DJT Bd. I, 1, Lübeck 1931, S. 101-230, zitiert als: *Schmidt,* Verhandlungen 36. DJT

Schmidt, Eike, Der Zweck des Zivilprozesses und seine Ökonomie, Tübingen 1973, zitiert als: *Schmidt,* Zweck des Zivilprozesses

Schönfeld, Klaus Eckhard, Zur Verhandlungsmaxime im Zivilprozeß und in den übrigen Verfahrensarten – Die Modifikation des Prozeßrechts durch das Sozialstaatspostulat, Frankfurt am Main 1981, zitiert als: *Schönfeld,* Verhandlungsmaxime

Schönke, Adolf/Kuchinke, Kurt, Zivilprozessrecht, 9. Auflage, Karlsruhe 1969, zitiert als: *Schönke/Kuchinke,* Zivilprozessrecht

Schreiber, Klaus, Der Dispositionsgrundsatz im Zivilprozess, in: JURA 1988, S. 190-197

ders., Verfahrensgrundsätze im Zivilprozess, in: JURA 2007, S. 500-505

ders., Der Verhandlungsgrundsatz im Zivilprozeß, in: JURA 1989, S. 86-91

Schroeder, Hans-Patrick, Richten und Schlichten – Staatliche Gerichtsbarkeit und Schiedsgerichtsbarkeit – Alternativen, Konkurrenz und Zusammenspiel, in: KritV 2012, S. 145-160

Schuckert, Rolf, Der Grundsatz der Volksöffentlichkeit im deutschen Zivil- und Strafprozeßrecht, Freiburg im Breisgau 1936, zitiert als: *Schuckert,* Volksöffentlichkeit

Schulz, Patrick, Kriminalberichterstattung und Stigmatisierung aus strafrechtlicher und medienpsychologischer Sicht – Vorverurteilung und Öffentlichkeit, Berlin 2016, zitiert als: *Schulz,* Kriminalberichterstattung

Schütze, Rolf A., Schiedsgericht und Schiedsverfahren, 6. Auflage, München 2016, zitiert als: *Schütze,* Schiedsgericht

Schütze, Rolf A./Tscherning, Dieter/Wais, Walter, Handbuch des Schiedsverfahrens – Praxis der deutschen und internationalen Schiedsgerichtsbarkeit, 2. Auflage, Berlin 1990, zitiert als: *Schütze/Tscherning/Wais,* Handbuch des Schiedsverfahrens

Schwab, Karl Heinz/Walter, Gerhard, Schiedsgerichtsbarkeit – Systematischer Kommentar zu den Vorschriften der Zivilprozeßordnung, des Arbeitsgerichtsgesetzes, der Staatsverträge und der Kostengesetze über das privatrechtliche Schiedsgerichtsverfahren, 7. Auflage, München 2005, zitiert als: *Schwab/Walter*

Schwartz, Johann Christoph, Vierhundert Jahre deutscher Civilprozeß-Gesetzgebung – Darstellungen und Studien zur deutschen Rechtsgeschichte, Berlin 1898, zitiert als: *Schwartz,* Vierhundert Jahre deutscher Civilprozeß-Gesetzgebung

Schweling, Otto, Der Ausschluß der Öffentlichkeit wegen Gefährdung der Sittlichkeit, in: DRiZ 1970, S. 354-356

ders., Der Ausschluß der Öffentlichkeit wegen Gefährdung der Rechtsfindung in Verhandlungen von Sittlichkeitsdelikten, in: DRiZ 1970, S. 385-387

Seegers, Christian, Das neue Recht der Gerichtsstandsvereinbarung unter besonderer Berücksichtigung ihrer Vereinbarung in Allgemeinen Geschäftsbedingungen, Frankfurt am Main 1977, zitiert als: *Seegers,* Das neue Recht der Gerichtsstandsvereinbarung

Seifarth, Gerhard, Der Untergang der Öffentlichkeit im deutschen Rechtsgang, Jena 1932, zitiert als: *Seifarth,* Untergang der Öffentlichkeit

Sieg, Hans O., Der Ausschluß der Öffentlichkeit zum Schutz des Zeugen, in: NJW 1980, S. 379

ders., Nochmals: Der Ausschluß der Öffentlichkeit zum Schutz des Zeugen, in: NJW 1981, S. 963

Siegel, Gustav, Zur Entwicklung der Unabhängigkeit der Rechtsprechung, in: Hirth, Georg/Seydel, Max von (Hrsg.), Annalen des Deutschen Reichs für Gesetzgebung, Verwaltung und Statistik, Staatswissenschaftliche Zeitschrift und Materialiensammlung, Band 31, München 1898, S. 221-305, zitiert als: *Siegel,* Unabhängigkeit der Rechtsprechung

Siegel, Heinrich, Geschichte des deutschen Gerichtsverfahrens, Erster Band, Gießen 1857, Nachdruck 1970, zitiert als: *Siegel,* Geschichte des deutschen Gerichtsverfahrens

Siehr, Angelika, Das Recht am öffentlichen Raum – Theorie des öffentlichen Raumes und die räumliche Dimension von Freiheit, Tübingen 2016, zitiert als: *Siehr,* Recht am öffentlichen Raum

Simotta, Daphne-Ariane, Überlegungen zur Öffentlichkeit im Zivilprozess, in: Ballon, Oskar J. (Hrsg.), Festschrift für Franz Matscher – Verfahrensgarantien im nationalen und internationalen Prozessvergleich, Wien 1993, S. 449-465, zitiert als: *Simotta,* in: FS Matscher, S.

Sommer, Ulrich, Effektive Strafverteidigung – Ein Handbuch für Theorie und Praxis der Strafverteidigung – mit grundlegenden Erläuterungen zu Recht, Psychologie und zu den Überzeugungstechniken des Strafverteidigers, 3. Auflage, Köln 2016, zitiert als: *Sommer,* Effektive Strafverteidigung

Stackmann, Nikolaus, Richterliche Anordnungen versus Parteiherrschaft im Zivilprozess?, in: NJW 2007, S. 3521-3526

Stadler, Astrid, Der Schutz des Unternehmensgeheimnisses im deutschen und U.S.-amerikanischen Zivilprozeß und im Rechtshilfeverfahren, Tübingen 1989, zitiert als: *Stadler,* Schutz des Unternehmensgeheimnisses

dies., Bündelung von Interessen im Zivilprozess – Überlegungen zur Einführung von Verbands- und Gruppenklagen im deutschen Recht, Heidelberg 2004, zitiert als: *Stadler,* Bündelung von Interessen im Zivilprozess

Staff, Ilse, Öffentlichkeit als Verfassungsprinzip, in: ZRP 1992, S. 384-389

Staudinger, Julius von, Kommentar zum Bürgerlichen Gesetzbuch mit Einführungsgesetz und Nebengesetzen, Buch 2: Recht der Schuldverhältnisse, §§ 535-556 g (Mietrecht 1 – Allgemeine Vorschriften; Wohnraummiete), Neubearbeitung 2018, Berlin 2018, zitiert als: Staudinger/*Bearbeiter,* Buch

Stein, Friedrich (Begr.)/Jonas, Martin (Begr.), Kommentar zur Zivilprozessordnung, Band 1: Einleitung, §§ 1-77, 23. Auflage, Tübingen 2014, zitiert als: Stein/Jonas/*Bearbeiter,* ZPO Band

dies., Kommentar zur Zivilprozessordnung, Band 2: §§ 78-147, 23. Auflage, Tübingen 2016, zitiert als: Stein/Jonas/*Bearbeiter,* ZPO Band

dies., Kommentar zur Zivilprozessordnung, Band 10: §§ 1025-1066, 23. Auflage, Tübingen 2014, zitiert als: Stein/Jonas/*Bearbeiter,* ZPO Band

dies., Kommentar zur Zivilprozessordnung, Band 10: EuGVVO, GVG, 22. Auflage, Tübingen 2011, zitiert als: Stein/Jonas/*Bearbeiter,* ZPO Band

dies., Kommentar zur Zivilprozeßordnung, Band 1, 18. Auflage (Altauflage), Tübingen 1953, zitiert als: Stein/Jonas/*Bearbeiter,* ZPO Band, 18. Auflage (Altauflage)

dies., Kommentar zur Zivilprozeßordnung, Band 1, 19. Auflage (Altauflage), Tübingen 1972, zitiert als: Stein/Jonas/*Bearbeiter,* ZPO Band, 19. Auflage (Altauflage)

dies., Kommentar zur Zivilprozeßordnung, Band 1: §§ 1-252, 20. Auflage, (Altauflage), Tübingen 1984, zitiert als: Stein/Jonas/*Bearbeiter,* ZPO Band, 20. Auflage (Altauflage)

Steiner, Udo, Das Verhältnis von Schiedsgerichtsbarkeit und staatlicher Gerichtsbarkeit, in: SchiedsVZ 2013, S. 15-19

Strauch, Hans-Joachim, Die Öffentlichkeit und Mündlichkeit des Verwaltungsstreitverfahrens – Funktion und verfassungsrechtliche Grundlagen, in: Triffterer, Otto (Hrsg.), Festschrift für Walter Mallmann, em. o.oe. Professor des öffentlichen Rechts an der Justus-Liebig-Universität Giessen zum 70. Geburtstag, Baden-Baden 1978, S. 345-357, zitiert als: *Strauch,* in: FS Mallmann, S.

Strauß, Jürgen, Der Grundsatz der Öffentlichkeit im Finanzprozeß, in: DStR 1996, S. 908-910

Streng, Franz, Das Öffentlichkeitsprinzip im Jugendstrafverfahren – Zugleich ein Beitrag zur Altersstufen-Systematik des Jugendgerichtsgesetzes, in: Zöller, Mark A./Küper, Wilfried (Hrsg.), Gesamte Strafrechtswissenschaft in internationaler Dimension – Festschrift für Jürgen Wolter zum 70. Geburtstag am 7. September 2013, Berlin 2013, S. 1235-1242, zitiert als: *Streng,* in: FS Wolter, S.

Stumpf, Herbert, Vor- und Nachteile des Verfahrens vor Schiedsgerichten gegenüber dem Verfahren vor Ordentlichen Gerichten, in: Böckstiegel, Karl-Heinz (Hrsg.), Festschrift für Arthur Bülow zum 80. Geburtstag, Köln 1981, S. 217-227, zitiert als: *Stumpf,* in: FS Bülow, S.

Stürner, Rolf, Pateidisposition über Anfang, Gegenstand und Umfang des Verfahrens in wichtigen europäischen Prozessordnungen, in: Lorenz, Stephan (Hrsg.), Festschrift für Andreas Heldrich, München 2005, S. 1061-1070, zitiert als: *Stürner,* in: FS Heldrich, S.

ders., Verfahrensgrundsätze des Zivilprozesses und Verfassung, in: Grunsky, Wolfgang (Hrsg.), Festschrift für Fritz Baur, Tübingen 1981, S. 647-666, zitiert als: *Stürner*, in: FS Baur, S.

ders., Gerichtsöffentlichkeit und Medienöffentlichkeit in der Informationsgesellschaft, in: JZ 2001, S. 699-703

ders., Schutz des Gerichtsverfahrens vor öffentlicher Einflussnahme?, in: JZ 1978, S. 161-169

ders., Die gewerbliche Geheimsphäre im Zivilprozeß, in: JZ 1985, S. 453-461

ders., Die Aufklärungspflicht der Parteien des Zivilprozesses, Tübingen 1976, zitiert als: *Stürner*, Aufklärungspflicht

Teubner, Ernst/Künzel, Thomas, Prozeßverträge – Zulässigkeit, Abschluss und Wirkungen, in: MDR 1988, S. 720-726

Thomas, Heinz (Begr.)/Putzo, Hans (Begr.), Zivilprozessordnung, FamFG – Verfahren in Familiensachen, EGZPO, GVG, EGGVG, EU-Zivilverfahrensrecht, Kommentar, 39. Auflage, München 2018, zitiert als: Thomas/Putzo/*Bearbeiter*

Trittmann, Rolf/Schroeder, Hans-Patrick, Der Einfluss der Reformen des Zivilprozesses auf die Schiedsgerichtsbarkeit in Deutschland, in: SchiedsVZ 2005, S. 71-76

Vervessos, Nicolaos, Die Begründung der gerichtlichen Zuständigkeit durch den Parteiwillen (§§ 38 bis 40 ZPO), Thessaloniki 1961, zitiert als: *Vervessos*, Begründung der gerichtlichen Zuständigkeit

Vorwerk, Volkert (Hrsg.)/Wolf, Christian (Hrsg.), Beck'scher Online-Kommentar ZPO, 30. Edition, Stand: 15.09.2018, München 2018, zitiert als: BeckOK-ZPO/*Bearbeiter*

Wach, Adolf, Vorträge über die Reichs-Civilprocessordnung gehalten von praktischen Juristen im Frühjahr 1879, Bonn 1879, zitiert als: *Wach*, Vorträge über die Reichs-Civilprocessordnung

Wacke, Andreas, Verbot der Gerichtsstandsvereinbarung?, in: ZRP 1970, S. 244-247

Wagner, Gerhard, Prozeßverträge – Privatautonomie im Verfahrensrecht, Tübingen 1998, zitiert als: *Wagner*, Prozeßverträge

Walther, Susanne, Mehr Publizität oder mehr Diskretion? Zu den Grundlagen und zum zeitgemäßen Verständnis von Gerichtsöffentlichkeit aus strafverfahrensrechtlicher Sicht, in: JZ 1998, S. 1145-1153

Wandtke, Artur-Axel (Hrsg.)/Bullinger, Winfried (Hrsg.), Praxiskommentar zum Urheberrecht, 4. Auflage, München 2014, zitiert als: Wandtke/Bullinger/*Bearbeiter*

Wassermann, Rudolf (Hrsg.), Kommentar zur Zivilprozeßordnung, letzte berücksichtigte Gesetzesänderung: Gesetz zur Neuregelung des Internationalen Privatrechts vom 25.7.1986, BGBl. I, 1142, Reihe Alternativkommentare, Neuwied 1987, zitiert als: AK-ZPO/*Bearbeiter*

Weidemann, Helmut, Öffentlichkeitsgrundsatz und Justizkampagne, in: DRiZ 1970, S. 114 -116

Wieczorek, Bernhard (Begr.)/Schütze, Rolf A. (Hrsg.), Zivilprozessordnung und Nebengesetze, Großkommentar, Erster Band – Teilband 1: §§ 1-23 a, 4. Auflage, Berlin 2015, zitiert als: Wieczorek/Schütze/*Bearbeiter*, ZPO Band

dies., Zivilprozessordnung und Nebengesetze, Großkommentar, Dritter Band: §§ 128-252, 4. Auflage, Berlin 2013, zitiert als: Wieczorek/Schütze/*Bearbeiter*, ZPO Band

dies., Zivilprozessordnung und Nebengesetze, Großkommentar, Fünfter Band – Teilband 1: §§ 300-329, 4. Auflage, Berlin 2015, zitiert als: Wieczorek/Schütze/*Bearbeiter*, ZPO Band

dies., Zivilprozessordnung und Nebengesetze, Großkommentar, Elfter Band: §§ 916-1066, 4. Auflage, Berlin 2014, zitiert als: Wieczorek/Schütze/*Bearbeiter*, ZPO Band

dies., Zivilprozessordnung und Nebengesetze, Großkommentar, Dreizehnter Band – Teilband 1: §§ 1110-1117, KapMuG, MediationsG, EGZPO, GVG, EGGVG, 4. Auflage, Berlin 2018, zitiert als: Wieczorek/Schütze/*Bearbeiter*, ZPO Band,

Wieczorek, Bernhard/Rössler, Georg F./Schütze, Rolf A., Zivilprozessordnung und Nebengesetze, Fünfter Band – EGZPO, GVG, EGGVG, Internationales Zivilprozessrecht, 2. Auflage (Altauflage), Berlin 1980, zitiert als: Wieczorek/Rössler/Schütze/*Bearbeiter*, ZPO Band 5, 2. Auflage (Altauflage)

Wigard, Franz, Stenographischer Bericht über die Verhandlungen der deutschen constituierenden Nationalversammlung zu Frankfurt am Main, Vierter Band. Nr. 90-112, Frankfurt am Main 1848, S. 2369-3166, zitiert als: *Wigard*, Stenographischer Bericht über die Verhandlungen der deutschen constituierenden Nationalversammlung zu Frankfurt am Main, Band IV

Wolf, Manfred, Gerichtsverfassungsrecht aller Verfahrenszweige (Fortführung E. Kern), 6. Auflage, München 1987, zitiert als: *Wolf*, Gerichtsverfassungsrecht

Wolff, Reinmar, Grundzüge des Schiedsverfahrensrechts, in: JuS 2008, S. 108-113

Wölfl, Bernd, Sphärentheorie und Vorbehalt des Gesetzes, in: NVwZ 2002, S. 49-51

Zeiss, Walter/Schreiber, Klaus, Zivilprozessrecht, 12. Auflage, Tübingen 2014, zitiert als: *Zeiss/Schreiber*, Zivilprozessrecht

Zettel, Günther, Der Beibringungsgrundsatz – Seine Struktur und Geltung im deutschen Zivilprozessrecht, Berlin 1977, zitiert als: *Zettel*, Beibringungsgrundsatz

Zöller, Richard (Begr.), Zivilprozessordnung mit FamFG (§§ 1-185, 200-270, 433-484) und Gerichtsverfassungsgesetz, den Einführungsgesetzen, mit Internationalem Zivilprozessrecht, EU-Verordnungen, Kostenanmerkungen, Kommentar, 32. Auflage, Köln 2018, zitiert als: Zöller/*Bearbeiter*, ZPO

Zuck, Rüdiger, Das rechtliche Interesse auf Akteneinsicht im Zivilprozess, in: NJW 2010, S. 2913-2916

Zypries, Brigitte, Zur Rolle der Schiedsgerichtsbarkeit in Deutschland, in: Schieds-VZ 2009, S. 1-3